하나님의 섭리,
어떻게 설교할 것인가?

하나님의 섭리, 어떻게 설교할 것인가?

초판 1쇄 인쇄 2024년 1월 20일
초판 1쇄 발행 2024년 1월 27일

지은이 한국동남성경연구원
펴낸이 최건호
펴낸곳 SFC출판부
등록 694-91-02062
주소 (06593) 서울특별시 서초구 고무래로 10-5 2층 SFC출판부
Tel (02)596-8493
홈페이지 www.sfcbooks.com
이메일 sfcbooks@sfcbooks.com
기획 · 편집 이의현
디자인편집 최건호
ISBN 979-11-87942-92-4 (03230)
값 16,000원

하나님의 섭리,

어떻게 설교할 것인가?

문장환 김하연 김성진 김성수 이기업
문세원 주기철 송재영 송영목

SFC

목차

1장

기조강연:
하나님의 섭리, 하나님의 손

문장환

섭리라는 단어는 신앙인에게 무척 친숙한 용어이다. 우리 자신의 삶이나 다른 사람의 삶을 보면서 자주 되뇌는 말이 하나님의 섭리이다. 그렇지만 섭리의 개념을 제대로 안다고 자신할 수는 없다. 더군다나 섭리의 교리를 제대로 파악한다고 할 수도 없다. 그러다 보니 섭리라는 말을 적확하게 사용하지도 못하고, 자주 모호하게 쓰고, 심지어 잘못 쓰는 경우도 많다. 그렇다고 섭리라는 말을 덜 사용하거나 주저하거나 할 수는 없다. 하나님의 섭리는 우리의 삶의 구석구석에, 그리고 온 세상 온 우주에 가득 차 있기 때문이다. 성경조차도 하나님의 섭리로 이루어진 책이고, 섭리를 기록한 책이고, 섭리를 깨닫게 하는 책이다.

한국동남성경연구원은 2024년 윈터 세미나의 주제로 방대하고 포괄적이면서도 실제적인 하나님의 섭리를 선택하였는데, 이 주제가 다양한 문제들을 소환할 것을 예상하고 기대하였다. 기조 강연에서는 성경신학의 발표를 이해하도록 도움을 주는 데 역점을 둔다. 먼저는 여러 신앙고백에 나타난 섭리 교리를 살펴보고, 이어서 섭리의 유의어와 관련어, 구성요소, 그리고 종류를 알아본다. 또한 하나님의 섭리를 설교하도록 "하나님의 손"이 나오는 성경구절들을 일곱 가지로 분류하여 연구한다. 마지막으로 이 교리의 유익성이나 적용성을 제시한다.

1. 섭리 교리와 고백

섭리는 라틴어로 *providentia*인데, *pro*-(앞서)와 *video*(보다)의 합성어로, 예견, 대비, 돌봄 등의 의미를 가지고 있다. 하나님의 섭리란 그분의 지혜와 사랑으로 우주에서 발생하는 모든 일들을 돌보고 이끄시는 하나님의 통치를 말한다. 여기에는 하나님이 모든 일들을 완전하게 다스리신다는 개념이 들어있다. 하나님은 만유(시103:19), 물리적 세상(마5:45), 나라들의 사건들(시66:7), 인간의 운명(갈1:15), 사람의 성공과 실패(눅1:52), 자기 백성의 보호(시4:8) 등을 주관하며 다스리신다. 그래서 우주가 우연히 혹은 운명에 의해 진행된다는 사상과 정반대 입장에 선다. 더 나아가 하나님은 섭리를 통해 그분의 뜻을 성취하신다. 곧 창조물을 향한 그분의 목적을 성취하시는데, 이는 자연스럽게 구원(심판)과 연계된다. 그동안 가톨릭교회를 포함하여 교회들은 섭리에 대하여 다음과 같이 여러 번 고백했다.

1) 가톨릭교회의 섭리 교리
가톨릭교회에서는 하나님의 섭리에 대하여 이렇게 언급한다.

"하나님은 당신이 창조하신 모든 것을 당신의 섭리로 보호하시고 다스리신다."
_제1차 바티칸 공의회, 교의헌장, 제1장.

"하나님의 섭리는 하나님이 당신의 지혜와 사랑으로 모든 피조물을 그들의 궁극적인 목적에까지 이끌어 가시는 배려이다."

_가톨릭교회교리서, 321항.

여기에서는 섭리의 두 가지 측면을 지적하는데, 하나는 하나님이 그분의 창조물을 보호하고 다스리시는 것이고, 다른 하나는 완성을 향해가는 것이다. 가톨릭교회는 섭리를 예정된 형식으로 이해하지 않고, 피조물의 자유를 억압(제한)하는 것으로도 이해하지 않는다.

2) 벨직 신앙고백서(1561년) 제13조, "하나님의 섭리에 대하여"

"우리는 선하신 하나님께서 창조하신 후에 피조물을 우연이나 운명에 버려두지 아니하시고 자신의 거룩한 뜻에 따라 인도하시고 다스리시는 것을 믿는다. 그러므로 하나님의 정하심이 없이는 이 세상에서 어떠한 일도 일어나지 아니한다."

이어지는 고백서의 내용을 요약하면 다음과 같다. 곧 마귀와 악인이 부당하게 행할 때에도 하나님은 역사를 옳고 공의롭게 조율하신다는 것, 우리는 과도한 호기심으로 하나님의 역사를 추측하려 하기보다 하나님이 알려주시는 것을 배우는 것으로 만족해야 한다는 것, 그리고 어떤 일도 우연이 아니라 하나님의 선하신 뜻으로 일어나기에 큰 위로를 받을 수 있다는 것이다.

3) 웨스트민스터 신앙고백서(1646년) 제5장, "섭리"

이것은 총 7항으로 되어 있는데, 첫째 항은 다음과 같이 고백한다.

만물의 위대한 창조주 하나님은 모든 피조물들을 붙드시고 그 행동과 사건들을 가장 큰 것에부터 지극히 적은 것에 이르기까지 지도하시고 처리하시며 그의 가장 지혜롭고 거룩하신 섭리와 무오하신 예지와 그 마음의 자유롭고 변함없으신 뜻을 따라 다스리시니 이는 하나님의 지혜와 권능과 공의와 선하심과 긍휼의 영광을 찬송하게 하려 함이다.

나머지 항들의 내용을 요약하면 다음과 같다. 곧 하나님의 예지와 예정에는 만물이 오류가 없으나, 인간의 자유의지대로는 타락이 있다는 것, 하나님은 자유로운 방식으로 섭리하신다는 것, 심지어 죄까지도 하나님의 섭리 아래에 있지만 그렇다고 하나님이 죄를 짓게 하거나 승인하시는 것은 아니라는 것, 자녀들을 부패에 얼마 동안 내버려 두시는 것도 그분의 공의롭고 거룩한 목적을 이루시기 위해서라는 것, 악한 자들의 방치도 하나님의 섭리에서 벗어나지 않는다는 것, 그리고 피조물만이 아니라 교회도 섭리하신다는 것이다.

4) 하이델베르크 교리문답서(1563년) 27-28문, "하나님의 섭리와 그것을 아는 유익"

제27문: 하나님의 섭리란 무엇인가?
답: 섭리란 하나님의 전능하고 언제 어디나 미치는 능력으로 하나님께서 마치 자신의 손으로 하듯이 하늘과 땅과 모든 피조물을 여전히 보존하고 다스리시는 것이다. 그리하여 잎새와 풀, 비와 가뭄, 풍년과 흉년, 먹을 것과 마실 것, 건강과 질병, 부와 가난, 참으로 이 모든 것이 우연이 아니라 아버지와 같은 그의 손길로 우리에게 임한다.

제28문: 하나님께서 모든 것을 창조하시고 섭리로써 여전히 보존하심을 아는 것이 우리에게 어떤 유익을 주는가?

답: 우리는 어떠한 역경에서도 인내하고, 형통할 때에 감사하며, 또한 장래 일에 대해서도 우리의 신실하신 하나님 아버지를 굳게 신뢰하여 어떠한 피조물이라도 우리를 하나님의 사랑에서 끊을 수 없으리라 확신한다. 모든 피조물이 완전히 하나님의 손안에 있으므로 그의 뜻을 거슬러 일어나거나 되는 일은 하나도 없다.

이 문답에서 강조하여 반복되는 단어는 '아버지'와 '손'인데, 아버지의 손처럼 하나님의 섭리의 손은 피조물을 보존하고 다스리신다. 하나님이 보존하시는 영역은 하늘과 땅과 모든 피조물이며, 다스림의 영역은 한 올의 머리털같이 아주 소소한 것까지 포함한다. 하나님이 아버지의 손으로 하시는 것 같은 섭리를 아는 유익은 세 가지이다. 곧 역경 가운데 인내하는 것과 형통할 때 감사하는 것, 그리고 장래 일에 대해서도 하나님을 굳게 신뢰하는 것이다.

2. 섭리의 유의어와 관련어, 구성요소, 그리고 구분

섭리라는 단어 혹은 교리는 간단하게 이해하기에는 너무 방대하고 복잡하다. 실제로 이를 주권, 예정, 작정, 경륜, 계획, 통치, 역사(役事) 등의 단어들과 구분하지 않고 사용하거나 심지어 바꿔 쓰는 경우가 있는데, 그만큼 이 단어는 모호성과 포괄성 그리고 다른 단어들과의 중첩성이 큰 용어라 하겠다. 그래서 섭리의 유의어나 관련어를 파악하는 게 필요하고, 또한 섭리의 구성요소와 구분을 파악하는 것도 유익하다.

1) 섭리의 유의어 및 관련어

① 주권

하나님의 주권(sovereignty)은 최고의 권위자이신 하나님이 모든 일들을 그분의 통치하에 두신다는 교리이다. 하나님의 허락 없이는 아무것도 일어날 수 없다. 하나님은 그분의 의지에 따라서 모든 일을 행하신다. 하나님은 천지의 창조주로서 그분이 원하시는 행사에 대하여 절대적 권리와 권위를 가지신다. 하나님의 주인 되신 권리의 절대성을 강조할 때는 이를 하나님의 절대주권이라고 한다. 이 절대주권 사상은 칼빈 신학의 핵심적인 요소이다.

② 예정

예정(predestination)은 미리 정하거나 예상하는 것을 의미하는 것으로, 구원론과 관계가 깊다. 이 교리는 하나님이 구원받는 자를 창세전에 미리 선택하셨다는 것이며, 바울서신에 중점적으로 언급되고, 아우구스티누스가 이어가고, 종교개혁자들이 강조하였다. 예정 교리에서는 구원이 인간의 행위로 되는 것이 아니라, 하나님이 스스로 구원할 능력이 없는 인간을 선택하심으로 이루어지는 것이라고 설명함으로써 구원에 대한 하나님의 자비와 주권을 강조한다. 개혁주의 예정 교리는 인간의 전적 부패와 구원에 관한 전적 은혜를 그 배경으로 하고 있다. 그렇다고 인간의 자유로운 선택권을 부정하는 것은 아니다. 다만 자유의지가 있음에도 불구하고 타락한 까닭에 회개를 거부한다는 것이다. 이러한 인간을 구원할 수 있는 것은 하나님의 은혜밖에 없다. 전지하신 하나님은 창조 전에 멸망하는 인간들 가운데서 일부를 조건 없이 선택하셔서 구원하기로 작정하셨다. 예정은 하나님의 구원 활동 이전의 영원한 결의와 결정을 뜻하는 것이며, 섭리는 창조 세계 안에서 일어나는 하나님의 활동을 의미한다.

③ 작정

하나님의 작정(the Divine decrees)은 예정보다 폭넓은 개념이다. 예정은 구원론에 국한되었다면, 작정은 모든 일들과 관련된다. 하나님은 장차 있을 모든 일을 영원한 때부터 그분이 뜻하신 바, 가장 지혜롭고 거룩하신 계획에 의하여 자유롭게, 그리고 변치 않게 작정해 놓으셨다. 하나님의 작정은 그분의 예지(foreknowledge)와 관련되며, 그분의 의지에 근거하며, 그 효능은 영원하며, 그 내용은 불변한다. 또한 하나님의 작정은 물리적 영역과 도덕적 영역에서 선하든지 악하든지 세상에 일어나는 모든 것을 포함한다.

④ 경륜

하나님의 경륜(經綸, dispensation)은 하나님의 작정 안에서 그분의 뜻을 이루기 위한 그분의 역사이다. 신학적으로는 하나님의 거룩하신 뜻(작정)과 다스림과 관련하여 세상 만물의 운행과 질서를 주장하시고 온 역사를 주관하시며, 인간 구원의 계획과 실행 등에 관여하시는 하나님의 거룩한 역사(섭리)를 가리킨다. 경륜이 삼위일체이신 하나님이 미리 정해 놓으신 작정이나 계획을 단독으로 행사하시는 역사라면, 섭리는 하나님이 창조하신 피조세계에 대하여 그분의 경륜대로 보존과 협력과 통치를 행사하시는 것을 말한다.

⑤ 계획, 통치, 역사

인간의 계획과 대조해서 하나님의 계획(plan)이란 말을 많이 사용한다. 하나님의 계획은 하나님의 뜻, 의도, 인도, 목적 등의 단어와 그 의미를 중첩하여 사용한다. 그리고 하나님의 통치(reign)라는 말은 하나님의 주권과 함께 많이 사용한다. 곧 하나님이 그분의 주권을 시행하시는 행위를 의미한다. 하나님의 역사(役事, work)라는 말은 더 포괄적인 의미를 갖는 것으로, 하나님의 모든 행동을 뜻한다.

2) 섭리의 구성요소

루터파에서는 섭리를 태초의 창조 사건 이후에 피조 세계에 대한 하나님의 지속적인 돌보심, 지속되는 하나님의 창조 활동으로 이해했다. 개혁파 역시 섭리를 계속적인 세계 창조로서의 하나님의 행위로 파악했다. 하나님이 행하시는 섭리에는 보존(preservation), 협력(concurrence), 조정(government)이라는 요소들이 있다. 보존은 하나님이 피조물과 거기에 부여하신 특성과 능력을 유지시키는 계속적인 사역을 뜻하고, 협력은 모든 피조물과 합력하여 하나님의 일을 정확하게 실행하시는 것을 뜻하고, 조정은 모든 피조물이 그 존재의 목적에 맞도록 다스리시는 것을 뜻한다. 그런데 여기서 주목할 점은 창조 세계를 보존하고, 창조 세계의 피조물과 사건과 연동하면서 이 세계를 창조의 목적에 부합하도록 조정하신다는 것이다. 곧 하나님의 구원적 활동이 하나님의 창조적 활동과 결합된다는 것이다.

3) 섭리의 구분

① 통상적(ordinary) 섭리와 비상적(extraordinary) 섭리

이것은 섭리의 방법에 따라 구분하는 것이다. 통상적 섭리는 물질계에서는 하나님이 정하신 자연법칙에 따라 그리고 정신계에서는 하나님이 만들어 놓으신 마음의 작용에 따라 하나님의 목적하신 바가 이루어지도록 하신 것이다. 즉 하나님의 뜻이 통상적인 법칙과 삶 안에서 일어나는 것이다. 비상적 섭리는 하나님이 만드신 통상적인 법칙을 초월하여 하나님이 초자연적인 역사로 그분의 뜻을 성취하시는 것이다. 하나님의 직접적인 역사를 통해 일어나는 특이한 결과인데, 이적적 섭리라고도 할 수 있다.

② 일반(common) 섭리와 특별(special) 섭리

이것은 섭리의 대상과 목적에 따라 구분되는 것이다. 일반 섭리는 우주와 전체

인간에 대한 하나님의 통치로서, 주된 목적은 창조세계의 보존이다. 특별 섭리는 하나님의 백성과 교회의 삶과 활동에 대한 돌보심과 인도로서, 주된 목적은 그들의 기도 응답, 구원, 보호 등이다.

3. 섭리하시는 하나님의 손

섭리의 한자어 '攝理'는 '당길 섭(攝)'과 '다스릴 리(理)'의 결합으로, 그 뜻을 풀이하자면 '손으로 잡아당겨서 다스리는 것'이다. 하나님은 섭리하시는 손을 가지고 계시고, 그래서 성경에는 하나님의 손이 많이 등장한다. 그런데 하나님은 영이시기에 문자적인 의미에서 손을 가지신다는 것은 아니다. 우리가 하나님의 형상대로 창조되었다고 해서 하나님이 우리처럼 손이 있으시다는 것은 아니다. 하나님은 천지 만물을 창조하실 때도 손이 필요하셨던 것은 아니었다. 다만 말씀으로 천지 만물을 창조하셨다(시33:9; 148:5). 태초에 순수한 영이신 하나님이 그분의 말씀으로 만물을 창조하셨다고 성경은 분명하게 가르친다.

이처럼 하나님께 손이 없는데도 손이라는 말을 사용한 것은 인간으로 하여금 하나님을 인격으로 알도록 하고자 했기 때문이다. 하나님은 역사에서 일하시는 그분의 인격을 명제적 언어 형태로 우리에게 전달하길 원하시는데, 이때 하나님의 형상으로 창조된 인간과 하나님 자신 사이에 큰 유사점을 사용하신다. 이때 인간의 손은 행동을 의미한다. 인간은 항상 내부 세계에서 외부 세계를 향하여 나가는데, 인간의 손은 내부 세계에 있는 것을 외부 세계로 표출하는 기능을 한다. 인간은 생각과 감정과 의지를 소유하고, 그것이 자기 손을 거쳐서 외부로 표현된다. 미술가는 그림을 그리고, 건축가는 다리를 건설하고, 주부는 요리한다. 각 사람은 단순히 사유하는 것 이상의 행동이 필요한데, 그러기 위해서는 미술가는 붓을 잡아야 하고, 건축가는 삽을 들어야 하고, 주부는 요리 도구를 들어야 한다. 모든 사건에서 인간은 자기의 인격, 사상, 감정, 의지를 자기 지체를 통하여, 특히 자기 손을 통하여 역사적 시공의 세계로 투사한다. 하나님은 시공의 역사에서 행동하시는 인격적인 하나님이심을 인간에게 전달하시기 위하여 하나님의 손이라는 개념을 사용하셨다. 특별히 하나님의 섭리를 표현하는 데 이 단어를 사용하셨다.

1) 세상을 창조하시는 하나님의 손

하나님의 섭리는 하나님이 창조하신 세상의 통치 목적을 달성하기 위해 행하고 인도하시는 사역을 말하기에, 창조주 하나님이 최고의 존재라는 개념을 내재하고 있다. 창조주 하나님이 역사를 주관하시면서 창조 세계와 피조물을 돌보고 다스리시는 일을 섭리라고 하기에, 하나님의 창조와 섭리는 반드시 연결해서 생각해야 한다. 그래서 섭리를 창조 이후에 창조된 세계에 대한 하나님의 창조 활동이라고 말하기도 한다. 물론 창조된 세계에서 하나님의 구원 활동도 하나님의 섭리를 구성하는 또 하나의 중요한 요소이다.

섭리하시는 하나님의 손은 창조하시는 하나님의 손에서부터 시작한다. 섭리는 창조를 제쳐놓고 이해하거나 설명할 수 없다. 하나님은 창조하시기 위하여 그분의 손을 사용하신다. "과연 내 손이 땅의 기초를 정하였고 내 오른손이 하늘을 폈나니"(사48:13). 이 놀라운 광경의 보도가 하나님의 손은 과거나 현재나 미래의 창조에서 중요한 요소라는 걸 확증한다. 여기에서 보는 바와 같이 하나님은 초월하여 계신다. 그분은 세계의 창조자이시기에 세계 안에 갇혀 있지 않으시고 피조물 위에 계신다. 또한 그분의 초월은 철학적이거나 비인격적인 의미에서 초월이 아니라, 진실로 세상에 내재해 계시는 하나님이시다.

하나님은 엄청난 우주를 창조하셨다. 광활한 공간을 창조하시고 거기에 수많은 항성과 행성과 위성과 유성들을 두셨다. 우주 과학자들에 따르면, 우리 은하에는 천억 개가 넘는 항성들이 있고, 이런 우리 은하와 같은 은하계만도 우주에 천억 개가 넘는다고 한다. 우주를 구(球)로 생각한다면 이 끝에서 저 끝까지 가는 데 150억 광년이 넘게 걸린다. 그렇다고 창조 세계가 광활하기만 한 것은 아니다. 정교하고 세심하게 존재하기도 한다. 우리는 아직 들에 피는 들꽃 한 송이가 지닌 오묘한 생명의 신비를 다 파악하지 못하고 있다. 얼마나 우주가 광활한지, 그리고 거기에 어떤 놀라운 것들이 있는지 발견한다 하더라도, 세상에 존재하는 만물이 얼마나 정교하고 오묘하다는 것을 깨닫는다 하더라도, 궁극적으로 이 모든 것을 하나님의 손이 지으셨음을 기억해야 한다. 그리고 우리 자신들도 그분의 손이 지으셨다는 것을 잊지 말아야 한다. 또한 그분을 위하여 창조되었다는 것도 인지하고 있어야 한다(골2:16).

※ 창조하시는 하나님의 손과 관련된 성경: 욥10:3,8; 14:15; 시8:3,6; 95:5; 102:25; 119:73; 138:8; 사 41:20; 48:13; 64:8; 66:2; 행7:50; 히1:10.

2) 세상을 보존하시는 하나님의 손

하나님은 세상을 초월하시지만, 세상에서 일하실 수 있고, 또 일하고 계신다. 하나님이 창조하셨기에 우주가 존재하고, 하나님은 그 우주를 인과관계의 토대 위에 두셨다. 그러나 우주는 폐쇄된 체계에서 자연적 원인에 의해서만 지배받지 않는다. 물론 인과관계(자연법칙)는 엄연히 존재한다. 자연법칙이 없다면 과학이 성립될 수가 없다. 나무가 자라고 눈이 오고 비가 내리는 것을 하나님이 그때마다 임의로 결정하시는 것은 아니다. 그런데 어떤 사상가들은 자연법칙을 너무 중시한 나머지 하나님이 이 세상을 창조하셨지만, 자연법칙에 모두 맡기고 이 세상에는 관여하지 않으신다고 말한다. 심지어 하나님조차 이 세상의 자연법칙에 의해 제한받으신다고 생각한다. 이런 주장을 하는 사람을 가리켜 이신론자 혹은 자연론자라 부른다. 그러나 하나님은 이런 자연법칙의 제한을 받지 않으신다. 하나님은 우주의 한 부품이나 부분이 아니시다. 하나님은 세상을 만드시고 지금도 원하시는 대로 창조 세계 속에서 일하고 계신다.

하나님의 손에 대한 성경의 언급을 보면, 하나님은 이 세상에 여전히 역사하시고 자연법칙에 제한받지 않으시면서 일하신다는 것을 알 수 있다. "주께서 주신즉 그들이(생명들이) 받으며 주께서 손을 펴신즉 그들이 좋은 것으로 만족하다가"(시104:28). "모든 사람의 눈이 주를 앙망하오니 주는 때를 따라 그들에게 먹을 것을 주시며 손을 펴사 모든 생물의 소원을 만족하게 하시나이다"(시145:15-16). 하나님이 손을 펴시고 주신즉 갈급한 사슴이 목축일 물을 얻고, 새들이 먹이를 얻으며, 물속의 고기들이 좋은 것으로 만족한다. 만일 주의 손이 지금 역사하지 않으신다면 이 세상의 그 어느 것도 살아갈 수가 없다.

하나님은 이 세상의 만물을 보존하시기 위하여 자연법칙을 주셨지만, 그 자연법칙이 무너지지 않도록 붙들고 계시며, 때로는 그 자연법칙을 초월하셔서 만물들이 존속하고 생물들이 생존하도록 붙들고 계신다. 바울은 성자 하나님이신 예수님이 온 만물을 창조하셨다고 선포하면서, 동시에 지금도 만물이 하나님으로 말미암아 유지된다고 골로새서에서 말하고 있다. "만물이 그에게서 창조되되 하늘과 땅에서 보이는 것들과 보이지 않는 것들과 혹은 왕권들이나 주권들이나 통치자들이나 권세들이나 만물이 다 그로 말미암고 그를 위하여 창조되었고 또한 그가 만물보다 먼저 계시고 만물이 그 안에 함께 섰느니라"(골1:16-17). 이 세상의 모든 존재는 전적으로 은혜로 섭리하시는 하나님의 손에 의존한다.

예수님이 공중에 나는 새와 들판에 핀 꽃을 두고 가르치시는 것이 바로 이것이다. 이 세상의 모든 생물은 자기가 하는 일로 인해서가 아니라 하나님의 보존하시는 손길 때문에 살아간다. 소가 밭을 가는 것은 저가 할 본분이지만, 그것 때문에 생존하는 건 아니다. 은혜로운 하나님의 손길이 초목을 자라게 하시니 그

것으로 살아간다. 공중에 나는 새가 둥지를 틀고 새끼를 기르는 것은 저가 할 본분이지만, 그것으로 생존하는 것이 아니다. 하나님의 손길로 먹을 것들을 온 땅에 놓아두시니 그것으로 살아간다. 우리도 자신이 일을 함으로써 살아간다고 생각하는데, 비록 틀렸다고 할 수는 없지만, 인간의 삶의 본분과 수단은 구별해야 한다.

하나님의 나라와 의를 구하면 이 모든 것을 더해 주신다는 말씀은 이 땅에서 여전히 일하시는 하나님의 손으로 성취된다. 창조 세계를 보존하시고, 특히 그분의 백성에게 공급하시고 그들을 보호하시는 하나님의 손을 믿지 못하면 우리는 본분을 다하지 못할 것이다. 하나님의 손이 있다는 것을 알기에 우리는 삶을 하나님께 맡기고 우리의 본분에 충실할 수 있다.

※ 보존하시는 하나님의 손과 관련된 성경: 욥12:9-10; 시19:1; 95:4; 104:28; 145:15-16.

3) 대적들을 징벌하시는 하나님의 손

하나님의 손은 다양한 모습을 가지고 있다. 손은 때로 부드럽고 따뜻하기도 하지만, 때로는 매섭고 차갑기도 하다. 창조하시는 하나님의 손은 능력이 있으면서도 신묘막측하다. 보존하시는 하나님의 손은 세심하고 따뜻하다. 그런데 하나님의 손이 무시무시하고 매서울 때가 있다. 두 가지 경우인데 원수들을 징벌하시고, 자녀들을 징계하실 때이다.

구약에서 하나님의 손이 자주 언급되는 곳이 사무엘상 5장인데, 이는 블레셋 사람들이 이스라엘과 전쟁에서 승리한 후 법궤를 빼앗아 아스돗의 다곤의 신전에 두었던 사건이다. 다곤 신상이 두 번이나 엎어진 일, 결국 그 머리와 손목이 끊어진 일, 독한 종기로 엄청난 재앙이 아스돗에서 일어난 일, 또 법궤를 옮긴 에그론에서도 같은 재앙이 일어난 일 등을 하나님의 손이 하셨다고 보도한다. 신약에서 하나님의 손을 볼 수 있는 사건은 바나바와 바울이 구브로 총독에게 전도할 때 그것을 방해한 마술사 엘루마를 징벌한 일이다(행13:8-11). 그때 바울은 엘루마에게 선포하기를, 주의 손이 그 위에 있어 그가 맹인이 될 것이라고 하였다. 히브리서 기자는 징벌하시는 하나님의 손을 가리켜서 "살아계신 하나님의 손에 빠져 들어가는 것이 무서울진저"라고 하였다(히10:31). 하나님의 징벌하시는 섭리의 손은 성경에 아주 많이 나오는데, 이 손은 자기 백성을 구원하고 보호하시는 손과도 연결이 된다.

※ 징벌하시는 하나님의 손과 관련된 성경: 출9:3,15; 16:3; 삼상5:6,9,11; 시10:14; 44:2; 74:11; 75:8; 81:14; 88:5; 사9:12,21; 10:4,10; 렘21:5; 25:17; 51:7; 겔14:9,13; 행13:11; 히10:31.

4) 자녀들을 징계하시는 하나님의 손

하나님이 블레셋 사람들을 치실 때 하나님의 손이 엄중하다고 하였는데(삼상 5:11), 이는 그분의 때리시는 손이 참 매섭다는 것이다. 그런데 그 매서운 손이 그분의 자녀들에게도 나타나는데, 이에 관해 다윗은 다음과 같이 고백했다. "내가 입을 열지 아니할 때에 종일 신음하므로 내 뼈가 쇠하였도다 주의 손이 주야로 나를 누르시오니 내 진액이 빠져서 여름 가뭄에 마름 같이 되었나이다"(시32:3-4). 그가 밧세바를 범하고 우리아를 죽이고 적당히 넘어가고자 했을 때 하나님의 손은 가만히 있지 않았다.

다윗은 하나님의 무서운 손을 또 한 번 경험하였는데, 그것은 하나님의 뜻을 어기고 인구조사를 감행했을 때였다. 그때 다윗은 이렇게 말하였다. "청하건대 여호와께서는 긍휼이 크시니 우리가 여호와의 손에 빠지고 내가 사람의 손에 빠지지 아니하기를 원하노라"(삼하24:14). 비록 하나님의 자비로우심을 믿고 그분의 징계의 손에 빠지겠다고 했지만, 징계의 손은 역시 무섭다. 물론 자녀를 향한 징계의 손에는 목적이 있다. 그것은 영의 아버지께 복종하게 하고, 그분의 거룩하심에 참여하게 하고, 의의 평강한 열매를 맺게 하기 위함이다(히12:9-11). 징계하시는 하나님의 손은 매섭지만, 한편으로 세심한 배려가 있다.

5) 자기 백성을 돌보시고 공급하시는 하나님의 손

하나님의 섭리하시는 손은 자기 백성을 연단할 때만 사용하시지 않고, 돌보실 때도 사용하신다. 그 손은 물론 여전히 강하지만 부드럽고 따뜻하다. 하나님은 자기 백성을 고아처럼 내버려 두지 않으신다. 에스라 일행이 바벨론에서 유다 예루살렘으로 귀환할 때, 자기 백성을 돌보시는 하나님의 손을 수없이 경험하였다(스8:31). 에스라는 고레스 왕에게 이렇게까지 고백한 적이 있었다. "우리가 전에 왕에게 아뢰기를 우리 하나님의 손은 자기를 찾는 모든 자에게 선을 베푸시고 자기를 배반하는 모든 자에게는 권능과 진노를 내리신다 하였음으로"(스8:22). 그래서 에스라와 백성은 왕에게 부탁하는 대신에 금식 기도하면서 하나님께 간구하였고, 이에 하나님의 손이 역사하였다.

하나님의 손은 때로 그분을 의지하는 사람과 함께 한다. 가난한 자, 외로운 자, 고아인 자라 할지라도 기꺼이 그들을 돕는다. "여호와여 일어나옵소서. 하나님이여 손을 드옵소서 가난한 자들을 잊지 마옵소서 어찌하여 악인이 하나님을 멸시하여 그의 마음에 이르기를 주는 감찰하지 아니하리라 하나이까 주께서는 보셨나이다 주는 재앙과 원한을 감찰하시고 주의 손으로 갚으려 하시오니 외로운 자가 주를 의지하나이다 주는 벌써부터 고아를 도우시는 이시니이다"(시10:12-14). 세상은 오직 약육강식의 법칙이 지배하고 있는 것 같지만, 하나님의 섭리하시는 손이 부지런히 일함으로써 그분의 백성을 보살핀다.

자기 백성을 보살피시는 하나님의 손에 우리의 앞날이 놓여 있다는 것은 무엇보다 큰 용기와 위로가 된다. "나의 앞날이 주의 손에 있사오니 내 원수들과 나를 핍박하는 자들의 손에서 나를 건져 주소서"(시31:15). 우리 자신이 원수들과 우리를 핍박하는 자들의 손에 있는 것이 아니라, 주님의 손에 있다는 것이 얼마나 다행인지 모른다. 언약의 사랑과 진리를 지니신 주님의 손에 우리의 시대와 미래가 놓여 있다는 것을 확신하는 것은 그야말로 우리에게 큰 용기를 준다.

※ 자기 백성을 돌보시고 공급하시는 하나님의 손과 관련된 성경: 스7:9,28; 8:18,22,31; 느2:8,18; 시 10:12,14; 31:5; 37:24; 76:5; 77:10; 80:15,17; 92:4; 111:7; 119:173; 사26:11; 눅1:66.

6) 자기 백성을 인도, 구원, 보호하시는 하나님의 손

하나님의 손은 언제나 그분의 백성에게 있다. "내가 옛날을 기억하고 주의 모든 행하신 것을 읊조리며 주의 손이 행하는 일을 생각하고 주를 향하여 손을 펴고 내 영혼이 마른 땅 같이 주를 사모하나이다"(시143:5-6). 다윗은 과거에 행하셨던 하나님의 손을 생각함으로 말미암아 현재에도 일하시는 하나님의 손을 확신할 수 있었고, 그래서 자신의 손을 쭉 뻗어서 그분의 손을 붙잡을 수 있었다. 마치 아버지와 등산하던 아이가 미끄러지는 순간에 내뻗는 아버지의 손을 잡는 것처럼 말이다. 하나님의 손은 어디에나 그분의 백성과 함께 있다. "내가 새벽 날개를 치며 바다 끝에 가서 거주할지라도 거기서도 주의 손이 나를 인도하시며 주의 오른손이 나를 붙드시리이다"(시139:9-10).

하나님의 섭리는 자기 백성을 보호하는 목적이 있다. 악인들이 의인들을 향하여 이를 갈면서 그들을 치는 중에도 하나님의 손은 그들을 붙들어 주었다고 시편 기자는 고백한다. "그는 넘어지나 아주 엎드러지지 아니함은 여호와께서 그의 손으로 붙드심이로다"(시37:24). 이 손은 심리적 개념이나 신앙적인 확신만이 아니다. 하나님의 손은 그분의 백성을 꼭 지켜주신다.

하나님은 우리의 목자이시고 우리는 그분의 양이다. 그런데 시편 95편을 쓴 기자는 우리를 돌보고 먹이고 기르시는 하나님의 손을 강조한다. "그는 우리의 하나님이시오 우리는 그가 기르시는 백성이며 그의 손의 양이기 때문이라"(시95:7). 우리를 보호하는 것은 바로 하나님의 손이다. 하나님의 손이 우리를 지키신다.

신약에서도 동일한 개념과 방법으로 예수님이 우리를 보호하신다는 것을 확신시켜 준다. "내 양은 내 음성을 들으며 나는 그들을 알며 그들은 나를 따르느니라 내가 그들에게 영생을 주노니 영원히 멸망하지 아니할 것이요 또 그들을 내 손에서 빼앗을 자가 없느니라"(요10:27-28). 또한 예수님의 손만이 아니라 하나님의 손도 우리를 보호해준다. "그들을 주신 내 아버지는 만물보다 크시매 아무도 아버지 손에서 빼앗을 수 없느니라"(요10:29).

※ 자기 백성을 인도, 구원, 보호하시는 하나님의 손과 관련된 성경: 출7:5; 민11:23; 삼상7:13; 대상4:10; 28:19; 29:12,14,16; 대하6:4; 30:12; 느1:10; 시17:14; 18:35; 20:6; 31:5,15; 60:5; 63:8; 78:42,54,72; 80:17; 92:4; 98:1; 108:6; 109:27; 119:173; 136:12; 138:7; 139:10; 143:5; 144:7; 전2:24; 사11:11,15; 49:16; 50:2; 59:1; 66:14; 겔20:28; 33:22; 요10:29; 행11:21.

7) 모든 사람을 초청하시는 하나님의 손

사람들이 만든 신상들은 모두 손을 가지고 있지만, 그 손은 쓰지 못하는 손이다. "손이 있어도 만지지 못하며 발이 있어도 걷지 못하며"(시115:7). 신상들의 손이 은금으로 만들어졌어도, 사람의 손과 같이 정교하게 만들어졌어도 그것들은 아무것도 할 수 없다. 신상으로 만들어진 저급한 신이든지 현대인의 사상 속에 존재하는 고상한 신이든지 그들 또한 아무것도 할 수 없다. 그런데 하나님은 영이시므로 실제로 손이 없고, 세상에서는 육체적으로나 물질적으로 그 손을 볼 수도 없다. 그런데도 이 세상에서 그 원하시는 바를 행하시는 진정한 손을 가지고 계신다. 그분은 발이 없으나 필요할 때 걸으시는 분이시고, 입이 없으나 필요할 때 말씀하시는 분이시고, 손이 없으나 필요할 때 일하시는 분이시다.

이렇게 세상을 창조하고 보존하시며, 악인을 징벌하시며, 자녀들을 징계하고 돌보고 보호하시는 그분의 손이 이제는 우리를 초청한다. "내가 종일 손을 펴서 자기 생각을 따라 옳지 않은 길을 걸어가는 패역한 백성들을 불렀나니"(사65:2). 하나님은 그분의 자녀들에게 오라고 양손을 내밀어 초청하신다. 심지어 그분의 자녀들이 패역했을지라도 이제는 그 길을 버리고 그분의 품으로 돌아오라고 초청하신다. 그 초청을 하시려고 하나님은 그분의 손을 십자가에 못 박히도록 내어주셨다.

※ 모든 사람을 초청하시는 하나님의 손과 관련된 성경은 이사야 65장 2절 외에는 찾기가 힘들다. 지금까지 성경에 표현된 하나님의 손은 세상을 다스리는 하나님의 능력을 나타낸다.
  - 하나님의 능력의 손을 언급한 성경: 수4:24; 왕상8:42; 왕하3:15; 대하6:32; 20:6; 스7:28; 시118:15-16; 사14:26-27; 29:23; 34:17; 45;11; 62:3,8; 렘16:21; 18:6; 51:7; 겔20:22; 막6:2; 눅11:20; 요3:35; 행5:31; 벧전5:6; 계1:16; 10:2; 20:1.

4. 하나님의 섭리의 적용

조엘 비키는 섭리에 대한 그의 글에서 하나님의 섭리를 적용할 중요한 다섯 가지 방안을 제시한다(https://ko.ligonier.org/articles/gods-providence-applied-in-our-lives/). 하나님은 만물을 다스리신다. 우리는 그분의 길과 방법을 다 알 수 없지만, 여전히 "만물이 주에게서 나오고 주로 말미암고 주에게로 돌아감이라 그에게 영광이 세세에 있을리로다"라는 말씀을 신뢰한다. 그것은 세상을 창조하신 분만큼 세상을 다스리시기에 적합하신 분이 없기 때문이다. 그래서 우리는 언제나 어떤 곳에서나 그분의 능하신 발걸음을 보고, 그분의 손길을 체험하고, 그분의 심장의 고동을 느끼며, 그분의 섭리 속에서 살아간다. 하나님의 섭리를 아는 것은 우리에게 다음과 같은 다섯 가지의 큰 유익을 준다고 조엘 비키는 제시한다.

첫째, 우리의 삶에서 하나님 아버지의 주권에 대하여 신뢰할 수 있다. 우리의 아버지이신 하나님은 우리를 위해 지금 여기에서 공급자가 되시고, 돌보시는 분이 되시고, 보호하시는 분이 되신다. 또한 자녀들에 대한 그분의 다양한 다루심은 그분의 특별한 섭리 가운데서 결국 자녀에게 선이 된다.

둘째, 우리는 어린아이 같은 믿음으로 기도할 수 있다. 우리를 돌보고 공급하고 보호하시는 하나님 아버지는 그분의 자녀인 우리의 기도를 듣고 응답하신다. 우리가 주님이 가르쳐주신 기도처럼 "하늘에 계신 우리 아버지여"라고 부르면서 어린아이처럼 기도하면, 하나님은 각양의 필요를 우리에게 공급하시고, 우리를 돌보아 주신다.

셋째, 우리는 역경 속에서 인내할 수 있다. 역경에 대한 인간의 자연스러운 반응은 낙심과 침체이다. 하지만 우리는 하나님의 섭리를 믿기 때문에 소망을 가지고 그 상황을 인내할 수 있다. 더 나아가 그렇게 섭리하시는 하나님의 목적에 우리 자신을 맞추어 갈 수 있다.

넷째, 우리는 행복한 날에 교만하지 않고 오직 감사할 수 있다. 그 감사함은 우리를 참된 경건으로 이끈다. 경건은 하나님이 베푸시는 온갖 유익들을 아는 데서 생겨난다. 그래서 감사가 참된 경건을 이루는 것이다. 또한 감사는 우리를 참된 믿음으로도 이끈다. 내게 자격이 있다는 생각이 아니라, 하나님의 섭리에 대한 깊은 감사가 나를 깊은 믿음으로 이끈다.

마지막으로, 우리는 미지의 미래를 향하여 선한 기대를 가질 수 있다. 우리 아버지가 세상을 통치하시고 우리의 삶을 그분의 목적과 계획으로 인도하신다고 생각하면, 우리는 낙관주의자가 되지 않을 수 없다. 하나님은 만물을 통치하시기에 우리는 언젠가 그분이 마련하신 영원한 기업에 안전하게 도착할 것이다.

지금까지 하나님의 섭리라는 주제로 성경신학적 연구들을 발표하기 전에 서론적인 고찰을 하였다. 섭리의 정의 및 가톨릭교회, 벨직신앙고백서, 웨스트민스터신앙고백서, 하이델베르크교리문답서에 나타난 섭리 교리들을 제일 먼저 살펴보았다. 이어서 섭리의 유의어와 관련어로서 주권, 예정, 작정, 경륜, 계획, 통치, 역사 등의 개념과 보존, 협력, 조정이라는 섭리의 구성요소를 살펴보았다. 그리고 통상적 섭리와 비상적 섭리, 일반 섭리와 특별 섭리라는 섭리의 구분을 살펴보았다. 기조연설에서 가장 중요한 부분은 섭리하시는 하나님의 손이라는 주제인데, 세상을 창조하시는 손, 세상을 보존하시는 손, 대적을 징벌하시는 손, 자녀를 징계하시는 손, 자기 백성을 돌보시고 공급하시는 손, 자기 백성을 인도, 구원, 보호하시는 손, 모든 사람을 초청하시는 손을 하나씩 살펴보았다. 더불어 관련되는 성경구절들을 제시하였다. 마지막으로 섭리 교리의 유익 혹은 적용을 살펴보았다. 하나님의 섭리에 대한 견고한 믿음은 모든 세속적인 문제에 대한 해결책이 된다. 그러므로 우리는 두려움이나 염려가 아니라 하나님의 선하신 섭리라는 안전한 터 위에 굳게 서서 오직 믿음과 순종으로 살아가야 할 것이다.

2장

모세오경에 나타난 하나님의 섭리

김하연

> "나는 이렇게 믿습니다. 햇살속에 춤추는 먼지의 각 분자가 하나님의 원하
> 시는 것보다 더 많이 또는 더 적게 원자를 움직이지 않는다고, 하늘에 있
> 는 태양뿐만 아니라 증기선에 부딪히는 물보라의 각 분자도 그 궤도를 갖
> 고 있다고, 까부르는 사람의 손에서 나오는 왕겨가 하늘의 경로를 도는 별
> 들만큼 조종되고 있다고."

_찰스 스펄전

1. 들어가면서

오늘날의 시대는 하나님의 섭리에 대해서 관심이 많다. 코로나 팬데믹이 지
나면서 대한민국에만 1만개 이상의 교회가 없어지고,[1] 사회적 거리두기가 해제
되었어도 교인들의 예배참석은 코로나 19 이전을 기준으로 했을 때의 73% 수준

---

1. 예자연, "코로나 사태로 1만여 교회 문 닫아, 예배 통제 말라," 「매일일보(m-i.kr)」, 2023. 12. 31. 접속.

에 머물고 있다.[2] 『한국교회 트랜드 2024』에서 여러 전문가들은 한국교회의 미래에 대해서 여러 현실적 자료들, 어두운 미래 예상과 그 대안들을 제시하고 있다. 예를 들면, 목회데이터연구소 소장인 지용근은 2023년 현재 한국의 771만명의 그리스도인들이 2032년에는 521만명으로 줄어들 것이라 예견한다.[3] 향후 10년내에 30% 가량이 줄어든다는 것이다. 조성돈은 현재 29명 이하의 작은 교회 목회자의 76.4%, 그리고 30-99명 규모의 교회에서 시무하는 목회자의 68%가 향후 교회의 존립 여부를 심각하게 고민하고 있다고 했다. 그것도 5년내로 그런 결과가 오게 될 것이라고 생각하는 목회자가 19.1%라고 한다.[4]

최근 신학교 지원 상황은 어두운 예상에 한몫을 더하는데, 백광훈에 의하면, 대한민국 각 교단 산하의 신학교들 중 거의 대부분이 미달사태에 도달하였을 뿐 아니라 신학교에 다니는 전도사들마저도 향후 목사 안수를 받지 않거나 생각해보겠다고 하는 사람들이 33.5%라고 한다.[5] 그러면 앞으로 교회는 누가 인도할 것인가? 이 외에도 한국교회의 신뢰도는 2023년을 기준하여 21.0%로 국민 5명 중 1명만 한국교회를 신뢰한다고 한다. 그것도 기독교인을 포함한 자료 포집이고, 비종교인의 관점에서는 10.6%만이 기독교를 신뢰한다고 한다.[6] 각설하고, 한마디로 한국교회의 미래가 결코 밝지 않다는 것은 분명하다.

이런 때에 현장 목회는 어떻게 할 것이며, 미래 한국교회는 어떻게 대응해 나갈 것인가? 대한민국의 인구감소보다 더 빠르게 감소하는 교인들, 대한민국의 노령화보다 더 빠르게 노령화하는 교회를 향한 하나님의 섭리는 무엇인가?

---

2. Numbers(2022. 4. 기준), 기독교 통계(148호), 「한국교회 코로나 추적조사 결과3 (목회자 조사) (mhdata.or.kr)」, 2023.12. 27. 접속.
3. 지용근, 『한국교회 트랜드 2024』, (서울: 규장, 2023), 14.
4. 조성돈, 『한국교회 트랜드 2024』, (서울: 규장, 2023), 48.
5. 백광훈, 『한국교회 트랜드 2024』, (서울: 규장, 2023), 227.
6. 정재영, "'2023년 한국 교회의 사회적 신뢰도 여론 조사' 결과가 의미하는 것," 「기독교윤리실천운동(cemk.org)」, 2023. 12. 27. 접속.

1866년 대동강변에 성경을 던져 놓고 순교한 토마스 선교사(Robert Jermain Thomas, 1840~1866년)의 외침 이후에 대한민국은 복음전파로 말미암아 온 세계가 주목할 만한 놀라운 교회 성장을 이루었다. 뿐만 아니라 기독교는 의료, 교육, 여권신장을 비롯해 사회, 문화 전반에 선한 영향력을 미치면서 오늘에 이르기까지 놀라운 역할을 해오지 않았는가? 그러므로 오늘날 온갖 어두운 기색이 만연한 한국교회를 향한 하나님의 섭리를 묻지 않을 수 없는 것이다. 어떻게 할 것인가? 욥과 같이 "주신 이도 여호와시요 거두신 이도 여호와시오니 여호와의 이름이 찬송을 받으실지니이다"(욥1:21)라고 할 것인가? 아니면 에스겔에게 주신 "너는 피투성이라도 살아 있으라"(겔16:6)는 말씀을 붙들고 오로지 버티기로 나갈 것인가?

본 논고는 이런 절실한 한국교회의 현실을 내다보면서 하나님의 섭리를 기대하고, 또 그 기대에 부응하여 주님을 따르는 지혜를 얻기 위해서 준비되었다. 특히 모세오경을 통해서 하나님께서 처음부터 일하시는 섭리의 원리는 무엇인지를 살핀다. 하나님이 그분의 백성을 인도하시는 원리를 살펴보는 가운데서 하나님의 섭리를 배우고 좀 더 현실적으로 적용가능한 방법들을 가지고 현실을 타개해 나가고 대응해 나가기를 바라는 마음이다.

2. 섭리의 의미

섭리의 영어 단어인 providence는 라틴어 *providentia*에서 유래되었다. 이말은 *pro*-(앞으로 혹은 위하여)와 *vide*(보다)의 합성어인데, 그 의미는 일차적으로 '내다보다(look ahead)'가 될 수 있으나 실제적인 의미는 '필요한 것을 공급하다', '지탱하다'가 된다.[7] 헬라어로도 이 단어는 같은 의미를 지니는 πρόνοια[8]인데, 철학적 혹은 종교적 영역에서는 하나님이 창조하신 피조물들을 '돌보시다(take care for)',[9] 혹은 '목적에 맞게 공급하는 행위나 세계를 지탱하고 다스리시다'[10]라는 의미를 지닌다.

하이델베르크 요리문답(1563) 제27문답은 다음과 같이 섭리를 정의한다.

제27문: 섭리란 무슨 뜻입니까?
답: 섭리란 어디에나 있는 하나님의 전능하신 능력인데, 그는 이를 통하여 마치 그의 손으로 붙잡으시듯이 하늘과 땅과 모든 피조물들을 지탱시키시고(upholds: 유지시키다, 보존하다) 식물들과 풀들, 비와 가뭄, 풍작과 흉작, 먹을 것 마실 것, 건강과 질병, 부와 가난, 양식과 음료 등 모든 것들이 우연이 아니라 그의 아버지다우신 손길로 임하도록 그렇게 그것들을 다스리십니다.

즉 하나님의 섭리는 창조하신 모든 것에 대한 하나님의 '지탱시키심'과 '다스리심'으로 요약될 수 있다. 이런 일들에는 당연히 하나님의 전능하심이 역사하며, 세상의 어떤 일도 우연으로 이루어지는 것이 아님을 분명하게 천명하는 것이다. 실로 하나님의 전능하심이 아니면 창조하신 모든 것들을 보존시키신다는 것은 생각하기도 힘든 일일 것이다. '섭리'의 범주가 모든 자연만물에게도 미친다는 것은 이성적 존재, 특히 인간을 향해 하나님이 행하실 일에만 국한시켜 사용하는 '예정'과 다름을 보여준다. 섭리가 좀 더 폭이 넓은 의미 영역을 가지는 단어라고

---

7. 존 파이퍼, 『섭리』, *providence*, 홍병룡 역 (서울: 생명의 말씀사, 2021), 42.
8. 구약 LXX 성경에는 이 단어가 다니엘 6:19에 출현하지만, 아람어 대응어는 없는 부분이고, 외경 마카비2서 4:6, 21과 마카비3서 5:30, 마카비 4서 9:24, 13:19, 17:22, 지혜서 14:3, 17:2에 등장한다. 신약성경에는 사도행전 24:2과 로마서 13:14에 언급되지만, 하나님의 '섭리'의 의미와는 다른 용도로 쓰인다.
9. John M. Dillon, "Providence," *ABD*, vol. 5. 520-21.
10. 파이퍼, 『섭리』, 42.

하겠다.[11] 우르시누스는 섭리에 대해 다음과 같이 정의하였다.

> 섭리란 하나님께서 그의 피조물들에게서 모든 선한 일들을 이루시며, 악한 일들이 행해지는 것을 허용하시고, 선하고 악한 모든 것들에 역사하사 그 자신의 영광과 그의 백성들의 구원을 이루도록 하시는 영원하고 지극히 자유로우며 불변하고 지혜롭고 의롭고 선한 하나님의 계획이다.[12]

물론 섭리는 우르시누스가 언급했듯이 계획만을 의미하는 것이 아니라, '하나님의 계획이나 뜻과 효력있는 역사'를 모두 포함한다. 즉 하나님은 미리 아시고, 미리 계획하시고, 또한 이루시는 것이다. 웨스트민스터 신앙고백은 이를 좀 더 구체적으로 다음과 같이 표현한다.

> 하나님께서는 만물의 위대한 창조주로서 자기의 지극히 지혜롭고 거룩하신 섭리로 자기의 지혜와 능력, 공의, 선하심과 자비의 영광이 찬양을 받도록 자기의 무오한 예지(豫知)와 자기 뜻의 너그럽고 불변하는 협의를 따라, 모든 피조물과 행사들과 일들을 지극히 큰 것에서부터 지극히 작은 것에 이르기까지 보존하시고, 인도하시고, 정돈(整頓)하시고 다스리신다.
> _웨스트민스터 신앙고백 제5장 섭리 1

하나님의 이러한 다스림을 요셉은 다음과 같이 깨닫고 분명하게 선포한다.

---

11. 자카리아스 우르시누스, 『하이델베르크 요리문답해설』, 원광연 역 (경기도: 크리스챤 다이제스트, 2006), 267-68.
12. 우르시누스, 『하이델베르크 요리문답해설』, 267-68.

하나님이 생명을 구원하시려고 **나를 당신들보다 먼저 보내셨나이다.**

כִּי לְמִחְיָה שְׁלָחַנִי אֱלֹהִים לִפְנֵיכֶם

왜냐하면 생명을 살리기 위해 하나님께서 당신들에 앞서 나를 보내셨기 때문입니다.[13]

_창세기 45장 5절

이는 하나님이 구원의 계획을 이루시기 위하여 요셉을 먼저 이집트에 보내시고, 후에 그의 형제들을 보내심을 나타낸다. 즉 아브라함에게 약속하신 "자손이 하늘의 별과 같이 많아지는"(창 22:17) 일차적인 성취를 이루시기 위하여 요셉을 먼저 보내시어 이집트의 총리가 되게 하시는 것으로서, 하나님의 언약하심을 구체적으로 어떻게 성취시켜 나가실지를 계획하시고 요셉을 먼저 보내시어 실현시키시는 하나님의 섭리인 것이다.

3. 섭리에 관한 성경적 표현들

구약성경에 이 섭리에 대한 정확한 대응어는 나와 있지는 않지만 '섭리'의 의미를 같이 하는 표현들은 몇 곳에 출현한다. 특히 '보다'라는 말과 '여호와의 손'이라는 표현은 하나님의 섭리를 나타내는 데 사용된다.

---

13. 김하연·총회성경연구소, 『성경원문 새번역 노트 vol. 1, 창세기』, (서울: SFC, 2020), 233.

1) '보다(רָאָה[라아])'

① 창세기 22장 8절

וַיֹּאמֶר אַבְרָהָם אֱלֹהִים יִרְאֶה־לּוֹ הַשֶּׂה לְעֹלָה בְּנִי וַיֵּלְכוּ שְׁנֵיהֶם יַחְדָּו׃

"아브라함이 이르되 내 아들아 번제 할 어린 양은 하나님이 자기를 위하여 친히 **준비하시리라** 하고 두 사람이 함께 나아가서"(개역개정)

יִרְאֶה(이르에)의 직역은 '그가 보신다'이나 본문에서의 의미는 '그가 준비하신다'이다.

② 창세기 22장 14절

וַיִּקְרָא אַבְרָהָם שֵׁם־הַמָּקוֹם הַהוּא יְהוָה יִרְאֶה אֲשֶׁר יֵאָמֵר הַיּוֹם בְּהַר יְהוָה יֵרָאֶה׃

"아브라함이 그 땅 이름을 **여호와 이레**(여호와께서 보신다/준비하신다)라[14] 하였으므로 오늘날까지 사람들이 이르기를 **여호와의 산에서 준비되리라** 하더라"(개역개정)

'여호와 이레(יִרְאֶה, qal, impf)'는 '여호와께서 보신다'라는 뜻이고, 같은 단어가 **니팔형**(수동)으로 문장 끝에 다시 기록된다. 여호와의 산에서 '그가 나타나리라'(개역개정: 준비되리라)고 하는 것이다. 또한 '여호와의 산에서 준비되리라'는 영

---

14. 칼 바르트는 본문을 비추어 볼 때, 섭리라는 말이 '미리 아는 것(Vorherwessen)'으로 주장하는것에 대해서 동의하지 않으며 다음과 같이 설명한다. "그것은 '사건(Ding)들을 단순히 쓸데없이 미리 알며 인식하는 것이 아니라, 모든 사건들을 능동적으로 그리고 효과적으로 주도하는 것이다'(Bucanus, *Instit. Theol*, 1605, 14, 2). '본다(Sehen)'는 말은 그 본문에서 실제로 '주시하다(ersehen)'는 것을, 즉 이삭 대신에 제물로 바칠 숫양을 자발적으로 선택하면서 미리 결정하고(Vorherbestimmen), 준비하고, 공급하는 것을 의미한다." 칼 바르트, 『교회교의학』, vol. III/3, 윤응진 역 (서울: 기독교서회, 2016), 13-14.

역으로 'On the mount of the LORD **there is vision**'(TNK), 'On the mount of the LORD **it shall be provided**'(ESV), 'In the mount of the LORD **it will be provided**'(NASB) 등으로 번역한다. 이로 보건대 하나님의 보심과 나타나심은 그분이 '공급하시고 준비하신다(돌보신다)'라는 의미로 쓰임이 분명하다. 이것은 '섭리(providence)'의 의미와 잘 연결된다. 하나님이 (미리) 보시는 일은 바로 그분이 준비하시고 공급하시는 '섭리'인 것이다. 그분이 보시면서 개입하지 않으시는 일은 없다.

③ 출애굽기 3장 7절

וַיֹּאמֶר יְהוָה רָאֹה רָאִיתִי אֶת־עֳנִי עַמִּי

"여호와께서 말씀하시길 내가 내 백성의 고통을 **정녕 보았다**."(직역)

'보았다'라는 하나님의 표현은 그 이후에 따라오는 하나님의 섭리가 이미 시작됨을 말한다. "여호와께서 이르시되 내가 애굽에 있는 내 백성의 고통을 분명히 보고 그들이 그들의 감독자로 말미암아 부르짖음을 듣고 그 근심을 알고 내가 내려가서 그들을 애굽인의 손에서 건져내고 그들을 그 땅에서 인도하여 ……여부스 족속의 지방에 데려가려 하노라"(출3:7-8)

2) '손(יָד[야드])'
출애굽기 17장 16절

וַיֹּאמֶר כִּי־יָד עַל־כֵּס יָהּ מִלְחָמָה לַיהוָה בַּעֲמָלֵק מִדֹּר דֹּר׃

"이르되 **여호와께서 맹세하시기를** 여호와가 아말렉과 더불어 대대로 싸우

리라 하셨다 하였더라"(개역개정)

'여호와께서 맹세하시기를'을 히브리어로 직역하면 '손이 주의 보좌 위에 있어(A hand upon the throne of the LORD[ESV])'가 된다. 개역개정은 이를 의역하여 '맹세하시기를'로 번역한 것이다. '섭리'는 때때로 하이델베르그 요리문답에 언급된 것처럼 '하나님의 손'과도 밀접한 관계가 있다. 즉 하나님의 손으로 그분의 뜻대로 행하시는 역사인 것이다. 그리고 그 섭리는 놀랍게 나타나게 되는데, 출애굽기 해당 본문의 칠십인역의 이해가 이 부분을 잘 보여준다. 칠십인역은 이 부분을 ὅτι ἐν χειρὶ κρυφαίᾳ(감추어진 손으로, with a secret hand)로 번역함으로써, '비밀한 손으로 (하나님께서 싸우신다)' 하나님께서 간섭하신다는 의미로 이해했다. 이는 하나님의 섭리하심의 방법을 잘 이야기하는 것으로, 하나님의 섭리가 은밀하게 이루어진다는 것을 내포한다. 하나님은 우주와 역사를 운행하실 때 은밀하고도 놀랍게 역사하신다.

4. 창조와 섭리 그리고 이신론

1) 창조와 섭리

원래 창조와 섭리는 떼려야 뗄 수 없는 관계이다. 하나님이 만드신 세상을 하나님이 다스리시는 것은 지극히 당연한 것이다. 바울이 일찍이 "이는 만물이 주에게서 나오고 주로 말미암고 주에게로 돌아감이라 그에게 영광이 세세에 있을지어다"(롬11:36)라고 했듯이, 하나님이 만물을 창조하시고(주에게서 나오고) 하나님이 다스리시는(주로 말미암고) 것이다. 이런 의미에서 섭리는 '계속적인 창조(continua *creatio*)' 혹은 '계속된 창조(*continuata creatio*)'라는 이름으로 불려지기도 했지만,[15] 엄밀하게 섭리와 창조는 분명히 구별된다. 창조주 하나님은 창조의 사역을 제7일에 마치고 안식하셨다(창2:2). 그리고 창조하신 모든 만물을 그분의 손으로 붙드신다. 바빙크가 "하나님에게 있어서 창조하는 것은 노동이 아니고, 보존하는 것은 안식이 아니다."[16]라고 말함으로써 창조와 섭리의 연속성(continuities)을 인정하는 것 같이 보였어도, 사실 그는 "창조와 섭리는 동일한 것이 아니다. 만일 섭리가 매순간 새롭게 갱신하는 창조였다면, 피조물들 역시 매순간 무로부터 산출되어야 했을 것이다."라고 표현함으로써 창조와 섭리의 불연속성(discontinuities)을 분명하게 지지하는 입장을 취했다.[17]

아브라함 카이퍼도 창조와 섭리의 역사를 다음과 같이 엄격하게 구별했다.

> 결국 창조와 섭리의 차이는 바로 이 차이에 있습니다. 즉 창조는 하나님 밖에서 사물이 존재하게 하는 반면, 섭리는 오직 하나님과 그분의 능력을 통해서만 하나님 밖에 존재하는 사물이 하나님 밖에서 존속하게 하는 것입니다.[18]

다른 말로 표현하면, 창조는 독립적인 하나님의 선포적인 행위인 반면, 섭리는 선행된 창조에 의존적이라는 것이다.[19] 이런 면에서도 섭리를 창조의 연속선

---

15. 우르시누스는 "섭리는 창조의 계속이상 아무것도 아니다. 세상을 다스리는 일은 바로 하나님께서 창조하신 것들을 보존하는 일이기 때문이다."라고 주장했다. 우르시누스,『하이델베르크 요리문답해설』, 261.

16. 헤르만 바빙크,『개혁교의학』, vol. 2, 박태현 역 (서울: 부흥과 개혁사, 2011), 735.

17. 바빙크,『개혁교의학』, vol. 2, 754를 참고하라. 이신열, "헤르만 바빙크의 창조와 섭리 이해에 나타난 연속성과 불연속성,"『고신신학』16호 (2014): 52-85.

18. Abraham Kuyper, *Common Grace: God's Gifts for a Fallen World*, vol. 2 (Bellingham, WA: Lexham Press, 2016), 440.

19. 카이퍼는 이와 같은 논리를 바탕으로 우리의 영혼의 창조는 아담 안에서 이미 마쳤으며, 우리의 육신의 부모에게서 오는 것이 아니라고 했다. 그러므로 우리가 이미 아담 안에서 모든 사람은 (영적인 존재로서) '죄를 지었

상에서 보는 것은 무리이다. 창조와 섭리는 떼려야 뗄수 없는 관계이긴 하지만,[20] 분명히 구별되는 하나님의 역사임을 알아야 한다.

2) 섭리와 이신론(Deism)

하나님이 온 우주를 창조하신 것은 '무'로부터의 창조이다. 삼위 하나님의 우주 창조[21] 전에는 하나님 외에는 어떤 존재도 있을 수가 없었다. "무로부터는 아무것도 나오지 않는다(ex nihilo nihil fit)"라는 라틴 경구는 세계가 원인 없이 존재하게 되었다는 것을 의미할 수 없다.[22] 하나님, 곧 하나님의 의지가 세계의 원인이다. 제1원인이신 하나님이 계시기에 '무로부터의 창조'라는 말은 다른 각도에서 고려되어야 한다.[23] 창세기 1장 1절의 "태초에 하나님이 천지를 창조하시니라"는 말씀은 "하나님의 창조가 기존의 어떤 재료로부터 세계를 생성한 것이 아님"을 분명히 한다. 그러므로 창조된 모든 것, 시간[24]과 공간을 포함하여 우주와 그 안의 모든 피조물은 절대적으로 하나님께 의존할 수 밖에 없다. 서철원은 "창조주

다'(sinned, 롬5:12)라는 설명이 가능함을 제시했다. 그는 강조하여 말하기를 "우리는 이미 아담 안에 있는 존재로 여겨졌고, 그러므로 창조에 더해진 것이 아니라 완전 처음부터 이 창조에 속한 자입니다."(개인번역)라고 했다. Kuyper, *Common Grace*, vol. 2. 443.

20. John T. McNeill, ed. *Calvin: Institutes of the Christian Religion*, vol. 1 (Philadelphia: Westminster Press, 1960), 197.

21. 창조는 삼위일체 하나님의 작품이다. 경륜상 성부께서 창조하신 것으로 전면에 있기는 하지만, 성자 예수님의 창조사역의 참여(요1:3; 고전8:6; 골1:15-17, 등)와 성령 하나님의 창조사역의 참여(창1:2; 욥26:13; 33:4; 시104:30; 사40:12,13)는 성경 도처에 기록되어 있다.

22. 루이스 벌코프, 『벌코프 조직신학』, 이상원·권수경 역 (경기도: CH 북스, 2017), 355.

23. 그러므로 라틴 경구가 만일 "기존 재료로부터가 아니라면 아무것도 창조될 수 없다."를 의미했다면 더 이상 진리가 아닌 것이다.

24. 판넨베르크는 아우구스티누스를 인용하여 이 부분을 분명하게 견지하고 있다. "세계가 시간 안에서 창조된 것이 아니라 (세계는) 시간과 함께 창조되었다(non est mundus factus in tempore, sed cum tempore)". 볼프하르트 판넨베르크, 『판넨베르크 조직신학』, vol II, 신준호·안희철 역 (서울: 새물결플러스, 2018), 90. 김하연은 창세기 1장 1절을 '태초에'로 번역하지 않고 '시작에'로 번역한다. 태고의 시간안에서 창조가 이루어진 것이 아니고, 시간마저도 창조되었기 때문이다. 김하연·총회성경연구소, 『원문새번역 노트 창세기』 (서울: SFC출판부, 2020), 25.

는 만물들을 그의 손으로 붙드셔야 한다. 그래야 만물이 무로 돌아가지 않고 그 존재를 계속 유지할 수 있다."[25]라고 정돈한다. 그의 설명은 "피조물의 기본 본성은 의존성에 있고 자존자를 제외하고 모든 피조물은 다 창조주에 의존해서만 존재할 수 있음"을 확인시킨다.[26]

창조주의 의지와 목적이 없으면 세상에 존재하는 모든 것은 더 이상 존재할 수가 없다.[27] 이신론(Deism)은 창조된 우주에 대해 "우주는 하나님에 의하여 태엽이 감긴 뒤 이제는 더 이상 신적인 간섭 없이 돌아가도록 내버려 둔 시계와 같은 것"으로 치부하고 만다. 따라서 섭리에 대해서도 "창조 후 하나님은 처음 세상을 만드실 때 제정하신 일반적인 법칙들에 대해 일반적으로 감시하는" 수준에만 머물게 하고 만다. 이러한 이신론에 따르면, 세상은 더 이상 하나님의 관심의 대상도 아니고 특별하지도 않다. 하나님은 피조물에게 양도할 수 없는 특성을 나눠 주셨다. 그분은 더 이상 세상의 일을 주관하지도 다스리지도 관여하지도 않으신다.

그러나 세상의 모든 피조물들은 하나님의 것이다(신10:14). 세계가 다 하나님께 속하였으므로(출19:5) 하나님이 못하실 일은 없고, 무슨 계획이든지 못 이루실 일도 없다(욥42:2; 엡1:11). 오히려 에베소서 4장 6절에 따르면, 하나님은 명백하게 "만유 위에 계시고 만유를 통일하시고 만유 가운데 계신" 분이시기 때문에, 창조하신 모든 피조물에 대해 전적으로 그 안에서 섭리하고 운행하신다. 섭리의 교리는 이런 면에서 이신론과 완전히 반대이다. 그래서 루이스 벌콥은 이신론에 대해서 다음과 같이 언급했다.

---

25. 서철원, 『서철원 박사 교의 신학 II, 하나님론-삼위일체 하나님과 그의 사역』 (서울: 쿰란출판사, 2018), 345.
26. 서철원, 『교의신학 II』, 345.
27. 사실 하나님이 세계를 반드시 창조해야 할 필연성이 있었던 것은 아니다. 판넨베르그는 말하기를, "만일 그렇지 않다면 하나님은 자신의 신적 본질에서 세계의 현존재에 의존하시는 셈이 될 것이다."라고 설명한다. 판넨베르크, 『판넨베르크 조직신학』, vol. II, 58.

이 이신론적인 창조 개념은 결코 성경적이지도, 과학적이지도 않다. 하나님은 피조물 위에 무한히 높이 계시는 초월적인 하나님이실 뿐만 아니라 또한 창조의 전 부분에 임재하시며, 그의 영이 모든 세계 내에서 활동하시는 내재적인 하나님이다.[28]

실로 하나님이 아니시면 이 세상은 존재할 수도 없고 운행될 수도 없다. 온 세상은 하나님의 선하신 의지와 목적 가운데 창조되었기 때문이다. 하나님은 그분의 영원하신 의지와 목적으로 세상을 창조하시고 그것들을 위하여 '보존하고 통치하신다'.

5. 섭리: 보존과 통치

세상은 스스로 존립하지 못한다. 세상은 그 발생한 순간부터 오로지 하나님 안에서, 그리고 하나님을 통해서만 존재한다. 비록 세상이 하나님의 존재와 구별된다 할지라도, 결코 독립적인 존재는 될 수가 없다. 독립성은 비존재와 같다. 세상 가운데 존재하고 발생하는 만물과 온 세상은 하나님의 통치 하에 있다.[29]

하나님의 섭리의 구성은 '보존과 통치'인가, 혹은 '보존과 통치 그리고 협력'인가? 서철원은 '협력'은 17세기 이신론의 출현으로 인하여 추가된 사항이라고 설명한다. 그런 점에서 그는 '협력'은 하나님을 자칫 죄의 조작자로 만들 가능성이 많으므로 부당하다고 한다.[30] 그러므로 섭리는 '보존'과 '다스림(통치)'으로만

---

28. 벌코프, 『벌코프 조직신학』, 357.
29. 바빙크, 『개혁교의학』, vol. 2, 736.
30. 서철원, 『교의신학 II』, 347.

구분하여야 한다.[31]

<웨스트민스터 대교리문답>

문18: 하나님의 섭리의 사역들은 무엇입니까?

답: 하나님의 섭리의 사역들은 자기가 지으신 모든 피조물들을 지극히 거룩하고 지혜롭고 능력 있게 보존하시고 통치하시는 것이며, 하나님 자기의 영광을 위하여 모든 피조물들과 그들의 행위들을 조정하시는 것입니다.

1) 보존

보존이란 하나님께서 만물을 만드신 그때 주신 법칙과 성질이 변하지 않게 하시는 것을 말한다. 이것은 '창조된 세계가 보존되는 것'과 '낮과 밤이 바뀌고 계절이 바뀌는 등 자연의 질서가 깨어지지 않도록 하는 것'과 나아가 '각각의 개별적 피조물에게 베푸시는 하나님의 돌보심'을 포함하는 것이다.[32] 그래서 하나님이 창조하신 만물을 운행하시며, 노아 홍수 이후에 모든 자연 만물에게도 보존을 언약하시고(창9:9-16) 이스라엘의 백성에게 하나님의 보호와 공급을 약속하시는 것이다(신11:12-15).

"하나님이 이르시되 땅은 풀과 씨 맺는 채소와 각기 종류대로 씨 가진 열매 맺는 나무를 내라 하시니 그대로 되어"(창1:11)

---

31. 출애굽기 4장 11절과 12절에서 하나님은 "모세의 입과 함께 있을 것이며 무슨 말을 할지를 가르쳐 주시겠다."라고 말씀하신다. 또한 신명기 8장 18절에서는 "이스라엘에게 부를 얻는 능력을 주셨다."라고 하신다. 이러한 요소들은 섭리의 협력적인 요소를 보이는 것으로 간주되기도 한다. 그러나 분명한 것은 루이스 벌코프가 지적했듯이, "피조물이 하나님의 능력과 의지와 독립적으로 활동하는 단 한순간도 존재하지 않는다."(벌코프, 403)라는 분명한 명제를 피할 수는 없다. 그러므로 굳이 섭리의 신적 협력을 따로 구별할 필요는 없다. 이것은 자칫 인간의 자의적인 범죄에 대해서 인간의 책임을 면하게 해주는 것이 아니라, 오히려 하나님께 그 책임을 전가시킬 가능성이 있다.

32. 판넨베르크, 『판넨베르크 조직신학』, vol. II, 79.

하나님이 만물을 종별로 창조하시고, 그 종이 유지되도록 하신 것이다. 종간의 진화는 불가능함을 처음부터 말씀하고 계신다.

> "하나님이 이르시되 하늘의 궁창에 광명체들이 있어 낮과 밤을 나뉘게 하
> 고 그것들로 징조와 계절과 날과 해를 이루게 하라"(창1:14)

하나님은 우주를 만드시고, 운행하는 규칙을 만드시고, 그것이 그대로 진행되도록 하셨다. 만물을 그분의 능력의 말씀으로 붙들고 다스리시는 것이다(골 1:17; 히1:3; 2:8).

> "베냐민에 대하여는 일렀으되 여호와의 사랑을 입은 자는 그 곁에 안전히
> 살리로다 여호와께서 그를 날이 마치도록 보호하시고 그를 자기 어깨 사이
> 에 있게 하시리로다"(신33:12).[33]

하나님이 그분의 백성을 보존하시는 것이다.

2) 통치(다스리심)

하나님의 섭리의 또 다른 중요한 부분은 바로 '통치(다스리심)'이다. 하나님의 다스리심(통치)은 만물을 그 세운 법칙대로 운행하시는 것뿐 아니라, 그분이 세우신 구원의 경륜을 이루시기 위하여 인간의 역사를 다스리시며, 적극적으로 개입하셔서 그리스도 중심으로 우주의 역사가 운행되도록 섭리하시는 것이다. 이러한 다스리심은 그분이 창조하신 모든 피조물에 이른다. 만일 이 다스리심을 자연

---

33. 이외에도 하나님이 그분의 백성을 보호하시는 일을 나타내는 구절로는 창세기 28:15, 49:24, 출애굽기 14:29, 30, 신명기 1:30, 31 등이 있다(모세오경 중심).

에 국한시킨다면 이것이야말로 칼빈이 말한 바 '유치한 트집잡기'가 될 것이다.[34] 칼빈은 한발 더 나아가서 섭리 교리의 중요성에 대해서 다음과 같이 서술했다.

실로 하나님께서 보편적인 자연법칙에 의하여 만물이 자유로운 과정에 따라 생성되도록 하신 것처럼, 하나님의 섭리를 좁은 한계 내에 제한시키려는 자들은 하나님으로부터 그 영광을 박탈하는 것 못지않게 자기들에게서도 가장 유용한 교리를 빼앗아 버리는 것이다. 왜냐하면 인간이 만일 하늘, 공기, 땅, 물 등의 운동에 예속되었다고 하면 아마 인간보다 더 비참한 존재는 없을 것이기 때문이다.[35]

3) 하나님의 섭리의 실제적인 모습들

모세오경을 중심으로 하나님의 섭리의 실제적인 모습들을 몇 가지만 나열하면 다음과 같다.[36]

① 자연계와 물질계

"이스라엘 자손들이 있는 그 곳 고센 땅에는 우박이 없었더라"(출9:26)

---

34. McNeill, ed. *Calvin: Institutes*, vol. 1, 200.
35. McNeill, ed. *Calvin: Institutes*, vol. 1, 200.
36. 루이스 벌코프는 하나님의 섭리적인 통치 영역에 대해서 다음과 같이 예시하고 있다. ① 우주 전체에 대하여(시 103:19; 단5:35; 엡1:11), ② 물리적인 세계에 대하여(욥37:5,10; 시104:14; 135:6; 마5:45), ③ 동물계에 대하여(시104:21,28; 마6:26; 10:29), ④ 국가들의 일에 관하여(욥12:23; 시22:28; 66:7; 행17:26), ⑤ 인간의 출생과 삶의 운명에 관하여(삼상16:1; 시139:16; 사45:5; 갈1:15,16), ⑥ 인간의 삶의 외적인 성공과 실패에 관하여(시75:6,7; 눅1:52), ⑦ 외관상 우연적이거나 사소한 일에 관하여(잠16:33; 마10:30), ⑧ 의로운 자의 보호에 있어서(시4:8; 5:12; 63:8; 121:3; 롬8:28), ⑨ 하나님의 백성들의 필요를 채워 주시는 데 있어서(창22:8,14; 신8:3; 빌4:19), ⑩ 기도에 응답하는 데 있어서(삼상1:19; 사20:5,6; 대하33:13; 시65:2; 마7:7; 눅18:7,8), ⑪ 사악한 자를 적발하여 벌하시는 데 있어서(시7:12,13; 11:6). 벌코프, 『루이스 벌코프 조직신학』, 397.

② 동물계

"하나님이 이같이 그대들의 아버지의 가축을 빼앗아 내게 주셨느니라"(창31:9)

하나님은 이집트를 심판하실 때에 개구리(출8:1-15), 이(출8:16-19), 파리(출8:20-32), 메뚜기(출10:4)를 불러오셨다. 이스라엘이 고기를 먹고 싶다고 불평할 때에는 메추라기를 불러서 먹게 하셨고(출16:11-13), 반역하는 이스라엘에게 불뱀을 보내셔서 심판하셨고(민21:4-9), 사나운 짐승을 그 땅에서 제하실 것이라고 약속하셨다(레26:6).

③ 인간의 출생과 사망을 주관하시고 마음을 주관하심

"여호와께서 레아가 사랑받지 못함을 보시고 그의 태를 여셨으나 라헬은 자녀가 없었더라"(창29:31)

이와 같은 맥락은 창세기 18장 13-14절, 25장 21절, 30장 22절 등에서도 찾아볼 수 있다.

"밤중에 여호와께서 애굽 땅에서 모든 처음 난 것 곧 왕위에 앉은 바로의 장자로부터 옥에 갇힌 사람의 장자까지와 가축의 처음 난 것을 다 치시매"(출12:29)
"여호와께서 애굽 사람들에게 이스라엘 백성에게 은혜를 입히게 하사 그들이 구하는 대로 주게 하시므로 그들이 애굽 사람의 물품을 취하였더라"(출12:36)

같은 맥락에서 출애굽기 12장 31절에서 애굽 사람들이 그 백성을 재촉하여 속히 내보내려고 하는데, 이 또한 하나님이 그들의 마음을 주관하신 것이다.

④ **언약과 명령을 주시고 그 언약대로 섭리하심**(이 부분은 대교리문답 20문에 잘 나와 있다.)

문20: 창조된 본래의 상태에 있던 사람을 향한 하나님의 섭리는 무엇이었습니까?

답: 창조된 본래의 상태에 있던 사람을 향한 하나님의 섭리는, 그를 낙원에 두시고, 그것을 돌보도록 그를 임명하시고, 땅에서 나는 모든 열매를 먹을 수 있는 자유를 그에게 주신 것(창2:8,15,16)과 모든 피조물을 그의 통치 아래 두시고(창1:28), 배필을 주시려고 결혼을 제정하시고(창2:18), 하나님 자신과 교제하게 하신 것(창1:27,28)과 또한 안식일을 제정하신 것(창2:3)과 인격적이고 완전하며 항구적인 복종을 조건으로(롬5:14; 고전15:22,47; 호6:7; 눅10:25-28; 갈3:12; 롬10:5; 갈3:10,12) 생명나무를 보증으로 삼아(창2:9,16,17) 사람과 더불어 생명의 언약을 맺으시고, 선악을 알게 하는 나무의 열매를 먹는 것을 사망의 고통에 의거하여 금하신 것(창2:17)입니다.

⑤ **인간의 역사를 주관하심**

하나님은 인간의 역사를 주관하신다. 그 목적은 인간을 구원하시기 위함이다. 곧 그리스도 중심으로 주관하셔서 믿음으로 말미암아 구원을 얻게 하시려고 구속사적으로 섭리하시는 것이다.

"여호와께서 거기서 그들을 온 지면에 흩으셨으므로 그들이 그 도시를 건설하기를 그쳤더라"(창11:8)
"내가 너로 큰 민족을 이루고 네게 복을 주어 네 이름을 창대하게 하리니

너는 복이 될지라 너를 축복하는 자에게는 내가 복을 내리고 너를 저주하

는 자에게는 내가 저주하리니 땅의 모든 족속이 너로 말미암아 복을 얻을

것이라 하신지라"(창12:2-3)

지구에는 오직 하나의 역사만 존재한다. 그것은 그리스도 예수를 통해서 하나

님의 백성, 아브라함의 후손을 믿음으로 구원에 이르도록 하기 위해 하나님이 섭

리하시는 세계의 역사만 있을 뿐이다.[37] 하나님은 이 일을 위해서 이스라엘에 초

점을 맞추신다. 그들을 불러 하나님의 백성이 되게 하시고, 하나님은 그들의 하

나님이 되시려고(출19:6) 이스라엘을 애굽에서 인도하여 내고자 하신다(출3:10). 즉

하나님을 섬기게 하려고 하시는 것이다(출3:11-12).

⑥ 형통을 주시며 하나님의 백성의 필요를 채우시고 복을 주시는 일

"그의 주인이 여호와께서 그와 함께 하심을 보며 또 여호와께서 그의 범사

에 형통하게 하심을 보았더라"(창39:3)

"너를 낮추시며 너를 주리게 하시며 또 너도 알지 못하며 네 조상들도 알지

못하던 만나를 네게 먹이신 것은 사람이 떡으로만 사는 것이 아니요 여호와

의 입에서 나오는 모든 말씀으로 사는 줄을 네가 알게 하려 하심이니라"(신8:3)

"여호와께서 너를 위하여 하늘의 아름다운 보고를 여시사 네 땅에 때를 따

라 비를 내리시고 네 손으로 하는 모든 일에 복을 주시리니 네가 많은 민족

에게 꾸어 줄지라도 너는 꾸지 아니할 것이요"(신28:12)

---

37. 이 주제에 관하여 교리학자인 R. Reymond는 T. H. L. Parker의 말을 인용한다. "성경적 관점에서 볼 때, 세계의
역사와 개인적인 인생사는 오직 성육신에 비추어서만 의미를 갖는다. 유다가 다말과 관계를 맺는 지저분한 정욕
의 이야기(창38장)는 메시아의 족보에서 그 자리를 찾게 된다(마1:3). 아우구스투스 황제(가이사 아구스도)는 구
유에 놓인 미지의 아기를 위해 로마의 황제 자리에 있었던 것이다." Robert L. Reymond, 『최신 조직신학』, 나
용화 외 공역 (서울: CLC, 2010), 515.

6. 섭리의 목적: 하나님의 영광을 위하여

1) 시편 기자는 하나님의 통치가 우주적이며 공의로우며 권능으로 역사함을 외치고, 그 목적이 하나님의 영광을 위함임을 천명한다(시97:1-6).[38]

하나님의 섭리의 목적은 오직 한가지, 곧 하나님의 영광이라는 선하신 목적을 위하여 운행하시는 것이다. 하나님이 만물을 창조하신 후에 그것을 보존하며 다스리실 때에 창세기 1장은 여러 차례 하나님이 명령하신 후에 "(하나님이 말씀하신) 그대로 되니라"고 기록한다(창1:7,9,11,15,24,30). 그리고 하나님은 그것을 "보시기에 좋았더라"고 하신다(창1:12,18,21,25,31). 한마디로 하나님의 기뻐하심, 곧 하나님이 영광 받으시는 모습이 언급되는 것이다. 그렇다면 처음부터 하나님의 영광을 위하여 창조하신 것이 아닌가?[39] 그리고 섭리의 궁극적인 목적은 '새로운 인류', 곧 예수 그리스도를 통해 그분의 은혜의 영광을 찬송하기 위해 존재하는 인류를 일으켜서 그분이 영광을 받는 것이다.[40]

2) 악한 자의 행위도 하나님의 섭리는 선하게 인도하셔서 하나님께 영광이 되게 하신다.

요셉의 예를 들어보자. 요셉의 형들은 요셉을 팔았고, 후일 요셉이 애굽의 총리가 됨을 알았다. 이에 그들은 아버지 야곱이 죽었을 때 자신들의 행위로 두려

---

38. 시편 97편 1-6절. "1여호와께서 **다스리시나니** 땅은 즐거워하며 허다한 섬은 기뻐할지어다 2구름과 흑암이 그를 둘렀고 **공의와 정의가 그의 보좌의** 기초로다 3불이 그의 앞에서 나와 사방의 대적들을 불사르시는도다 4그의 번개가 세계를 비추니 땅이 보고 떨었도다 5산들이 여호와의 앞 곧 온 땅의 주 앞에서 밀랍 같이 녹았도다 6하늘이 그의 의를 선포하니 모든 백성이 **그의 영광을** 보았도다"
39. 이사야 43장 7절. "내 이름으로 불려지는 모든 자 곧 내가 내 영광을 위하여 창조한 자를 오게 하라 그를 내가 지었고 그를 내가 만들었느니라"
40. 파이퍼, 『섭리』, 231. 참조. E. Frank Tupper and Martin Luther, "The Providence of God in Christological perspective," *Review & Expositor* 82.4 (1985): 579-95. 특히 580페이지를 보라. "In Jesus Christ the mystery of the providence of God converges with the vision of the Kingdom of God."

위했다. 그때 요셉은 거기서 하나님의 섭리를 말한다. 곧 하나님은 인간의 악행을 오히려 하나님의 선하신 뜻 가운데 역사하셔서 바꾸셨다는 것이다.

> "당신들은 나를 해하려 하였으나 하나님은 그것을 선으로 바꾸사 오늘과
> 같이 많은 백성의 생명을 구원하게 하시려 하셨나니"(창50:20)

출애굽 때 하나님이 이스라엘 백성을 이끌어 내신 일, 그 과정에서 바로를 심판하신 일, 광야에서 기적을 일으키신 일들이 이스라엘 백성에게나 이방 백성에게 모두 "나를 여호와인 줄 알리라"는 목적으로 행해졌음을 알아야 한다. 서철원이 다음과 같이 말했듯이, 하나님은 얼마든지 악한 자의 악을 이용해서도 선한 결과로 이끄시는 분이시다.

> 하나님은 사람의 악한 계획과 행동을 막지 않으시면서 자기의 작정이 이
> 루어지게 하신다. …… 사람이 죄와 악을 행할 때 하나님은 허용하고 막지
> 않으신다. 그러나 하나님의 무한한 지혜의 역사로 사람의 죄악을 통해서
> 도 자기의 뜻을 이루신다. 사람의 죄악을 통해서는 하나님의 선하심을 드
> 러내시고, 회개와 믿음을 통해서는 하나님의 영광의 작정을 드러내신다.[41]

이와 같은 하나님의 선하신 섭리의 역사는 결국 모든 백성들이 하나님을 알고 하나님께 영광을 돌리게 하기 위함이다.

> "그러므로 이스라엘 자손에게 말하기를 나는 여호와라 내가 애굽 사람의
> 무거운 짐 밑에서 너희를 빼내며 그들의 노역에서 너희를 건지며 편 팔과

---

41. 서철원, 『교의신학 II』, 360.

여러 큰 심판들로써 너희를 속량하여 너희를 내 백성으로 삼고 나는 너희의 하나님이 되리니 나는 애굽 사람의 무거운 짐 밑에서 너희를 빼낸 **너희의 하나님 여호와인 줄 너희가 알지라**"(출6:6-7)

"내가 내 손을 애굽 위에 펴서 이스라엘 자손을 그 땅에서 인도하여 낼 때에야 **애굽 사람이 나를 여호와인 줄 알리라 하시매**"(출7:5)[42]

하나님의 섭리하심의 목적은 하나님의 백성들과 이방의 백성들까지 하나님을 알고 그분께 영광을 돌리게 함이다.

3) 하나님은 악을 허용하시지만[43] 악과 협력하시는 것은 아니다.

죄가 되는 행동은 다른 모든 행동과 같이 하나님의 허락이 있어야만, 그리고 하나님의 목적에 따라서만 나타난다고 성경은 언명한다. 그래서 사람들의 악행은 하나님이 정하신 것이라고 한다(창45:4,5; 출7:13; 14:17; 행2:23; 3:18; 4:27,28). 그리고 하나님은 죄를 짓는 사람들을 끊임없이 억제하고 통제하시며(시76:103; 왕하19:28; 사10:15), 그들의 죄를 억압해서 선으로 바꾸신다(행3:13; 창1:20).[44]

하나님의 섭리는 때로 인간에게 죄를 허용하시거나 악한 마귀가 악한 일을 하는 것을 허용하실 때가 있으나 그 역시 하나님의 큰 일, 곧 하나님의 구원 역사를 위한 큰 계획가운데 오묘하게 포함된 것임을 알아야 한다. 물론 그것은 하나님이

---

42. 이와 같은 맥락으로 출애굽기 7:5; 8:10, 22; 9:14; 10:2; 11:9; 14:4, 18 등이 있다.

43. 바빙크는 이 주제에 대하여 이렇게 서술한다. "하나님은 종종 죄를 허용하고 막지 않는다. 하나님은 이스라엘을 그 강퍅한 마음대로 버려 두었고(시81:12), 모든 족속으로 자기의 길들을 다니게 묵인했으며(행14:16; 17:30) 그들 자신의 정욕대로 버려 두었다(롬1:24, 28). 그래서 하나님은 아담의 타락, 아벨의 죽음, 홍수 이전 사람들의 불의(창6:3), 요셉의 매매(창37장), 예수의 정죄 등을 허용했다고 말할 수 있다. 그러나 이러한 허용(*permissio*)은 결코 소극적인 것이 아니기에, 죄 역시 그 최초의 시작부터 하나님의 통치의 권세와 주권 하에 있다." 바빙크, 『개혁교의학』, vol. 2, 767.

44. A.S. 하지, 『웨스트민스터 신앙고백해설』, 김종흡 역 (서울: 크리스챤 다이제스트, 2005), 133.

죄의 조성자이거나 죄의 협력자가 되신다는 것을 의미하는 것은 아니다. 하나님은 빛이시므로 그분 안에는 어둠이 전혀 없으신 분이며(요일1:5), 또한 누구도 죄를 범하도록 시험하지 않으시는 분(약1:13)이기 때문이다.[45] 그러므로 "하나님께서는 죄에 대하여 비난받을만한 원인이 아니시며 오직 인간만이 자신들의 죄에 책임이 있다는 것이 명백해진다."[46]라고 한 레이몬드(Reymond)의 말은 합당하다. 악한 자는 여전히 자기의 자유의지 가운데 악을 행하고 그의 죄에 대해서는 그 자신에게 책임이 있다. 놀라운 것은 하나님은 악한 자도 악한 때에 그 쓰임이 적당하도록 허락하신다는 것이다(잠15:4). 예를 들면, 모세가 이스라엘 백성을 애굽에서 이끌어 내라는 하나님의 명령을 받고 바로와 대결할 때에 바로는 열 번이나 강퍅한 마음으로 하나님을 대적한다. 바로가 악할수록 하나님의 심판도 강해지고, 그 결과 하나님의 권능과 영광도 더 크게 나타나는 결과가 초래된다. 더불어 바로의 마음도 완강하여져서 하나님의 심판을 보고도 더 굳어지는 것을 볼 수 있다.

> "그러나 바로가 숨을 쉴 수 있게 됨을 보았을 때에 그의 마음을 완강하게 하여 그들의 말을 듣지 아니하였으니 여호와께서 말씀하신 것과 같더라"(출8:15)
> "그러나 바로가 이 때에도 그의 마음을 완강하게 하여 그 백성을 보내지 아니하였더라"(출8:32)[47]

여기서 하나님은 바로의 완강함을 막지 않으시고 허용하신다. 심지어 성경에는 우리를 의아하게 만드는 본문들도 있는데, 예를 들면, 어떤 본문에서는 하나

---

45. Reymond는 "그러므로 무엇이든지 이후에 발생한 죄악들은 오직 인간들과 천사들로부터 나온 것이지 하나님께로부터 나온 것이 아니다."라고 설명한다. Reymond, 『최신 조직신학』, 480.
46. Reymond, 『최신 조직신학』, 483. 그는 한 걸음 더 나아가 "하나님의 주권이 인간의 책임을 불가능하게 만드는 것이 아니라, 인간이 그렇게 책임이 있는 것은 바로 하나님께서 그들의 주권자이시기 때문이다."라고 논증한다.
47. 출애굽기 7:13, 14; 9:7; 10:1 등을 보라.

님이 바로의 마음을 강퍅하게 하신 것이라고 언급하는 것이다.[48]

> "내가 바로의 마음을 완악하게 하고 내 표징과 내 이적을 애굽 땅에서 많
> 이 행할 것이나 바로가 너희의 말을 듣지 아니할 터인즉 내가 내 손을 애굽
> 에 뻗쳐 여러 큰 심판을 내리고 내 군대, 내 백성 이스라엘 자손을 그 땅에
> 서 인도하여 낼지라"(출7:3-4)
>
> "그러나 여호와께서 바로의 마음을 완악하게 하셨으므로 그들의 말을 듣
> 지 아니하였으니 여호와께서 모세에게 말씀하심과 같더라"(출9:12)[49]

이러한 본문들은 자칫 하나님이 죄를 조장하신 분이라고 의심하게 하여 성경
의 난제로 여겨지기도 한다. 그러나 먼저 분명하게 해둘 것은 하나님은 어떤 악
도 조장하거나 협력하지 않으신다는 사실이다. 하나님은 말 그대로 공의로 통
치하는 분이시기 때문이다(시97:2). 사람들은 순전히 자신의 자유의지를 사용하여
죄악을 행하는 것이다. 또한 동시에 분명하게 인정해야 하는 것은 하나님의 통치
에 있어서 "하나님은 인간의 이성적이고 도덕적인 자유를 침해하지 않으신다."
라는 것이다.[50] 물론 이 두가지 주제를 함께 이해하기는 쉽지 않다. 모든 것을 다
스리시는 하나님의 섭리를 인간의 인격을 중심으로 이해하는 데는 한계가 있기
때문이다. 분명 하나님은 악한 자의 완악하고 완강한 모습을 통해서 결국 그분
이 영광을 받으시려는 계획이 있으신 것이 틀림없다. 그 일을 위해 하나님의 표
적들을 나타내시는 것이다. "그의 신하들의 마음을 완강하게 함은 나의 표징을

---

48. 하나님이 왕들의 마음을 강퍅하게 하신 본문들로는 출애굽기 4:21; 7:3; 9:12; 10:1, 20, 27; 11:10; 14:4, 8, 17; 신
    명기 2:30; 여호수아 11:20; 시편 105:25; 로마서 9:18 등이 있다.
49. 출애굽 때에 이와 같은 표현은 '그러하리라'고 미리 예고하신 출애굽기 4장 21절과 실제로 그 말씀대로 이루어
    진 출애굽기 8장 15절, 출애굽기 10장 20, 27절에 추가로 언급된다.
50. 민영진 외 편, "섭리," 『성서대백과사전』, vol. 5 (서울: 성서교재간행사, 1980), 829.

그들 중에 보이기 위함이며"(출10:1)라고 하시지 않는가? 레이몬드는 이에 대한 대답을 다음과 같이 제시한다.

하나님께서는 열 가지 재앙을 통하여 바로의 마음을 강퍅케 하시리라는 것과 그 일을 행하시는 이유는 가능한 가장 두드러지게 그분이 주권과 능력을 드러내어 애굽과 이스라엘 모두가 그분이 하나님이심을 알도록 자신의 표적을 '더하시기' 위한(출10:1, 11:9에 나오는 לְמַעַן[레마안]은 '~을 하기 위해서'라는 뜻) 것임을 선포하셨다. 출애굽기 3-14장이 우리에게 알려주듯이, 하나님께서는 바로의 마음을 계속해서 강퍅케 하심을 통해 10가지 재앙의 사건을 반복하셨고, 그 사건은 하나님의 주권적 능력을 보여주었다.[51]

하나님의 지극히 오묘하신 섭리를 무지한 인간의 지혜로는 다 이해할 수 없다. 따라서 이해할 수 없다고 해서 하나님의 오묘하신 섭리의 범주에 들지 않은 것은 아니다. 심지어 하나님은 우리의 이해의 범주를 제한하기도 하신다. 인간이 감당할 수 있는 부분이 아니기 때문이다. 모세는 이점에 대하여 분명하게 설명한다.

"감추어진 일은 우리 하나님 여호와께 속하였거니와 나타난 일은 영원히 우리와 우리 자손에게 속하였나니 이는 우리에게 이 율법의 모든 말씀을 행하게 하심이니라"(신29:29)

초대교회 성도들이 이 부분을 얼마나 잘 이해했는지는 모르지만, 그들은 분

---

51. Reymond, 『최신 조직신학』, 463. 이 주제에 대한 추가적인 논의를 보기 위해서는, 파이퍼, 『섭리』, 470-81를 참조하라.

명하게 그것을 인정했다. "과연 헤롯과 본디오 빌라도는 이방인과 이스라엘 백성과 합세하여 하나님께서 기름 부으신 거룩한 종 예수를 거슬러 하나님의 권능과 뜻대로 이루려고 예정하신 그것을 행하려고 이 성에 모였나이다"(행4:27-28). 그리고 모든 만물에 대한 하나님의 섭리를 누구보다도 명백하게 인정하고 고백하는 사도 바울도 겸손하게 이 한계를 인정한다. "깊도다 하나님의 지혜와 지식의 풍성함이여 , 그의 판단은 헤아리지 못할 것이며 그의 길은 찾지 못할 것이로다 …… 이는 만물이 주에게서 나오고 주로 말미암고 주에게로 돌아감이라 그에게 영광이 세세에 있을지어다 아멘"(롬11:33,36).

7. 섭리와 우연 또는 운명

1) 섭리와 우연

모든 것을 하나님이 섭리하심을 인정한다면 당연히 세상의 그 어떤 일에서도 '우연'은 없다는 것을 알게 된다. 섭리의 기본 개념과 우연의 개념은 서로 상충된다. 하나님이 우주의 모든 피조물과 그 운행과 인간의 역사를 섭리하신다면, 그리하여 참새 한 마리도 하나님의 허락 없이는 땅에 떨어질 수 없다면(마10:29), 어떠한 일도 우연히 생길 수는 없다. "우연이란 하나님도 들어갈 수 없는 영역이 있음을 시사하는 것이다"[52]

야곱이 형과 아버지로부터 도망하여 밧단 아람으로 갔을 때에 우물가에서 우연히 라헬과 그 양떼를 만난 일(창29장), 바로의 딸이 목욕하러 나갔을 때에 정확하게 모세를 담은 갈대 상자가 거기로 도착한 것(출2:5-10) 등은 자연인의 눈으로

---

52. 민영진 외 편, "섭리," 830.

보면 우연이라고 할 수 있을지 모르나, 하나님의 섭리 교리에서 '우연은 없다'. 넓은 나일강에서 모세를 담은 작은 바구니가 바로의 딸의 궁으로 흘러 들어갈 확률, 그것도 바로의 딸의 목욕 시간에 그곳에 도착할 확률, 그것을 보고 바로의 딸의 마음이 움직여서 자기 자녀로 삼고 싶은 마음이 들 확률은 거의 제로라고 하겠다. 또한 넓고 넓은 아람 지역(지금의 터키)에서 한번도 가보지 않은 지방으로 정처없이 가서 우연히 야곱의 발걸음이 라헬이 정해 놓은 우물에 도착할 확률, 마침 시간이 맞아서 그녀와 그 양떼를 맞이할 확률, 이러한 것도 일반적인 인간들은 우연이라고 할 수 있을지 모르나, 그 우연한 사건이 어떤 결과를 초래하였는가를 유념해 본다면, 이런 것은 결코 우연으로 돌릴 수 없다는 것을 알게 된다.

출애굽기에서 하나님은 이집트에 열 가지 재앙을 내리신다. 그런데 그 열 가지 재앙이 이집트 사람들에게만 임하고 이스라엘 사람들에게는 하나도 임하지 않는다. 나일강의 개구리, 파리, 우박, 메뚜기, 심지어 어둠 등이 인종을 알아보고 이집트인들에게만 갔다고 할 수는 없지 않겠는가? 그야말로 하나님의 섭리가 아닐 수 없다.

바로는 같은 꿈을 두 번 꾸었다. '일곱 살찐 암소와 파리하고 흉악한 일곱 암소의 꿈'과 '충실한 일곱 이삭과 동풍에 마른 일곱 이삭'의 꿈이었다. 뭔가 비슷한 의미가 있을 것 같은 꿈을 두 번 꾼 것이다. 이것은 장차 이집트에 나타날 7년의 풍년과 7년의 흉년을 예고하는 꿈이었다. 요셉이 말한 바 이것은 하나님의 섭리를 바로의 꿈을 통해서 미리 보여준 것이다.

"바로께서 꿈을 두 번 겹쳐 꾸신 것은 하나님이 이 일을 정하셨음이라 하나님이 속히 행하시리니"(창41:32)

사람들의 눈에는 자연법칙이나 현상의 일환이라고 이야기할 수 있을지 모르나, 요셉은 그것을 "하나님이 정하신 일"이요 "하나님이 속히 행하실 일"이라고 한다. 하나님이 정하시고 그렇게 진행하시겠다는 섭리인 것이다. 이것이 미리 예 언되었고 실제로 향후 14년간 그대로 시행되었던 것을 생각한다면, 결코 우연일 수가 없고, 하나님의 섭리임이 분명하게 드러난다.

우연은 없다. 칼빈은 "운명이나 우연 같은 것은 존재하지 않는다. …… 성경 이 가르치는 대로 하나님의 섭리는 행운이나 우연적 발생과는 반대이다."라고 말한다.[53] 하나님은 모든 사람의 머리카락까지 세신 바 되었다고 하지 않았는가 (마10:30)?

2) 섭리와 운명

섭리와 운명의 차이는 칼빈이 지적하여 설명한 것과 같다. 곧 운명은 "자연속 의 인과의 계속적인 관계와 이와 밀접하게 관련된 일련의 연속에서 파생되는 필 연"임에 반해, 섭리는 "만물의 지배자요 통치자이신 하나님이 하고자 하시는 일 을 지혜로 작정하시고 권능으로 수행하시되 그분이 창조하신 모든 것에 대하여 그분의 섭리로 다스려서 지정된 목적으로 향하게 하는 것"이다.[54] 이를 분명하게 구별할 수 있어야 한다. 아우구스티누스의 말처럼, "만일 무엇이든지 모두 운명 에 맡겨버린다면 세계는 목적 없이 움직이게 될 것"임이 분명하다.[55]

스펄전 목사는 그의 설교 "God's Providence"에서 이렇게 말했다.

운명이란 무엇입니까? 운명은 이런 것입니다. 존재하는 것은 무엇이든 반 드시 존재해야 한다는 것입니다. 그러나 운명과 섭리에는 차이가 있습니

---

53. McNeill, ed. *Calvin: Institutes*, 198.
54. McNeill, ed. *Calvin: Institutes*, 207-208.
55. McNeill, ed. *Calvin: Institutes*, 208, 재인용.

다. 섭리는 하나님이 명령하시는(ordains) 것은 무엇이든 반드시 존재해야 한다고 말합니다. 그런데 하나님의 명령은 무엇이든지 목적이 없이는 어떤 것도 명령되지 않습니다.[56]

창세기 1장에서 반복되는 공식인 '하나님이 명령하시고, 그대로 되니, 보시기에 좋았더라'는 체인이 바로 운명의 개념과는 명백하게 다른 하나님의 섭리를 잘 설명해 준다. 세상은 자연의 원리에 의해서가 아니고 주체가 되시는 하나님에 의해 움직이는 것이고, 그 목적이 하나님을 위하여, 즉 그분이 보시기에 좋은 것을 따라가는 것이다. 바울은 온 세상이 주 예수를 '위하여' 만들어졌다고 말한다(골1:16-17). 그분을 위하여 온 세상이 창조되고 그분으로 말미암아 (그분께서) 섭리하신다(롬11:36; 히1:3).

8. 일반섭리와 특별섭리(하나님의 일반은총과 특별은총)

서철원은 일반섭리와 특별섭리를 다음과 같이 정의한다. "일반섭리는 하나님이 세상에 있는 만물을 유지하고 다스리는 것을 말하고 …… 특별섭리는 범죄한 백성을 다시 돌이켜 자기 백성으로 삼기 위해서 행하시는 모든 일을 말한다."[57] 이 부분은 하나님의 일반은총과 특별은총의 관점에서 보는 것이 타당하다. 하나님의 은총은 곧 하나님의 섭리적 보살핌이기 때문이다. 일반은총은 하나님이 구원받기로 작정된 여부와 관계없이 모든 인류에게 베푸시는 은총이다. 이는 첫째, 모든 자들에게 골고루 햇빛과 비를 주시는 자연을 통한 은총(마5:45)이며, 둘째, 예

---

56. 접속 2023. 12. 28. GOD'S PROVIDENCE (biblebb.com).
57. 서철원, 『교의신학 II』, 362.

술과 과학을 발전시킬 수 있는 창의력을 주시는 일들이며, 셋째, 범죄를 절제할 수 있도록 간섭하시거나 양심을 주시는 일이다.[58] 그리하여 하나님은 노아의 세 아들들에게 생육하고 번성하는 축복을 주셨고, 자연은 인간의 범죄로 다시는 홍수로 심판을 받지 않을 것이며, 만물은 여전히 번성할 것이라고 사람과 짐승들에게까지 언약을 주셨다(창9:9-11). 또한 가인의 후손들로 하여금 문명을 발전시킬 여러 지혜와 기술들을 허락하셨다(창4:16-24). 그리하여 구원과는 관계없어 보이는 가인의 후손들 가운데서 수금과 퉁소를 잡는 모든 자의 조상이 된 유발이 있었고, 구리와 쇠로 여러가지 기구를 만드는 기술을 가진 두발가인이 있었다. 하나님은 또한 이방 민족인 그랄 왕 아비멜렉에게 선한 양심을 주시고 그를 막아 죄를 짓는 것을 절제시키기도 하셨다.

> "하나님이 꿈에 또 그에게 이르시되 네가 온전한 마음으로 이렇게 한 줄을 나도 알았으므로 너를 막아 내게 범죄하지 아니하게 하였나니 여인에게 가까이하지 못하게 함이 이 때문이니라"(창20:6)

하나님의 특별섭리에 대해서는 곧 구원의 섭리, 구원의 은혜라고 하겠다. 이것은 하나님의 택하심을 받은 백성들만을 향한 하나님의 선하신 계획이요, 그것을 끝까지 이루어 가시는 하나님의 구원역사를 말한다. 곧 범죄한 아담과 하와에게 가죽옷을 지어 입히시고(창3:21) 하나님이 택하신 아브라함을 부르시고(창12:1-3), 믿음으로 의롭다 하시고(창15:6), 유월절 어린양으로 예수 그리스도의 모형

---

58. 리처드 마우는 아브라함 카이퍼의 '일반은혜'의 서문에서 다음과 같이 서술한다. "카이퍼의 신학을 원천으로 사용한 개혁교회 총회는 모든 인류를 향한 하나님의 비구속적 호의에는 다음과 같은 세 가지 측면이 있다고 단언한다. ① 비와 햇빛 같은 자연적 은사들을 피조물 전체에 주는 것, ② 인간사에서 죄를 억제함으로써 불신자들로 하여금 죄성이 억제되지 않았을 경우 부패한 본성이 야기할 수 있는 모든 악을 저지르지 않게 하는 것, ③ 시민적 선행을 이행하는 불신자들의 능력." 아브라함 카이퍼, 『일반은혜』, 임원주 역 (서울: 부흥과 개혁사, 2017), 24.

을 삼으시고(출12장), 하나님의 백성들을 출애굽 시킨 후에도 끝까지 구원에 이르도록 그들을 인도하시고, 율법을 통하여 성화의 길을 가게 하신 일이다. 또한 언약을 성취시키시고, 성령으로 믿음을 주시며 인치시고(엡1:13-14; 2:8-9), 결국 새 하늘과 새 땅으로 인도하시는 하나님의 섭리의 사역이다. 이 부분에 대해서는 달리 논하지 않아도 되겠다.

9. 하나님의 섭리의 적용

1) 하나님의 섭리는 그분의 백성(교회)으로 하여금 하나님을 경외하고 그분께 영광을 돌리며 그분을 의지하게 하는 데 큰 도움을 준다.

> "네 하나님 여호와께서 네 마음과 네 자손의 마음에 할례를 베푸사 너로 마음을 다하며 뜻을 다하여 네 하나님 여호와를 사랑하게 하사 너로 생명을 얻게 하실 것이며"(신30:6)

하나님의 섭리는 온 인류를 향한 것이다. 특히 하나님의 섭리의 궁극적인 목적이 인류를 구원하고 예수 그리스도께 영광을 돌리는 일인 것임을 고려할 때, 하나님은 그분의 교회를 더욱 친근히 보호하고 다스리기를 원하신다.[59] 하나님의 섭리가 그분의 모든 창조물에 대하여 다스리고 인도하고 유지하고 역사하신다 하더라도, 그분의 교회에 대해서는 특별한 방법으로 적용하고 계심을 알아야 한다.[60]

---

59. McNeill, ed. *Calvin: Institutes*, 210-11.
60. C. F. C. Coetzee, "The doctrine of providence in the Institutes of Calvin-still relevant?" *In die Skriflig*

2) 하나님의 섭리는 찾기 어렵거나 실천하기 어려운 것이 아니다.

하나님은 그분의 섭리를 그분의 말씀가운데 명백하게 보여주셔서 그분의 백성들이 오리무중을 헤매도록 하시지 않는다. 하나님이 그분의 섭리를 성경을 통해서 보여주신 것은 성경을 지도삼아 그분을 잘 따라오도록 하시기 위함이다.

"오직 그 말씀이 네게 매우 가까워서 네 입에 있으며 네 마음에 있은 즉 네가 이를 행할 수 있느니라"(신30:14)

3) 하나님의 섭리는 경건한 백성들에게 고난을 주기도 한다.

하지만 이는 경건한 자들의 개인적인 죄에 근거하는 것이 아니라 인류의 죄에 근거한다.[61] 이런 면에서 고난은 보응뿐 아니라 시험과 징계를 의도하기도 한다.

"너는 사람이 그 아들을 징계함 같이 네 하나님 여호와께서 너를 징계하시는 줄 마음에 생각하고"(신8:5)

4) 하나님의 오묘하신 섭리가운데 성도는 구원의 확증이나 진리에 대한 확증, 고난을 통해 하나님의 영광에 이르기도 한다.

이에 십자가가 면류관이 되는 것이다(약1:12). 그러므로 성도는 역경 속에서 인내하고, 미래에 대한 염려에서도 자유를 얻게 되는 것이다.[62] 어떤 경우를 만나든지 하나님의 섭리를 인정하고 그분의 신비하심과 오묘하신 인도하심을 찬양하며 나아가야 한다.

44.1-3 (2010), 145-66(esp., 158-59).

61. 바빙크, 『개혁교의학』, vol. 2, 769.

62. McNeill, ed. *Calvin: Institutes*, 219.

10. 결론

여러 어두운 통계자료와 그에 근거한 합리적인 예측을 결코 무시할 수는 없다. 하지만 그럼에도 불구하고 우리는 현실을 타개해 나감에 대하여 아브라함 카이퍼(Abraham Kuyper)의 외침에 귀를 기울여야 한다.

> 우리 인간 삶의 전 영역에서 만유의 주재이신 그리스도께서 '내 것이다!'라고 외치지 않으신 영역은 단 일평방 인치도 없습니다.[63]

> 예수님의 왕권의 통치는 가족, 사회, 국가, 학문, 예술, 그리고 인간 활동의 모든 영역까지 확장됩니다.[64]

하나님의 섭리의 생각은 우리의 생각보다 높고 그분의 손길은 우리의 손의 능력보다 비교할 수 없이 높으시기 때문에 우리는 여전히 통치하고 섭리하시는 하나님의 손길을 의지해야 한다.

> "이는 내 생각이 너희의 생각과 다르며 내 길은 너희의 길과 다름이니라 여호와의 말씀이니라 이는 하늘이 땅보다 높음 같이 내 길은 너희의 길보다 높으며 내 생각은 너희의 생각보다 높음이니"(사55:8-9)

더구나 그분의 피로 값 주고 사신 교회에 대한 그분의 섭리는 특별하기 때문

---

63. A. Kuyper, "Sphere Sovereignty," 1880년 10월 20일 자유대학교(the Free University) 설립식에서 한 공개 연설.
64. A. Kuyper, *Pro Rege*, vol. 2, trans. Albert Gootjes (Bellingham, WA: Lexham; Acton Institute, 2016), 264.

에 교회는, 아무리 어려운 환경에 놓여 있다 하더라도, 확신을 가지고 그분의 은혜의 섭리를 바라고 나아가야 할 것이다. 교회를 향한 그분의 섭리하심은 그분의 영광을 위하여 우리를 반드시 승리로 이끌 것이다!

<약어(Abbreviations)>

ABD Anchor Bible Dictionary
ESV English Standard Version
TNK Jewish Publication Society Bible
NASB New American Standard Bible

3장

역사서에 나타난 하나님의 섭리

김성진

1. 들어가면서

위대하신 만물의 창조주이신 하나님은 모든 피조물과 그들의 행동들과 사물들을, 가장 큰 것에서부터 작은 것에 이르기까지, 자신의 무오한 예지와 자유롭고 불변하는 의지의 뜻에 따라, 자신의 지혜와 능력과 의와 선과 자비의 영광을 찬송하도록 하기 위해, 가장 지혜롭고 거룩한 자신의 섭리에 의하여, 붙드시고 인도하시고 유도하시고 통치하신다.

_웨스트민스터 신앙고백서 5. 1.

'하나님의 섭리'는 신구약 성경을 관통하는 주요 성경신학 주제 중 하나로서, 특히 이 주제와 관련하여 신학자들은 '하나님의 주관적 섭리'와 '인간의 책임' 간의 관계에 관해 논의해 왔다.[1] 본고에서는 여호수아서에서 에스더서에 이르는 구

---

1. 예를 들어, Dennis Jowers and Stanley N. Gundry, eds., *Four Views on Divine Providence* (Grand Rapids, MI: Zondervan, 2011); D. A. Carson, *Divine Sovereignty and Human Responsibility: Biblical Perspective in Tension* (Eugene, OR: Wipf and Stock, 1994); John Piper, *Providence* (Wheaton, IL: Crossway, 2021);

약 역사서 중 지면의 한계상 여호수아서를 중심으로 이 주제를 살피고자 한다.[2]

2. 구약에서 여호수아서의 의미[3]

여호수아서는 출애굽한 이스라엘 백성이 마침내 약속의 땅 가나안에 입성하여 그 땅을 정복하고 기업으로 얻는 내용을 담고 있다. 여호수아서에 나타난 '하나님의 섭리'를 살피기에 앞서 여호수아서가 성경신학적으로 어떤 메시지를 담고 있는지를 세 가지로 살펴본다.

1) 약속의 땅의 성취

여호수아서는 우선 하나님이 이스라엘의 족장들에게 하신 약속이 성취되었음을 보여주는 책이다. 과거 하나님은 아브라함에게 '가나안 땅'을 그의 후손에

David Basinger and Randall Basinger, eds., *Predestination & Free Will: Four Views of Divine Sovereignty & Human Freedom* (Downers Grove, IL: IVP, 1986); Paul Helm, *The Providence of God* (Downers Grove, IL: IVP, 1994); G. C. Berkouwer, *The Providence of God* (Grand Rapids, MI: Eerdmans, 1952); John H. Wright, *Divine Providence in the Bible: Old Testament* (New York: Paulist, 2009).

2. 구약 역사서 내에서 '하나님의 섭리' 주제와 관련하여 종종 논의되는 책이 '룻기'와 '에스더서'인데, 필자는 특히 아래 글에서 에스더서에 나타난 '하나님의 섭리'와 '인간의 반응'을 논한 바 있다. 김성진, "에스더서의 문학적 구성과 메시지," 『교회와 문화』 51 (2024); 김성진, "에스더서의 윤리 문제에 관한 고찰," 『개혁신학과 교회(신원하 교수 은퇴 기념 논문집)』 37 (2023): 233-52. 룻기에 나타난 '하나님의 섭리' 주제는 다음을 참고하라. D. I. Block, "Ruth 1: Book Of," in *Dictionary of the Old Testament: Wisdom, Poetry & Writings* (Downers Grove, IL; Inter-Varsity, 2008), 681-85.

3. 필자가 본 논문에서 전개하는 여호수아서의 '하나님의 섭리' 및 '인간의 책임'에 관한 논의는 여호수아서를 전문적으로 연구한 김진수 교수의 연구를 많은 부분 참고하고 있음을 밝힌다. 참고로, 김진수 교수의 여호수아서 연구물은 다음과 같다. 김진수, "여호수아서의 신학," 『가난하나 부요케』 (서울: 가르침, 2020), 215-48; 김진수, "여호수아서의 문학적 구성에 대한 연구," 『구약논집』 15 (2019): 8-40; 김진수, "여호수아서에 나타나는 '미결과 완결'의 긴장," 『신학정론』 37.2 (2019): 113-40; 김진수, "언어학적 담화분석을 통한 여호수아 3-4장의 구조이해," 『구약논집』 18 (2020): 34-76; 김진수, "여호수아 9장의 주해 및 신학적 연구," 『신학정론』 40.1 (2022): 11-49; 김진수, "여호수아의 긴 하루: 여호수아 10:1-15에 대한 주해와 신학적 연구," 『신학정론』 40.2 (2022): 195-226; 김진수, "여호수아의 정복전쟁에 대한 역사적 고찰," 『신학정론』 37.1 (2019): 291-332.

게 기업으로 주겠다고 약속하셨고(창12:7; 15:7,18; 24:6-7), 이 약속은 이삭과 야곱에게 반복된다(창26:2-3; 28:13-14; 35:11-12; 참고. 48:3-4).[4] 하나님은 모세와 그의 후계자 여호수아에게도 이 부분을 재차 강조하신다.

[하나님 → 모세] "내가 아브라함과 이삭과 야곱에게 주기로 맹세한 **땅**으로 너희를 인도하고 그 땅을 너희에게 주어 기업을 삼게 하리라 나는 여호와라 하셨다 하라"(출6:8)

[하나님 → 여호수아] "강하고 담대하라 너는 내가 그들의 조상에게 맹세하여 그들에게 주리라 한 **땅**을 이 백성에게 차지하게 하리라"(수1:6)

이런 맥락에서 여호수아서는 하나님의 가나안 땅 약속이 '신실하게' 성취된 것으로 묘사한다. 여호수아서는 크게 ① 도입부(1장), ② "여호와의 전쟁"[=가나안 입성과 정복](2-12장), ③ "여호와의 기업"[=가나안 땅의 분배](13-21장), ④ 종결부(22-24장)로 구성되는데,[5] 우선 도입부에 속한 1장 3절("내가 모세에게 말한 바와 같이 너희 발바닥으로 밟는 곳은 모두 내가 너희에게 주었[다]")은 완료형 동사('주었다')를 사용함으로써 "아직 정복 전쟁이 시작되지도 않은 시점"에서 가나안 땅은 "이미 받은 것이나 다름없는 것"으로 기술한다.[6] 이는 가나안 땅을 이스라엘 백성에게 주고자 하시는 하나님의 확고한 뜻과 의지를 드러낸다.[7] 또 '가나안 땅의 정복'(2-12장) 후 그 '땅을 분배'하는 내용이 이어지는데(13-21장), 특히 땅 분배를 마무리하는 21장 43절은 다음과 같이 기술한다.

---

4. Hélène M. Dallaire, "Joshua," in *The Expositor's Bible Commentary*, Revised. (Grand Rapids, MI: Zondervan, 2012), 836.

5. 김진수, "여호수아서의 문학적 구성에 대한 연구," 35-36.

6. 김진수, "여호수아서의 신학," 224-25.

7. 김진수, "여호수아서의 신학," 224-25.

"여호와께서 이스라엘의 조상들에게 맹세하사 주리라 하신 온 **땅**을 이와 같이 이스라엘에게 다 주셨으므로 그들이 그것을 차지하여 거기에 거주하였으니"(수21:43)

요컨대 여호수아서는 이스라엘 백성의 가나안 정복과 분배를 하나님이 과거 족장들에게 하신 '땅의 약속에 대한 성취'로 묘사한다.

2) 언약의 성취

여호수아서의 의미를 '언약'의 관점에서도 고찰할 수 있다. 하나님은 인간의 반역과 타락으로 무너진 '하나님 나라'를 재건하시기 위해 특히 아브라함을 택하셔서 언약을 맺으시는데, 아브라함의 후손인 이스라엘이 '큰 민족'이 되고, '약속의 땅'을 기업으로 얻게 되며, '복'을 받고 또 '복의 통로'가 될 것을 약속하신다(창12:1-3; 참고. 26:2-4; 28:13-15 등). 또 이 모든 약속이 하나님과의 친밀한 "언약적 관계" 속에서 이뤄질 것을 말씀하신다.[8]

창세기를 지나 출애굽기-신명기에서 이 언약이 일부 성취된다. 이스라엘은 우선 족장 가문에서 '큰 민족'으로 발돋움할 뿐만 아니라, 시내산 언약을 통해 하나님과 친밀한 '언약적 관계'에 들어간다(출20-24장). 하지만 그들은 여전히 모압 땅에 머물며 '약속의 땅'을 얻지 못한 상태였다.[9] 이런 차원에서 여호수아서는 '땅의 약속' 역시 성취됨을 보여준다. 이스라엘은 약속의 땅에 '입성'하여 '정복'하고(2-12장), '분배'함으로써(13-21장) 가나안을 차지한다.

이처럼 하나님이 이스라엘을 주권적으로 가나안으로 인도하셨다면, 그 궁극적 목적은 이스라엘이 가나안에서 가시적인 "하나님 나라"로 세워지기 위함이

---

8. V. Philips Long, "Joshua," in *ESV Study Bible* (Wheaton, IL: Crossway, 2008), 389.
9. Long, "Joshua," 389.

다.[10] 다시 말해, 출애굽기 19장 5-6절의 말씀처럼 이스라엘이 '거룩한 백성'이자 '제사장 나라'로서 "하나님을 가까이 모셔 섬기"고, 궁극적으로 "하나님을 온 세상에 전하는 '복의 통로'"의 역할을 하게 하는 것이다.[11]

3) 가나안 땅과 '하나님 나라,' '성전,' '안식'

여호수아서의 의미와 관련하여 마지막으로 살필 것은 책에 나타나는 '하나님 나라,' '성전,' 그리고 '안식'이라는 주제이다. 우선 이스라엘이 입성할 가나안 땅이 '하나님 나라'로 의도되었다는 사실은 여러 본문이 증언하는 바이다. 참고로 성경신학의 주제 중 '하나님 나라'와 '성전'은 서로 밀접하게 연결되어 있다. 그래서 여기서는 이 두 주제의 관계 속에서 이를 살펴본다.[12]

첫째, 홍해를 건넌 직후 모세와 이스라엘 백성이 함께 부른 출애굽기 15장의 노래는 가나안 땅을 하나님의 '처소'요, '기업의 산'이요, 그분의 '성소'가 있는 곳으로 묘사한다.[13]

> "주의 인자하심으로 주께서 구속하신 백성을 인도하시되 주의 힘으로 그들을 **주의 거룩한 처**소에 들어가게 하시나이다"(출15:13)
>
> "주께서 백성을 인도하사 그들을 **주의 기업의 산**에 심으시리이다 여호와

---

10. 김성수, 『구약의 키』 (서울: 생명의 양식, 2017), 26-27, 79.
11. 김성수, 『구약의 키』, 49. 참고로 박철현 교수는 출애굽기 19장 5-6절의 말씀이 하나님이 아브라함에게 주신 '창세기 12장 1-3절의 소명의 말씀'과 맥을 같이한다고 본다. 창세기 12장 1-3절의 궁극적 목적이 아브라함을 통해 '땅의 모든 족속이 복을 얻는 것'에 있다면, 출애굽기 19장 5-6절 역시 이스라엘이 '제사장 나라'로서 하나님과 세상을 중계하여 '온 세상이 거룩하게 되는 것'에 있기 때문이다. 박철현, 『출애굽기 산책』 (서울: 솔로몬, 2014), 176-77; Christopher J. H. Wright, *The Mission of God's People: A Biblical Theology of the Church's Mission* (Grand Rapids, MI: Zondervan, 2010), 122.
12. 두 주제의 연관성에 관한 논의는 다음을 보라. 김진수, 『창조의 목적과 하나님 나라』, 개정증보판 (서울: 부흥과개혁사, 2023), 9ff.
13. Douglas K. Stuart, *Exodus*, NAC (Nashville, TN: B&H Publishing, 2006), 356 n92, 360-61; Duane A. Garrett, *A Commentary on Exodus*, KEL (Grand Rapids, MI: Kregel, 2014), 404-5.

여 이는 **주의 처소**를 삼으시려고 예비하신 것이라 주여 이것이 **주의 손으로 세우신 성소로소이다**"(출15:17)

"여호와께서 영원무궁 하도록 다스리시도다"(출15:18)

위의 본문은 하나님이 주권적으로 이스라엘을 가나안 땅으로 이끄실 것인데, 그곳이 하나님이 거하시는 "거룩한 곳"이요, "그의 성소가 있는 곳"이라 기술한다.[14] 이는 하나님이 가나안을 지상에 하나님 나라가 재건되는 곳으로 택하셨으며, 이스라엘 백성을 친히 그곳으로 인도하실 것임을 뜻한다.

둘째, '가나안 입성 및 정복'(2-12장) 후 '땅을 분배'함(13-21장)에 있어서도 그 핵심은 '성소'를 세우는 데 있다. 여호수아 13-21장의 구조가 이를 잘 보여준다.[15]

A. 13:8-33 두 지파와 반 지파를 위해 요단 동편 지역의 배분

  B. 14:1-5 분배의 원리

    C. 14:6-15 분배 시작: 갈렙의 기업

      D. 15:1-17:18 유다와 요셉을 위한 기업

        E. 18:1-10 **회막을 실로로 옮기고 땅을 분배**

      D´. 18:11-19:48 나머지 일곱 지파를 위한 기업

    C´. 19:49-51 분배 종결: 여호수아의 기업

  B´. 20:1-6 도피성 지정

A´. 20:7-21:42 도피성과 레위인의 성읍

---

14. Garrett, *A Commentary on Exodus*, 405.

15. 아래 구조는 꼬르파르(H. J. Koorevaar)가 그의 박사 논문(*De Opbouw van het boek Jozua* [Ph.D. dissertation, University of Brussels,1990])에서 제시한 구조로, 김지찬, 『구약 역사서 이해: 문예적 신학적 서론』 (서울: 생명의 말씀사, 2016), 120-21; J. Robert Vannoy, "Joshua: Theology Of," in *NIDOTTE* (Zondervan, 1997), 4:811-19에서 재인용하였다. 한편 꼬르파르의 구조가 가지는 문제점에 대한 논의는 다음을 보라. Pekka Pitkänen, *Joshua*, Apollos (Downers Grove, IL: InterVarsity, 2010), 248; 김진수, "여호수아서의 문학적 구성에 대한 연구," 13-17, 29-30. 김진수 교수는 꼬르파르가 제시한 구조 중 C-D-E-D´-C´만 타당한 것으로 본다. 김진수, "여호수아서의 문학적 구성에 대한 연구," 29-30.

가나안 땅 분배 기사의 중심에 '실로에 회막을 세우는 것(E)'이 위치해 있는데, 이는 레위기 26장 11-12절에 언급된 하나님의 약속의 실현이라고 볼 수 있다.[16]

"내가 내 성막을 너희 중에 세우리니 …… 나는 너희 중에 행하여 너희의
하나님이 되고 너희는 내 백성이 될 것이니라"(레26:11-12)

그럼 가나안 땅 정착과 관련하여 이처럼 '성소'가 강조되는 것은 무엇 때문일까? 구약 시대의 성막과 성전은 삼중구조로 되어 있는데(지성소, 성소, 바깥뜰), 특히 지성소 안에 있는 '언약궤(법궤)'는 하나님의 보좌와 임재, 통치를 상징한다.[17] 온 세상의 왕이신 하나님은 타락한 세상 가운데 이스라엘을 택하시고, 그들 가운데 성소를 세워 지성소의 언약궤 위에 임재하셔서 통치하신다(출25:21-22; 민7:89).[18] 특히 언약궤 안에 있는 십계명이 기록된 두 돌판은 하나님의 통치가 '말씀,' 곧 '율법'을 통해 이뤄짐을 보여준다.[19] 이런 의미에서 성소는 "하나님의 왕궁"과도 같고, 말씀은 "왕의 통치 수단"이라 할 수 있다.[20] 결국 가나안 땅의 분배(13-21장)

---

16. 김진수, "여호수아서의 문학적 구성에 대한 연구," 13.
17. 김성수, 『구약의 키』, 49-50; 김진수, 『창조의 목적과 하나님 나라』, 25-26, 46-52. 언약궤는 구약에서 "하나님의 보좌"(삼상4:4; 삼하6:2; 시80:1; 99:1; 렘3:16-17) 또는 "하나님의 보좌에 딸린 '발판' 또는 발등상'"(대상28:2; 시 132:7)으로 기술된다. 이에 관한 상세한 논의는 다음을 보라. 김진수, 『창조의 목적과 하나님 나라』, 25-26, 48-50.
18. 김진수, 『창조의 목적과 하나님 나라』, 49-50.
19. 김진수, 『창조의 목적과 하나님 나라』, 454-56. 덤브렐(William J. Dumbrell)은 언약궤와 십계명을 적은 두 돌판 사이의 관계를 다음과 같이 설명한다. "법궤와 여호와의 왕권 사이에 연결이 이루어졌다고 한다면, 법궤와 그 안에 담긴 내용물은 어떻게 그 왕권이 행사되는가에 대한 암시를 제공했다. 말하자면, 이스라엘에 대한 하나님의 통치를 받아들이는 것은 선포된 하나님의 말씀에 따르는 형태를 취하도록 되어 있었다. 여기서 십계명의 계시는 이스라엘에 의해 언제나 결정적이자 우선적인 것으로 생각되었으며, 그것은 이스라엘의 국가적 삶(그리고 그에 따른 개별 이스라엘 사람들의 개인적 반응)이 운영되는 방식에 본질적인 안내를 제공하는 것으로 간주되었다. 하나님의 말씀이 있는 곳에 하나님의 임재가 있었다." William J. Dumbrell, *Covenant and Creation: A Theology of the Old Testament Covenants* (Nashville, TN: Thomas Nelson, 1984), 217. 김진수, 『창조의 목적과 하나님 나라』, 454-55에서 재인용.
20. 김진수, 『창조의 목적과 하나님 나라』, 455.

에 있어 '성소'가 강조됨은 가나안이 하나님이 거하시며 다스리시는 '하나님 나라'임을 천명하기 위함이다. 이스라엘은 실로의 '성막' 가운데 임재하며 말씀으로 통치하시는 하나님을 왕으로 모시고 섬기는 백성이 되어야 했다(참고. 시78:60; 렘7:20).[21]

셋째, 여호수아서의 '레위인' 관련 본문 역시 '하나님 나라'로서의 가나안을 강조한다. 특히 땅 분배 기사(수13-21장)에는 실로에 성막을 세우는 내용이 그 중심에 있을 뿐만 아니라 레위인에 관한 언급 또한 반복 출현한다. 참고로 레위인은 "이스라엘 자손들을 대신하여 하나님을 섬기도록 구별된 자들"로서(민8:19), 특히 이스라엘 백성을 위해 "제사를 드리며 율법을 가르치도록 세워진 영적 지도자들"이었다(신17:9,18; 24:8).[22] 하나님은 이들이 기업을 따로 할당 받지 않고 이스라엘 각 지파들 중에 골고루 분산되어 성읍을 얻어 거주하게 하셨는데(민35:1-8; 참고. 대상 6:54-81),[23] 땅 분배 기사(수13-21장)에 등장하는 레위인에 대한 언급은 다음과 같다.[24]

구분	레위인에 대한 묘사
① 땅 분배에 대한 하나님의 명령(13:1-7)	
② 요단 강 동편 땅 분배의 재확인 (13:8-33) (르우벤, 갓, 므낫세 반 지파)	- "땅 경계의 개괄적 묘사"(8-13절) → **레위인**에 관한 언급(14절) - "땅 경계의 세부적 묘사"(15-32절) → **레위인**에 관한 언급(33절)

---

21. 김진수, "여호수아서의 문학적 구성에 대한 연구," 31. 이를 창조-타락-구속-완성이라는 구속사의 흐름에서 다시 정리해보면, '창조'(창1-2장) 때 시작된 하나님 나라는 '타락 사건'(창 3장)으로 일그러지고, 또 첫 인류가 하나님의 임재와 교제 장소인 에덴 동산-성소에서 추방된다. 하지만 하나님의 '구속' 계획이 뒤따르는데, 특히 하나님은 이스라엘을 통해 그분의 나라를 재건하기 원하신다. 즉 이스라엘을 택하시고, 그들을 가나안 땅에 심으시며, 성막을 세워 그들 가운데 거하고 통치하시는 지상의 하나님 나라를 재건하신다. 김성수, 『구약의 키』, 22-23.
22. 김진수, "여호수아서의 문학적 구성에 대한 연구," 31.
23. 김진수, "여호수아서의 신학," 241-42.
24. 아래 도표는 다음 자료를 정리하여 만든 것임을 밝힌다. 김진수, "여호수아서의 문학적 구성에 대한 연구," 31-32; 김진수, "여호수아서의 신학," 241-42; 김지찬, 『구약 역사서 이해: 문예적 신학적 서론』, 51, 120-21.

③ 요단 강 서편 땅 분배 (14-19장) (나머지 아홉 지파와 므낫세 반 지파)	길갈에서 행해진 분배 (14-17장)	- 도입부(14:1-5): **레위인**에 관한 언급 - 유다(14:6-15:63), 요셉(므낫세 반 지파, 에브라임) (16-17장)

	실로에서
	행해진 분배
	(18-19장)
		- 도입부(18:1-10): **레위인**에 관한 언급
		- 베냐민(18:11-28), 시므온(19:1-9), 스불론(19:10-16),
		  잇사갈(19:17-23), 아셀(19:24-31), 납달리(19:32-39),
		  단(19:40-48), 여호수아(19:49-51)

④ 도피성(20장)과 레위 지파(21:1-42)		- "20-21장은 전체 땅 분배 기사를 끝맺기 전 많은
		  분량을 할애하여 **레위 지파**가 얻은 성읍들과 목
		  초지들을 상세하게 설명"
		- **레위인**은 "열 두 지파로부터 모두 48개의 성읍
		  들과 그것에 딸린 목초지들을 얻음"
		- "이 성읍들에 여섯 개의 도피성도 포함됨"

⑤ 땅 분배의 결론(21:43-45)		

이처럼 '레위인'에 관한 기술이 '요당 강 동편 땅 분배'(②)와 '요단 강 서편 땅 분배'(③)의 도입부(14:1-5; 18:1-10)에 각각 등장할 뿐만 아니라, 땅 분배의 마지막(④) 역시 레위인들이 거주할 48개 성읍들에 대한 언급으로 마무리되는 것은(21장), 레위인의 사역의 중요성이 부각되는 것임을 알 수 있다. 즉 이들의 사역을 통해 이스라엘이 하나님 나라의 백성답게 예배하고 율법을 따라 살도록 하는 데 있음을 보여준다.[25]

넷째, 여호수아서가 그리는 '하나님 나라'의 이상의 모습은 '세겜'에서 두 번 맺는 '언약 갱신'(8:30-35; 24장)을 통해서도 확인된다. '세겜'은 하나님이 아브라함을 가나안으로 인도하신 뒤 처음으로 나타나 그 땅을 후손에게 주리라고 약속하신 곳이고, 아브라함이 최초로 제단을 쌓아 예배한 곳으로서(창12:6-7), 아브라함 언약에 있어 상징적인 장소이다.[26] 이런 까닭에 가나안에 입성한 이스라엘의

25. 김진수, "여호수아서의 신학," 241-42.
26. Kenneth A. Mathews, *Joshua*, TTC (Grand Rapids, MI: Baker Books, 2016), 75; 송제근, "여호수아서의 신학

언약 갱신의 장소로 세겜이 선택되었을 것이다.[27] '세겜'에서의 첫 번째 '언약 갱신'은 여리고 성(6장)과 아이 성 전투(7장-8:29) 후에 치러진다(8:30-35).[28] 모세가 명한 대로(신11:26-32; 27장), 이스라엘 백성은 세겜의 그리심 산과 에발 산 앞에 각각 여섯 지파씩 나누어 서서 저주와 축복의 '율법 말씀'을 듣고, 오직 하나님만 섬기고 순종할 것을 다짐한다.[29] 두 번째 '세겜 언약 갱신'은 24장에서 여호수아와 이스라엘의 다음 세대 간에 이뤄지는데, 이스라엘의 자녀 세대들이 과거 선조들이 하나님과 시내산에서 맺었던 언약처럼(출19-24장), 오직 여호와만 섬기는 하나님 나라의 거룩한 백성으로 살아갈 것을 서약한다.[30] 요컨대, 가나안 정복의 시작(8:30-35)과 끝(24장)에 자리매김한 '세겜 언약 갱신'은 여호수아서 신학의 본질을 잘 드러내는데, 언약에 신실하신 하나님께 이스라엘이 어떻게 반응해야 할지를 보여준다.[31] 즉 가나안 땅은 "하나님이 율법[말씀]으로 다스리시는 거룩한 장소"로서, 그 나라의 백성된 이스라엘은 "율법에 순종함으로써 하나님을 왕으로 섬겨야 한다"는 것이다.[32]

마지막으로, 여호수아서는 가나안 정착을 '안식'을 누리는 것으로 묘사함으로써 하나님 나라의 이상이 실현되는 것으로 기술한다. 특히 '안식(נוּחַ[누아흐])'이란 단어가 여호수아서 전체를 감싸는데, 책이 "안식에 대한 약속"으로부터 시작하여(1:13,15) "안식의 성취에 대한 언급"으로 마무리된다(21:43-44; 22:4; 23:1).[33]

적 주제," 『여호수아: 어떻게 설교할 것인가』 (서울: 두란노, 2015), 13, 348 n4.
27. 송제근, "여호수아서의 신학적 주제," 13.
28. 이스라엘이 '세겜'에서의 '언약 갱신'을 여리고 및 아이 성 정복 이후로 미뤘던 것은, 요단 강을 건너 '세겜'으로 향함에 있어 두 성의 정복이 필수적이었던 것으로 추측할 수 있다. 송제근, "여호수아서의 신학적 주제," 13.
29. Dallaire, "Joshua," 915.
30. 김성수, 『구약의 키』, 84.
31. 송제근, "여호수아서의 신학적 주제," 12-13.
32. 김진수, "여호수아서의 신학," 240.
33. 김진수, "여호수아서의 신학," 243.

"여호와의 종 모세가 너희에게 명령하여 이르기를 너희의 하나님 여호와께서 너희에게 **안식**을 주시며 이 땅을 너희에게 주시리라 하였나니 너희는 그 말을 기억하라"(수1:13)

"여호와께서 너희를 **안식**하게 하신 것 같이 너희의 형제도 **안식**하며 그들도 너희의 하나님 여호와께서 주시는 그 땅을 차지하기까지 하라"(수1:15)

"여호와께서 이스라엘의 조상들에게 맹세하사 주리라 하신 온 땅을 이와 같이 이스라엘에게 다 주셨으므로 그들이 그것을 차지하여 거기에 거주하였으니 여호와께서 그들의 주위에 **안식**을 주셨으되……"(수21:43-44)

"이제는 너희의 하나님 여호와께서 이미 말씀하신 대로 너희 형제에게 **안식**을 주셨으니……"(수22:4)

이는 가나안이 "안식의 땅"이며, 땅의 정복과 분배의 목표 역시 '안식'임을 뜻한다.[34] 눈여겨볼 것은 '안식'의 주제가 '하나님 나라(하나님의 통치)' 및 '성전' 주제와도 긴밀히 연결되어 있다는 점이다. 구약은 성전을 "하나님의 안식의 장소"로 칭할 뿐만 아니라(시132:13; 사66:1), 특히 하나님의 보좌와 임재, 통치를 상징하는 언약궤가 "성전에 머무는 것을 안식의 관점"에서 설명한다(대상28:2; 시132:8; 민10:33,36).[35] 그럼 이처럼 '안식'을 '성전'과 특히 '하나님의 통치'와 연결시켜 표현하는 이유가 무엇일까? 이는 "하나님의 통치가 인간을 비롯한 피조 세계에 안식을 가져온다는 사실을 암시하기 위함"이라고 추론할 수 있다.[36] 결국 여호수아서가 강조하는 가나안 땅에서의 '안식'은 "광야 생활의 끝이나 전쟁의 종결"의 차원을 넘어, '성전'과 특히 "하나님의 왕적 통치" 가운데 주어지는 '안식'을 일컫

---

34. 김진수, "여호수아서의 신학," 243.
35. 김진수, 『창조의 목적과 하나님 나라』, 26-28.
36. 이에 대한 자세한 주해적 논의는 다음을 참고하라. 김진수, 『창조의 목적과 하나님 나라』, 26-28, 35-44.

는다.[37] 이는 "하나님의 통치 안에서 얻는, '전체 삶을 포괄하는 온전한 행복의 상태'"로서의 '안식'을 뜻한다.[38]

3. 여호수아서의 거시 구조 속에 나타난 '하나님의 섭리'와 '인간의 책임'

여호수아서가 하나님이 주도하시는 구속 사역을 뚜렷이 보여주는 책이라면, 이를 여호수아서의 문학적 구조 속에서 다시 살펴보고, 이 가운데 인간의 반응이 어떤 역할을 하는지 고찰해 보자. 여호수아서의 구조와 관련하여 흔히 인용되는 구조는 꼬르파르(H. J. Koorevaar)가 제시한 구조이다.[39] 그는 여호수아서의 구

---

37. 김진수, "여호수아서의 신학," 244-45.
38. 김진수, "여호수아서의 신학," 244-45. 참고로 '안식(נוח[누아흐])'의 주제는 창세기에서부터 등장한다. 하나님은 칠일 창조 가운데 제 일곱째 날에 '안식(שבת[샤바트])'하셨다(창2:2-3). 또 창세기 2장 15절은 에덴 동산을 '안식(נוח)'의 차원에서 기술하며, 다윗(삼하7:1) 및 솔로몬(대상22:9) 역시 하나님의 '안식(נוח)'을 누린 것으로 묘사한다(참고로 창세기 2장 2-3절은 하나님의 '안식'을 샤바트[שבת]로 표현하지만, 출애굽기 20장 21절은 누아흐[נוח]로 표현한다["이는 엿새 동안에 나 여호와가 하늘과 땅과 바다와 그 가운데 모든 것을 만들고 일곱째 날에 **쉬었음이라(נוח)**)"]). 이 모든 '안식' 본문의 공통점은 하나님의 임재와 통치를 상징하는 '성소'가 그 중앙에 있고, 그 가운데 '안식'이 임했다는 것이다. 다만 하나님의 '안식'은 하나님을 왕으로 섬기고 그분의 통치에 따르는 것을 전제한다. 에덴 동산의 선악을 알게 하는 나무 열매를 금하신 하나님의 명령에 복종하고, 성막과 성전 언약궤 안에 들어있던 두 돌판 십계명(율법)의 말씀에 순종하는 것이 하나님의 통치를 따르는 길이다. 여호수아 이후의 역사를 보면, 이스라엘이 우상 숭배에 빠져 하나님께 반역하고 불순종했을 때 하나님 나라로서의 '안식'을 누리지 못했다. 이에 관한 자세한 논의는 다음을 참고하라. 김성진, "천상공간, 어떻게 설교할 것인가?," 『성경에 나타난 공간과 시간, 어떻게 설교할 것인가?』 (서울: SFC, 2022), 169-89.
39. 꼬르파르의 구조를 수용하는 주석가들의 예는 다음과 같다. David M. Howard, *Joshua*, NAC (B&H Publishing, 1998), 294, 402 n1; Eugene H. Merrill, Mark Rooker, and Michael A. Grisanti, *The World and the Word: An Introduction to the Old Testament* (Nashville, TN: B&H Publishing, 2011), 286; Iain William Provan, V. Philips Long, and Tremper Longman, *A Biblical History of Israel* (Louisville, KY: Westminster John Knox, 2003), 151; T. Desmond Alexander, *The Message of the Kingdom of God* (London: InterVarsity, 2024), 9; 김지찬, 『구약 역사서 이해: 문예적 신학적 서론』, 46-50; 송병현, 『여호수아』 (서울: 국제제자훈련원, 2010), 59, 64-65.

조를 네 가지 주제, 즉 ① 입성(1장-5:12), ② 정복(5:13-12장), ③ 분배(13-21장), ④ 미래(22-24장)로 분류한다.[40] 한편, 최근 연구는 꼬르파르의 구조의 일부 문제점을 지목하고 이를 개선한 구조를 제안하는데, 예를 들어 김진수 교수는 여호수아서의 구조를 ① 도입부(1장), ② "여호와의 전쟁"[=가나안 입성과 정복](2-12장), ③ "여호와의 기업"[=가나안 땅의 분배](13-21장), ④ 종결부(22-24장)로 구분하는 것이 타당함을 보인다.[41] 필자는 다만 설명의 편의를 위해 꼬르파르의 구조를 따라 하나님의 주권적 섭리와 이에 대한 인간의 반응에 대해 논하고자 한다.[42]

주제	본문	주도권	핵심 동사
① 입성	1장-5:12	하나님: 요단 강을 건너라	건너라(עבר[아바르])
② 정복	5:13-12장	하나님: 가나안 땅을 취하라 (중부→남부→북부)	취하라(לקח[라카흐])
③ 분배	13-21장	하나님: 가나안 땅을 나누라	나누라(חלק[할라크])
④ 미래	22-24장	여호수아: 여호와를 섬기라	섬기라(עבד[아바드])

여호수아서는 "누가 주도권을 잡고 있는가"의 관점에서 크게 "3(하나님의 주도권) + 1(인간의 주도권)"의 구조로 형성된다.[43] 우선 ①-③에서는 '하나님'이 주도하신다. 즉 ① 이스라엘이 가나안에 '입성'하여(1장-5:12; "요단을 건너라"[1:1-9]), ② 가나안을 '정복'하고(5:13-12장; "땅을 취하라"[5:13-6:5]), ③ 가나안을 '분배'하는 과정은(13-21장; "땅을 나누라"[13:1-7]) '하나님'의 주권적 명령에 의해 성취된다.[44]

---

40. Vannoy, "Joshua: Theology Of," 4:811-14.
41. 김진수, "여호수아서의 문학적 구성에 대한 연구," 35-36.
42. 김지찬, 『구약 역사서 이해: 문예적 신학적 서론』, 48.
43. 김지찬, 『구약 역사서 이해: 문예적 신학적 서론』, 47-48.
44. Vannoy, "Joshua: Theology Of," 4:811-14. 김지찬, 『구약 역사서 이해: 문예적 신학적 서론』, 47-48. 이런 측면에서 ③ 단락의 제일 마지막 구절인 21장 43-45절은 하나님이 조상들에게 하신 약속이 '성취'되었다고 기술한다. "여호와께서 이스라엘의 조상들에게 맹세하사 주리라 하신 온 땅을 이와 같이 이스라엘에게 다 주셨으므로

한편, 여호수아서의 제일 마지막 단락인 ④의 주도권은 하나님이 아닌 '인간'에게 있다. ④는 약속의 땅을 은혜로 얻은 이스라엘이 어떻게 반응해야 할지에 대한 "미래 문제"를 다룬다. 특히 여호수아는 가나안 땅을 차지한 이스라엘이 "어떻게 살아가야 할지"에 대해 세 번에 걸쳐 발언한다.[45] 첫째, 요단 동쪽 지파(르우벤, 갓, 므낫세 반 지파)에게 자기 땅으로 돌아가 "여호와만 섬길 것"을 촉구하고(22:1-5; 22:27), 둘째, 이스라엘의 장로들과 수령들과 재판장들과 관리들에게는 "마지막 고별 설교" 가운데 "오직 여호와만 사랑할 것"을 지시하며(23:2-16), 마지막으로, 세겜에 모인 이스라엘의 모든 지파에게 "오직 여호와만 섬기도록 '언약'"을 맺게 한다(24:1-27).[46]

눈여겨볼 것은 ④ 단락에 '섬기라(עָבַד)'는 동사가 총 열 다섯번 등장한다는 점이다(22:5, 27; 23:7, 16; 24:2, 14[×3], 15[×4], 16, 18-22, 24).[47] 이는 ①-③에서 하나님의 땅에 대한 약속의 성취를 경험한 이스라엘이 마땅히 보여야 할 반응이 무엇인지를 알려준다. 그것은 오직 "여호와만 섬기는 것"인데, 이는 결국 가나안 땅에 들어가게 하신 목적이 거룩한 하나님 나라의 백성으로 살아가는 데 있음을 보여준다.[48]

그들이 그것을 차지하여 거기에 거주하였으니 …… 여호와께서 이스라엘 족속에게 말씀하신 선한 말씀이 하나도 남음이 없이 다 응하였더라." 김지찬, 『구약 역사서 이해: 문예적 신학적 서론』, 48.

45. 김지찬, 『구약 역사서 이해: 문예적 신학적 서론』, 48-49.
46. 김지찬, 『구약 역사서 이해: 문예적 신학적 서론』, 49.
47. 김지찬, 『구약 역사서 이해: 문예적 신학적 서론』, 49.
48. 김지찬, 『구약 역사서 이해: 문예적 신학적 서론』, 49-50.

4. 여호수아서의 세부 단락 속에 나타난 '하나님의 섭리'와 '인간의 책임'

거시 구조 차원에서 여호수아서가 하나님의 주권적 섭리(단락 ①-③)와 이에 대한 인간의 마땅한 반응을 이야기한다면(단락 ④), 각 단락의 세부적인 내용에서는 '섭리'와 '인간의 책임'의 주제가 복잡하게 얽혀 전개된다. 이를 도표로 정리하면 다음과 같다.

1) 가나안 땅의 입성(1장-5:12)

하나님의 섭리("요단 강을 건너라")	인간의 반응/책임
- 하나님께서 가나안 땅을 주시겠다고 단언하심(1:3, 6) - 요단 강을 건널 때 언약궤를 멘 제사장들이 백성을 인도함(3장). 참고로 언약궤는 "하나님의 임재와 통치를 상징"하며, 언약궤가 앞장서고 그 가운데 요단 강물이 갈라진 것은 하나님이 주도하셔서 이스라엘을 가나안 땅으로 인도하심을 의미함[49]	- 여호수아서의 도입부(1장)는 가나안 땅 입성, 정복, 분배에 있어 "순종의 중요성을 강조"하는데, "율법대로 행하는 것이 형통의 조건으로 제시"됨(1:7-8)[50] - 여리고 성에 보낸 두 정탐꾼이 믿음으로 반응함(2:24; 이는 과거 열 정탐꾼의 실패가 만회됨을 의미[참고. 민 13장])[51] - 하나님이 가나안 땅에 행하실 일에 대해 기생 라합이 믿음으로 반응하여 구원받음(2, 6장) - 이스라엘은 가나안 땅 정복을 앞두고 유월절과 할례 의식을 통해 "하나님의 거룩한 백성"으로서의 "자신들의 정체성"을 재확인함(5장)[52]

49. 김진수, "여호수아서의 신학," 226; 김진수, 『창조의 목적과 하나님 나라』, 293-305.
50. 김진수, "여호수아서의 신학," 231.
51. 김성수, 『구약의 키』, 80.
52. 김성수, 『구약의 키』, 81; 김진수, "여호수아서의 문학적 구성에 대한 연구," 28-29.

2) 가나안 땅의 정복(5:13-12장)

하나님의 섭리("가나안 땅을 취하라")	인간의 반응/책임
- "여호와의 군대 장관의 현현"은 가나안 땅 정복이 하나님이 주도하시는 "여호와의 전쟁"임을 알려줌(5장)[53] - 여리고 성 정복을 위한 군사작전 대신, 언약궤를 멘 제사장들을 중심에 둔 행렬이 성 주위를 돌고 또 나팔 소리와 백성의 함성에 성벽이 무너진 것은 하나님이 친히 수행하시는 전쟁임을 뜻함(6장)[54] - 가나안 남부의 다섯 왕들과의 전쟁시 하늘에서 큰 우박덩이가 내려와 적들을 죽이고 또 여호수아의 기도에 태양이 멈춘 것 역시 하나님이 이스라엘을 위해 싸우셨음을 의미함(10:11, 14)[55]	- 여호와의 군대 장관의 말("네 발에서 신을 벗으라 네가 선 곳은 거룩하니라"[5:15])은 정복 전쟁에서 이스라엘이 "'거룩'을 유지하는 것"이 중요함을 알려줌(5장)[56] - 여리고 성 정복 때 이스라엘은 '하나님의 명령'에 따라 행진하고 나팔을 불고 함성을 지름으로 승리를 얻음(6장) - 한편, "바친 물건(헤렘)"을 취하지 말라는 하나님의 명령에 아간이 불순종함으로 이스라엘은 아이 성 전투에서 패배함. 이 문제가 해결된 뒤 이스라엘은 아이 성을 정복할 수 있었음(→ "전쟁의 승패가 이스라엘의 순종에 달려 있음"을 재확인시켜 줌)(7장)[57] - 아이 성 정복 시 이스라엘은 '하나님의 명령'을 따라 전투하고(예, "매복 전술을 사용"[8:2], "공격 신호를 보냄"[8:18]) 승리하게 됨(8장)[58] - 세겜에서 축복과 저주의 '율법'을 낭독하고 '언약 갱신'을 한 것은 가나안 땅을 얻는 이스라엘이 율법을 따르는 백성이 되어야 함을 재확인시켜 줌(8:30-35)[59] - 기브온 족속은 "비록 속이기는 했지만," 라합처럼 "하나님의 이름을 두려워하며 그 이름을 믿었기에" 구원받음(한편, 라합과 기브온과 달리 끝까지 하나님을 대적했던 가나안 족속들은 멸망함)[60]

53. 김진수, "여호수아서의 신학," 227; 김회권, 『여호수아·사사기·룻기』 (서울: 복있는 사람, 2007), 49.

54. 김진수, "여호수아서의 신학," 227.

55. 김진수, "여호수아서의 신학," 227-28.

56. 김진수, "여호수아서의 신학," 228.

57. 김진수, "여호수아서의 신학," 231.

58. 김진수, "여호수아서의 신학," 230.

59. 김진수, "여호수아서의 신학," 240.

60. 김성수, 『구약의 키』, 82; 김성수, "'만약 이스라엘이 야훼께 물었다면': 기브온 사건(여호수아 9장)에 나타난 이

3) 가나안 땅의 분배(13-21장)

하나님의 섭리("가나안 땅을 나누라")	인간의 반응/책임
- 땅 분배에 있어 하나님의 명령을 따라 제비 뽑기로 요단 강 서편 지역의 땅을 아홉 지파 와 반 지파에게 나눈 것은(참고. 민 26:52-56; 33:54; 34:13) "인간 의지의 개입" 없이 하나 님의 주권적 섭리에 맡겼음을 의미함(14:2; 18:6)[61] - '땅 분배 기사'(13-21장)를 마무리하는 21장 43-45절은 하나님께서 이스라엘의 조상 들에게 약속하신 가나안 땅을 다 주셨다 고 기술함[62]	- 실로에서 일곱 지파의 땅 분배를 위해 제비 뽑기를 할 때, 각 지파의 대표들이 함께 땅 을 탐험하며 땅을 "일곱 부분으로 나눈 것을 기록하여 여호수아에게 가져"옴. "여호수아 는 그것을 여호와 앞에서 제비 뽑아 각 지파 들에게 나누어 줌"(→ "하나님의 주도하심[제비뽑 기]과 인간의 노력[땅을 그리는 것]"이 함께 감)[63] - 땅 분배에 있어 팔십오 세의 고령의 나이였 던 갈렙은 하나님이 주기로 약속하신 땅을 '믿음'과 '담대함'으로 취함(14:6-15)[64] - 이와 대조적으로 "일곱 지파[베냐민, 시므온, 스불론, 잇사갈, 아셀, 납달리, 단 지파]는 땅을 차 지하는 일에 소극적인 태도를 보이다가 여 호수아에게서 책망을 받음"(18:2-3)[65] - '땅 분배 기사' 중심에 실로 성소를 세우는 내용이 나오고(18:1) 또 레위인이 각 지파들 중에 골고루 분산된 것은(21장), 이스라엘이 하나님만을 섬기고 순종해야 하는 백성임 을 드러냄[66]

방인의 진멸과 구원," 『성경과 신학』 88 (2018): 23-60; 김진수, "여호수아서의 문학적 구성에 대한 연구," 23-27.

61. 김진수, "여호수아서의 신학," 228-29.

62. 김진수, "여호수아서의 신학," 229.

63. 김진수, "여호수아서에 나타나는 '미결과 완결'의 긴장," 132.

64. 김진수, "여호수아서의 신학," 233.

65. 김진수, "여호수아서의 신학," 233.

66. 김진수, "여호수아서의 신학," 241-42.

4) 미래 문제(22-24장)

하나님의 섭리	인간의 반응/책임("여호와를 섬기라")
	- 가나안 땅 정복 및 분배 후 여호수아는 이스라엘이 오직 여호와만 사랑하고 그 말씀에 순종하는 백성이 될 것을 명함(22-23장) - 이스라엘의 다음 세대가 오직 여호와만 섬기도록 '세겜'에서 '언약을 갱신'함(24장)

5) 신학적 함의

위의 도표는 여호수아서의 '섭리'와 '인간의 책임'의 주제가 거시 구조에서뿐만 아니라 개별 단락에서도 동일하게 반복됨을 보여준다. 우선 분명한 것은 가나안 땅을 차지하고 그 땅에 하나님 나라를 세우는 것은 '하나님의 주권적 섭리'의 결과라는 점이다. 요단강을 건너 땅을 정복하고 분배하기까지 전 과정을 '하나님'이 주도하셨음은 자명하다. 하지만 이것은 이스라엘이 그저 방관자로 지켜만 보아야 한다는 의미가 아니다. 김진수 교수는 이와 관련하여 다음과 같이 기술한다.

가나안 땅은 분명히 하나님이 이스라엘 자손에게 주시는 선물이지만, 그것은 결코 이스라엘 자손에게 모든 책임과 의무를 제거하는 것은 아니다. 이스라엘 자손은 용기 있게 적들과 맞서 싸워야 했고 땅을 차지하는 일에 적극적으로 나서야 했다. 이런 노력이 수반되지 않는 승리와 땅의 소유는 기대할 없다는 것이 여호수아서가 주는 메시지이다. …… 인간의 노력들은 하나님의 은혜로운 약속이 구체화되는 통로이다. 하나님의 선물과 그 선물을 받은 인간의 행위는 분리되지 않고 함께 간다.[67]

---

67. 김진수, "여호수아서의 신학," 229-30.

이스라엘 자손이 가나안 땅을 기업으로 얻는 것은 이처럼 하나님의 은혜와 그들의 순종이 역동적인 긴장관계 속에서 만들어내는 결과이다.[68]

이런 의미에서 '하나님의 섭리'에 대한 인간의 '믿음'과 '순종'이 중요하게 작용한다. 이스라엘은 가나안 땅의 입성, 정복, 분배 과정에 있어 하나님의 지시를 그대로 따라야 했다. '순종'은 승리를 가져다 주었지만(예, 여리고 성 정복[6장]), '불순종'은 패배를 야기했다(예, 아간 사건으로 인한 아이 성 전투 패배[7장]). 또 이스라엘은 하나님의 약속이 그대로 응할 것을 믿으며, 일곱 지파(베냐민, 시므온, 스불론, 잇사갈, 아셀, 납달리, 단 지파)가 보여주었던 "소극적인 태도"가 아니라(18:2-3), 갈렙처럼 믿음과 담대함으로 나가야 했다(14:6-15).[69] 무엇보다 그들은 하나님 나라의 거룩한 백성으로서의 정체성을 지키기 위해 하나님 말씀, 곧 율법에 순종하는 삶을 살아야 했다. 이를 잘 보여주는 것이 여호수아서 내에서 '율법'으로 번역되는 히브리어 תּוֹרָה(토라)가 아래의 표와 같이 도입부(1:7-8), 세겜 언약 갱신 본문(8:31-32, 34), 결언부(22:5; 23:6; 24:26)에 각각 등장하여 책 전체의 뼈대를 형성한다는 점이다.[70]

---

68. 김진수, "여호수아서의 문학적 구성에 대한 연구," 21.
69. 김진수, "여호수아서에 나타나는 '미결과 완결'의 긴장," 127-38.
70. Trent C. Butler, *Joshua 1-12*, 2nd ed., WBC (Grand Rapids, MI: Zondervan, 2017), 220.

도입부(1장)	세겜 언약 갱신(8:30-35)	결언부(22-24장)
"오직 강하고 극히 담대하여 나의 종 모세가 네게 명령한 그 **율법**을 다 지켜 행하고 **우로나 좌로나 치우치지 말라** 그리하면 어디로 가든지 형통하리니"(1:7) "이 **율법**책을 네 입에서 떠나지 말게 하며 주야로 그것을 묵상하여 그 안에 기록된 대로 다 지켜 행하라 그리하면 네 길이 평탄하게 될 것이며 네가 형통하리라"(1:8)	"그 후에 여호수아가 **율법**책에 기록된 모든 것 대로 축복과 저주하는 **율법**의 모든 말씀을 낭독하였으니"(8:34)	"오직 여호와의 종 모세가 너희에게 명령한 명령과 **율법**을 반드시 행하여 너희의 하나님 여호와를 사랑하고"(22:5) "그러므로 너희는 크게 힘써 모세의 **율법** 책에 기록된 것을 다 지켜 행하라 그것을 떠나 **우로나 좌로나 치우치지 말라**"(23:6)

이런 구조는 결국 이스라엘이 하나님 나라의 법인 '율법'대로 살아가는 것의 중요성을 강조한다. 말씀에 순종하는 삶이 곧 형통의 길이요, 가나안에서의 이스라엘의 성패가 여기에 달려있는 것이다.[71]

5. 여호수아서에 나타난 "미결과 완결의 긴장"

하나님의 섭리와 인간의 책임 간의 관계를 더 고찰하기 위해 '땅 분배 단락'(13-

---

71. 김성수 교수는 '율법'의 중요성을 다음과 같이 기술한다. "율법은 인간의 죄로 타락한 세상을 하나님 나라로 회복시키시기 위해 창조주 하나님이 주신 것이다. 세상 나라에서 구원받은 이스라엘은 타락한 세상의 법이 아니라 하나님의 법을 따라 삶으로써 하나님 나라를 이 땅에 이루게 될 것이다. 그래서 율법은 하나님 나라의 헌법이며, 하나님의 백성들로 부름 받은 이스라엘이 살아야 할 새로운 삶의 길이다. 그 길은 세상이 창조의 질서로 돌아가게 하는 기본적인 하나님의 뜻이자 백성들과 세계의 행복을 보장하는 길이다. 하나님 나라의 질서를 반영하고 있는 하나님 나라의 밑그림이다. 그래서 이 율법들은 여호수아서(여호수아 1장 참조) 이후에 나오는 역사서들을 이해하는 기초가 되고(왕국 멸망의 이유와 왕국 회복의 근거), 시편과 지혜 문학의 목적이 되며(시편 1편 참조), 선지자들의 예언의 기준이 된다(심판의 이유)." 김성수, 『구약의 키』, 27.

21장)에서 나타나는 "미결과 완결의 긴장" 관계를 살펴볼 필요가 있다.[72] 우선 '땅 분배 단락'의 구성은 다음과 같다.[73]

구성	관련 지파
① 땅 분배에 대한 하나님의 명령(13:1-7)	
② 요단 강 동편 땅 분배의 재확인(13:8-33)	르우벤, 갓, 므낫세 반 지파
③ 요단 강 서편 땅 분배(14-19장) - 길갈에서 행진진 땅 분배(14-17장) - 실로에서 행진진 분배(18-19장)	나머지 아홉 지파와 므낫세 반 지파 - 유다(갈렙), 요셉의 두 지파(에브라임, 므낫세 반 지파) - 베냐민, 시므온, 스불론, 잇사갈, 아셀, 납달리, 단 지파(여호수아)
④ 도피성(20장)과 레위 지파(21:1-42)	
⑤ 땅 분배의 결론(21:43-45)	

②는 '요단 강 동편 땅 분배를 재확인'하는 내용으로(참고. 민32장), 르우벤, 갓, 므낫세 반 지파가 이 지역을 차지한다. 다음으로 ③은 '요단 강 서편 땅 분배'에 관한 내용으로, 나머지 아홉 지파와 므낫세 반 지파가 이 땅을 할당 받는다. 서편 땅은 애초 하나님이 이스라엘의 조상들에게 주리라 약속하신 원 땅에 해당하며,[74] 땅 분배가 1차로 길갈에서 진행되고(유다, 요셉의 두 지파가 제비 뽑아 분배 받음[14-17장]), 2차로 실로에서 진행된다(베냐민, 시므온, 스불론, 잇사갈, 아셀, 납달리, 단 지파가 제비 뽑아 분배 받음[18-19장]). 특히 눈여겨볼 부분이 ③의 '요단 강 서편 땅 분배'에 관한 내용이다(14-19장). 이와 관련하여 아래 본문을 살펴보자.

---

72. 이에 대한 자세한 논의는 다음을 보라. 김진수, "여호수아서에 나타나는 '미결과 완결'의 긴장," 113-40.
73. 아래 도표는 다음을 참고하였다. 김진수, "여호수아서의 문학적 구성에 대한 연구," 31-32; 김진수, "여호수아서의 신학," 241-42; 김지찬, 『구약 역사서 이해: 문예적 신학적 서론』, 51, 120-21.
74. 에스겔 47:13-48장은 미래의 이스라엘 땅의 경계와 분배를 예언하는데, 여기서는 르우벤, 갓, 므나셋 반 지파가 차지했던 요단 강 동편 지역 땅이 제외된다. 이는 이 지역이 하나님이 조상들에게 약속하셨던 땅이 아니기 때문으로 보인다. Daniel I. Block, *The Book of Ezekiel 25-48* (NICOT; Grand Rapids: Eerdmans, 1998), 716.

완결	미결
"내가 모세에게 말한 바와 같이 너희 발바닥으로 밟는 곳은 모두 내가 너희에게 주었노니"(1:3) "이와 같이 여호수아가 여호와께서 모세에게 말씀하신 대로 그 온 땅을 점령하여 이스라엘 지파의 구분에 따라 기업으로 주매 그 땅에 전쟁이 그쳤더라"(11:23) "여호와께서 모세에게 명령하신 대로 그들의 기업을 제비 뽑아 아홉 지파와 반 지파에게 주었으니"(14:2)	"여호수아가 나이가 많아 늙으매 여호와께서 그에게 이르시되 너는 나이가 많아 늙었고 얻을 땅이 매우 많이 남아 있도다"(13:1) "그러나 이스라엘 자손 중에 그 기업의 분배를 받지 못한 자가 아직도 일곱 지파라"(18:2) "여호수아가 이스라엘 자손에게 이르되 너희가 너희 조상의 하나님 여호와께서 너희에게 주신 땅을 점령하러 가기를 어느 때까지 지체하겠느냐"(18:3)

표 좌측 칸에 있는 구절들은 마치 가나안 땅 정복과 분배가 '완결'된 것처럼 말한다. 우선 1장 3절은 완료형 동사("주었노니")를 통해 정복이 시작되기 전 이미 하나님이 가나안 땅을 이스라엘에게 주신 것으로 묘사한다.[75] 11장 23절과 14장 2절 역시 이스라엘의 가나안 정복이 완수되고 요단 강 서편 땅이 아홉 지파와 반 지파에게 다 배분된 것처럼 기술한다.[76]

문제는 우측 칸의 구절들이다. 13장 1절은 여호수아 노년에도 정복할 땅이 아직 많이 남아 있다고 말한다. 특히 18장 2절은 '요단 강 서편 땅'을 차지해야 할 아홉 지파와 반 지파 중 '일곱 지파'(베냐민, 시므온, 스불론, 잇사갈, 아셀, 납달리, 단 지파)가 아직 땅을 분배 받지 못한 상태이며, 이와 관련하여 여호수아는 18장 3절에서 일곱 지파가 하나님이 주신 땅을 점령하기를 지체한다며 질책한다. 이런 맥락에서 일곱 지파는 뒤늦게 대표들을 파견하여 땅을 탐색하고, 그 결과를 여호수아에게 가져와 제비 뽑기를 통해 땅을 분배 받는다(18:4-19장).

그렇다면 좌측 칸과 우측 칸의 서로 모순되어 보이는 구절들을 어떻게 이해

---

75. 김진수, "여호수아서에 나타나는 '미결과 완결'의 긴장," 136.
76. 김진수, "여호수아서에 나타나는 '미결과 완결'의 긴장," 128.

해야 할까? 이는 의도된 것으로, 여호수아서가 "미결과 완결의 긴장"이라는 문학적 기법을 통해 신학적 메시지를 전달하기 때문이다.[77] 우선 '완결'의 관점에서, 가나안 땅은 이스라엘에게 이미 주어졌다(1:3). 왜냐하면 하나님이 그렇게 약속하셨기 때문이다.[78] 따라서 믿음의 관점으로 바라볼 때, 11장 23절과 14장 2절의 기술처럼 가나안 땅은 이미 정복되었고 분배된 것이나 다름없다.[79] 이런 맥락에서 또 여호수아의 "초기 정복 전쟁의 성공은 이후 전쟁에서의 승리를 보증하는 것"이며, "최초의 승리와 땅의 분배"는 "최종적인 승리와 땅의 분배를 예견"한다고 볼 수 있다.[80]

한편, 우측 칸의 구절들처럼 여호수아서 내에는 '미결'의 관점도 공존하다. 예를 들어, 여호수아 말년에 아직 얻을 땅이 많이 남아있다는 13장 1절의 표현이 그러하다. 아래 구절들 역시 가나안 땅의 점령이 사실상 장기간에 걸쳐 이루어질 과업임을 알려준다.[81]

"네가 번성하여 그 땅을 기업으로 얻을 때까지 내가 그들을 네 앞에서 조금씩 쫓아내리라"(출23:30)

"네 하나님 여호와께서 이 민족들을 네 앞에서 조금씩 쫓아내시리니 너는 그들을 급히 멸하지 말라 들짐승이 번성하여 너를 해할까 하노라"(신7:22)

77. 김진수, "여호수아서에 나타나는 '미결과 완결'의 긴장," 113-40.
78. 김진수, "여호수아서에 나타나는 '미결과 완결'의 긴장," 136; 김진수, 『창조의 목적과 하나님 나라』, 337-38.
79. 김진수, "여호수아서에 나타나는 '미결과 완결'의 긴장," 135.
80. 김진수, "여호수아서에 나타나는 '미결과 완결'의 긴장," 135.
81. 김진수, "여호수아서에 나타나는 '미결과 완결'의 긴장," 122.

이런 '미결'의 본문은 '완결'의 관점에서 접근해야 한다. 즉 가나안은 하나님이 이미 주신 땅이다. 이스라엘은 이런 확신 가운데 믿음과 담대함으로 남은 땅을 점령해 나가야 한다.[82] 특히 '요단 강 서편 땅 분배' 단락(14-19장)의 구조를 보면 '믿음'의 중요성이 한층 더 강조되는 것을 알 수 있다.[83]

   A. 14:6-15 분배 시작: **갈렙**의 기업
      B. 15-17장 유다와 요셉 지파를 위한 땅 분배
         C. 18:1-10 회막을 실로로 옮기고 땅 분배
      B′. 18:11-19:48 나머지 일곱 지파를 위한 땅 분배
   A′. 19:49-51 분배 종결: **여호수아**의 기업

'요단 강 서편 땅 분배' 단락은 '갈렙'에게 땅을 배분하는 것으로부터 시작하여(A) '여호수아'가 땅을 할당 받는 것으로 끝난다(A′). '갈렙'과 '여호수아'는 모세가 가나안에 파견한 열 두 정탐꾼 중 유일하게 '믿음'으로 반응했던 인물들로서(민13-14장), 이 배열이 주는 메시지는 의미심장하다. '믿음'으로 반응했던 그들에게 가나안 땅의 약속이 "성취"되었고, 약속의 땅을 기업으로 얻는 자는 갈렙과 여호수아와 같은 "믿음의 사람"임을 강조하고 있는 것이다.[84]

한편 '미결'의 관점에서 B 단락(유다와 요셉 지파를 위한 땅 분배[15-17장])과 B′ 단락(나머지 일곱 지파를 위한 땅 분배[18:11-19:48])이 상반된 메시지를 전한다. 우선 B 단락의 유다와 요셉 두 지파의 경우 제비 뽑기를 통해 땅 분배가 "지체 없이 이루어"졌고, 또 땅을 차지하는 데 "적극적"이었다.[85] 한편, B′ 단락의 일곱 지파(베냐민, 시므온, 스불론,

---

82. 김진수, 『창조의 목적과 하나님 나라』, 338-46.
83. 김진수, "여호수아서의 문학적 구성에 대한 연구," 30.
84. 김진수, "여호수아서의 문학적 구성에 대한 연구," 30.
85. 김진수, "여호수아서에 나타나는 '미결과 완결'의 긴장," 128. B 단락에서 유다 지파와 요셉 지파가 땅을 기업으로 얻기 위해 보인 능동적이고 적극적인 모습에 대한 논의는 다음을 보라. 김진수, "여호수아서에 나타나는 '미

잇사갈, 아셀, 납달리, 단 지파)는 정반대의 모습을 보인다. 그들은 하나님이 주신 확고한 약속에도 불구하고 "소극적인 태도"로 일관하다가 땅을 점령하지 못했다(18:2).[86] 그리고 이에 대해 여호수아에게 책망을 받는다(18:3). 비록 그들은 뒤늦게 제비 뽑기를 통해 땅을 분배 받지만(18:4-19장), 사사기 1장에 이르면 그들이 여전히 소극적이며 심지어 불신앙에 가까운 상태에 있었음을 보게 된다.[87]

지파	사사기 1장의 정복하지 못한 성읍	본문
유다	골짜기의 거민들	19절
베냐민	예루살렘(여부스 사람)	21절
므낫세	벧스안, 다아낙, 돌, 이블르암, 므깃도	27-28절
에브라임	게셀	29절
스불론	기드론, 나할롤	30절
아셀	악고, 시돈, 알랍, 악십, 헬바, 아빅, 르홉 주민들	31-32절
납달리	벧세메스, 벧아낫	33절
단	헤레스 산, 아얄론, 사알빔	34-35절

사사기 1장의 묘사는 여호수아서가 그리는 이상으로부터 이스라엘이 얼마나

결과 완결'의 긴장," 136-38. 한편, B 단락에는 정복되지 않은 땅에 대한 언급도 나온다. 예를 들어, 17장 12절, "그러나 므낫세 자손이 그 성읍들의 주민을 쫓아내지 못하매 가나안 족속이 결심하고 그 땅에 거주하였더니." 또 15장 63절과 17장 16절을 보라. 이처럼 '미결'의 측면이 있지만, 그들은 하나님의 확고한 약속('완결')을 믿으며 "자신들에게 분배된 땅을 완전히 소유하기 위해서 계속 분투노력해야 했다." 김진수, "여호수아서에 나타나는 '미결과 완결'의 긴장," 128.

86. 김진수 교수는 그 원인을 다음과 같이 추론한다. "일곱 지파가 이런 태도를 보인 이유는 자신들의 힘으로는 땅을 차지할 수 없었다고 생각했기 때문일 것이다. 그들에게는 남아있는 아낙 자손들과 견고한 요새들(수14:12; 15:13-14), 가나안 족속들(수15:15-16, 63; 16:10), 그리고 그들의 철 병거(수17:16)가 두려웠을 것이다. 또한 그들에게는 삼림을 개척할 만한 용기와 투지도 없었다(수17:15). 어쩌면 그들은 광야시절 선조들이 그랬던 것처럼 자신들이 처한 상황을 불평하고 지도자 여호수아를 원망하고 있었는지도 모른다." 김진수, "여호수아서에 나타나는 '미결과 완결'의 긴장," 132-33.

87. 아래 도표는 김지찬, 『구약 역사서 이해: 문예적 신학적 서론』, 222을 일부 수정한 것임을 밝힌다.

멀어졌는지를 보여준다. 정복 전쟁에 있어 보다 긍정적으로 묘사되는 유다 지파(2-20절)와 달리, 나머지 지파들(예, 베냐민[21절], 요단 강 서편 지역의 므낫세[27-28절], 에브라임[29절], 스불론[30절], 아셀[31-32절], 납달리[33절], 단[34-35절])은 하나님의 명령을 어기고 타협하여 가나안 족속을 내쫓지 않거나, 불신앙 가운데 가나안 땅의 점령에 실패한다.[88] 하나님은 분명 가나안 땅에서의 승리를 확약하셨는데, 그들의 다수는 믿음과 순종으로 반응하지 못했다(삿2:1-2).[89] 그 결과 사사기는 여호수아서의 약속이 성취되지 못했음을 보여준다. 즉 가나안 땅의 남은 정복이 진전되지 못하고, 이스라엘은 오히려 가나안화 되어 하나님 나라의 모습을 다분히 상실했으며, 안식은 커녕 대적에 의해 빈번히 고통 당하는 상태에 놓이게 된다.[90]

결국 가나안 땅의 정복은 다윗 시대 때 비로소 완성된다(삼하8장).[91] 하나님의 관점에서는 이미 가나안 땅의 정복과 분배가 '완결'되었지만(수11:23; 14:2), 이스라엘이 믿음과 순종으로 반응하지 못했기에, 결국 다윗 때에 '미결'로 남아있던 정복이 완료된 것이다. 나아가 다윗은 언약궤를 예루살렘으로 옮기고(삼하6장) 솔로몬 때에는 성전이 건립되는데(왕상5-9장), 이스라엘은 이때 비로소 하나님 나라로서의 "참된 안식"을 누리며(삼하7:1,11; 왕상5:4, 8:56; 대상22:9), "열국의 복"으로서의 사명을 감당하게 된다(왕상4:34; 10장).[92]

요컨대, 여호수아서의 "미결과 완결의 긴장" 관계는 "하나님의 주권적인 은혜"와 "인간의 책임"이 함께 간다는 신학적 메시지를 선사한다.[93] "인간의 노력들은 하나님의 은혜로운 약속이 구체화되는 통로"로서 하나님의 주도하심에 인

---

88. Miles V. van Pelt, "Judges," in *ESV Expository Commentary* (Wheaton, IL: Crossway, 2021), 531-34.

89. Van Pelt, "Judges," 536.

90. 김성수, 『구약의 키』, 87.

91. 김진수, 『창조의 목적과 하나님 나라』, 336-37.

92. Daniel C. Timmer, "Joshua," in *A Biblical-Theological Introduction to the Old Testament* (Wheaton, IL: Crossway, 2016), 164; 김성수, 『구약의 키』, 104, 112. 또 각주 38을 보라.

93. 김진수, "여호수아서에 나타나는 '미결과 완결'의 긴장," 137.

간은 반드시 믿음과 순종으로 반응해야 한다.[94]

6. 나가면서

　여호수아서는 인간의 반역과 타락으로 무너진 하나님 나라를 재건하시는 하나님의 열심을 보여주는 책이다. 하나님은 아브라함과 언약을 맺으시며 그의 자손 이스라엘이 '큰 민족'이 되고, '약속의 땅'을 기업으로 얻게 되며, '복의 통로'가 될 것을 약속하셨다(창12:1-3). 여호수아서의 가나안 땅의 입성, 정복, 분배 기사는 그 약속을 신실하게 성취해 가시는 하나님의 '주권적 섭리'를 잘 드러낸다. 한편, 이스라엘은 하나님이 행하시는 이 '큰 일'에 책임감 있게 반응해야 했다. 하나님 나라 백성의 정체성을 지키며, 믿음과 순종으로 나아가야 했다.

　하나님이 주도하시는 구원 역사는 비단 구약 역사서에만 제한되지 않는다. 특히 예수님의 초림 때 출범한 영원한 하나님 나라는 주님 재림시 완성될 것이다. 따라서 "이미, 그러나 아직"의 단계에 있는 우리는 하나님이 주도하시는 이 '큰 일'에 믿음과 순종으로 반응해야 하며, 그 나라를 확장하는 데 적극적으로 참여하고 섬겨야 할 것이다.

---

94. 김진수, "여호수아서의 신학," 229-30. 김진수, "여호수아서에 나타나는 '미결과 완결'의 긴장," 137-38.

4장

시가서에 나타난
하나님의 섭리

김성수

1. 들어가면서

　장로교회의 신앙고백서인 웨스트민스터 신앙고백서에 의하면 섭리는 아래와 같이 정의되어 있는데, 특별히 7항은 교회나 하나님의 백성에 관한 섭리를 언급한다.

<웨스트민스터 신앙고백서> 제5장 섭리

　1항 위대하신 만물의 창조주이신 하나님은(히1:3) 모든 피조물과 행동들과 사물들을, 가장 큰 것에서부터 작은 것에 이르기까지(마10:29-31), 자신의 무오한 예지(행15:18; 시94:8-11)와 자유롭고 불변하는 의지의 뜻에 따라(엡1:11; 시33:10,11), 자신의 지혜와 능력과 의와 선과 자비의 영광을 찬송하도록 하기 위해서(사63:14; 엡3:10; 롬9:17; 창45:7; 시145:7), 가장 지혜롭고 거룩한 자신의 섭리에 의하여(잠15:3; 시104:24; 145:17), 붙드시고 인도하시고 유도하시고 통치하신다(단3:34,35; 시135:6; 행17:25,26,28; 욥38,39,40,41장).

7항 일반적으로 하나님의 섭리가 모든 피조물에게 미치듯이, 가장 특별한 방식으로 그 섭리는 그의 교회를 돌보시고 모든 것이 교회의 선을 이루게 하신다(딤전4:10; 암9:8,9; 롬8:28; 사43:3-5,14).[1]

1항의 정의에 의하면, 하나님의 섭리는 만물에 대한 보존과 통치로 구성되며,[2] 하나님의 통치는 이성과 영혼이 없는 피조물에 대한 자연적인 통치와 천사와 인간처럼 이성과 영혼이 있는 피조물에 대한 도덕적인 통치로 구분될 수 있다.[3] 그런데 이 신앙고백서에서 눈에 띄는 것은 욥기와 시편과 잠언에 있는 구절들이 많이 인용되고 있다는 점이다. 그만큼 구약의 하나님 섭리를 이해하는 데 시가서가 중요하다는 것을 암시한다. 이런 점에 착안하여 필자는 신앙고백서에서 인용하고 있는 시가서 구절들(욥38-41장, 시33,104편)을 중심으로 시가서에 나타난 하나님의 섭리에 대해서 살펴보고 설교의 방향에 대해 제언하려고 한다.

구약에서 '섭리'라는 단어가 명확하게 나오지는 않는 것 같다. 한글개역개정 구약성경에는 '섭리'로 번역한 곳이 없다. 영역본 중에서는 NIV와 JPS역에서 욥기 10장 12절의 번역에 등장한다. 곧 "주의 섭리가 내 영을 지키셨나이다" 혹은 "주의 섭리로 내 영을 지키셨나이다"이다. 개역개정에서는 '주의 섭리'를 "나를 보살핌"으로 번역한다. 여기서 '섭리' 혹은 '보살핌'으로 번역된 단어는 '돌보다' 등으로 번역되는 '파카드(פקד)'라는 어근에서 나온 명사 '퍼쿠다(פְּקֻדָּה)'로 '보살핌'이나 '돌보심' 등으로 번역할 수 있다(시8:4).

현대 히브리어 사전에서 '신의 섭리'라는 표현은 '하쉬가하 엘리요나(עֶלְיוֹנָה הַשְׁגָּחָה)'로서 '샤가흐(שגח)'라는 어근에서 나왔다. 이 동사 역시 '보다'라는 근본 의

---

1. 이성호, 『비록에서 아멘까지: 웨스트민스터 신앙고백 해설』 (안성: 그책의 사람들, 2022), 129, 130 번역 인용.
2. 로버트 쇼, 『웨스트민스터 신앙고백 해설』, 조계광 역(서울: 생명의말씀사, 2017), 133; 이성호, 『비록에서 아멘까지』, 132.
3. 로버트 쇼, 『웨스트민스터 신앙고백 해설』, 133.

미를 지니는데, 시편 33편 14절에서는 여호와께서 하늘에서 세상의 모든 거민들을 '굽어 살피시는' 것을 묘사한다. 이 외에도 다른 '보다' 혹은 '감찰하다'라는 단어들이 하나님의 통치와 섭리를 묘사하는 데 사용된다. 대표적으로 욥기 28장 24절, "이는 그가 땅 끝까지 감찰하시며(나바트[נבט]) 온 천하를 살피시며(라아[ראה])"(욥34:21; 시10:14)와 시편 11편 4절, "여호와께서는 그의 성전에 계시고 여호와의 보좌는 하늘에 있음이여 그의 눈이 인생을 통촉하시고(하자[חזה]) 그의 안목이 그들을 감찰하시도다(바한[בחן])," 잠언 15장 3절, "여호와의 눈은 어디서든지 악인과 선인을 감찰하시느니라(차파[צפה])" 등이다.

또 '섭리'와 가장 근접한 단어 중의 하나는 하나님의 계획이나 뜻으로 이해되는(사28:29) 명사 '에차(עֵצָה)'이다. 특별히 욥기 38장 2절과 42장 3절에서는 "하나님의 창조 사역과 관련된 하나님의 계획"을 가리켜(HALOT) 섭리와 거의 유사한 의미를 나타낸다. 이 부분에 대해서는 다음 장에서 상세하게 다룰 것이다. 이에 더하여 역사와 만유에 대한 하나님의 통치를 묘사하는 '통치하다(마샬[משׁל])'나 '왕으로 다스리다(말락[מלך])'라는 어휘들이 섭리를 나타내는 단어들로 포함될 수 있다(시103:19, "여호와께서 그의 보좌를 하늘에 세우시고 그의 왕권으로 만유를 다스리시도다"). 시편 66편 7절에서는 "그가 그의 능력으로 영원히 다스리시며(마샬[משׁל]) 그의 눈으로 나라들을 살피시나니(차파[צפה])"라고 함으로써 '다스림'과 '살피심'이 함께 등장하여 하나님의 섭리를 묘사한다.

2. 욥기 38-41장에 나타난 하나님의 섭리

1) 개요

욥기 38-41장에 나오는 하나님의 말씀은 욥기 전체를 이해하는 데 결정적인 열쇠 본문이다. 이 부분이 욥기에서 담당하는 기능에 대해서는 논란이 있지만, 3-27장에서 욥이 친구들과 나눈 대화에서나 하나님께 탄식한 부분에서 하나님께 질문하고 의문을 제기한 것과 29-31장에서 자신의 의로움에 대해 최후 변론을 한 것(9:34-35; 10:2; 13:3,15,18; 23:3-6; 31:35-37)에 대한 하나님의 대답이라는 점은 확실하다. 하나님의 말씀을 시작하는 38장 1절에서 '말씀하다'로 번역된 히브리어는 '대답하다'로 주로 번역되기 때문이다.[4] 이 부분에서 하나님은 욥이 자신을 법정으로 소환한 것(13,31장)에 대해 응하시면서도 욥의 잘못에 대해 고발하시거나 욥의 온전함을 변호하시기보다는 먼저 복잡한 세상의 창조주이신 그분의 온전하심에 대해 깨닫게 하신다.[5] 그렇게 하심으로써 욥의 이해를 확장시켜서 그의 믿음을 지키도록 하신다.[6]

욥이 하나님에 대해 질문한 것은 주로 하나님의 정의에 대한 것이었다. 즉 '의인이 죄와 상관없이 계속 고통당하도록 버려두시고 악인들은 계속 번영하도록 하나님께서 방치하신다면 하나님의 의로운 통치는 어떻게 설명될 수 있는가'였다. 이것은 기본적으로 인간 세상에 대한 하나님의 섭리, 즉 하나님의 의로운 통치에 관한 질문이었다. 욥기 38-41장에서 하나님은 창조 세계에 대한 하나님의 섭리에 관한 질문들과 '베헤못'과 '리워야단'에 관한 질문들을 통해 그분의 의로운 통치에 대해 변론하신다. 이것은 아래의 구조를 통해서도 명확하게 드러난다.

4. 김성진, 『하나님의 위로, 욥기』 (서울: SFC, 2022), 86~87에서 이 부분을 잘 다루고 있다. 또 김대웅, "God's Speeches and Job's Responses: Toward the Open-endedness of Wisdom," 『구약논집』 24 (2022): 10~47에서는 이처럼 하나님과 욥의 대화적인 본질을 잘 부각한다. 하나님에 대한 '상'을 중심으로 욥의 문제 제기와 하나님의 응답을 다룬 아래의 논문도 참고하라. 강철구, "욥의 하나님 이해: 욥의 질문과 하나님의 답변을 중심으로," 『구약논단』 23/1 (통권 63, 2017): 139-64.

5. N. Habel, *The Book of Job: Old Testament Library* (Philadelphia: Westminster Press, 1985) 528.

6. Lindsay Wilson, "Job 38~39 and Biblical Theology," *The Reformed Theological Review* 62/3 (2003), 136~37.

A 38:1	서론적인 도입부와 하나님의 현현에 대한 보고	A′ 40:6	서론적인 도입부와 하나님의 현현에 대한 보고
B 주제 도전 (Thematic challenge) 38:2-3	i 주제 A 무지한 말로 생각을 어둡게 하는 자가 누구냐? ii 호출: 너는 허리를 묶으라	B′ 주제 도전 40:7-14	i 주제 B 네가 내 공의를 부인하 려느냐? ii 호출: 너는 허리를 묶으라
C 주제의 정교화 38:4-39:30	i 자연 세계에서 38:4-38 ii 동물의 왕국에서 38:39-39:30	C′ 주제의 정교화	i 베헤못(Behemoth) 40:15-24 ii 리워야단(Leviathan) 40:24-41:34
D 법적 상대자(욥)에 대한 도전 40:1-2			
E 40:3-5	욥의 대답	E′ 42: 1-6	욥의 대답

<표 1> 욥기 38-42:6의 하나님의 변론 구조[7]

이런 변론의 구조 속에 펼쳐진 하나님의 섭리, 즉 자연 세계와 인간의 역사에 대한 하나님의 보존과 통치에 대해 살펴보자.

2) 38:1-42:6 창조 세계의 섭리에 관한 하나님의 첫 번째 도전과 욥의 대답

38-39장은 38장 2절에 나오는 하나님의 '생각'에 대한 질문들로 구성되어 있다. 여기서 '생각'으로 번역된 히브리어 단어 '에차(עֵצָה)'는 단순한 '생각'이나 '계획'이 아니라 하나님의 창조 세계에 대한 섭리나 통치를 의미한다. 왜냐하면 뒤따르는 질문들이 모두 피조물들에 대한 하나님의 섭리를 다루고 있기 때문이다. 그래서 클라인즈(David J. A. Clines)는 이 단어를 "우주의 설계"로 번역하면서 "창조 세계를 운영하는 여호와의 원칙들, 우주 프로젝트라고 부를 원리들, 우주가 어떻

---

7. N. Habel, *The Book of Job*, 526 이하 참조.

게 구성되고 관리되어야 하는가에 대한 거대한 설계(design)"라고 한다.[8]

여기에 나오는 질문들의 의도는 욥이 겪고 있는 고난의 의미에 대한 해답을 주려는 것이 아니라 욥이 하나님의 창조와 창조 세계에 대한 섭리에 대해서 아는 것이 없다는 것을 깨우침으로 섭리의 주권자이신 하나님을 신뢰하게 하려는 것이다.[9] 욥이 그 섭리를 '어둡게' 했다는 것(2절)은 욥이 하나님의 큰 섭리에 대해 적절하고 온전하게 이해하지 못했으면서도 하나님의 의도들에 대해 어둡게 하고 지식 없이 말했음을 의미한다(42:3).[10] 대표적으로 욥은 9장 5-7절에서 창조 세계를 혼란케 하시는 하나님의 모습을 묘사하면서 그것을 자신에 대한 진노와 연결하고 있다.[11] 이런 욥의 항변에 대해서 하나님은 38-39장을 통해 창조 세계의 질서를 유지하고 통치하시는 당신의 섭리에 대해서 스스로 변호하신다. 또한 수많은 질문을 통해 하나님의 창조와 섭리에 대한 인간의 무지에도 불구하고 완벽하게 자연 세계를 돌보고 섭리하시는 하나님께 인간 세계에 대한 섭리도 맡기도록 이끌고 있다.[12]

38장 4-38절에서는 물리적 세계를 다루는데, 4-7절의 세계의 구조, 8-11절의 바다, 12-15절의 새날, 16-18절의 지하세계, 19-21절의 빛과 어둠, 22-24절의 하늘 저장고(눈, 우박, 바람), 25-27절의 폭풍우와 번개, 28-30절의 비, 이슬, 얼음, 31-33절의 네 가지 성운(북두칠성, 오리온, 큰곰자리, 작은곰자리), 34-38절의 구름에 관한 질문들

---

8. 데이빗 J. A. 클린스, 『욥기 하 38-42장』, WBC 성경주석, 한영성 역 (서울: 솔로몬, 2014), 127, 139.

9. Wilson, "Job 38~39 and Biblical Theology," 136~37. Chang Joo Kim, "The Meaning of Job's Suffering and the Divine Speeches in Job 38~41," *Korean Journal of Christian Studies* 63 (2009): 5~19에서는 하나님의 말씀 부분이 욥의 친구들이 믿는 인과응보론을 비판하고 의인인 욥으로 하여금 자연 세계가 그런 것처럼 보상을 기대하지 말고 의를 행하는 일을 계속하도록 격려하는 것이라고 주장한다. 하지만 이것은 욥기 1-2장에서 그리는 욥의 모습과 배치된다.

10. 클린스, 『욥기 하 38-42장』, 139~40.

11. 김성진, 『욥기』, 89 참조.

12. 실비오 호세 바에츠, "욥기에 나타난 하나님의 답변: 대화와 현시," 이건 역, 『신학전망』 160 (2008): 114~115에서도 하나님이 첫 번째 연설에서 말씀하신 의도가 자연 속에서의 하나님의 신비한 섭리가 역사에서도 적용되도록 한 것임을 잘 말하고 있다.

의 순서로 구성되어 있다. 이어지는 38:39-39:30에서는 동물의 세계를 다루는데, 사자(38:39-40), 까마귀(38:4), 산 염소(야생 염소, 39:1-4), 들나귀(39:5-8), 들소(39:9-12), 타조(39:13-18), 말(군마, 39:19-25), 매(39:26)와 독수리(39:27-30)에 관한 질문들의 순서로 구성되어 있다. 이런 질문들을 통해서 하나님은 당신이 얼마나 질서정연하고 섬세하게 우주와 피조물들을 돌보시는지를 깨닫도록 하신다. 이처럼 창조 세계를 온전히 섭리하시는 하나님이 인간 세계에 고난을 허락하셨다면, 그 또한 그분의 온전한 섭리의 한 부분임을 깨달아야 함을 암시한다. 시적 질문들을 통해서 욥이 깨달아야 하는 것을 클라인즈는 다음과 같이 잘 정리하고 있다.[13]

① 세상은 여호와에 의해 정돈되고 정연하게 조직되었다. 우주의 구조에는 혼돈이 전혀 없다. 존재하는 모든 것이 고려, 계획 그리고 지혜를 나타내 보여준다.

② 창조주로서의 여호와의 솜씨와 통찰력과 능력: 모든 일을 다루고 정하실 수 있다는 면에서 그분은 전능하시다.

③ 야훼는 그분의 우주를 자세히 아신다(38:18,19,33; 39:1~3,16~17).

④ 유지와 양육은 우주 질서의 주된 목표들이다. 물리 우주이든 동물 세계이든 신의 친밀함은 생명을 유지하는 데로 향해 있다. 창조는 단순히 과거의 한 사건이 아니다. 매일 아침이 그의 창조자에 의해 다시 만들어져야 한다. 창조자는 새벽을 불러내고, 땅의 가장자리들을 잡고……. 우주의 모든 순간이 여호와에 의해 유지되고 있다.

⑤ 세계의 다양성: 우주 구조의 목적은 무한히 많고, 각 구성 요소들(바다, 구름, 비, 산염소, 타조, 말, 독수리 등)은 자체의 본질과 임무를 가지고 있다.

⑥ 이 연설은 이미지들로 충격과 효과를 극대화하는 담론으로서, 추상적

---

13. 클린스, 『욥기 하 38-42장』, 130~34의 내용 요약.

개념들, 반대, 명제, 일반화 등이 없다.

⑦ 세상에는 아무 문제가 없다. 세상은 여호와께서 설계한 대로 움직인다.

⑧ 세계의 모든 요소는 지속해서 창조주의 기쁨이다.

⑨ 인간에 대해서는 아무런 언급이 없다. 여호와는 인간이라는 주제를 전혀 고려하시지 않고도 창조 내 그분의 목적들에 대해 신중하고 포괄적인 설명을 하실 수 있다. 우주가 서 있는 원칙들은 어떤 인위적 신학에서가 아니라 자연 세계의 구체적인 상황들로부터 찾아져야 한다는 것을 보여준다.

⑩ 인간이 연설의 명시적 주제는 아니지만, 인간은 신의 계획에서 놀랍게도 만물의 척도이다. 하나님의 연설은 인간의 삶, 인간의 시각에 따라 인간이 이해할 수 있는 방식으로 의인화되고 비유되고 있다.

또한 이 연설에는 "생명을 일으키시고 보존하시는 하나님의 의지와 은총에 따른 '초월적인 논리'가 제시되고 있는 셈이며, 이 논리는 생명을 일으키시고 보호해 주시려는 하나님의 의지와 그분의 무상의 은총에서 연원한다."라는 점을 잘 강조한다.[14]

첫 번째 연설을 마무리하는 도전인 40장 1-2절은 앞에서 하나님이 욥에게 했던 질문들에 대해서 대답해보라는 촉구이다. 전능자이신 하나님과 다투듯이, 하나님의 섭리에 대해서 함부로 질문한 욥에게 앞에서 질문한 하나님의 섭리에 대해 아는 것을 답해보라는 도전이다. 욥이 아무 대답도 할 수 없는 것을 알기에 사실상 이것은 수사적 질문들이다. 3-4절에 나오는 욥의 대답은 창조 세계에 대한 하나님의 섭리를 다 헤아릴 수 없는 그의 무지를 잘 나타낸다. 하나님의 오묘한

---

14. 바에츠, "욥기에 나타난 하느님의 답변," 113.

창조 세계의 통치 앞에서 욥은 자신이 '비천하다는' 것을 깨닫는다.[15]

3) 40:6-42:6 '정의'에 관한 하나님의 두 번째 도전과 욥의 대답

이 부분은 앞의 부분처럼 동물들을 다루고 있지만 여러 면에서 차이가 난다. 먼저 앞부분에서는 여러 동물들을 짧게 짧게 다루지만, 여기서는 두 동물을 상세하게 다룬다. 또 주제를 다루는 도전이 앞부분이 두 절인데 비해 이 부분은 40장 7-14절로 여덟 절이나 된다. 또한 앞부분이 연설보다는 수사적 질문들이 훨씬 많은 데 비해(68행 중 57행), 이곳은 52행 가운데서 12행만이 질문들이다.[16] 그러므로 베헤못(41:15-24)과 리워야단(41장)을 다루는 이 부분은 앞의 부분들과 다르게 다뤄져야 한다. 즉 자연 세계에 나타난 하나님의 섭리나 통치가 아닌 40장 7~14절에서 하나님이 욥에게 도전하며 질문하는 하나님의 '정의'를 다루는 부분으로 봐야 한다. 다시 말해, 38-39장이 암시적으로 인간 세계의 정의 문제를 다루고 있다면, 이 부분은 좀 더 명시적으로 다룬다고 봐야 한다.

40장 8절에서 하나님은 "네가 내 공의를 부인하려느냐? 네 의를 세우려고 나를 악하다 하겠느냐?(הַאַף תָּפֵר מִשְׁפָּטִי תַּרְשִׁיעֵנִי לְמַעַן תִּצְדָּק)"라고 질문하신다. 이는 욥이 하나님이 부당하게 자기를 죄인처럼 고난을 겪게 하셨다고 말하면서 거기에 그치지 않고 악인들을 내버려 두시는 하나님 통치의 의로움 자체에 의문을 표시한 것에 대한 하나님의 질문이다(예: 21, 24장). 하나님은 법정적 용어를 사용하시면서 마치 욥이 그분의 공의를 반박함으로써 자신의 의를 세우려 한다고 하신다. 문제는 이것이다. 즉 욥이 자신의 무고함과 온전함을 주장하는 것은 좋지만, 그것

---

15. 하지만 이 비천함은 욥이 가진 관심사들이 '하찮다'는 것을 가리키지는 않는다. 그보다 하나님의 창조 섭리 앞에서 자신이 이전에 주장했던 것이 얼마나 무지한 것인지를 고백하는 것이라고 할 수 있다. 김정원, "욥기 38-42장 6절의 창조모티브에 나타난 지혜사상," 『일립논총』 13 (2008): 9 참조.

16. 클린스, 『욥기 하 38-42장』, 279.

을 하나님의 공의에 대한 의심 혹은 부인으로 연결하는 것은 옳지 않다는 것이다! 왜냐하면 하나님의 통치는 공의롭지만 그 가운데서도 의인이 무고하게 고통당할 수도 있고 악인들이 잘 되는 경우들도 있기 때문이다. 하지만 그것 자체가 하나님의 공의로운 통치를 부인하게 하지는 못한다. 다만 한계 많은 인간이 그것을 이해하지 못할 뿐이다. 욥은 그것을 받아들여야 한다. 즉 욥은 하나님의 '팔'(능력)을 갖지 못하는 인간일 뿐이다(9절). 욥은 하나님처럼 교만한 자들을 찾아서 공의의 진노를 쏟아 부을 수 없는 연약한 인간일 뿐이다(10~13절).

그러면 베헤못과 리워야단은 어떻게 봐야 하는가? 앞에 나오는 염소나 말이나 독수리와는 어떻게 다른가? 롱맨은 베헤못과 리워야단은 실재하는 피조물이 아니라 각각 육상 생물과 해상 생물을 대표하는 신화적이고 비실제적인 동물로 본다.[17] 하지만 여기서 베헤못과 리워야단은 사실적이지 않고 과장된 문학적 묘사로 그려지긴 하지만, 하나님의 피조물의 하나로 나타나고 있다(40:15,19; 41:33).[18] 특별히 리워야단은 구약성경에서 혼돈의 물의 화신인 신화적 생물의 이름으로 여러 차례 등장하여 태고에 하나님에 의해 진압된 바다 괴물로 표현된다(욥3:8; 시 74:13~14; 104:26; 사27:1). 하지만 여기서는 하나님과 싸운다는 묘사는 없다. 리워야단은 하나님의 라이벌이 아니라 신화적 특징들로 묘사된 실제 생물로 묘사되어 있다. 여기서는 하마와 악어를 신화적으로 묘사함으로써 인간이 제어하기 힘든 악인들, 특별히 악한 통치자들과 연결시키고 있다고 보는 것이 더 좋을 것이다.[19] 하

---

17. 트렘퍼 롱맨 3세, 『욥기 주석』, 베이커 지혜문헌 시편 주석 시리즈, 임요한 역 (서울: 기독교문서선교회, 2017), 736; 김준, "욥기에 나타난 베헤못의 정체성과 역할(욥기 40:15-24), 『서양고대사연구』 59 (2020): 186~88에서도 그렇게 본다.

18. 클린스, 『욥기 하 38-42장』, 289에서는 그렇게 해석한다.

19. Habel, *The Book of Job*, 567. 바에츠, "욥기에 나타난 하느님의 답변," 120에서는 "이들은 또한 불가해한 능력, 통제 불가능한 능력 때문에 심리학적 측면에서 인간에게 대대로 공포를 안겨준 표상으로 이해될 수 있으며, 정치적 측면에서는 메소포타미아와 이집트(에제 29, 3-5)라는 두 개의 커다란 권력과도 관계가 있고, 윤리적 측면에서는 모두 '악인'들의 상징이다."라고 적절하게 규정한다. 안근조, "욥과 베헤못 그리고 리워야단: 하나님이 두 번째 응답 (욥 40-41)에 대한 수사비평적 읽기," 『신학사상』 126 (2004): 57~78에서는 하나님은 여기서 욥을 꾸

지만 이 연설의 목적은 베헤못과 리워야단 같은 피조물조차 다스릴 수 없는 인간이 어떻게 하나님의 우주를 다스릴 수 있는지를 도전하는 것이 아니다. 즉 인간의 무력함을 도전하는 것이 아니다.[20] 오히려 사람들이 제대로 제어할 수 없는 불의하고 악한 통치자들조차도 하나님은 제어하고 공의롭게 이 세상을 다스리신다는 사실을 강조하는 것으로 봐야 한다.

40장 19, 24절에서는 베헤못이 하나님이 만드신 것 중에서 '으뜸'이지만, 그를 지으신 분만이 그를 잡을 수 있다고 말한다. 또한 41장 1-11절에서는 어떤 사람도 리워야단을 잡을 엄두를 내지 못한다고 하면서, 창조주이신 하나님만이 그것을 제어하실 수 있음을 암시한다(10-11절). 33절과 34절은 짐승들의 왕인 리워야단을 "모든 높은 자를 내려다보며 모든 교만한 자들에게 군림하는 왕"이라고 말한다. 이것은 40장 11, 12절에 등장하는 악인에 대한 묘사와 유사하다. 그렇다면 이 부분은 '공의'와 관련되어 하나님만이 리워야단이 상징하는 모든 교만하고 악한 통치자들을 제어하신다는 것을 말하는 것이 될 것이다. 베헤못(하마)은 자신의 영역에 제한되어 활동할 뿐이고 리워야단(악어)도 하나님의 한계 안에서 통제되듯이 말이다. 중요한 것은 혼란스럽고 불의하게 보이는 세상에서도 이런 하나님을 믿는 것이다.[21] 베헤못은 악한 통치자들을 상징하고 리워야단은 1-2장에 나타난 사탄을 상징한다고 보면서 40-41장이 그런 악의 세력들과 사탄을 물리치시

<hr>

짓기보다는 욥을 위대한 피조물들인 베헤못과 리워야단처럼 으뜸 되는 하나님과의 대화의 파트너로 초대하는 것이라고 본다. 하지만 이것은 '정의'에 대한 도전을 다루는 문맥을 제대로 읽지 못한 것이며, 히브리어 원문을 억지로 끼워 맞춘 결과라고 볼 수 있다. 김준, "베헤못의 정체성과 역할," 190–191에서는 베헤못이 욥기 본문에서는 혼돈의 세력으로 묘사되어 있지 않지만, 다른 본문들에서는 혼돈을 주는 신화적 동물로 인식되어 있기에 베헤못의 역할은 하나님께서 공의로운 통치를 통해 혼돈의 부분도 하나님의 창조 질서 안에서 조화롭게 상생하도록 통치하고 계신다는 것을 말하고 있다고 본다.

20. 클린스, 『욥기 하 38-42장』, 286.

21. 바에츠, "욥기에 나타난 하느님의 답변," 120; 강철구, "하나님의 두 번째 말씀(욥 40:6-41:34[41:26])의 배경과 의미," 『구약논집』 18 (2020): 8~33 참조.

는 하나님의 통치를 직접적으로 표현한 것이라고 보는 학자들도 있다.[22] 다른 성경 본문들과 비교해 보면 충분히 가능한 접근이다. 하지만 욥기에서 사탄의 존재는 인간에게 알려지지 않았기에 적어도 욥이 여기서 리워야단을 사탄으로 인식했다고 볼 수는 없다. 물론 이 부분에서 사탄이 일으키는 모든 불의에 대해서도 하나님이 통제하고 계신다는 적용을 이끌어내는 것은 가능할 것이다.

42장 1-6절은 40장 3-5절을 확대한 것으로 욥이 하나님이 변론하는 질문들을 들으면서 자신의 무지함을 깨닫고 자신의 고난조차도 하나님께 맡기는 고백으로 봐야 한다.[23] 2절은 하나님의 섭리는 의인의 고난이나 악인의 번영까지도 포함하여 어떤 것도 하나님의 통제 안에서 가능하다는 것을 인정한 고백이다.[24] 하나님의 질문들을 들으면서 욥은 자신의 '무지함'을 깨닫게 되었고, 자신이 지금까지 고난을 통해서 세상을 바라보면서 얼마나 무식한 말로 하나님의 섭리를 흐리게 했는지 고백한다(3절). 하나님을 직접 뵙고 하나님의 질문들을 직접 들으면서 19장 26절에서 하나님을 뵙고자 했던 자신의 간절한 열망이 이루어졌음을 고백한다. 또한 하나님의 현현과 질문들 속에서 의인의 고난과 악인의 번영을 허용하시면서도 공의를 이루시는 하나님 통치의 신비에 대해서 깨닫게 되었음을 고백한다(5절). 그래서 고난을 겪는 자신의 좁은 시각으로 하나님의 섭리와 통치의 의로움에 의문을 제기한 것에 대해서 회개한다(6절).[25]

22. 김성진, 『욥기』, 94~95.

23. 구자용, "'우리가 항상 좋은 것을 하나님께로부터 받는데, 악한 것을 또한 받지 못하겠느냐?'(욥 2:10)-욥기가 말하는 신정론에 대한 성서 신학적 고찰," 『구약논단』 25/4 (통권 74집, 2019): 191~220에서는 신정론의 관점에서 욥기 전체의 구조를 분석하면서 42장 1-6절의 결론에서 신정론의 문제가 인간의 지식과 지혜 속에서는 해결될 수 없다는 사실, 즉 하나님의 절대성의 영역에 속한 문제임을 깨닫고 있다고 말한다(213). 하지만 이 부분은 여기서 머물지 않고 신정론의 문제를 하나님께 맡기고 고난 가운데서도 하나님의 뜻을 신뢰하는 데까지 나아가고 있다.

24. 롱맨, 『욥기』, 749~50.

25. 롱맨, 『욥기』, 751~52. 많은 현대 번역본들이 '회개하다'로 주로 번역한 동사는 '위로하다'로 번역되어야 한다고 주장하기도 하고(김성진, 『욥기』, 112~16), '유감을 느끼다'(Perdue)로 번역되기도 한다. JPS역은 "그러므로 먼지와 티끌일 뿐인 제가 (저의 주장을) 철회하며 누그러뜨립니다(Therefore, I recant and relent, Being but dust

4) 욥기 38:1-42:6의 설교적 적용

욥기 38:1~42:6은 이해할 수 없는 그리스도인들의 고난에 대한 하나님의 섭리에 대한 설교 본문으로 매우 적절하다. 아래의 요지들이 설교에 적용될 수 있을 것이라 생각한다.

첫째, 하나님께서 창조 세계의 질서와 인간 사회의 도덕적 질서를 유지하고 다스리시되 인간의 모든 죄악에도 불구하고 그렇게 하신다는 점을 가장 잘 보여주는 예는 예수 그리스도의 십자가이다. 그리스도의 십자가는 하나님께서 인간의 죄악에 대한 책임을 감당하심으로 죄와 타락에서 인간과 세상을 구원하고 통제하신다는 하나님의 위대한 섭리를 보여준다. 동시에 십자가는 그런 그리스도를 부인하는 세상에 대한 최종적이고 돌이킬 수 없는 심판을 나타낸다. 그런 점에서 그리스도는 "하나님의 능력이요 하나님의 지혜"(고전1:24)이시다. 그리스도의 십자가는 욥이 이해할 수 없었던 세상을 향한 하나님 섭리의 절정이다.

둘째, 고난을 겪고 있는 의로운 성도가 의지해야 할 분은 온 세상을 온전히 섭리하시는 하나님밖에 없다. 구체적인 고난의 이유를 알 수 없다고 하더라도 죄와 타락이 만연한 세상에서도 의로운 하나님 나라를 이루어 가시는 하나님의 통치에 대한 믿음이 고난을 견디게 하는 힘이 된다. 예수 그리스도께서도 십자가 위에서 고난에 대해 욥처럼 탄식하셨지만, 그분 자신을 아버지 하나님께 맡기심으로써 그 고난을 견디셨다. 야고보서 5장 11절에서 "욥의 인내"를 말하고 있는데, 욥의 인내의 핵심은 고난 중에 있는 욥에게 찾아오신 하나님의 온전한 통치와 섭리에 대한 믿음에서 비롯되었다. 그 인내와 믿음의 열매는 온전한 회복이었다.

셋째, 불의하고 악한 사람들이 주도하는 것 같은 세상에서 살아가는 성도가 믿음을 지킬 수 있는 길은 베헤못과 리워야단을 제어하시는 하나님을 바라보는

---

and ashes.)"로 번역하고 있다.

것이다. 혹은 질서정연한 창조 세계를 묵상하는 것이다. 아무도 감당할 수 없을 것 같은 악인들이나 그들의 배후에 있는 사탄까지도 통제하시는 하나님 나라의 왕을 바라본다면, 어떤 악의 세력의 준동 앞에서도 침착할 수 있을 것이다. 그들에 의한 고난이나 핍박조차도 하나님 나라와 의를 세우는 소명의 시간이 될 것을 믿고 인내하게 될 것이다.

3. 시편 33편과 104편에 나타난 하나님의 섭리[26]

1) 시편 33편

① 개요

시편 33편은 자연과 인간 역사에 나타난 하나님의 창조와 섭리와 자기 백성의 구원을 총체적으로 노래하는 종합 세트와 같은 찬양시편이다.[27] 이 시편은 찬양시편이지만 동시에 알파벳 이합체 시편들처럼 모두 2행으로 구성된 22절로 이루어져 있어서 하나님의 창조, 섭리, 구원에 대해 이스라엘이 어떻게 반응해야 하는지를 교훈하기도 한다.[28] 이 시편의 역사적 배경은 확실하지 않지만 아마도

---

26. 이 부분에서 시편 33편에 관한 내용은 필자의 시편 주석 『시편 1』 (서울: 고신총회 출판국, 2022), 739~63에 있는 시편 33편에 대한 주석을 요약 정리한 것임을 밝힌다.

27. 찬양시편이지만 이 시편은 기도로 마무리되는데, 이런 예들은 19:12-13; 104:31-35; 139:19-24 등에서도 볼 수 있다. Norbert Lohfink, "The Covenant Formula in Psalm 33," in Norbert Lohfink and Erich Zenger, *The God of Israel and the Nations: Studies in Isaiah and the Psalms*, trans. Everett R. Kalin (Collegeville, Minnesota: A Michael Glazier Book, The Liturgical Press, 2000), 96-97, 각주 23 참조.

28. 김정우, 『시편주석 I』 (서울: 총신대학교 출판부, 2005), 698 참조. Phil J. Botha and J. Henk Potgieter, "'The Word of Yahweh Is Right': Psalm 33 as a Torah-Psalm," *Verbum et Eccles*. 31/1 (2010), Art. #431, 1-8에서는 이 시편의 장르 자체를 토라 시편으로 규정한다. 이 시편이 하나님 말씀의 능력에 의한 창조와 이스라엘의 구원과 세상에 대한 통치를 포로귀환 시대 이스라엘에게 교훈하기 위한 노력의 하나라는 것이다. Diane Jacobson, "Psalm 33 and the Creation Rhetoric of a Torah Psalm," in *My Words Are Lovely: Studies in the Rhetoric of the Psalms*, ed. Robert L. Foster and David M. Howard, Library of Hebrew Bible/Old Testament Studies

성소에서 교훈적인 의미로 함께 부르기 위해서 지은 찬양의 노래일 것이다. 이 시편은 아래와 같이 교차대구적인 구조를 보인다.

A 1-3절 찬양에의 초대(지휘자)(즐거워하다, 의인들, 정직한 자들)
　　B 4-19절 찬양의 내용(찬양대)
　　a 4-5절 찬양 주제의 요약-창조와 통치의 기초: 정직, 진실, 공의, 정의, '인자'
　　　b 6-9절 여호와의 말씀-창조의 능력(하늘, 바다, 온 땅, 세상의 모든 거민)
　　　　c 10-11절 열방의 계획을 폐하심(나라들, 백성들)
　　　　c′ 12절 여호와가 자기 백성을 선택하심(나라, 백성)
　　　b′ 13-15절 세상의 모든 인생을 살피심(하늘, 모든 인생, 세상의 모든 거민)
　　　c′ 16-19절 여호와의 '인자하심'을 바라는 자를 구원하심
A′ 20-22절 화답 찬양과 기도(회중들)(즐거워하다, 여호와를 바라고 의지하는 자들)

　　1-3절(A)이 '너희'를 향한 찬양의 명령들로 구성된 찬양에의 초대라면, 이와 수미쌍관을 이루는 20~22절(A′)은 여기에 '여호와를 바라며,' '여호와를 즐거워하며,' '그의 이름을 의지하는' '우리'가 화답하는 형식을 취한다. 이 시편의 본론부인 4-19절(B)에 찬양의 내용들이 등장한다. 아래에서 이 내용들을 살필 것이다.

② 창조와 섭리와 구원의 기초: 하나님의 정직, 공의, 정의, 인자하심(4-5, 16-19절)
　　첫 번째 연인 4-5절(a)에는 여호와의 창조와 통치의 특징과 그분의 성품을 묘사하는 단어들('정직', '진실', '정의,' '공의,' '인자하심')이 많이 나오는데, 그중에서 '인자하심'은 이 부분과 대구를 이루는 16-19절(a′)에서 그분을 경외하는 자들을 구원하시는 여호와의 성품으로 다시 반복된다(18절). 즉 이 두 부분은 여호와의 창조와

---

467 (London: T&T Clark, 2008), 108에서도 이 시편을 토라시편으로 본다. 하지만 시편 33편에서는 토라에 대한 교훈이 중심을 이루지도 않고 포로귀환 시대의 배경이 명확하게 나타나지도 않는다.

섭리의 기초가 되는 하나님의 성품들을 노래한다.

여호와의 말씀으로 이루어진 창조를 노래하는 4-9절 부분에 속한 4-5절이 강조하는 여호와의 창조와 통치의 기초가 되는 여호와의 성품들, 특별히 그분의 '인자하심'은 16-19절에 나오는 여호와의 구원의 기초가 된다(18절).[29] 4절은 여호와의 '말씀'과 창조와 섭리를 포함한 모든 '행하시는 일'의 성격을 교차대구적으로 ('정직한'-'여호와의 말씀'-'그의 행하시는 모든 일'-'진실한') 노래한다. 6절부터 노래하는 하나님의 창조와 통치가 하나님의 말씀에서 뜻한 바대로 정확하게 이루어졌음을 의미하면서, 하나님의 창조와 통치가 무질서하거나 거짓되거나 변덕스럽지 않고 질서정연하고 바르고 믿을만함을 말한다.[30] 창세기 1장에 반복되는 '보시기에 좋았다'라는 표현이 이를 반영한다.

5절은 여호와의 말씀과 일 가운데 나타나는 여호와의 성품이 공의와 정의와 인자하심이라고 노래한다. 창조 세계와 역사 모두에 하나님의 올바른 질서인 공의와 정의가 반영되어 있다. 여호와가 공의와 정의를 사랑하신다는 것은, 비록 그분이 창조와 역사에서 행하시는 모든 것이 때로 우리가 보기에는 불공평하거나 정의에 맞지 않은 것처럼 보일지라도, 궁극적으로는 공의롭고 정의롭다는 것을 말한다.[31] 또 2행은 하나님의 무한한 사랑과 은혜를 의미하는 '인자하심'이 하나님의 백성들에게만이 아니라(18, 22절) 세상('땅,' 전 피조물)에도 가득하다고 노래한다(36:5; 119:64). 이 인자하심은 앞에서 말한 여호와의 '정직'과 '진실'과 '공의'

---

29. Lohfink, "Psalm 33," 102-103은 4절에서는 여호와의 말씀이 주제로 나오고 5절에서는 '인자하심'이 주제로 등장하여 이 시편 전체의 주제들을 미리 요약하고 있다고 본다. 그리고 이 두 주제 중에서 6-9절이 여호와의 말씀의 능력을 강조한다면, 13-19절은 여호와의 '인자하심'이란 주제를 여호와의 '보심'을 통해서 강조한다고 적절하게 주장한다.

30. Jin Sung Seok, "'God as Creator and Sovereign': The Intertextual Relationship of Psalm 33 with the Book of Isaiah," 『ACTS 신학저널』 33 (2017): 21-22.

31. W. VanGemeren, *Psalms*, Expositor's Bible Commentary (Zondervan, 1991), 319.

와 '정의'를 하나로 모은 결론과도 같다.[32] 10-12절에서의 하나님의 심판과 선택, 13-19절의 심판과 구원을 위한 하나님의 '살피심'과 하나님의 구원은 모두 이런 '공의'와 '정의'의 실현으로 볼 수 있다.

16-19절에서는 4~5절이 노래한 여호와의 모든 성품을 요약하는 '인자하심'을 바라는 사람들에게 그들을 살피는 '구원'이 임한다고 노래한다. 이것이 4-5절에서 말한 여호와의 정의로운 통치와 섭리의 일부분이다.[33] 이 연은 '구원 얻다,' '구원하다'(16절), '구원,' '구하다'(17절), '건지다,' '살리다'(19절) 등의 동일 어휘군이 집중적으로 이어지면서 '구원'의 주제에 집중한다. 군대나 말이 아니라 '여호와의 눈'이 궁극적인 구원을 준다고 강조한다(28:8). 13-15절에서 강조했던 여호와의 '살피시는' 통치와 섭리의 '눈'이 고통 가운데서도 여호와를 경외하고 그분의 '인자하심'을 바라는 자를 돌보시기 위해 그들에게 향한다(32:8; 34:15; 대하16:9; 잠22:12)는 점을 강조한다. "그의 인자하심을 바라는 자들"은 4-5절에 나타난 여호와의 창조와 통치의 특징들과 여호와의 성품을 믿고 의지하는 자들을 가리킨다. 19절이 말하는 여호와의 구원은 그런 인자하심의 실행이다.

③ 만물과 인생을 창조하고 살피시는 하나님의 섭리(6-9, 13-15절)

본론부에서 두 번째 대구를 이루는 부분은 6-9절(b)과 13-15절(b')인데, 여기서는 하나님의 창조와 통치를 노래한다. 두 연에는 모두 창조와 통치의 대상인 '하늘'과 '땅'의 모든 거주자인 사람들이 공통으로 등장한다.[34] 먼저 6-9절은 말씀을 통한 여호와의 창조와 섭리의 능력을 노래한다. '하늘'과 그 안의 '만상(별들)'(6절)과 '바다'와 그 안의 '깊은 물'(7절)과 '온 땅'과 그 안의 '모든 거민들'(8절)이 왕이신

---

32. Jacobson, "Psalm 33," 110.
33. Lohfink, "Psalm 33," 105-106 참조.
34. Lohfink, "Psalm 33," 99에서도 이런 부분을 적절하게 언급한다.

여호와의 말씀대로 창조되고 유지되고 있다(9절)고 노래한다. 하늘→바다→땅의 순서는 창세기 1장의 순서를 반영한다.

6절은 1행은 먼저 창조가 '말씀'으로 되었음을 강조한다(창1:3; 요1:1,3; 히11:1-3). 시편 중에서 이렇게 명확하게 세상이 '말씀'으로 지어졌다고 말하는 것은 33편이 유일하다.[35] 9절과 함께 온 세상의 왕이신 여호와가 그분의 법령인 말씀으로 온 세상을 창조하신 것을 강조한다. 말씀이 이룬 첫 번째 창조는 '하늘'의 창조(창1:6~8)와 하늘을 구성하는 '천체(만상),' 즉 해와 달과 별들의 창조(8:3; 147:4-5; 창1:14-18; 2:1; 욥38:31~32; 사40:26)이다. 두 번째 창조는 '바다'인데(7절), 1행의 "바닷물을 모아 무더기같이 쌓으시며"나 "깊은 물을 곳간에 두시는" 행동은 모두 궁창 위의 물과 아래의 물을 모으는 창조 때의 상황을 연상시킨다(창1:9-10). 그러면서 우리는 7절의 동사들이 분사로서 현재형으로 번역되고 있음을 유의해야 한다. 7절은 창조 때의 상황과 출애굽이나 요단강을 건널 때의 상황(출15:8; 수3:13,16 참조)뿐만 아니라 현재 바닷물을 넘어오지 않게 하시는(104:7-9; 렘5:22) 섭리의 상황까지 다 암시한다.[36] 또한 고대인들에게 혼돈과 위협이 되었던 바다를 하나님의 복과 심판을 성취할 자연의 자원으로 유지하시는 하나님의 창조 능력을 말한다.[37] 8-9절은 4, 6절과 호응하면서 땅과 그 땅에 사는 세상의 모든 거민들(사람들과 생물들, 창1:24~27; 시75:3 참조)을 온 세상의 왕이신 여호와의 법령인 말씀으로 창조하신 것을 찬양한다. 9절에서는 여호와의 '정직한' 말씀(4절)과 명령에 따라 세상이 생겨났고 견고하게 섰다(창1:3,7,9 등 '그대로 되니라'; 147:15-20; 148:4; 사45:23; 48:13; 55:11)고 말한다. 1행이 창세기 1장을 그대로 반영한다면, 2행은 하나님의 명령에 대한 피조물의

35. Jacobson, "Psalm 33," 107.
36. Von Markus Witte, "Das neue Lied - Benbachtungen zum Zeitverständnis von Psalm 33," *ZAW* 114 (2002), 526-27.
37. Jacobson, "Psalm 33," 111.

순종으로 창조 세계가 견고하게 서게 되었음을 노래함으로 여호와의 왕권을 강조한다.[38] '견고히 서다'라는 동사는 창조와 동시에 창조 세계에 대한 신실한(4절) 섭리까지도 함축하는 말이다. 10절 이하는 그것을 노래하고 있는데, 11절에는 같은 동사가 나와서 여호와의 계획, 즉 그분의 섭리가 영원히 '선다'라고 노래한다.

13-15절에서는 6-9절에서 노래한 온 세상과 인간에 대한 말씀으로의 창조와 섭리가 온 세상의 인생들을 살피시는 하나님의 통치로 연결된다. 이 연에서는 먼저 왕이신 여호와를 '하늘'에 거하시는 왕으로 고백한다. 가장 높은 영역인 '하늘'보다 높고 존귀한 왕이신 여호와께서 사람들의 "마음을 지으시고" 그들이 하는 모든 일을 "굽어 살피시는" 통치와 섭리를 강조한다(7:9; 94:11; 139:13; 대상28:9; 잠16:2; 21:2; 렘11:20; 슥12:1; 살전2:4). 그래서 이 연에서는 '굽어보다,' '살피다'(13절), '굽어 살피다'(14절), '굽어 살피다(헤아리다)'(15절) 등의 유사한 동사들이 반복되면서 사람들을 보살피시는 하늘 왕의 모습을 강조한다. 하늘의 왕좌는 땅과 단절된 폐쇄된 공간이거나 여호와께서 한가로이 즐기고 있는 왕궁이 아니라, 땅을 감찰하는 통치가 이루어지는 곳이다.[39] 하나님이 하늘에서 "모든 인생"(13절), "세상의 모든 거민들"(14절), 그들의 "마음"과 "그들이 하는 모든 일"(15절)을 살피실 때, 그것을 알고 심판을 두려워하며 하나님을 의지하는 사람은 그분의 보살피는 섭리를 누릴 수 있다(16-19절).

④ 열방의 계획을 폐하시고(10-11절) 자기 백성을 선택하신(12절) 섭리

본론부의 제일 가운데 부분에서 대칭을 이루는 부분인 10-11절(c)과 12절(c')에는 '나라'와 '민족'이 공통으로 등장하면서 하나님의 선택받은 백성과 그렇지 않

---

38. Jacobson, "Psalm 33," 112.
39. John Calvin, *Commentary on the Book of Psalms*, Reprinted, trans. James Anderson (Grand Rapids: Baker Book House, 1998) 1:549.

은 백성들 사이의 심판과 선택이라는 대조를 보여준다.

10-11절은 역사 가운데서 악한 나라들의 계획을 폐하시고 그분의 계획을 세우시는 여호와의 '계획(에차[עֵצָה])' 혹은 섭리에 대한 찬양이다. 10절과 11절은 같은 어휘들('계획,' '생각')과 반의적 어휘들을 통해 나라들의 계획 실패와 여호와의 계획 성공을 예리하게 대조시킨다. '나라들'이나 '민족들'은 '여호와'와 대조되고, 그들의 계획이나 생각이 '폐하고' '무효화 되는' 것은 여호와의 계획과 생각이 '영원히' 그리고 '대대로' 지속하는 것과 극명하게 대조된다. 이런 대조는 창조 때만이 아니라 역사가 진행되는 가운데서도 여호와가 왕이 되셔서 온 세상을 다스리시는 것을 강조하는 방법이다.

여기서 '계획'이나 '생각'은 4, 6절의 '말씀'에 상응하는 것으로서 후자가 창조의 능력이었다면, 전자는 역사의 주인이신 여호와가 역사를 진행하시는 섭리의 능력이다.[40] '말씀'과 '계획'은 종종 함께 등장하곤 한다(106:12-13; 107:11; 사8:10; 44:26; 46:10-11).[41] 말씀으로 창조세계가 '견고히 섰듯이'(9절), 여호와의 계획도 역사 속에서 '영원히 선다'(11절). 창조의 말씀은 섭리의 '계획' 가운데서 지속되고 완성되어 간다. 이런 계획은 창조된 세계 가운데 하나님의 나라를 세우는 것을 말하는데, 그것의 절정은 12절이 말하는 '하나님 백성'의 선택으로 이루어진다.

12절은 11절에서 말한 여호와의 계획의 절정이자 요약[42]인 이스라엘의 선택(구원)에 대한 예배자들의 감격적인 선언이다(144:15와 유사). 열방의 계획이 무너지고 여호와의 계획이 가장 감격적으로 이루어진 예의 핵심은 이 땅에 하나님의 나라로서 이스라엘이 탄생한 것이다. 이 절의 '나라'와 '민족'은 10절의 '나라들'과 '민족

---

40. H~J. Kraus, *Psalms 1-59: A Continental Commentary*, trans. Hilton C. Oswald (Minneapolis: Fortress Press, 1993) 378.

41. 석진성, "시편 33편의 신학적 기능," 74, 각주 13 참조.

42. Peter Craigie, *Psalms 1-50* (Waco: Word Books, 1983), 273.

들'과 대조적으로 단수이다. 이것은 많은 나라 중에서 이스라엘만 "여호와를 자기 하나님으로 삼은 나라"이고, 많은 백성 중에서 이스라엘만 여호와가 "자기 기업으로 선택하신 백성"임을 강조한다. 12절은 하나님이 '계획'(11절)을 따라 세상 많은 나라 중에서 자신의 기업으로 빼낸 백성(28:9; 신9:29; 32:9; 창19:5)으로서 이스라엘이 누리는 하나님의 보호와 인도와 복 주심에 대한 행복 선언이다. 그러면서도 이 행복 선언은 백성으로서는 순종해야 할 교훈이기도 하다. 10절의 '나라들'이나 '백성들'과 달리 이들은 여호와의 '기업,' 혹은 여호와의 나라로서 인간의 야망에 근거하지 않고 항상 여호와의 계획과 말씀에 순종해야 함을 의미한다.[43] 그런데 이 선언에는 이스라엘이라는 단어가 등장하지 않는다. 그런 점에서 12절의 행복 선언은 이스라엘의 선택과 구원을 암시하면서도, 5절이나 이 시편 전체가 말하는 온 세상 가운데서 여호와의 인자하심을 바라는 모든 자(18절)에게 해당하는 것으로 볼 수 있을 것이다.[44]

이상에서 본 것처럼, 시편 33편은 창조와 구원과 통치 전체를 하나님의 말씀과 계획이 이루어지는 섭리의 관점에서 노래하고 있다고 결론 내릴 수 있을 것이다. 이 시편은 창조 세계의 질서가 역사 속에서 악인들에 대한 심판과 여호와를 경외하는 자들에 대한 구원과 보살핌이라는 통치적 질서로 견고하게 세워지고 있음을 잘 보여준다.

2) 시편 104편이 노래하는 세상에 대한 하나님의 섭리

시편 33편이 창조에 기초한 인간 역사의 통치에 초점을 맞추고 있다면(6-9,

---

43. Jacobson, "Psalm 33," 114 참조; Craigie, *Psalms 1-50*, 273.
44. Lohfink, "Psalm 33," 107-17에서는 이러한 보편적인 선택에 대한 암시가 '모든'의 반복, 공간과 시간의 총체성, 온 세상을 가득 채우는 여호와의 인자하심에 대한 언급(5절), 모든 사람들에 대한 여호와의 통치에 대한 언급들에 나타난다고 본다(112-13쪽).

13-15절), 시편 104편은 놀랍게도 하나님의 창조와 창조 세계에 대한 하나님의 섬세한 돌보심과 섭리를 집중으로 노래하고 찬양하는 시편이다. 이 시편에서는 인간조차도 주인공으로 등장하지 않고 창조 세계의 일부로 묘사되고 있다.

시편 104편 1절은 욥기 40장 10절 하반 절에서 하나님께서 욥에게 "영광과 영화를 입을지니라"고 하신 것과 똑같은 표현으로 여호와 하나님을 찬양하며 시작한다. "존귀(영광)와 권위(영화)로 옷 입으셨나이다". 시인은 눈에 보이는 창조 세계를 보면서, 그 세계가 마치 하나님이 입고 있는 찬란한 옷인 것처럼 묘사하고 있다. 이것은 시편 104편의 시인이 욥과 같은 사람이 아니라 하나님만이 온 세상을 창조하고 통치하시는 진정한 주권자이심을 고백하는 것이다. 이것은 인간의 역사에서 이스라엘과 인생을 특별히 돌보신 하나님의 인자하심을 노래하는 시편 103편과 짝을 이룬다. 시편 104편은 "내 영혼아 여호와를 송축하라"로 시작하는데, 같은 표현으로 마무리되는 시편 103편에 대한 화답처럼 놓여 있다. 즉 시편 103편 19절의 고백 "여호와께서 그의 보좌를 하늘에 세우시고 그의 왕권으로 만유를 다스리시도다"를 풀어서 노래한 것 같다는 것이다.

김정우의 시편 주석은 이 시편의 구조를 창세기 1:1~2:3의 날들과 연결한다.[45] 하지만 그의 분석이 보여주는 각 연의 제목은 '창조'에 집중되고 있어서, 그 창조가 현재 세상과 연결되는 섭리적 요소를 제대로 드러내지 못한다. 여기서는 그의 구조를 기본적으로 취하되 제목과 세부적인 부분에서는 수정했다. 시편 104편은 "내 영혼아 여호와를 송축하라"는 초대의 틀 사이에서 느슨하게 창세기 1장의 창조 순서를 따라 창조와 섭리를 노래하고 있다고 볼 수 있다.

---

45. 김정우, 『시편 주석 III』 (서울: 총신대학교 출판부, 2010), 216-17.

1절	창조주 하나님의 영광에 대한 서론적 찬양(창1:1)
2a절	**빛**의 창조(창1:3-5, 첫째 날)
2b-4절	**하늘**의 창조와 하늘을 통한 섭리(창1:6-8 둘째 날)
5-9절	**땅과 바다의 분리**와 섭리(창1:9~10 셋째 날 1)
10-18절	사람과 생물의 양식을 위해 **땅에 비와 식물**을 주심(창1:11~12 셋째 날 2)
19-23절	**해와 달**을 만드셔서 시간을 섭리하심(창1:14~19 넷째 날)
24-26절	**바다와 해양 식물**을 만드시고 돌보심(창1:20~23 다섯째 날)
27-30절	지으신 모든 **동물**을 돌보심(창1:24~30 여섯째 날)
31-35절	영원한 창조주와 통치자이신 하나님의 영광 찬양(창2:1~3 일곱째 날)

이 시편은 인간을 포함한(14,15,23절) 거대한 창조 세계의 모습을 집중적으로 노래하면서, 그 모든 것들이 그 세계의 창조주요 주관자이신 하나님의 존귀와 권위(1절)를 드러낸다고 한다. 시인은 눈에 보이는 창조 세계를 보면서, 그 세계가 마치 하나님이 입고 있는 찬란한 옷인 것처럼 묘사하고 있다. 이 시편은 고대 근동의 다른 창조 시편들(예-이집트의 '아케나톤 찬양시[Akhenaton Hymn]')과는 달리 이 세상 만물이 신들이 아니라 하나님의 피조물임을 명백히 밝힌다.[46]

2-4절은 빛과 하늘의 창조뿐만 아니라 하늘에 속한 바람과 불(번개)을 통해 창조 세계를 섭리하시는 하나님의 사역을 찬양하는 부분이다. "빛을 입으셨다"라는 2절의 표현은 빛을 창조하실 뿐만 아니라 세상에 끊임없이 빛을 보내시며 그분의 영광을 나타내시는 하나님의 섭리까지 표현하고 있다고 볼 수 있다. 2절 2행에서 "하늘을 휘장(텐트) 같이 치셨다"라는 표현은 둘째 날에 땅 위로 '천장'과 같이 하늘(궁창)을 펼치신 것을 시적으로 표현한 것이다(창1:6-8; 사40:22; 슥12:1). 하지

---

46. 레슬리 알렌, 『시편 하 101~150』, WBC, 손석태 역 (솔로몬, 2001), 68~71에서는 두 시편의 유사성에 대한 논쟁들을 다루고 있다.

만 창조에 머물지 않고 3, 4절은 바로 그 텐트 같은 하늘 위에서 하나님이 그분의 왕궁('누각')을 세우시고, 구름 수레를 타시고, 바람 날개로 다니시면서(3절), 바람과 불(번개)을 그분의 사자와 사역자로 부리시며(4절; 18:7-15; 68:4; 77:16-19) 이 세상을 다스리시는 섭리를 노래한다. 3절의 '물'도 '텐트' 같은 하늘 위의 물을 가리키며(창1:7), 구약에서는 이 이미지를 사용하여 하늘에서 비를 내리신다고 자주 노래한다(13절; 36:8).

5-9절은 앞부분의 천상 영역과 대조되는 땅의 영역을 다루며, 바다와 땅을 나누시고 그 경계를 정하신 창조 셋째 날의 모습(창1:9-10)을 시적으로 묘사하고 있다. 5절 상반절은 마치 건물을 견고한 기초 위에 세우시듯이(18:15; 24:2; 82:5; 삼상2:8; 잠8:29; 사24:18; 왕상5:17; 16:24), 하나님이 땅을 영원히 요동치 않게(93:1; 96:10) 창조하신 것을 노래한다. 그런 다음 6-8절은 그 땅에 산과 물의 영역이 구분되도록 만드시고, 이후에도 그런 질서를 유지하신 하나님의 섭리를 함께 노래한다. 원래 땅은 깊은 바다('바다'-6절; '깊음'-창1:2)로 덮여 있었고, 혼돈의 물은 높은 산들보다도 위에 '서 있었다'(6절). 하지만 하나님은 진노의 '우렛소리'로 그 혼돈의 물을 책망하셔서(7절) 산꼭대기의 수원에 머물게 하시고, 그 물들이 다시 골짜기로 흘러내리도록 하셔서 물이 하나님이 정하신 장소에 있게 하셨다(8절)고 노래한다.[47] 즉 땅에 질서를 세우셔서 물이 경계를 넘어서 땅을 덮지 못하도록 하신 것이다(9절; 창9:15; 시33:7). 이런 질서는 창조 때만 세워진 것이 아니라 왕이신 하나님의 섭리 가운데 지속되어 10-18절에 나오는 생물들이 생명을 유지하는 터전을 만들고 있다.

10-18절은 시편 104편에서 제일 긴 연이고 제일 중심이 되는 연이다. 이 연은 하나님께서 셋째 날에 땅에 비와 식물을 주신 창조를 노래하는 것 같은데(창

---

47. Hans-Joachim Kraus, *Psalms 60-150: A Continental Commentary*, trans. Hilton C. Oswald (Minneapolis: Fortress Press, 1993), 300. 8절은 동사의 주어를 산들과 골짜기들로 봐서 산들과 골짜기들이 그것들을 덮고 있던 물들이 한 곳으로 내려갔을 때 드러나게 되었음을 말하는 것일 수도 있다.

1:11-12), 이 시편은 창조 자체보다는 그 창조의 목적을 더 세밀하게 노래한다. 그 목적은 사람을 비롯한 땅의 생물들에게 양식과 생명을 주시기 위한 섭리적 목적임을 상세하게 노래한다. 하나님이 기초 위에 견고하게 세우시고 질서를 세우신 땅을 생물들이 뛰노는 정원으로 삼으셨다. 이 부분은 가나안 땅을 세 부분으로 나누어 각 영역에 하나님의 은총의 샘과 비가 땅을 적시고 풀과 채소가 풍성하게 공급되는 모습을 그리고 있다. 10-12절이 이스라엘 남쪽 골짜기(10절)들을 적시는 땅에서 솟아나는 샘을 노래한다면, 13-15절은 이스라엘 고지('산', 13절)의 경작지들을 적시는 하늘에서 내리는 비를, 16-18절은 이스라엘 북쪽 레바논(16절)을 적시는 비를 노래한 것 같다. 하나님은 골짜기에 '샘을 보내셔서' 각종 들짐승과 새들의 목마름을 해갈하신다고 노래한다(10-12절). 한때 하나님의 '책망을 받았던'(7절) 혼돈의 물들이 하나님에 의해 제 자리로 갔을 때, 그 물은 골짜기에서 솟아나는 생명의 샘이 되었다. 13-15절에서는 하늘 왕의 왕궁인 하늘 '누각'(13절; 3절)에서 내리는 선물인 '비'(36:8; 65:9; 사30:25)가 산들에 주는 복("주께서 하시는 일의 결실"-13절)을 노래한다. 하나님은 (비를 통해서) 가축들의 먹이인 풀이 나게 하고, 사람이 채소를 경작하여 그 채소를 양식으로 먹을 수 있도록 하시며(14절), 포도주와 (올리브)기름과 양식을 제공하셔서 사람들의 마음을 기쁘고 힘 있게 하시고 얼굴을 빛나게 하신다(15절). 이것이 창조를 통해 이 땅의 생물들을 돌보시는 하나님의 복된 섭리이다. 하나님께서 생물들을 돌보시는 또 다른 모습은 레바논의 백향목으로 대변되는 나무들에게 비를 충분히 주시는 것(16절), 그 나무들을 통해서 학(혹은 황새)으로 대변되는 새들에게 집을 제공하는 것(17절), 고산 동물인 산양과 너구리(혹은 토끼)까지도 안전하게 거처하게 하시는 것(18절)으로 그려지고 있다(72:16; 왕하14:9; 19:23; 사10:34; 35:2; 40:16).

19-23절에서는 창조의 넷째 날(창1:14-19절)에 하나님께서 해와 달을 창조하셔서 계절과 밤낮의 질서를 제공하신 사실을 노래한다(19절). 시인은 밤이 되면 짐승들,

특별히 젊은 사자가 활동하다가(20, 21절) 낮에는 물러가서 눕고(22절), 사람들은 낮에 나와서 저녁이 될 때까지 노동한다고 노래한다(23절). 이러한 묘사는 생물들이 밤과 낮, 계절에 따라 다양하고 조화롭게 사는 것을 강조한다.

24절은 바다를 다루기 전에 앞에서 노래한 것들을 다시 요약하는 구절이다. 시인은 창조주이신 여호와께서 하신 일들이 참으로 많고, 하나님께서 지혜로(욥 28장; 잠8장) 지으신 피조물들이 온 땅에 가득하다고 감탄한다. 시인은 모든 피조물과 이 세상이 돌아가는 하나님의 섭리 가운데서 하나님의 지혜를 보고 있는 것이다.

25-26절은 창조의 다섯째 날에 만드신(창1:20-23) 바다와 해양 생물에 대한 찬양이다. 하늘이 제일 높은 곳이라면(2-4절), 바다와 해저는 세상에서 가장 낮은 곳이다. 그런데 거기도 하나님이 창조하셨고 돌보신다고 한다. 하나님께서 바다를 창조하셔서 그 가운데서 무수한 생물들이 살게 하시고, 배들이 지나가게 하셨음을 노래한다. 26절의 '리워야단'은 창조의 대적자(욥3:8; 사27:1)가 아니라 하나님이 창조하신 바닷물을 누리고 노는 바다 생물의 대표로 등장한다.[48]

27-30절은 땅의 생물들의 생명을 주관하시는 하나님의 주권을 찬양하는 절정 부분이다. 아마도 여섯째 날에 동물과 사람을 만들면서 피조물들이 완성된 관점에서 그들을 먹이시는 하나님의 돌보심과 섭리를 찬양하는 것 같다(창1:24-30). 시인은 앞에서 언급했던 사람들을 비롯한 생물들에게 적당한 때에 먹을 것을 주시는 하나님의 자비로운 은혜(27절; 창1:29-30)와 동시에 그들의 생사가 하나님께 달려있음을 노래한다(28-30절). 하나님이 '낯을 숨겨' 저희에 대한 은혜 베푸심을 중지하면 그들은 떨 수밖에 없고, 저희의 '호흡'을 취하시면 죽어서 흙으로 돌아갈(창

---

48. William P. Brown, "The Lion, The Wicked, and the Wonder of It All: Psalm 104 and the Playful God," *Journal for Preachers* 29/3 (2006), 16~18에서는 여기서의 리워야단 언급은 욥기 41장의 리워야단처럼 하나님이 기뻐하시는 피조물이라고 보고 있지만, 욥기의 문맥은 시편 104편과 대조적으로 보는 것이 더 좋을 것이다.

2:19; 시146:4; 전12:7; 욥10:12) 수밖에 없다(29절). 하지만 하나님께서 '영'('호흡,' 혹은 '숨'으로도 번역 가능)을 보내시면 그들은 창조되고, 온 땅이 새롭게 된다(30절). 창조주 하나님이 지속해서 양식과 호흡을 공급하시기 때문에 이 세상과 모든 생물이 유지된다는 것을 이 연은 강조한다.

31-32절은 창조가 완성된 일곱째 날에 하나님의 복 주심(창2:1-3)에 호응하는 섭리를 통해 창조를 지속하시는 창조주 하나님에 대한 찬양으로 볼 수 있다. 31-32절에서는 창조 세계에 대한 하나님의 통치와 돌보심을 통해 하나님의 '영광,' 즉 '존귀와 권위'(1절)가 영원히 계속되고, 하나님도 이 세계 가운데서 행하시는 일로 인하여 기뻐하실 것이라고 확신한다(31절). 하나님의 섭리는 하나님의 기쁨이다. 창조주 하나님은 한 번 보는 것만으로도 땅이 진동하고(지진), 잠깐 접촉해도 산들이 연기를 낼 정도(화산 폭발)로 영광스럽고 높으신 주권자이시다(32절). 다행히도 이 창조주-왕께서 이 세상을 멸하시지 않고 계속 유지하시기를 기뻐하시기 때문에 이 세상에 희망이 있는 것이다(창8:21).[49]

33-35절은 에필로그로서 앞에서 찬양한 여호와에 대한 시인의 헌신과 찬양 맹세이다. 여기서 시인은 온 세상을 창조하시고 돌보시는 하나님을 평생토록 찬양하겠다고 헌신한다(33절). 자신의 '기도(혹은 묵상),' 즉 자신이 이 시편에서 찬양하고 노래한 것들(19:14 참조)을 하나님이 기뻐하시기를 바라면서, 자신은 여호와로 인해 즐거워한다(34절).

마지막 절인 35절은 지금까지의 창조 세계에 대한 묵상과는 사뭇 다른 인간 세계의 통치를 다룬다. 시인은 '죄인들'과 '악인들'을 하나님께서 멸하실 것을 확신하면서 기원한다. 이는 창조 질서가 인간 사회 가운데 도덕적 질서로 나타날 때, 그 질서를 거부하고 창조주-왕이신 하나님의 창조와 섭리를 부인하는 자들

---

49. Brown, "Psalm 104 and the Playful God," 16에서는 이러한 하나님의 기쁨의 섭리와 통치를 노아의 제물을 기쁘게 받으신 이후의 하나님의 결심과 적절하게 연결하고 있다.

에 대한 심판 기원이다.[50] 이 구절은 104편의 찬양이 창조 세계에 대한 하나님의 섭리를 집중적으로 다루면서도 시편 33편처럼 창조와 섭리와 구원을 동시에 포함하고 있음을 나타낸다.

3) 시편 33편과 104편의 설교적 적용

시편 33편이 하나님께서 정직하고 신실하신 말씀과 행위, 의와 인자하심으로 온 세상을 지으시고 통치하시고 자기 백성을 구원하셔서 돌보시는 섭리를 찬양한다면, 시편 104편은 특별히 자연 세계를 섬세하게 돌보시는 창조주-왕의 섭리를 찬양한다. 이런 시편들은 우리의 시야를 인간의 역사에서 온 우주로 확장해 준다. 창조주의 섬세한 섭리 아래 질서정연하게 움직이는 창조 세계에 대한 감탄은 자연스럽게 인간의 역사 가운데서 이루어지는 하나님 섭리의 오묘함과 의로움에 대한 고백으로 이어질 수 있다. 그런 점에서 아래의 요지들이 설교에 적용될 수 있으리라 생각한다.

① 말씀으로 온 세상을 창조하시고 통치하시는 하나님의 의로운 통치를 찬양하라(33:1-11)

하나님은 온 세상을 그분의 뜻대로 창조하시고 다스리시는 창조주요 왕이시다. 이 세상에 질서를 세우시는 그분의 말씀과 행위는 바르고 신실하며 의롭고 인자하다(4-5절). 하나님의 말씀은 이 땅의 피조물들을 존재케 하고, 이 세상과 역사 속에서 그분의 뜻과 계획을 분명하게 이루시는 창조주-왕의 명령이고 능력이다(6-9, 11절; 사40:8; 55:11). 인간의 죄로 타락한 창조 세계에 재앙들이 생기지만, 여전히 하나님은 의롭고 인자하게 이 세상이 질서 가운데 움직이도록 역사하신다. 이

---

50. Brown, "Psalm 104 and the Playful God," 18-19에서 하나님의 통치 질서에서 죄인인 인간이 어떤 문제를 일으키고 있는지를 적절하게 강조한다.

세상의 역사도 강자들에 의해 불의하고 무질서하게 움직이는 것 같지만, 결국은 하나님의 의로운 뜻이 세워지는 방향으로 나아간다(10-11절).

이런 하나님의 의롭고 인자하신 통치는 예수 그리스도를 통해서 분명하게 세상에 드러났다. "그(아들)로 말미암아 모든 세계를 지으신" 하나님은 "이 모든 날 마지막에 아들을 통하여 우리에게 말씀하셨다."(히1:2, 11:3; 요1:1,3) 예수 그리스도는 이 세상을 하나님 나라로 바꾸는 말씀의 현현이시자, 타락한 세상에 대한 창조주의 인자한 사랑의 현현이시다. 예수 그리스도는 창조 질서의 회복인 세상 구원의 '기쁨'을 위하여 십자가를 참으셨다(히12:2).[51] 창조의 영이신(6절, 창1:2) 성령님은 무질서한 우리의 삶과 세상을 교회와 하나님의 말씀을 통해 회복시켜 가신다(행9:31; 10:38; 롬8:2; 14:17; 고전2:13; 6:11; 갈5:16,18).

이처럼 신실하고 의롭고 인자하게 온 세상 만물을 주관하고 통치하시는 삼위 하나님을 우리가 찬양하며, 그 찬양을 통해 하나님을 더욱 의지하는 것은 너무나도 마땅하다. 그러므로 이 세상 가운데서 늘 새롭게 창조의 능력으로 역사하시는 하나님의 말씀과 성령의 역사를 누리는 하나님의 백성으로서, 날마다 하나님을 즐겁게 환호하며 찬양하자(1-3절).

② 자기 백성들을 돌보시는 하나님만을 바라보라(33:12-22)

창조주 하나님의 뜻은 자기 백성들을 선택하셔서 무질서한 이 땅에 하나님 나라를 세우시는 것이었다(12절). 이런 하나님의 백성으로 택함을 받아 의롭고 인자하신 하나님의 통치에 동참하는 백성은 정말로 행복하다(엡1:23; 딛2:14; 제5:10). 하지만 우리는 그리스도인으로서 하나님의 교회가 사탄과 그의 종들에 의해서 무너질 것만 같은 순간들을 만난다. 그때마다 우리는 시편 33편 13-19절을 기억해

---

51. Brown, "Psalm 104 and the Playful God," 19.

야 한다. 교회를 공격하는 세력들을 심판하시기 위해 하늘에서 감찰하시는 하나님(13-15절), 같은 눈으로 그분의 의로운 백성들을 구원하시기 위해 돌보시는 하나님(16-19절)을 바라보아야 한다. 하나님은 그분의 인자하심을 바라는 자들을 그분의 일곱 눈, 성령으로 살피시며(슥4:10; 계5:6) '죽음' 가운데서라도 다시 살리시는 분이시다(19절). 그러므로 아무리 상황이 다급해도 하나님을 제쳐놓고 세상의 권력이나 물질을 더 의지하여 문제를 해결하려고 해서는 안 된다(16-17절). 그보다 예수 그리스도와 성령님 안에서 모든 죽음의 권세를 물리치시고 우리를 구원하시는 창조주 하나님을 끝까지 '바라보고,' 십자가에서 확증하신 하나님의 '인자하심'을 '바라야' 한다(20,22절). 그래서 이 역사와 창조 가운데서 펼쳐지는 하나님의 신실하시고 의로우신 섭리와 통치를 새롭게 경험하고, 그 경험을 창조주-왕이신 하나님을 찬양하는 '새 노래'(1절)와 '새로운 간증'으로 고백해야 한다. 하나님의 창조와 통치가 완성된 나라에서 우리는 영원히 이 '새 노래'를 부를 것이다(계5:9; 14:3).

③ 하나님 나라의 영토인 온 세상을 섬세하게 돌보시는 창조주 안에서 안심하라(시104편)

시편 104편은 온 세상을 창조하셨을 뿐만 아니라 모든 피조물을 세밀하게 돌보시는 창조주 하나님의 존귀와 권위를 노래하고 있다. 이 시편이 오늘날의 인간들, 특별히 주님의 교회들에게 주는 교훈은 의미심장하다. 그것은 창세기 1장과 2장에 나타나는 하나님이 창조하신 세상 만물은 단순히 인간들의 필요를 채워주는 것들이 아니라, 근본적으로 하나님에 의해서 지탱되고 유지되며, 하나님이 끊임없이 돌보고 계시는 하나님 나라의 영역이라는 사실이다. 즉 하나님이 그분의 영토를 즐겁게 유지하시고 다스리신다는 것이다.

그러므로 인간의 자연 보호나 환경 운동은 단지 인간에게 쾌적하고 편리한 세상을 만들기 위한 동기에서가 아니라, 하나님이 주신 하나님 나라의 질서를 이 땅에 회복하려는 차원에서 이루어져야 한다. 그리스도인은 개인의 구원과 전도의 차원을 넘어서 하나님이 아담과 하와에게 부여하신 본래의 사명인 이 세상의 정복, 즉 이 세상을 창조 질서대로 돌보고 경작하는 일을 행해야 한다(창2:15). 따라서 그리스도인이 창조 질서를 회복시켜야 할 하나님 나라의 영역은 자신이 속한 가정과 직장과 사회와 국가뿐만 아니라 자연과 온 세계도 포함한다.

하나님의 창조 세계를 돌보는 일에 무관심하고 창조의 질서, 도덕적 질서를 훼손하는 자들은 '악인'이며(35절) 그들은 이 땅에서 멸망할 것이다. 그러므로 그리스도인들은 지금보다 훨씬 더 심각하고 진지하게 이 세상에 대한 하나님의 사랑과 돌보심을 묵상하고, 그 돌보심에 동참해야 할 것이다. 그것이 이 시편이 노래하는 창조주 하나님에 대한 찬양의 진정한 의미이다. 예수 그리스도의 구원은 하늘과 땅에 있는 모든 것이 다 그리스도 안에서 통일되는 것으로 완성된다(엡1:10). 그래서 온 세상 만물이 그분의 오심을 고대하고 있는 것이다(롬8:19-22).

5장

선지서에 나타난
하나님의 섭리

이기업

1. 들어가면서

'섭리(Providence)'라는 영어 단어는 라틴어 '*providere*'(pro와 vide의 합성어)라는 동사에서 파생된 명사 '*providentia*'로부터 왔다. 그 동사의 뜻은 '미리 보다(to see forward, to foresee)'이다. 더 나아가 그것은 '필요한 것을 공급하다' 또는 '유지하다'라는 관용적 의미까지 내포한다. 그런데 이것에 일치하는 히브리어 정경과 헬라어 정경에서 하나님에 대한 직접적인 언급으로서 그 용례는 부재하다.[1] 다만 칠십인역(the Septuagint)에서 발견될지라도, 정경이 아닌 외경(the deutero-

---

[1] 그러나 '인간의 선견(human foresight)'이라는 의미를 가진 헬라어 명사는 신약성경에서 2회(행24:2; 롬13:14, πρόνοια) 사용되었으며, '인간의 행위'를 나타내는 동사형(προνοέω)도 3회(롬12:17; 고후8:21; 딤전5:8) 사용되었다. 그 외에 '신적인 섭리(divine providence)'에 의미론적으로 근접한 용어로서 '미리 알다(προγινώσκω)'라는 동사는 5회(행26:5; 롬8:29; 11:2; 벧전1:20; 벧후3:17) 사용되었으며, 그 명사형(πρόγνωσις)은 2회(행2:23; 벧전1:2) 사용되었다. 그리고 '섭리'라는 의미와 연결될 수 있는 용어들을 유추하여 찾아본다면, 숨겨져 있고 비밀스런 중요한 계획을 의미하는 οἰκονομία('stewardship, administration, plan': 엡1:10; 3:2,9; 골1:25)와 강력한 섭리적 의미를 내포하는 신적인 전략을 나타내는 βουλή('counsel, purpose, plan, intention': 행2:23; 4:28; 5:38; 13:36; 엡1:11; 히6:17) 등이 있다. 참고. David Fergusson, *The Providence of God: A Polyphonic Approach* (Cambridge: Cambridge University Press, 2018), 21.

canonical books)[2]에서 헬라어 동사인 *προνοέω*('to take thought for; provide for')와 명사 *πρόνοια*('provision, foresight')가 각각 9회 사용된다.[3] 그러한 용례들은 지혜서(Wisdom of Solomon), 마카비 3서, 마카비 4서에서 주로 사용되는데,[4] 이들 용례들은 '신적인 섭리(divine providence)'의 개념을 가진 용법으로 사용된다.[5] 구약(LXX)과 신약의 정경에서 신적인 섭리를 가리키는 표현으로서, '프로노이아(*πρόνοια*'라는 용어의 부재가 성경에서 섭리 개념 자체의 부재를 의미하지는 않는다. 왜냐하면 성경에서 '섭리'를 설명하는 다른 용어들(*προγινώσκω/πρόγνωσις, οἰκονομία, βουλή*)이 사용되고 있기 때문이다.[6]

역사적으로 개혁자들은 섭리에 대한 다양하고 다각적인 정의를 시도했다.[7] 루터(Martin Luther)는 하나님의 섭리는 구원과 필연적인 인과관계 안에 있으며, "예정(the predestination)과 쌍둥이 개념"으로 이해했다.[8] 섭리관에 있어서 비교적 합리

---

2. 여기서 'deutero-canonical' books는 'second canon'에 속하는 책들을 의미한다. 이들 가운데 일부는 카톨릭과 동방 정교회의 구약의 정경에 포함된다. 하지만 유대교와 개신교는 이것들을 구약의 외경(Apocrypha)으로 분류한다.

3. David Fergusson, *The Providence of God: A Polyphonic Approach*, 19.

4. 예를 들면, Wisdom of Solomon (Sapientia) 14:3에서, 풍랑이 거센 바다에서 배를 타고 항해하려고 준비하는 사람이 널판지와 같은 파쇄되기 쉬운 나무조각으로 된 배의 상태를 인식하는 문맥적 상황에서 "키를 잡고 계시는 주님 당신의 보호 아래 있으며, 당신의 바다의 물결 가운데서 안전한 길을 주었습니다."라는 고백 속에 '당신의 보호'라는 표현을 사용한다. 마카비3서 4:21("But this was the working out of the invincible providence of the one who helps the Jews from heaven")은 하나님께서 이집트에 있는 유대인들을 하늘로부터 돕는 '무적의 섭리'로 일하심의 결과라는 문맥적 의미를 가지는데, 여기서 '무적의 섭리(the invincible providence)'는 신적인 행위를 가리킨다.

5. '주님 당신의 보호'(솔로몬의 지혜서 14:3)라는 표현 외에도 신적인 섭리를 가리키는 표현들로서, 'the invincible providence'(마카비3서 4:21), 'the providence of God'(마카비3서 5:30), 'the divine and all-wise providence'(마카비4서 13:19), 'the divine providence'(마카비4서 17:22)의 용례들이 있다. *The Old Testament Pseudepigrapha*, vol. 2, ed., James H. Charlesworth (New York: Doubleday, 1985).

6. 본고의 각주 1번을 참고하라.

7. 여백의 한계상, 여기서 '섭리'에 대한 역사적 논쟁과 정의들을 다 언급하는 것은 어려움이 있다. 본고에서는 대표적 종교개혁자 3명의 섭리에 대한 정의만 간략하게 언급할 것이다. 섭리에 대한 역사 신학적 발전 과정과 논쟁을 위하여는, Mark W. Elliott, *Providence Perceived: Divine Action from a Human Point of View* (Berlin/Boston: Walter de Gruyter GmbH, 2015)를 참고하라.

8. Benjamin W. Farley, *The Providence of God* (Grand Rapids, MI: Baker Book House, 1988), 138.

적이고 성경적이라고 평가받는 개혁자 쯔빙글리(Ulrich Zwingli)에 따르면, 섭리는 "우주 안에 있는 만물에 대한 지속적이고 불변하는 규칙과 방향이다."라고 정의 했다.[9] 그리고 칼빈(John Calvin)은 『기독교강요』 제1권, 제16장, 제2항에서 "운명이나 우연 같은 것은 없다"라는 소제목 아래 "하나님의 섭리는 운명과 우연한 사건들과는 상반되는 개념"임을 알아야 한다고 주장했다.[10] 서로 다른 개념들을 주장할지라도, 개혁자들은 하나님의 섭리의 장점들을 '위로와 용기' 그리고 '위안과 소망'을 주는 원천으로 이해했다.[11]

조직신학적으로 섭리의 개념을 정의하면, '하나님의 섭리(God's Providence)'는 창조 세계, 역사 세계, 그리고 인간의 구체적인 모든 삶에 대한 하나님의 의도적인 개입을 통해 그분의 주권적인 뜻을 성취하신다는 것을 의미한다.[12] 좀 더 구체적으로 섭리의 개념을 정의하면, "섭리는 창조주가 그의 모든 피조물을 보존하시고, 세계에서 일어나는 모든 일에서 활동하시며, 만물을 그들의 지정된 목적으로 인도하시는 신적 에너지의 지속적인 실행"으로 정의된다.[13] 그러므로 하나님의 섭리는 '보존 행위(conservatio, sustentatio)', '협력 행위(concursus, co-operatio)', '통치 행위(gubernatio)' 안에서 구현된다.[14] 섭리에 대한 이 세 가지 요소가 섭리의 전

---

9. *On Providence and Other Essays*, ed. by William John Hinke (Durham, NC: Labyrinth, 1983), 136.

10. John Calvin, *Institutes of the Christian Religion*, ed. John T. McNeill, trans. Ford L. Battles, vol. 1 (Philadelphia, PA: The Westminster Press, 1960), 1.16.2.

11. Benjamin W. Farley, *The Providence of God*, 155.

12. Terrance Tiessen, *Providence & Prayer: How Does God Work in the World?* (Downers Grove, IL: InterVarsity Press, 2000), 15. 그리고 '하나님의 주권'(God's Sovereignty) 또는 '주권적인 하나님'(Sovereign God)은 "God before all things, God producing all things, God sustaining all things, God transcending all things, God knowing all things, God able to do all His will, God governing all things, God controlling all things"로 정의 될 수 있다: Norman L. Geisler and H. Wayne House, *The Battle for God: Responding to the Challenge of Neotheism* (Grand Rapids, MI: Kregel Publications, 2001), 219-228.

13. Luis Berkhof, *Introduction to Systematic Theology* [권수경, 이상원 역, 『조직신학』, 상] (서울: 크리스챤다이제스트, 1994), 373-374.

14. Luis Berkhof, *Introduction to Systematic Theology*, 374; Benjamin W. Farley, *The Providence of God*, 31-46.

통적 개념이다. 여기서 보존은 "하나님이 창조하신 만물들과 더불어 그분이 그 것들에게 부여하신 특성들과 능력들을 함께 유지하시는 하나님의 계속적인 사역"이며, 협력은 "미리 제정된 작용 법칙에 따라 행동하게 하고, 정확하게 행동하게 하는, 모든 종속적인 능력을 소유한 신적인 능력의 작용"이며,[15] 그리고 통치는 "하나님이 신적인 목적의 성취를 보장하기 위해 만물을 목적론적으로 다스리시는 하나님의 지속적인 행동"으로 정의된다.[16] 이러한 섭리의 세 가지 요소들은 하나님의 일시적·임의적 사역이 아닌, 신적 사역의 계속성과 목적성을 함의한다. 결국 세계에 대한 섭리적 경영은 하나님의 '주체성'과 그 사역의 '계속성', 그리고 그 사역의 주체자가 의도하는 '목적성'에 달려 있는데, 이 세 가지는 섭리의 특성을 요약적으로 잘 드러낸다.

그런데 위에서 설명한 어원적, 문헌적, 역사적(개혁신학), 조직신학적인 다양한 의미를 가진 '하나님의 섭리'라는 용어 자체는 성경에 나타나지 않는다. 그럼에도 구약 히브리어 성경에서 '섭리(Providence)'라는 단어와 가장 근접된 표현을 찾는다면, 그것은 창세기 22장의 아브라함이 독자 이삭을 모리아 산에서 번제물로 바치기 위한 여정의 기사에 언급된, 자신의 아들을 향해 아브라함이 사용한 표현일 것이다. 창세기 22장 8절(참고. 14절)에서 모세에 의해 쓰인 히브리어 표현(יְהוָה יִרְאֶה)은 '여호와께서 준비하실 것이다(Yahweh will provide)'로 번역된다.[17] 여기서 사용된 히브리어 미완료 동사 '라아(רָאָה, 'to see')'를 라틴어 벌게이트는 'providebit'('그가 준비할 것이다')으로 번역한다.

---

15. 모든 종속적인 능력까지도 신적인 능력으로 귀속시키는 '섭리론'은 하나님과 세상 사이를 구분하지 않고 혼동하는 '범신론'을 배격하며, 18세기의 계몽주의의 등장으로 하나님은 창조 사역 이후에는 피조세계로부터 후퇴하여 세상의 통치권이 하나님의 손에서 떠나 인간이나 제2원인의 실체로서 자연법칙 등으로 이전되었다고 믿는 '이신론'과도 차별된다.

16. Luis Berkhof, *Introduction to Systematic Theology*, 377-84.

17. 참고. John Piper, *Providence* (Wheaton, IL: Crossway, 2020), 30-31.

흥미롭게도 히브리어 어근 '라아(רָאָה)'의 능동 분사형 '로에(רֹאֶה, cf. 호제)'는 '선견자(seer)'를 의미한다. 사무엘상 9장 9절에 따르면, "옛적에 '로에(רֹאֶה, 선견자)'라 불렸던 자를 이제는 '나비(נָבִיא, 선지자)'라고 부른다."라는 표현이 있다. 즉 '로에'와 '나비'는 유사어이다(archaism).[18] 모리아산으로 가는 아브라함/이삭의 기사에서 하나님은, 그분이 '번제할 어린 양'을 미리 보시고 준비(공급)하셨던 '섭리주(攝理主)'셨다면, 선지서에서 선지자들은, 하나님이 하실 일을 미리 보여주셔서 미리보는 '예견자(豫見者)'였다.[19] 그래서 선지자들은 종종 "네가 무엇을 보느냐(מָה־אַתָּה רֹאֶה)"라는 질문을 하나님께로부터 받는다(렘1:11,13; 24:3; 겔8:6; 암7:8; 8:2; 슥4:2; 5:2). 선지자들은 하나님이 보여주시는 만큼 보고, 보여주시는 것을 미리 보는 자들이다. 그리고 미리 말하는 자들이다. 이런 점에서 선지자의 예언적 직분(being)과 직분 수행(doing)은 하나님의 '섭리'와 밀접한 관련이 있다고 할 수 있다. 즉 하나님의 신탁을 미리 보고 듣고 나서 예언하는 사역은 하나님의 섭리를 역사 세계에 드러내는 선지자의 계시 사역 또는 대언 사역이다.

---

18. '선견자(the seer)'로 주로 번역되는 히브리어 '로에'(רָאָה, 구약 13회: 삼상9:9[×2], 11, 18, 19; 삼하15:27[분사]; 사30:10[복수형]; 대상2:52; 9:22; 26:28; 29:29; 대하16:7, 10)라는 단어는 어근 동사 '라아(רָאָה)'에서 파생되었다. 차이점이 있다면, '나비'라는 용어가 '하나님으로부터 받은 메시지를 말하는 것으로서 선지자의 능동적 사역'의 측면에 강조점이 있다면, '로에'라는 용어는 '하나님의 메시지를 보는 선지자의 경험'의 측면을 더 강조한다. 즉 전자는 메시지를 듣는 청중으로서 '백성에 대한 선지자의 관계'를 부각시킨다면, 후자는 계시의 주체로서 '하나님에 대한 선지자의 관계'를 부각시키는 것으로 이해할 수 있다. 참고. Edward J. Young, *My Servants the Prophets*, 김정우 역, 『선지자 연구: 하나님의 종 선지자』 (서울: 기독교문서선교회, 1989), 75-76.

19. 150년 후에 등장할 '고레스'를 이사야는 미리 보고 예언했으며(사44:28; 45:1), 여로보암 1세(주전 931-910) 때 한 선지자는 이미 '요시야'의 실명을 예언했고, 미가 선지자는 약 700년 후에 오게 될 베들레헴에서 메시아가 탄생할 것을 미리 보고 예언했다(미5:2). 참고. Gleason L. Archer, *A Survey of Old Testament Introduction* (Chicago, IL: The Moody Bible Institute of Chicago, 2007), 312.

2. 신적 섭리와 관련된 선지서의 중심 개념들

본고에서 신적인 섭리를 논할 때, 선지서에서 추출할 수 있는 섭리에 대한 다양한 요소들이 있을 수 있다. 지면의 한계상 네 가지 중심 개념들에 초점을 모아 논할 것이다. 첫째는 선지자의 소명과 섭리에 대하여(섭리적 동역 인격), 둘째는 예언적 완료형과 섭리에 대하여(섭리적 수사학), 셋째는 신적 방문 행위 동사와 섭리에 대하여(신적인 섭리 인격), 그리고 넷째는 신탁의 기억 및 기록과 섭리에 대하여(섭리적 말씀 계시) 논할 것이다. 여기서 첫째와 셋째는 신적 섭리와 관련된 신인 양자의 인격적 개념들이며, 둘째와 넷째는 신적 섭리와 관련된 언어적 개념들이다. 여기서 신적 섭리론과 관련된 중심 개념들을 논할 때, 필자는 주로 계시 역사의 발전 안에서 조망하는 방법론을 취할 것이다.

1) 선지적 소명과 섭리(Prophetic Calling and Providence): 섭리적 동역 인격으로서 선지자

구약성경은 선지자 및 선견자에 대한 히브리어 호칭들을 위해 '나비(נְבִיא)', '로에(רֹאֶה)', '호제(חֹזֶה)', '이쉬 엘로힘(אִישׁ אֱלֹהִים)'이라는 용어들을 사용한다. 특히 '하나님의 사람(이쉬 엘로힘)'이라는 표현은 연계형 체인의 명사구인데, 대개 소유격(genitive) 관계 개념으로 이해된다. 그러나 이것은 동격(appositive)의 개념으로도 이해될 수 있다.[20] 즉 '하나님의 사람'은 '하나님 곧 사람이다' 또는 '사람 곧 하나님이다'라는 동격의 의미이다. 하나님의 소명을 받아서 메신저로 보냄을 받은 사람은 그 권위에 있어서 위임 받은 신적 권위 안에서 하나님을 대행하는 자이며,

---

20. 이기업, 『엘리야-엘리사 내러티브: 생명을 얻고 더 풍성히 누리게 하는 사역』 (서울: 기독교문서선교회, 2021), 71. 히브리어 연계형 체인이 소유격 이외에 동격의 용례들이 다수 있다(예. 왕하19:21; 사37:22; 47:1; 렘14:17; 46:11; 애1:15). 참고. Thomas J. Finley, *Joel, Amos, Obadiah*, *The Wycliffe Exegetical Commentary* (Chicago, IL: Moody Press, 1990), 225.

그 말은 곧 하나님의 말씀이다. 그런 점에서 선지자에게 있어서 '내 말'이라는 표현은 선지자 개인의 말이 아니라 '하나님의 말씀'이라는 의미이다(참고. 렘1:1; 51:64).

하나님의 사람으로서 선지자는 하나님의 소명에 근거한 하나님의 동역적 인격이며, 하나님의 신탁을 대언하는 선지자의 예언 사역은 이스라엘과 열국에 대한 하나님의 구원과 심판이라는 선지서의 보편적 목적을 수행하는 사역이다. 그래서 선지자의 소명은 세상을 향한 하나님의 섭리와 긴밀히 연결된다. 주 여호와께서 '그분의 비밀', 곧 섭리적 계획을 "그 종 선지자들에게 보이지 아니하시고는 결코 행하심이 없으시리라"(암3:7)는 말씀대로, 선지자들은 여호와의 섭리적 비밀 계획을 공유하는 섭리적 동역자이다.

① 소명 사건

'소명'에 대한 순 우리말은 '부르심(calling, call)'이다. 구약성경과 신약성경에서 소명(Call, Calling)을 뜻하는 신적인 부르심과 관련된 히브리어 기본 단어는 '카라(קָרָא)'이며, 헬라어는 '칼레오(καλέω)'이다. 이 두 단어는 소명 이외에도 어떤 대상에 대해 이름을 짓는 작명 행위(창3:20; 눅1:60)와 하나님을 향한 기도 행위, 호출 및 소환 행위(시145:18; 렘1:15; 롬10:13) 등을 위하여 사용되는 성경적 용례들을 가진다.[21]

구약성경에서 하나님의 부르심을 의미하는 이 단어의 중요한 용법들 가운데 하나는 하나님의 구원과 심판의 행위(목적성)를 위하여 개인이나 공동체 또는 다양한 피조물을 그 도구로 사용하기 위하여 부르시는 행위에 사용된다(출3:4; 시50:1; 렘1:15; 호11:1; 암7:4). 이런 점에서 신적인 목적성을 가진 소명은 하나님의 섭리적 부르심이다. 그 부르는 대상에 있어서 인격적인 것에 초점을 맞춘다면, 개인에 대한 하나님의 부르심 외에도, 그 부르심은 공동체 전체를 향해 적용되는 용례들

---

21. Gregory Mobley, "Call, Calling," in D. N. Freedman, A. C. Myers, & A. B. Beck (Eds.), *Eerdmans dictionary of the Bible* (Grand Rapids, MI: W.B. Eerdmans, 2000), 211.

을 포함한다. 이스라엘은 '제사장 나라'(출19:6)로 부르심을 받았고, 이스라엘 공동체는 '하나님의 종'으로 부르심을 받았다(사49:3-6).[22] 이러한 개인적 부르심은 부름 받은 특정 개인이 사명을 가진 존재라는 것을 의미하며, 그리고 공동체적 부르심은 그 공동체가 공동체적 사명과 존귀한 가치를 가진 신적인 섭리가 내포된 정체성을 지닌다는 사실에 귀결된다.

결국 소명은 부르시는 자와 부르심을 받는 자 사이에 부르신 자의 의도와 목적에 따라 보냄을 받아서 순종하는 인격적 관계를 잉태하고, 그 인격적인 소명 관계를 통해서 사명이 탄생된다. 소명과 사명은 양자의 건강한 인격적 신뢰 관계 안에서 발생한다. 소명과 사명의 주체는 두 인격 사이에서 상위 개념의 인격(예: 하나님, 왕)에 해당되고, 그 소명과 사명은 하위 개념의 인격적 대상(예: 선지자, 신하)에게 부여된다. 이러한 하위 개념의 인격을 '소명 받은 자(부름 받은 자)', '사명 받은 자(사명자)'라고 각각 부른다. 특히 소명과 사명을 받은 선지자는 하나님의 심판과 구원의 메시지를 선포함으로써 하나님의 섭리를 역사 세계 안에서 수행하는 섭리적 동역 인격이 된다.

선지자들이 처한 역사적 다양성과 독특성(즉, 불연속성)이 있더라도, 그들은 모두 단일성과 보편성(즉, 연속성)을 띄는 예언 사역의 동일한 목적과 태도를 견지해왔다. 그 증거를 베드로 사도가 다음과 같이 적실하게 증언한다. "이 구원에 대하여는 너희에게 임할 은혜를 예언하던 선지자들이 연구하고 부지런히 살펴서 자기 속에 계신 그리스도의 영이 그 받으실 고난과 후에 받으실 영광을 미리 증언하여 누구를 또는 어느 때를 지시하시는지 상고하니라"(벧전1:10-11). 즉 '구원(σωτηρία)'은 성부 하나님의 신적인 의도와 목적이며, '그리스도의 고난과 영광(τὰ εἰς Χριστὸν παθήματα καὶ τὰς μετὰ ταῦτα δόξας)'은 성자 하나님의 구원 사역의 요체이며, '그들 안

---

22. 참고. Gregory Mobley, "Call, Calling," 211.

에 있는 그리스도의 영(τὸ ἐν αὐτοῖς πνεῦμα Χριστοῦ)'은 예언자들에게 불어넣은 영감의 성령님이시다(참고. 벧후1:21). 그러므로 선지자들과 그들의 예언 사역은 삼위 하나님의 섭리를 깊이 반영한다.

구약시대의 하나님의 신정 체제의 세 직분(왕, 제사장, 선지자) 가운데서, 특히 선지자 직분이 사라져감에 따라 구약의 계시 역사는 지나가고 신구약 중간 시대가 도래한다. 과도기적으로 신약시대(신약성경)에 많은 선지자들이 언급될지라도 '예언'의 은사는 정지되었고, 때가 차매 하나님이 그분의 아들로 세상에 말씀하실 때까지 하늘의 음성은 침묵하였다.[23] 히브리서 기자가 "옛적에 선지자들을 통하여 여러 부분과 여러 모양으로 우리 조상들에게 말씀하신 하나님이 이 모든 날 마지막에는 아들을 통하여 우리에게 말씀하셨으니……"(히1:1-2)라고 언급하듯이, 예언 사역의 새로운 시대가 도래했다. 이런 점에서 구약의 선지자의 소명과 직분과 사역에 대한 하나님의 섭리적 인격의 최정점은 예수 그리스도이시다!

② 소명의 섭리적 목적

구약 선지자들과 그들의 예언 사역의 진위 여부를 가릴 수 있는 몇 가지 조건들이 있다.[24] 그 가운데 중요한 한 가지는 하나님께서 그들을 선지자로 부르셨던 소명 사건이다. 모든 선지자들이 소명 사건을 통해서 그들의 정체성과 사역이 시작된다. 그럼에도 불구하고 그들이 기록한 선지서들이 모두 소명 본문(call narrative)을 포함하고 있는 것은 아니다—물론 선지서들은 거짓 선지자들을 위한 소명 사건은 아예 포함하지 않는다. 문필 선지자들 가운데 일부는 소명 기사/사

---

23. Edward J. Young, *My Servants the Prophets*, 96.
24. 거짓 선지자/예언과 참 선지자/예언을 구별하는 성경적 기준들이 있다. 첫째로 선지자가 되는 시점에서는 소명 사건의 여부이다. 둘째로 선지자가 된 후에는 그 예언 사역을 위하여 '여호와의 회의(the Counsel of Yahweh)'에 참여한 여부이다(렘23:18,22; 참고. 신18:20; 겔13:17). 그리고 셋째로 예언 사역 이후에는 그 예언한 바가 성취된 여부이다(신18:22). 이들 기준에 따라서 선지자와 예언의 진위 여부가 결정된다.

건을 정경(오경, 역사서 또는 선지서) 속에 명시적으로 포함하기도 하고, 일부는 암시적으로 포함한다. 이것은 비문필 선지자들도 마찬가지이다(예. 엘리야와 엘리사). 그럼에도 모든 문필 선지자들은 이스라엘과 열국을 향한 여호와의 신탁을 받아서 그것을 대언하는 예언을 했다는 점에서, 불변의 공유적 사실을 가진다.

명시적이든지 암시적이든지, 그 소명 사건들(기사들)은 선지자 개인의 정체성에 대한 재창조적 변화를 통해 이스라엘과 열국의 심판과 구원이라는 하나님의 섭리적 목적을 지향한다. 구약 선지서(the prophetic books)의 문맥을 관찰하면, 대부분의 선지자들은 열국에 대한 신탁(Oracles against the Nations: OAN)이라는 주제를 포함한다. 즉 이사야 13-23장, 예레미야 46-51장, 에스겔 25-32장, 오바댜, 하박국, 아모스 1:3-2:3과 다니엘 2:31-45, 요엘 3장, 요나, 나훔, 스바냐 2-3장 등에서 관찰된다.[25] 그래서 열국에 대한 신탁은 선지서들 사이에 일정한 '본문의 소통성(intertextuality)'을 유지하고 있다. 그러나 선지서들이 공유하는 각 열국에 대한 신탁에서 언급되는 나라(민족, 땅, 도시 등)의 숫자들에는 차이가 있다. 뿐만 아니라 유다와 이스라엘에 대한 예언이 함께 등장한다든지, 아니면 열국의 심판만 언급한다든지 다양한 형태 안에서 묘사된다.[26] 열국 가운데 일부는 회복에 대한 예언을 포함하기도 한다.

---

25. Keil, *Jeremiah, Lamentations*, 365; Thompson, *The Book of Jeremiah*, 686-87; Carroll, *The Book of Jeremiah*, 751; Norman K. Gottwald, *All the Kingdoms of the Earth* (New York: Harper and Row, 1964); Walter Brueggemann, *Exile and Homecoming*, 418, n. 1. 예레미야서에서 '두로와 시돈'(47:4)은 하나님의 진노의 잔(the Cup of God's Wrath)을 마셔야 하는 대상들로서, 열국 가운데 하나로 25장 22절에 언급되었다. 그리고 '두로와 시돈'이 27장 3절에서는 바벨론의 멍에를 메어야만 하는 대상으로서 언급되었더라도, 여기서 '두로와 시돈'은 46-51장에 있는 '열국에 대한 신탁(OAN)'의 대상 안에서 독립된 신탁의 대상으로는 언급되지 않고, 다만 47장의 '블레셋에 대한 신탁' 안에 포함되어 등장(47:4)할 뿐이다. Eric Peels, "'Before Pharaoh seized Gaza': A Reappraisal of the Date, Function, and Purpose of the Superscription of Jeremiah 47," *Vetus Testamentum* 63(2013): 308-322, 309, n. 1.

26. 열국에 대한 신탁은 거의가 하나님의 백성의 구원과 관련되어 있다(참고. 시60:6-8). 왜냐하면 그 구원은 죄로부터 구원이기도 하지만, 열국의 압제로부터 구원이기도 하기 때문이다.

구분	예레미야		이사야	에스겔	아모스	스바냐	오바댜 요엘/하박국 요나/나훔 스가랴
	맛소라본문	칠십인역					
서론적 표제	46:1(1절)	없음					
이집트	46:2-28(27절)	26:2-28	19장	29-32장			요엘 3:19
블레셋	47:1-7(7절)	29:1-32	14:29-32	25:15-17	1:6-8	2:4-7	요엘 3:4-5 스가랴 9:5-7
모압	48:1-47(47절)	31:1-40	15-16장	25:8-11	2:1-3	2:8-11	
암몬	49:1-6(6절)	30:17-21		21:20 21:28-32 25:1-7	1:13-15	2:8-11	
에돔	49:7-22(16절) cf. 애 4:21	30:1-16	21:11-12 34:5-7	25:12-14 32:29 35:15	1:11-12		오바댜 1장; 요엘 3:19 [MT 4:19] cf. 말 1:2-5
다메섹	49:23-27(5절)	30:29-33	17:1-3		1:3-5		
게달과 하솔	49:28-33(6절)	30:23-28	21:13-17				
엘람	49:34-39(6절)	25:14-20					
바벨론	50:1-51:64(110절)	27:1-28:64	13:1-14:23				하박국 2:6-17
두로와 시돈	cf. 47:4		23장	26:1-28:24	1:9-10		요엘 3:4-5
구스			18장			2:12	
앗수르			14:24-27			2:13-15	요나/나훔
본문 통계	6장(231절)	7장	10장	10장	2장	1장	4장 이상

<표 1> 열국에 대한 신탁(OAN)

시편 60편 6-8절에 따르면, 팔레스틴 땅과 트랜스요르단(요단강 동편) 지역에서 이스라엘이 누리는 유업(the heritage of Israel)은 다양한 지리적 지명들(세겜, 숙곳 골짜기, 길르앗, 므낫세, 에브라임, 유다, 모압, 에돔, 블레셋)을 통해 광범위하게 묘사된다.[27] 그것은

27. Willem A. VanGemeren, *Psalms*, EBC, vol. 5 (Grand Rapids, MI: Zondervan, 1991), 416-17.

하나님이 주어로서,[28] 열국의 소유자라는 의미와 각 나라(족속)을 위한 하나님의 섭리적 기능 및 역할을 은유적으로 묘사한다. 마찬가지로 선지서의 열국에 대한 신탁에서도 이스라엘과 열국의 주인은 하나님이시며, 그들은 각각을 향한 하나님의 섭리적 목적을 수행하는 도구로서 역할을 한다.

2) 예언적 완료형과 섭리(Prophetic Perfect and Providence): 섭리적 수사학

선지서에는 소위 '예언적 완료형(*Perfectum Propheticum*)'이라고 불리는 시제 개념이 등장한다. 그러한 명칭으로 불려지는 것은 그 용례들이 주로 선지서 및 예언적 표현에서 발생되기 때문이다. 그렇다고 선지서에만 제한되는 것도 아니다. 그래서 이 용어의 적합성 여부에 있어서 만장일치의 동의가 없을지라도, 그렇게 불려지고 있는 것이다.[29] 게세니우스(Gesenius)는 예언적 완료형을 "선지자가 상상 안에서 자신을 미래 안으로 이동시켜서 그 미래 사건을 마치 이미 자신이 보거나 들었던 것처럼 묘사하는 것"으로 정의한다.[30]

---

28. 길르앗과 므낫세의 지리적 명칭에 소속을 의미하는 전치사구(לִי, 'to me, for me, belonging to me')가 각각 사용되어 소유주를 강조한다.

29. '예언적 완료형(Prophetic Perfect)'이라는 용어에 동의하는 문법 학자들은 Paul Joüon, *Grammaire de L'Hébreu Biblique* (Rome: Institut Biblique Pontifical, 1923, 2005), 298-99; S. R. Driver, *The Use of Tenses in Hebrew* (Oxford: Clarendon, 1881), 4; Georg Beer, *Hebräische Grammatik*, zweiter Band (Berlin: Walter De Gruyter, 1955), 125; Gotthelf Bergsträsser, *Hebräische Grammatik* in W. Gesenius-Kautzsch's Hebreäische Grammatik, vol. 2 (reprint ed.: Heildesheim: Georg Olms, 1983), 29; Frank R. Blake, *A Resurvey of Hebrew Tenses* (Roma: Pontificum Institutum Biblicum, 1951), 17-18; Franz Rosenthal, *A Grammar of Biblical Aramaic* (Wiesbaden: Otto Harrassowitz, 1974), 56이며, '예언적 완료형'에 동의하지 않고 완료형이 미래 의미를 내포하는 것으로 이해하는 학자들도 있는데, 이것은 고전 아라비아어의 완료형이 미래의 문맥 안에서 사용될 수 있다는 것에 근거하는 것 같다. 이들은 Friedrich E. König, *Historisches-kritisches Lehrgebäude der hebräischen Sprache, erste Hälfte* (Leipzig: J. C. Hinrichs'sche, 1881), 150; G. R. Driver, *Problems of the Hebrew Verbal System*, Old Testament Studies II (Edinburgh: T. & T. Clark, 1936), 116; Hans Bauer and Pontus Leander, *Historische Grammatik der Hebräischen Sprache, erster Band* (Halle: Max Niemeyer, 1919), 276를 포함한다. 참고. G. L. Klein, "The 'Prophetic Perfect,'" *Journal of Northwest Semitic Languages* XVI (1990): 45-60.

30. Wilhelm Gesenius, *Hebrew Grammar*, ed. by E. Kautzsch and trans. A, E. Cowley (Oxford: Clarendon Press, 2006), 312-13.

재언하면, 미래에 발생할 사건이 선지자의 예언 안에서 언급될 때, 그 미래의 사건이 마치 이미 완전히 발생한 것처럼 표현하기 위하여 사용하는 히브리어 동사의 완료형을 '예언적 완료형(Prophetic Perfect)'이라고 부른다. 이 완료형은 특별한 히브리어 문법적 완료형이라기보다는 수사학적 용법으로서의 완료형이다.[31] 그래서 예언적 완료형은 하나님의 주권적 통치와 섭리적 행위를 선지자의 예언을 통해 수사학적으로 생생하게 표현하는 강조 기법이다. 이것은 단순히 선지자 개인의 주관적 확신이나 소망 정도가 아니라, 하나님의 주권적 섭리에 의해 반드시 성취될 사건 또는 임박한 사건임을 강조하는 표현 기법이다(참고. 벧후1:21). 모든 예언이 그렇듯이, 특히 예언적 완료형으로 표현된 예언은 성취가 이미 보증된 신적 섭리적 행위로서 그 완료성 및 완결성을 수사학적으로 강조한다고 할 수 있다. 예언적 완료형을 사용한 구약의 몇 구절들을 예로 들면 다음과 같다.

여호와께서 아브라함과 언약을 맺으면서, "내가 이 땅을 애굽 땅에서부터 큰 강 유브라데까지 네 자손에게 주노니"(창15:18)라고 말씀하셨다. 여기서 '내가 주었다(נָתַתִּי)'라고 완료형 동사를 사용한다. 이 언약을 맺을 때 아브라함은 아직 어떠한 땅도 소유하지 못한 나그네의 처지였다. 그럼에도 이 약속은 아브라함이 이미 그 땅을 받은 것처럼 묘사한다. 이 약속에 대한 실제적 성취의 시작 시점은 여호수아의 가나안 정복 전쟁부터라고 할 수 있다. 그러나 역사적으로 이스라엘이 이 광대한 땅을 실제로 소유한 적은 아직까지도 없었다.[32]

여호와께서 아브라함과 언약을 맺으신 후에 이스마엘에 대한 약속을 언급하

---

31. Paul Joüon, *A Grammar of Biblical Hebrew*, translated and revised by T. Muraoka, vol. II (Roma: Editrice Pontificio Istituto Biblico, 2005), 363, §112h. Williams는 이 완료형을 'Perfect of Certitude,' 'Rhetorical Future,' 'Accidental perfective,' 또는 'Perfect of Confidence'라고 부르기도 한다. Ronald J. Williams, *Williams' Hebrew Syntax* (Toronto, University of Toronto Press, 2010), 165, §165. Gesenius는 'Perfectum confidentiae' 또는 'Perfectum propheticum'으로 부른다. *Gesenius' Hebrew Grammar*, 312, §106m,n.

32. 이러한 사실은 '땅'에 대한 약속의 성취가 문자적인 해석보다도 상징적이고 영적인 해석을 향하여 그 길을 열어놓고 있다는 의미가 될 수도 있다.

시면서, "이스마엘에 대하여는 내가 네 말을 들었나니 내가 그에게 복을 주어 그를 매우 크게 생육하고 번성하게 할지라 그가 열두 두령을 낳으리니 내가 그를 큰 나라가 되게 하려니와"(창17:20)라고 말씀하신다. 여기서 이스마엘과 그의 자손들의 미래 운명에 대한 하나님의 섭리를 보여주는 네 개의 완료형 동사가 사용된다. 첫째, '내가 복을 주었다(בֵּרַכְתִּי)', 둘째, '내가 생육하게 했다(וְהִפְרֵיתִי)', 셋째, '내가 번성하게 했다(וְהִרְבֵּיתִי)', 넷째, '내가 그에게 주었다(וּנְתַתִּי)'이다. 이 약속은 당시 하갈에게서 난 이스마엘이 소년이었을 때에 주어진 것으로서, 그가 이미 '큰 나라'가 된 것처럼 예언적 완료형으로 묘사했다.

마지막 예는 여호수아 사후에 이스라엘 자손이 가나안 족속과 전쟁을 앞두고 있었을 때, 이스라엘 자손들은 그들 가운데서 누가 먼저 공격해야 할지를 하나님께 물었는데, 그때 하나님은 유다 지파가 먼저 올라갈 것이라고 대답하셨다. 그러면서 "내가 이 땅을 그의 손에 **넘겨주었노라**"(삿1:2)고 약속하신다. 여기서 '내가 주었다(נָתַתִּי)'라는 완료형 동사가 사용되었다.

위에서 예를 들은 세 구절(오경, 역사서)은 모두 예언적 완료형을 사용한다. 더 정확하게는 화자가 하나님 자신이시기 때문에, 이는 약속의 성취를 보장하는 '확신적 완료형(Perfect of Confidence)' 또는 '신적 의지의 완료형'이라고 할 수 있다. 따라서 화자가 인간 선지자일 때, '예언적 완료형'이라는 표현이 문자적으로 보다 적합할 것이다. 그러한 예들은 선지서 각론에서 언급할 것이다.

화자인 하나님께서 아브라함의 자손에게 그 땅을 약속하셨고, 이스마엘에게는 미래의 운명을 약속하셨고, 유다에게는 가나안 땅을 이미 주셨다고 약속하셨다. 즉 이 약속들은 모두 아브라함의 자손에게 주어질 '광대한 땅'과 이스마엘 후손의 미래 운명인 '큰 나라'와 가나안 정복 전쟁의 선제 공격자인 유다에게 그 땅의 정복에 대한 약속으로 이미 승리를 보장하고 있다. 이 모든 약속들의 성취는 가깝거나 먼 미래의 일들이지만, 반드시 하나님의 주권적 섭리 안에서 실현될 일이기 때문에, 수사학적으로 강조하기 위하여 예언적 완료형을 사용한 것이다.

3) 신적 방문 행위와 신적인 섭리(Divine Visiting and Providence): 신적 섭리적 인격

역사와 피조세계에서 나타날 하나님의 섭리를 구현하기 위하여 부르심(소명)을 받은 선지자들이 섭리주 하나님의 동역자, 곧 섭리적 동역 인격자라는 것을 앞에서 논했다. 섭리주 하나님이 자기 백성과 세계를 향하여 의도하시는 목적을 지속적으로 성취하기 위하여 행하시는 섭리적 구원/심판 행위가 있다. 그 행위를 여기서는 '신적인 방문 행위(divine visiting)'라고 부를 것이다.

히브리어 동사 '파카드(פָּקַד)'는 특별한 주의가 요구되는 신적인 방문 동사이다. 그 어근의 기본적인 의미는 '방문하다(to visit)', '임명하다(to appoint)', '제공하다(to provide)' 등이다. 여성 명사형인 '페쿠다(פְּקֻדָּה)'는 '감독, 관리(oversight)', '소집(mustering)', '방문(visitation)', '섭리(providence)'를 의미한다(호9:7; 렘52:11; 사10:3; 미7:4; 욥10:12). 칠십인역(LXX)은 히브리어 '파카드'를 '처벌하다(to punish)', '심판하다(to sit in judgment)'라는 의미(출32:34; 욥35:15 등)로 번역한다.

신적인 섭리적 개입(divine providential intervention)을 의미하는 히브리어 동사 '파카드'의 성경적 용례는 많은 경우, '복 또는 구원'(창21:1; 50:24-25; 삼하2:21; 룻1:6; 시65:9; 106:4; 렘29:10)을 위한 신적 목적과 '벌과 심판'(출20:5; 32:34; 호8:13; 암3:14; 사27:1)을 위한 신적인 목적을 가진다. 신적인 방문 행위를 가리키는 히브리어 동사 '파카드'에 대한 구약성경에서의 용례 및 용법에 대한 한 연구는 개인과 공동체의 미래 운명에 대한 하나님의 섭리를 보여준다.[33] 군넬 안드레(Gunnel André)에 따르면, 하나님의 신적 방문 행위를 나타내는 히브리어 '파카드'라는 단어는 개인과 공동

---

33. Gunnel André, *Determining the Destiny: PQD in the Old Testament*, CB Old Testament Series 16 (Lund, Sweden: CWK Gleerup, 1980, Doctoral dissertation at the University of Uppsala, 1980).

체의 '운명을 결정하는 것(to determine the destiny)'이라고 규정한다.[34] 개인과 공동체를 향한 신적 방문은 크게 두 가지 목적과 의도를 가진다. 하나는 구원 및 회복을 위한 방문이며, 다른 하나는 심판 및 징계를 위한 방문이다. 이 두 가지 신적 방문은 개인과 공동체를 향한 하나님의 재창조주(심판+회복)로서 그 대상의 재창조를 위한 방문하심이다.

먼저, 사람과 국가를 향한 구원자로서 하나님은 방문하신다. 구약성경은 이에 대한 많은 용례를 가진다. 그리고 하나님의 방문 행위를 위해 사용되는 히브리어 '파카드(קָּדַּפ)'에 대한 칠십인역 헬라어 대역어는 'ἐπισκέπτομαι(에피스켑토마이)'를 사용한다. 예컨대, 히브리서 2장 6절은 시편 8편 4[5]절을 인용한다. "사람이 무엇이기에 주께서 그를 생각하시며 인자가 무엇이기에 주께서 그를 **돌보시나이까**"(히2:6). 히브리서 기자는 이것을 기독론적으로 설명한다. 즉 인자(Son of Man)를 예수 그리스도에게 적용시킨다. 결국 그는 예수 그리스도를 '구원의 창시자(the Author of their Salvation)'(히2:10)로 메시아의 정체성을 확언한다. 그리고 누가복음 1장 68절(ἐπισκέπτομαι, '돌보사')과 78절(ἐπισκέπτομαι, '임하여')에서 **에피스켑토마이**의 용법은 누가에게 있어 자기 백성의 구원을 위한 하나님의 은혜로운 방문을 의미한다. 왜냐하면 누가는 이 두 본문에서 그리스도의 방문의 목적을 메시아의 구원론적 정체성을 통하여 명시적으로 그 전후 문맥에서 각각 설명하고 있기 때문이다(68절: "속량하시며," 77절: "구원을 알게 하리니"). 그러므로 '그 날의 방문자'는 구원자(the Redeemer)이신 그리스도이시다.

그리고 또한 하나님은 개인과 공동체를 향한 심판주로서도 방문하신다. 구약성경은 구원자로서의 방문 용례들보다도 심판주로서의 방문 행위에 대한 용례들을 더 많이 포함한다. 하나님의 방문 행위를 위해, 누가는 이 단어의 사용을 종

---

34. 같은 곳.

말론적 개념 안에서 사용한다. 어린 나귀를 타시고 왕으로서 예루살렘에 입성하시는 문맥에 있는 누가복음 19장 44절에서, 예수님은 예루살렘에 임할 일에 대해 말씀하시면서 그 날을 "보살핌을 받는 날(τὸν καιρὸν τῆς ἐπισκοπῆς σου)"로 언급하신다. 무리들은 예수님을 기쁨과 큰 소리와 찬양으로 영접한다. 하지만 예수님은 예루살렘성 가까이에 오셔서 성을 보시며 우셨다(눅19:41). 그 방문의 날을 예루살렘이 깨닫지 못한 것 때문에 우신 것이다. 그래서 그 방문하심은 오히려 심판이 되었다. 그 결과는 심판으로서 예루살렘성의 역사적 파괴(A.D. 70)를 의미한다. 그리고 이사야 10장 3절("벌하시는 날"; פְקֻדָּה לְיוֹם; ἐν τῇ ἡμέρᾳ τῆς ἐπισκοπῆς)이라는 표현에 기초해서, 베드로는 베드로전서 2장 12절에 "오시는 날(ἐν ἡμέρᾳ ἐπισκοπῆς, 'in the day of visitation')"을 언급하는데, 여기서 사용된 헬라어 동사 **에피스켑토마이**의 명사형 **에피스코페**(ἐπισκοπή)는 방문의 날에 하나님을 영화롭게 하는 개인적 회심을 위한 은혜의 날일 뿐만 아니라, 종말론적인 심판의 큰 날이 된다(Beyer, 605-608).

결국 구약성경에서 신적인 방문(the divine visitation)은 구원과 심판을 위한 메시아의 방문(the messianic visitation)으로서 그 궁극적인 성취를 내다본다. 임마누엘로 오신 그리스도의 초림의 방문과 성령 강림의 방문은 영원히 그분의 백성들과 함께 하고자 하시는 삼위 하나님의 '항구적인 방문 사건'이다. 그 방문의 날은 구약의 '여호와의 날'에 대한 성취로서 '주의 날'의 방문의 날이다. 그리스도의 재림은 심판과 구원을 위한 하나님의 섭리 안에서의 최종 방문 사건이 될 것이다. 이런 점에서 하나님의 방문은 종말론적인 섭리적 방문(eschatological visitation)이다.

4) 신탁의 기록과 섭리(The Writing of Divine Oracles and Providence): **섭리적 말씀 계시**

앞에서 '예언적 완료형(Perfectum Propheticum)'에 대하여 언급했다. 그것은 미래에 반드시 발생할 어떤 사건이 선지자의 예언 안에서 언급될 때, 그 사건이 이미 성취된 것처럼 수사학적으로 생생하게 표현하는 완료형을 일컫는다. 이 완료형

용법을 신적 섭리론과 결부시켜서 '섭리적 수사학'이라고 필자는 불러왔다. 섭리적 수사학으로서 예언적 완료형이, 본고에서 언급하는 선지서 섭리론의 첫 번째 언어학적(문법적) 측면이라면, 여기서 신탁의 기록에 대한 이슈는 섭리론과 관련된 두 번째 언어학적(계시적) 측면이라고 할 수 있다. 여기서는 주로 선지자들이 하나님으로부터 받은 신탁의 기록 과정에 나타난 신적 섭리를 조명하고자 한다.[35]

구약 선지자들은 다양한 방식으로 분류할 수 있다. 그들의 예언의 진위 여부에 따라서 거짓 선지자와 참 선지자로, 선지자의 등장 및 활동 시기에 따라서 초기 선지자와 후기 선지자로[36] 또는 포로기 이전의 선지자와 포로기 및 포로 후기 선지자로, 예언의 분량 및 내용에 따라서 대선지자와 소선지자로, 그리고 성별에 따라서 남자 선지자와 여자 선지자로 등이다.

여기서는 본고의 목적에 따라서 먼저 그 구분 기준을 선지자들의 저술 여부와 그들의 저술이 구약 정경의 선지서에 포함되었는지의 여부에 따라서 크게 '문필 선지자'(writing prophets, canonical prophets, classical prophets)와 '비문필 선지자'(non-writing prophets)로 분류하여(이미 이 용어들을 앞에서 사용해왔을지라도) 설명한 후, 신적 섭리와의 관련성을 논하고자 한다.

① 문필 선지자

광야 시대의 모세, 사사 시대의 사무엘은 개신교 분류상의 구약 정경의 선지서를 남기지 않았으나, 그들은 오경과 사무엘서를 각각 남겼다. 그리고 구약성경 안에서 선지서의 기록을 남긴 문필 선지자들은 다음과 같다. 먼저 분열 왕국 시

---

35. 그러나 선지서 본문에서 그러한 증거들이 부재할 경우, 정경론에 대한 논의로 대신할 것이다.
36. 개신교의 구약 선지서 분류 방식과 달리, 유대교의 정경 분류에 따르면, 선지서(네비임)는 전선지서(Former Prophets: 여호수아, 사사기, 사무엘서, 열왕기서)와 후선지서(Latter Prophets: 이사야, 예레미야, 에스겔, 12 소선지서)로 구분된다.

대에 북 이스라엘(6명)에서 호세아, 아모스, 요나, 나훔, 스바냐, 하박국이 예언 활동했으며, 남 왕국 유다(5명)에서 오바댜, 요엘, 이사야, 미가, 예레미야가 선지자로 활동했다. 두 왕국이 멸망하면서 포로기(2명)에는 다니엘과 에스겔이 있었고, 포로 후기(3명)의 선지자들로서 학개, 스가랴, 말라기가 활동했다. 이들은 모두 자신의 이름으로 된 구약성경에 포함된 선지서를 남겼던 문필 선지자들이다. 요약하면, 구약의 문필 선지자들은 대선지자 4명과 소선지자 12명을 합하여 전체 16명이다. 문필 선지자들의 수는 비문필 선지자들 수의 절반 정도에 불과하다. 역으로 말하면, 이스라엘 역사에서 비문필 선지자들은 문필 선지자들보다 두 배 이상으로 많이 등장하여 예언 사역을 했다.

② 비문필 선지자

선지자의 개념과 예언 행위의 주된 동사인 '나바(נָבָא)'에 대한 해석과 문맥적 의미에서 차이가 있을지라도, 다수의 그룹을 제외하고 족장 시대부터 분열 왕국 직전까지 활동했던 모든 비문필 참 선지자들의 숫자는 개인 선지자가 34명(여 선지자 3명 포함-이사야 아내 제외)이며,[37] 선지자 그룹으로서 여호와의 영이 임하여 '예언' 했던 70인 장로들, 사무엘의 제자들인 선지자의 무리, 다윗을 체포하기 위해 사울이 보낸 1차, 2차, 3차 전령들이 모두 '예언'했고, '선지자의 제자들'로 불려진 엘리야와 엘리사의 제자들과 또 다른 '선지자의 무리' 등 전체 5개의 무리가 등장한다.[38] 그리고 비문필 및 문필 선지자 전체에서 3명의 여 선지자들인 미리암,

---

37. 문필 선지자 이사야의 아내가 '여 선지자(네비아, נְבִיאָה)'로 일컬어지고 있다(사8:3). 이 표현이 선지자의 아내를 지칭하는 것인지 아니면 실제 여선지자였는지 불분명하다. 만약 후자였다면, 구약성경에 부부가 함께 선지자가 되는 유일한 경우인데, 남편은 문필 선지자이며, 아내는 비문필 선지자가 된다.
38. 이 5개 그룹의 선지자들은 참 선지자들의 그룹이며, 거짓 선지자 그룹으로서 '그 남은 선지자들'(느6:14)과 '자기 마음대로 예언하는 여자들'(겔13:17)이 등장하는데, 전자는 남자 거짓 선지자 그룹이며, 후자는 여자 거짓 선지자 그룹이다.

드보라, 훌다는 모두 비문필 참 선지자들이었다. 비문필 선지자의 이같은 숫자는 이스라엘의 문필 선지자 전체 숫자인 16명보다 거의 두 배 이상에 해당한다. 또한 문필 선지자들 가운데 여자 선지자는 전무하다.

③ 선지자의 저술 활동과 섭리

문필 선지자들은 그들 각각의 선지서를 기록하여 남김으로 구약성경의 선지서 장르를 형성하고 있다. 그러나 역사적으로 볼 때, 구약 선지서들을 기록한 문필 선지자들이 나타나기 전에 비문필 선지자들이 대략적으로 먼저 등장하여 활동했다. 비록 비문필 선지자들은 정경 내의 선지서를 기록하여 남기지 않았다고 할지라도, 일부 비문필 선지자들의 저술 활동의 정보에 대한 기록이 구약성경에 명시되어 있다.

비문필 선지자들 가운데는 그들의 저술 내용 전부가 정경에 포함되지 않은 역사, 묵시 등과 같은 장르의 글을 저술한 자들도 있다. 예를 들면, 선지자 나단과 선견자 갓은 다윗 왕의 행적을 기록했으며(대상29:29), 선지자 나단과 실로 사람 아히야의 예언은 솔로몬의 시종 행적에 대하여 기록했고, 선견자 잇도의 묵시 책은 느밧의 아들 여로보암에 대하여 기록한 책이다(대하9:29). 그리고 하나니의 아들 예후는 여호사밧의 시종 행적을 기록하였는데, 그 글은 이스라엘의 열왕기에 올랐다(대하20:34). 즉 예후의 글은 전체가 저술 그대로 정경에 포함된 것은 아닐지라도, 정경으로서 역사서(이스라엘의 열왕기)의 사료로서 사용되었을 가능성을 배제하지 못한다.

또한 비문필 선지자들 가운데는 정경의 선지서는 아닐지라도, 구약성경의 또 다른 장르의 기록을 남긴 자들도 있다. 예를 들면, 선견자 아삽은 시편에서 '아삽의 시'(예. 시편 제2권의 50편, 제3권의 73-83편)를 기록한 시편 기자이다(대하29:30).**39**

선지서의 기록을 아예 남기지 않은 비문필 선지자들도 있는데, 이들은 선지자로서 '소명'을 받았을 뿐 아니라 받은 '사명'을 수행하기까지 했지만, "자신들의 이름으로" 하나의 선지서도 기록하지 않은 자들이었다. 그래서 이들은 자신들의 선지서를 기록할 현대적 개념의 '사이버 공간'과 같은 어떠한 '문학적 공간'조차도 가질 수 없었다. 물론 이것은 그들이 그런 기회의 상실이나 직분적 자격 및 문학적 자질의 결핍이나 자신들이 게을러서가 아니다. 다만 계시와 영감의 주체가 되시고 성경의 원저자이신 성령님께서 그들의 기록을 허용하지 않으셨기 때문이다. 이것을 성경 기록에 위한 하나님의 주권적인 섭리라는 말 정도로 밖에 우리는 설명할 길이 없다.

이와 같이 선지자들의 저술 유무와 그들의 저술의 현존 여부와 그들의 저술이 정경의 선지서와 다른 장르에 포함된 여부와 사역의 내용을 담은 저술의 분량의 여부는 전적으로 '성경 기록의 섭리주'이신 성령님께 달려있다고 할 수 있다. 그래서 이런 관찰과 주장이 가능하다. 성경 기록의 주님이신 성령께서는 때로 비문필 선지자들의 예언 사역과 기적 사역을 다른 역사서 저자를 통해서 기록을 남기시기도 하셨다. 성경 기록의 주께서는 때로 비문필 선지자들의 사역들을 당시의 청중들과 선지자 본인들만 경험하고, 그 이후 세대에게는 선지자들의 이름 정도만 남기는 '기명'과 아예 이름을 모르는 '익명'('어떤 선지자': 왕상13:1-34; 20:13-28,35-43; 대하25:7,15-16)과 그리고 그 존재 자체에 대한 침묵으로 선지자 개인 및 그룹 안에 있는 '무명'(삼상10:5-10; 19:20; 왕하2:3-7,15-18; 4:38; 6:1-2)의 형태로 존재하게 하셨다. 이들 중에는 세상과 역사에 무명한 자 같으나 하나님 나라에 유명한 자도 있을지 모른다! 수많은 선지자들이 부름을 받아서 하나님의 말씀을 대언하고

---

39. 역대하 29장 30절에서 언급된 '선견자 아삽의 시'가 그대로 모두 정경에 있는 시편의 제2권(시50편)과 3권(시 73-83편)에 있는 '아삽의 시'로 옮겨졌는지에 대하여는 불확실하다.

자신을 향한 시대적 사명을 조용히 감당하고 아침 이슬의 사라짐같이 역사의 뒤안길로 사라졌을 것이다!

3. 선지서에서 신적인 섭리

제2장에서 신적 섭리와 관련된 선지서의 중심 개념들, 곧 두 가지 인격적 측면과 두 가지 언어적 측면에서 총 4가지 섭리론적인 요소들을 개괄적으로 소개했다. 여기 제3장에서는 그 중심 개념들이 각 선지서에서 신적인 섭리의 관점에서 어떻게 나타나는지를 가능한 범위 안에서 구체적으로 논할 것이다.

선지서들은 이스라엘과 열국에 대한 하나님의 구원과 심판 사역에 대한 신탁(divine oracles)을 포함하고 있다. 하나님은 그분의 섭리를, 그분께서 부르신 선지자들을 통하여 역사와 세계 속에서 예언과 성취를 통해 드러내셨다. 선지자들은 하나님의 백성과 세계를 향한 하나님의 계시적인 뜻을 먼저 보고 들은 후에 예언 사역(선포 및 기록)을 통해서 드러냄으로써 하나님의 섭리를 구현했던 자들이다. 선지서들은 그러한 하나님의 섭리적 인격과 사역을 계시한 책이다. 이러한 하나님의 섭리는 하나님의 미래에 대한 전지하신 신지식(God's foreknowledge or prescience)에 근거한다.

1) 이사야서에서 섭리(Divine Providence in the Book of Isaiah)

이사야서는 당대의 역사적인 예언과 미래의 종말론적인 섭리적 예언을 가장 많이 포함하고 있는 구약의 대표적인 예언서들 가운데 하나이다. 주전 8세기의 예루살렘의 선지자 이사야는 섭리주 하나님의 캐릭터의 독특성, 섭리적 예언의 성취 의지, 창조 세계와 역사 세계에서 만물을 그분의 뜻대로 통치하시는 신적인 섭리를 탁월한 문학성 안에서 담아내고 있다(참고. 사46:9-11).

① 선지자의 소명과 섭리

이사야 선지자의 부르심에 대한 하나님의 주권적인 섭리는 그의 소명 사건과 소명의 목적 안에 잘 반영되어 있다.

a. 소명 사건

이사야는 자신의 소명 사건을 기록한 소명 기사(6:1-13)를 포함하고 있다. 소명 기사의 내용과 구조는 다음과 같다. ① 환상 안에서 신적인 초대(1-4절), ② 심판과 구원의 모티프 안에서 재창조(5-7절), ③ 위임(8-10절), ④ 인간적 저항(11a,b절: "내가 이르되 주여 어느 때까지니이까"), ⑤ 신적인 재확신(11c-13d절), ⑥ 정당성의 증거(13e절: "거룩한 씨가 이 땅의 그루터기니라")의 순서이다.

이사야의 소명 사건은 아모스의 아들 이사야를 선지자로 부르심을 통해서 이스라엘과 열국을 향해 심판과 구원을 행하시는 여호와 하나님의 섭리의 시발점이 되었다. 이사야는 '여호와의 회의(the divine counsel)'에 참여하여 "하나님의 왕국의 도래"를 선포하는 전령과 대사로서 부르심을 받았다.[40] 특히 이사야 선지자의 소명의 장면은 예레미야나 에스겔처럼 선지서 초두에 나오지 않고 심판(1-5장)과 구원(7-12장)의 신탁들 사이에 배치되었는데,[41] 이 같은 문학적 구조를 통해서 소명 사건이 강조된다(chiasmus).

---

40. Willem A VanGemeren, *Interpreting the Prophetic Word: An Introduction to the Prophetic Literature of the Old Testament* (Grand Rapids, MI: Zondervan Publishing House, 1990), 255-56.
41. Willem A VanGemeren, *Interpreting the Prophetic Word*, 254.

b. 소명의 목적

앞서 언급한대로 구조적으로 관찰할 때, 이사야 선지자의 소명은 이스라엘과 열국을 향해 하나님의 구원과 심판이라는 섭리적 목적을 수행하기 위한 부르심이라는 것이 강조된다. 열국에 대한 이사야의 신탁은 이집트(19장), 블레셋(14:29-32), 모압(15-16장), 에돔(21:11-12; 34:5-7), 다메섹(17:1-3), 게달과 하솔(21:13-17), 바벨론(13:1-14:23), 두로와 시돈(23장), 구스(18장), 앗수르(14:24-27)를 포함한다. 총 10장의 본문을 할애하여 10-12개 나라를 향한 하나님의 주권적 섭리가 이사야의 예언 사역을 통해 계시되었다. 열국에 대한 신탁(OAN)은 열국에 대한 신적 섭리를 잘 드러낸다.

② 예언적 완료형과 섭리

언어적, 수사학적 표현을 통해 하나님의 섭리를 보여주는 예언적 완료형의 용례들을 이사야가 많이 사용하고 있지만, 여기서는 몇 가지 용례들만 살펴보고자 한다. 주전 8세기(포로 전기) 예루살렘에서 이사야는 "그러므로 내 백성이 무지함으로 말미암아 **사로잡힐 것이요** 그들의 귀한 자는 굶주릴 것이요 무리는 목마를 것이라"(사5:13)라고 예언했다. 유다 백성은 여호와에 대한 지식의 결핍으로(참고. 호 4:1-2) 포로로 잡혀갈 것인데, 여기서 '나의 백성은 포로로 잡혔다(עמי גלה)'라는 완료형 동사가 사용된다. 이 일이 아직 먼 미래의 일임에도 불구하고 예언적 완료형을 사용해 범죄한 유다 백성에 대한 하나님의 섭리적 징계를 선언함으로써 그들은 반드시 포로로 잡혀가야만 하는 운명에 처해졌다.[42]

이사야 9장은 평강의 왕, 메시아에 대한 예언을 포함한다(9:1-7; MT 8:23-9:6). 1-2절은 다음과 같이 언급한다.

---

42. John N. Oswalt, *The Book of Isaiah Chapters 1-39*, NICOT (Grand Rapids, MI: William B. Eerdmans Publishing Company, 1986), 160.

"전에 고통 받던 자들에게는 흑암이 없으리로다 옛적에는 여호와께서 스불론 땅과 납달리 땅이 멸시를 당하게 하셨더니 후에는 해변 길과 요단 저쪽 이방의 갈릴리를 **영화롭게 하셨느니라**; 흑암에 행하던 백성이 큰 빛을 **보고** 사망의 그늘진 땅에 거주하던 자에게 **빛이 비치도다**"(사9:1-2, 개역개정)

여기서 사용된 세 개의 동사들, 곧 1절의 '영화롭게 하셨다(הכבּיד)', 2절의 '보았다(ראוּ)'와 '비쳤다(נגהּ)'라는 표현들을 모두 완료형 동사들로 사용했다. 먼저 이 본문을 역사적 배경과 더불어 살펴볼 필요가 있다. 1절에 언급된 "전에 고통받던 자들"은 팔레스틴 북동쪽의 두 지파인 스불론과 납달리 지파가 사는 요단강 서편 지역에 사는 자들을 가리킨다. 이스라엘 왕 베가(20년 통치: 752-732 B.C.)가 여호와 보시기에 악을 행하였고 여전히 여로보암의 죄에 빠져있었다. 그리하여 하나님은 앗수르 왕 디글랏 빌레셀이 침입하도록 하시어 게데스와 하솔과 길르앗과 갈릴리와 납달리 온 땅을 점령하게 하셨다. 그리고 이스라엘 백성을 포로로 사로잡아 앗수르 땅으로 옮기셨다(왕하15:27-29). 그 결과 스불론 땅과 납달리 땅이 멸시를 당하도록 하셨다(사9:1).

세월이 지나서 이사야(739-685 B.C.)가 예언할 때에도 그곳은 여전히 '흑암과 사망'의 땅이었다. 이 땅은 지리적으로 유다와 가장 멀리 떨어져 이방 나라들에게 가까이 있었고, 그래서 이방의 영향을 가장 많이 받는 곳이 되었다. 이로 말미암아 그 땅은 "해변 길과 요단 저쪽 이방의 갈릴리"라고 불리고 있었다. 여기서 '흑암'(1, 2절)으로 언급된 것은 이방 나라 앗수르의 침입으로 황폐하게 된 것 뿐만 아니라, 이스라엘이 우상숭배의 죄악을 행함으로 영적으로 황폐하게 된 것을 의미한다. 그런데 이사야는 '재앙의 흑암'이 '평화의 빛'으로, '사망의 흑암'이 '생명의 빛'으로, '무지의 흑암'이 '지식의 빛'으로 바뀌었다고 생생하게 확신에 차서 예언한다.[43] 그러한 흑암이 사라지고 이러한 빛이 도래하는 것은 이사야의 '평강의 왕'에 대한 예언이 성취됨으로써 실현될 것이기 때문이다(9:6-7). 그 메시아 왕은 기묘자, 모사, 전능하신 하나님, 영존하신 아버지, 평강의 왕이라 불리는 자이다. 그 왕에 대한 예언은 "한 아기가 우리에게 났고 한 아들을 우리에게 주심"(6절)으로 이루어 질 것이며, 그는 "다윗의 왕좌와 그의 나라에 군림"(7절)하여 영원한 하나님의 정의와 공의를 보존하실 것이다. 그것을 "만군의 여호와의 열심이 이를 이루시리라"(7절)고 이사야는 예언한다. 섭리주 하나님이 메시아적인 왕을 통해서 통치하시고, 그 나라의 가치인 정의와 공의를 보존하실 것이다.

요컨대, 이사야의 예언 안에 있는 메시아와 궁극적인 평강의 왕의 도래(참고. 마 4:12-17)는 모두 미래의 일이지만, 이사야는 세 개의 예언적 완료형 동사를 사용하여 이 예언이 이미 성취된 것처럼 수사학적으로 생생하게 묘사한다. 이렇듯 예언적 완료형은 미래 하나님의 섭리적 계획에 대한 성취를 가시화한다.

③ 신적 방문 행위와 섭리

구약성경의 선지서에서 하나님의 섭리를 나타내는 가장 대표적인 행위들 가운데 하나는 '신적 방문 행위'를 의미하는 히브리어 동사 '파카드'이다. 아래 도표에서 보는 대로 이사야는 신적인 방문 동사인 '파카드'를 16회 사용한다. 이 동사의 행위의 주체(주어)가 하나님인 용례들이 많이 나타난다. 하나님은 범죄한 자기 백성들을 위해 '파수꾼'을 **세우셔서** 경고하셨을 뿐 아니라(62:6), 범죄한 자기 백성은 물론이고 이방 나라들을 향해 다양한 수단들을 사용하여 **벌하심으로써** 심판 사역을 행하셨다(10:12; 13:11; 24:21, 22; 26:14, 16, 21; 27:1; 29:6; 참고 13:3).

그리고 여호와의 구원 및 회복 행위에 대한 유일한 용례는 두로를 향한 예언

---

43. Edward J. Young, *The Book of Isaiah*, vol. 1, Chapters 1-18 (Grand Rapids, MI: William B. Eerdmans Publishing Company, 2000, reprinted), 325.

에서 나타난다(23:17). 또한 히브리어 동사 '파카드'의 주체(주어)가 사람이 될 때조차 그것 역시 하나님의 주권 안에서 발생한다(4회: 10:28; 38:10; 27:3; 참고. 34:16). 이사야서에서 히브리어 '파카드'는 개인과 공동체의 운명을 결정하는 주권적인 하나님의 섭리 행위를 임명, 심판, 구원 등의 행위를 통해서 드러낸다.

주어	파카드(פקד)		대상 및 용례
하나님 (12회)	임명 및 위임 행위(1회)		파수꾼(62:6)
	심판 행위 ("벌하다": 9회)		앗수르 왕의 완악한 마음의 열매와 높은 눈의 자랑(10:12), 세상의 악과 악인의 죄(13:11), 높은 군대(24:21), 죄수 같은 그들(24:22), 그들[주의 대적들](26:14, 16), 땅의 거민의 죄악(26:21), 꼬불꼬불한 뱀 리워야단(27:1), 그들[아리엘을 치는 열방의 무리](29:6)
	구원 행위(1회)		두로(23:17)
	소집 행위(1회)		결국의 군대(13:3)
사람 (4회)	이송 및 이감 행위(2회)		앗수르 왕의 장비(10:28) 히스기야가 스올의 문으로 들어감(38:10)
	파괴 행위(1회)		"나 여호와는 포도원지기가 됨이여 때때로 물을 주며 밤낮으로 간수하여 아무든지 이를 **해치지** 못하게 하리로다"(27:3)
	기타 행위(1회)		"너희는 여호와의 책에서 찾아 읽어보라 이것들 가운데서 **빠진 것**이 하나도 없고 제 짝이 없는 것이 없으리니 이는 여호와의 입이 이를 명령하셨고 그의 영이 이것들을 모으셨음이라"(34:16)

<표 2> 이사야서에서 방문 동사 '파카드'의 용례 및 용법(16회)

④ 신탁의 기록과 섭리

구약성경의 저작권의 문제는 14세기 르네상스 인문주의와 18세기 계몽주의에 기초한 '현대 비평학'과, 성령의 영감과 전통적인 유대-크리스천(Judeo-Christian)[44]

---

44. 이사야서의 정경론은 초기 유대 전통(b. *Baba Bathra* 14b; Sirach 48:24), 쿰란 문서, 그리고 초기 기독교 교부

의 관점에 기초한 '성경의 신적 권위' 사이에 발생한 '전쟁'으로 인해 제기된 것이라고 할 수 있다(비록 그 배경적 토양이 그 전에 생성되었을지라도 말이다). 선지서들 가운데서 이사야서가 저작권에 대한 논쟁이 가장 첨예하게 제기된 책들 중 하나이다. 거기에는 몇 가지 이유들이 존재한다. 첫째로, 이사야서는 비록 그가 신적인 비전들과 신탁들을 보고 듣고 선포했다는 표현은 있을지라도, 아모스의 아들 이사야가 직접적으로 기록했다는 명시적 표현이 부재하기 때문이다.[45] 둘째로, 이사야서는 전반부(1-39장)와 후반부(40-66장) 사이에 주제, 시간, 문학적 스타일에 있어서 다양한 차이점이 존재하기 때문이다.[46]

그러나 보수적인 학자들은 그러한 차이점들로부터 서로 다른 저작권과 연대를 추론하는 것은 문제가 많다고 지적하며 다른 대안을 내놓는다. 예컨대, 영

들의 문헌들(Origen, c. A.D. 184-254, Athanasius, C. AD 296-373) 등에서 확인된다. 참고. Paul D. Wegner, *Isaiah*, TOTC, vol. 20 (Downers Grove, IL: IVP, 2021), 12.

45. 이사야와 달리 다른 선지서들은 저작권에 대한 명시적인 표현들을 포함한다(렘1:1-4, 11; 2:1; 3:6-19; 4:10; 겔 1:1-28; 2:1-10; 호1:1-6; 3:1-5; 욜1:1; 암1:1[7:1-8:3]; 옵1:1).

46. 소위 이러한 불일치점들 때문에, 12세기 게카틸라(Gekatilla)는 이사야의 전반부(1-39장)는 주전 8세기 예루살렘의 선지자 이사야가 기록했으나, 후반부(40-66장)는 제2성전 시대의 익명의 선지자가 기록했다고 주장했다. 곧이어서 중세 유대인 주석가인 이븐 에즈라(Ibn Ezra, 1092-1167)는 본서의 후반부는 주전 6세기의 익명의 선지자의 기록이라고 단언했다. 이런 점에서 게카틸라와 에즈라는 이사야서의 듀얼 저작권(the dual authorship)의 선구자라고 할 수 있다. 더 나아가 이들은 다수 저작권(the multiple authorship)을 위한 길도 열었다. 18세기의 학자들은 '신명기적 이사야(Deutero-Isaiah)'에 대한 아이디어를 수용하기 시작했다. 1892년에 둠(Bernhard L. Duhm)과 마티(K. Marti)는 이사야서 후반부를 다시 두 부분으로 나누었다(40-55장; 56-66장). 결국 둠은 1892년에 그의 책 *Das Buch Jesaja*에서 이사야 전체를 삼등분하게 되었다(PI: Proto-Isaiah, 1-39장; DI: Deutero-Isaiah, 40-55장; TI: Trito-Isaiah, 56-66장). 그에 따르면, PI는 주전 8세기 예루살렘 선지자 이사야가 기록했으며, DI는 포로기(주전 540)에 익명의 선지자가 기록했으며, 그리고 TI는 포로 후기 에스라 시대(주전 450)에 예루살렘에서 익명의 저자가 기록했다고 주장했다. 이런 점에서 둠은 이사야를 서로 다른 저자와 기록 연대에 따라서 세 부분으로 나눈 종결자라고 할 수 있다. 이사야서를 세 개로 구분하는 둠의 이론은 후기 이사야 학자들에게 영향을 주어서 본서의 저작권과 저작 연대에 대한 다양한 문학적, 신학적, 역사적 이해를 갖도록 했다. 이들은 본서의 전반부와 후반부를 대조하면서, ① 신학적 관점으로서 주제의 불일치(하나님의 캐릭터[God's majesty-eternality], 남은 자[the remnant-the remainder], 구원자[the messianic king-the servant theme])를 지적했다. ② 역사적 관점으로서 연대기적 불일치(예. 150년 후에 나타날 고레스 실명 언급)를 주목했다. ③ 문학적 증거로서 스타일의 차이를 지적했다(예. 간결성-반복). 참고. Paul D. Wegner, *Isaiah*, TOTO, vol. 20 (Downers Grove, IL: IVP, 2021); Gleason L. Archer, *A Survey of Old Testament Introduction*, 307-31; R. K. Harrison, *Introduction to the Old Testament*, 764-800.

(Edward J. Young)은 후반부(40장 이후)는 전반부가 만들어낸 어두운 그림에 대한 응답의 역할을 한다고 주장하면서 본서의 통일성을 강조한다.[47]

우리는 본서의 예언 사역 당시에 이사야와 그 청중이 바벨론에 있지 않았고 예루살렘에 있었으며, 주전 8세기의 이사야가 다양성 속에서 통일성을 의도한 단일 저작권을 갖는다는 사실을 거부할 이유가 없다. 이사야 저작권을 암시할 수 있는 몇 가지 명시적 증거들이 있다. 첫째로, 이사야는 증거들과 신탁들을 기록하라는 명령을 받았다("큰 서판을 가지라": 8:1, 16; 30:8). 둘째로, 본서의 다수의 장들을 시작하는 표제어가 사용되는데(1:1; 2:1; 13:1; 14:1-4; 15:1; 17:1; 19:1; 21:1; 22:1; 23:1; 26:1), 이들 표제어에 이어서 이사야의 '자료들(anthology)'을 포함하는 비전이 딸려 나온다. 셋째로, 아모스의 아들 이사야가 '유다와 예루살렘'(1:1; 2:1)과 '바벨론'(13:1), 그리고 '열국'(15:1; 17:1; 19:1; 21:1; 22:1)에 대한 비전들을 보았다는 표현을 비롯해, 신탁을 듣고 선포했다는 표현이 사용된다. 마지막으로, 소위 이사야의 회고록 또는 자서전(memoirs; autobiography, Denkschrift)이라 불리는 장들을 포함한다(사6:1-9:7[6]). 이것들이 이사야의 저작권을 든든히 지지해준다.

우리가 여기서 이사야서와 관련해 비평학자들의 저작권 논쟁이 된 내용들을 너무 쉽게 '섭리'라는 단어로 대체할 수는 없다. 그러나 그들의 비평적 논쟁은 학문적 영역이며, 섭리라는 표현은 학문보다 '하등한' 신앙의 영역으로 치부하지도 말아야 한다. 학문적 가설과 신앙적 섭리는 모두 '논리적으로' 완벽하게 증명될 수 없는 대상들이다. 사실 '섭리'라는 표현은 이해 불가(증명 불가)의 측면과 경험적 측면, 신념적 논리의 측면이 결합된 '교리적' 표현이다. 예를 들면, 그의 출생 150년 전에 '고레스'의 실명에 대한 이사야의 언급에 대하여, 비평학자들의 주장은 예언의 사실을 부인하면서 연대기적 문제점(anachronism)이라고 주장한다.

---

47. Edward J. Young, *The Prophecy of Daniel*, NICOT (Grand Rapids, MI: Eerdmans, 1949).

하지만 그 예언은 시간이 지나서 그의 백성으로 하여금 성취의 경험을 갖게 했다고 할 수 있다. 이런 점에서 예언과 성취는 섭리적 논리를 대변한다. 이사야는 여호와께로부터 신탁을 받아서 예언했고, 일정 기간 기억의 영역에 머물다가 어느 한 시점에 기록으로 넘어왔다. 그 역순도 가능하다. 그리고 성령님의 보존의 섭리 안에서 가감 없이 전수되어왔다(적어도 원본). 웨그너(Wegner)의 말대로, 아모스의 아들 이사야는 실제로 비전들을 미리 보았고, 신탁들을 실제로 들었으며, 그리고 나서 그것들을 실제로 선포했다. 이 모든 것이 성령님의 영감의 섭리 안에서 기록되고 보존되어 전수되었다.[48]

2) 예레미야서에서 섭리(Divine Providence in the Book of Jeremiah)

예레미야는 모태에서 짓기 전에 하나님의 신지식 안에서 선택되었고 출생 전에 구별되어 '여러 나라의 선지자'로 세움을 입은, 주전 7세기 유다에서 사역한 '섭리적 예언자'(a providential prophet)였다. 그는 열방의 선지자로서 언약 백성과 온 열방을 향해 심판과 구원을 행하시는 주권적인 하나님의 섭리를 선포한 선지자였다(렘25:13-14; 애3:37-38).

① 선지자의 소명과 섭리

예레미야를 선지자로 부르신 하나님의 주권적인 섭리는 그를 부르신 소명 사건 자체와 그 소명을 통해 실현하고자 하는 소명의 목적 안에 잘 드러난다.

a. 소명 사건

예레미야 1장은 유다와 열방의 심판과 구원 사역, 곧 여호와의 '재창조' 사역

---

48. 참고. Paul D. Wegner, *Isaiah*, TOTO, vol. 20 (Downers Grove, IL: IVP, 2021). 그는 "Isaiah the son of Amoz actually foresaw/heard the visions/words, virtually spoke them, and feasibly recorded divine oracles." 라고 표현한다.

을 위해 '열국의 선지자'로서 부름 받은 사건을 기록한 소명 기사이다. 소명 기사를 담고 있는 본서의 첫 장은 그의 사역을 준비시키는 문맥적 역할을 한다. 그리고 열방에 대한 주권적 하나님의 통치를 보여주는 본서 후반부의 문맥을 위해 예레미야 자신의 직분과 소명 사건 역시 주권적인 하나님에 의해 발생한 사건임을 강조적으로 보여준다.

예레미야서 초두에 소명 본문이 존재하는 이유들 중 하나는 단순한 연대기적 순서 때문이 아니라, 예레미야 선지자의 권위와 예언의 참됨을 강조하려는 의도 때문이다. 무슨 말인가? 예레미야의 소명 기사는 뒤로는, 역사적으로 그리고 문학적으로 시내산 모세의 소명 기사(the Sinai call narrative)에 뿌리를 두면서, 그리고 다른 선지자들의 소명 본문들(post-Sinai call narratives)과 문학적 통일성과 연속성을 형성하고 있다. 이러한 문학적 통일성과 연속성은 예레미야 선지자의 직분적 정체성과 사역적 진실성을 문학적으로 보여준다. 다시 말해, 예레미야의 소명 기사는 선지자의 원조라고 할 수 있는 모세의 소명 기사와 뿌리를 같이하는 한편, 다른 선지자들과 비교할 때 예레미야의 직분과 사역은 그들의 것과 연속성 안에서 문학적, 신학적 동질성을 갖는다. 이런 점에서 소명 기사의 문학적 특징은 예레미야 선지자의 정체성을 증명하는 외적 증거가 된다.

그리고 이것은 거짓 선지자들과 거짓 예언과 관련된, 예레미야 선지자가 직면하게 될 사역적 환경을 암시적으로 보여준다. 이러한 예레미야의 직분과 예언 사역의 과정에서 직면할, 대적들로 인한 도전적인 환경에서, 그의 소명 기사는 신적인 권위를 본서의 문맥의 시초부터 강조하려는 경향을 보여주고 있다. 이런 점에서 예레미야의 소명 기사는 '역사적 예레미야'를 고증하기 위한, 단순한 자서전적인 정보(autobiographical information)를 전달하는 것이 주된 목적이 아니라, 선지적 소명에 대한 신학적 의도(theological intention)를 보여주려는 신적인 섭리와 저

자의 의도를 반영하고 있다고 볼 수 있다.[49]

예레미야 선지자의 소명 사건과 소명 기사를 다른 선지자들의 것들과 서로 비교하고 대조하면 흥미로운 사실을 발견한다. 예레미야 선지자의 소명 기사는 이사야의 소명 기사의 배경인 성전이나, 에스겔의 소명 기사의 배경인 그발 강가 같은 공간적 배경이 언급되지 않는다. 하지만 여호와와의 대화 방식 안에서 소명 기사가 묘사된다는 점에서는 이사야 및 에스겔의 소명 기사와 공통적인 문학적 특징(사6; 겔1-3)을 지니고 있다. 특히 예레미야 선지자의 소명 기사는 하나님의 주권적인 선택과 인간의 자유의지 사이에 인격적인 대화를 통해서 전개되고 있다는 것을 강조적으로 잘 보여준다. 소명을 통해 드러난 하나님의 주권을 비인격적인 강요에 의한 타율적인 것으로 오해하지 말아야 한다. 인격적인 순종의 자율적인 응답이 그 소명을 유효하게 만든다. 이러한 사실로부터 신적 섭리가 구현되는 과정의 일면을 보게 한다.

선지자들의 소명 방식(대화, 환상 등)과 소명 기사의 내용에 있어서 차이점이 있더라도, 구조적으로는 공통점(연속성)을 가지고 있다. 다시 말해, 선지자의 소명 기사(the prophetic call narrative)는 문학적 구조와 내용이 비슷한 연속성 안에 있다. 노만 하벨(Norman Habel)은 예레미야 소명 사건을 여섯 단계로 구분한다. 그것은 ① 신적인 대면(divine confrontation), ② 서론적 말씀(introductory word), ③ 위임(commission), ④ 소명 거부(objection), ⑤ 재확신(reassurance), ⑥ 증거(sign)이다.[50] 이로부터 학자들은 소명 기사의 구조를 더 확장하기도 하고 축소하기도 한다. 그 가운데 예레미야 소명 기사의 주된 핵심 구조는 네 요소로 구분할 수 있다. ① 위임(commission,

---

49. "[H]owever, the call narratives are seen more as the product of theological reflection than autobiographical recollection." Peter C. Craigie 외, *Jeremiah 1-25*, 8.

50. Norman Habel, "The Form and Significance of the Call Narratives," *Zeitschrift fur die alttestamentlichen Wissenschaft* 77(1965): 297-323을 보라.

1:5), ② 소명 거부(objection, 1:6), ③ 재확신(reassurance, 1:7-8), ④ 증거(sign, 1:9).[51]

b. 소명의 목적

소명 사건은 선지자 예레미야의 개인 정체성에 대한 재창조적 변화를 보여주고, 이스라엘과 열국의 심판과 구원이라는 섭리적 뜻을 지향한다. 특히 예레미야 40-45장의 단락에서 마지막 장, 마지막 절(45:5)에 있는 '모든 육체'와 '모든 곳'이라는 표현들(참고. '온 땅'; 45:4)은 이어지는 46-51장(OAN)에 나타날 온 땅의 이방 나라들, 곧 열국에 대한 신탁을 준비하는 문맥적 역할을 한다. 그러나 이방 나라 열국에 대한 여호와 하나님의 '우주적 통치와 주권'이라는 주제를 드러내는 '열국에 대한 심판 신탁(Oracles against the Nations: OAN)'에 관한 예레미야의 시초적 언급은, 25장 15-26절에서 모든 나라를 향한 진노의 술잔에 대한 신탁에서 언급된다. 거기서 약 26개 이상의 나라 및 민족에 대한 심판을 언급되는데, 바벨론을 가리키는 세삭 왕이 진노의 술잔을 마실 최후의 대상으로 언급된다. 46-51장에서는 9-10개의 나라 및 민족으로 줄어든, 대표적인 열국에 대한 심판 신탁을 위하여 축소지향적으로 문맥을 발전시킨다.

앞에 있는 <표 1>에서 보는 대로, 히브리어 맛소라본문(MT)과 헬라어 칠십인역(LXX)의 본문에는 이들 나라들(열국)의 순서가 서로 다르게 배열되는데, 이에 대한 학자들의 상호 견해도 차이가 난다. 맛소라본문(Holladay, McKane)은 애굽, 블레

---

51. Holladay, *Jeremiah 1*, 27. 그러나 필자는 헤르만 궁켈(Hermann Gunkel) 이래로 Axel Olri, Andre Jolles 등의 텍스트 이전의 고대의 구전(Oral tradition) 안에 있었던, 그리고 가설적인 방식 안에 있는 양식사비평(form criticism)적 방식으로 소명 기사의 구조를 이해하지 않는다. 그것에 동의하지도 않는다. 다만 필자는 '기록된(the written form)', 최종 형태의 정경으로서 예레미야서(the canonical book of Jeremiah as the final form)의 현재적 문학적, 수사학적 표현과 그 내용에 기초한 구조 분석의 관점에서 논하고자 하는 것이다. 이것을 필자는 '재창조적인 양식사비평(reformed form criticism)'이라고 부른다. 특히 Duane Garrett, *Rethinking Genesis: The Sources and Authorship of the First Book of the Pentateuch* (Grand Rapids: Mentor, 2000), 31-46에서 양식사비평의 문제점을 지적함과 동시에, 양식사비평을 유용하게 창조적으로 재사용하는 방법을 소개한다.

셋, 모압, 암몬, 에돔, 다메섹, 게달과 하솔, 엘람, 바벨론의 순서로 읽으며, 칠십인역(Duhm, Janzen, Carroll)은 엘람, 이집트, 바벨론, 블레셋, 에돔, 암몬, 게달과 하솔, 다메섹, 모압의 순서로 읽는다.[52] 그리고 맛소라본문은 서쪽에서 동쪽으로 이동하는 '지리적 패턴'을 따라 그 순서가 배열된다면, 칠십인역은 당시의 '정치적 중요성'의 순서대로 배열된다.[53] 어쨌든 예레미야의 소명은 그를 '열국의 선지자'로 부르신 하나님의 섭리적 목적을 강조한다.

② 예언적 완료형과 섭리

아직 꺾일 수 없는 하나님의 멍에(MT 28:1-17; LXX 35:1-17)는 인위적이거나 조작적일 수 없으며, 오직 하나님의 섭리적 시간 안에서 발생할 수 있다. 이러한 신적 섭리를 보여주는 좋은 예가 있다. 이 본문(MT 28장; LXX 35장)은 "여호와의 성전 모든 기구"를 이 년 안에 다시 예루살렘으로 되돌려 오리라(28:3)고 예언하는, 한 실명(實名)의 거짓 선지자 하나냐가 등장한다. 여기서 거짓 선지자 하나냐가 사용한 예언적 완료형의 특이하고 흥미로운 경우와 그것에 대한 예레미야의 응답에 나타난 예언적 완료형의 용례를 살피고자 한다.

a. 하나냐에 의해 꺾인 예레미야의 나무 멍에(1-11절)

유다 왕 시드기야(597-586)의 통치 제4년(594/593) 다섯째 달(아브월; 7-8월)이라는 연대기적 배경으로 28장은 시작한다. 이때 기브온 출신의 앗술의 아들(son of Azzur) 선지자 하나냐가 여호와의 성전에서 제사장들과 모든 백성들이 지켜보는 앞에서 예레미야 선지자에게 자칭 신탁을 말한다(1절). '하나냐'라는 이름의 뜻은 '여호와는 은혜로우셨다(Yahweh has been gracious)'라는 의미이다. 그러나 맛소

---

52. Lundbom, *Jeremiah 37-52*, 181-182.
53. Thompson, *The Book of Jeremiah*, 686.

라본문이 '선지자 하나냐'라고 표현하는 것에 대하여, 칠십인역은 '거짓 선지자
(ὁ ψευδοπροφήτης, 'false prophet')'라고 표현하여 하나냐의 정체성의 혼돈을 정리한다.

2-4절까지는 '선지자 하나냐(חֲנַנְיָה הַנָּבִיא)'의 '신탁'이다. 거짓 선지자 하나냐는
"만군의 여호와 이스라엘의 하나님이 이와 같이 일러(כֹּה־אָמַר יְהוָה צְבָאוֹת אֱלֹהֵי יִשְׂרָאֵל)"
라는 확장된 긴 형태의 메신저 포뮬러를 사용한다(2절). 거짓 선지자로서 가장 도
발적인 예언을 하려고 시도한다. 참 예언자가 말하는 것과 그 형식이 조금도 다
를 바가 없다. 표현상 신탁의 주체로서 여호와를 1인칭으로 묘사하는 표현을 사
용하여 자신의 말이 아니라, 여호와의 신탁임을 명시화하기까지 한다. 하나냐는
"내(여호와)가 바벨론의 왕의 멍에를 꺾었느니라(שָׁבַרְתִּי אֶת־עֹל מֶלֶךְ בָּבֶל, 2절)"고 예레
미야에게 말한다.

바로 여기서 '예언적 완료형(prophetic perfect)' 동사를 사용했다. 이는 미래의 일
이지만 예언이 이미 성취된 것과 다름없다는 의미로 사용하는 히브리어 문법적
강조 시제로서, 거짓 및 비 진리도 얼마나 확신 가운데 증거될 수 있음을 보여준
다. 이 얼마나 듣기 좋은, 아니 듣고 싶은 말이랴! 하나냐는 느부갓네살이 일찍이
예루살렘 여호와의 성전에서 가져갔던 성전 모든 기구를 "이년 안에" 다시 가져
오게 될 것이라고 '조기 회복설'을 언급한다(3절). 뿐만 아니라 여호야김의 아들
여고냐(여호야긴; 고니야; 여고니야)와 바벨론으로 잡혀간 유다의 모든 포로들도 돌아
올 것을 말한다(4절). '왜냐하면(키)'이라는 이유 접속사를 사용하여 "내가 바벨론
왕의 멍에를 꺾을 것임이라"(4절)고 확실한 이유까지 설명한다. 바벨론 왕의 멍에
를 꺾는 것에 대하여 2절은 완료형으로 표현했고(예언적 완료형), 4절은 미완료형으
로 표현했다(참고. 11절). 가까운 미래에 곧 이뤄질 것에 대한 서로 다른 시제의 표현
이다. 그래서 후자(4절)는 전자(2절)가 예언적 완료형이라는 증거가 된다.

b. 하나님에 의해 메워진 열국을 위한 쇠 멍에(12-17절)

하나냐의 조기 회복설의 확언적 선포 이후, 하나님은 쓸쓸하게 돌아서는 자신의 종 선지자 예레미야를 그냥 두실 일이 없다. 선지자 하나냐가 선지자 예레미야의 목에서 멍에를 꺾어 버린 후에, 돌아서는 예레미야를 향하여 드디어 "여호와의 말씀이 예레미야에게 임하니라(וַיְהִי דְבַר־יהוה אֶל־יִרְמְיָה)"(12절)는 3인칭("예레미야에게")으로 된, 직접화법 지시구문 가운데 하나인, '말씀사건공식(Wortteregnisformel: WEF[Word event formula])'이 이어진다(총23회). WEF의 주된 용법은 내용상 앞 단락과 연결하면서 신탁을 소개할 때 사용되는 수사학적 장치이다. 여호와는 예레미야를 통해 하나냐에게 "네가 나무 멍에를 꺾었으나 그 대신 쇠 멍에들을 만들었느니라"(13절)는 말씀을 주신다. 여기서 '나무 멍에들(מוֹטֹת עֵץ)'과 '쇠 멍에들(מוֹטֹת בַּרְזֶל)'이 등장한다. '나무 멍에'는 예레미야가 만든 것이라면, '쇠 멍에'는 여호와가 직접 만드신 것이다. 전자가 보이는 멍에(a visible yoke)라면, 후자는 보이진 않는 멍에(an invisible yoke)이다. 그 상징적 의미는 전자보다 후자에 의해 더 강화된다.[54]

여기서 박살난 예레미야의 나무 멍에(여성 명사) 대신, 하나님의 쇠 멍에(남성명사)를 이미 만드셨다고 완료형(예언적 완료형)으로 말씀하심으로써 결코 '멍에'에 대한 하나님의 뜻과 계획은 변경되지 않을 것임을 확증하신다. 도리어 그 상징적 의미가 더욱 강화되었다. 신적 섭리는 인간의 조작된 진리와 가설, 주관적 확신과 선동 따위로 거스를 수 없고 변경될 수도 없음을 잘 보여준다.[55] 결국 하나님의 뜻과 계획은 그 섭리대로 이루어진다.

---

54. 여기서 '나무 멍에들'과 '쇠 멍에들'은 모두가 여성 복수형이다. 그리고 여성 명사로서 '멍에(מוֹטָה)'라는 히브리어 여성 명사가 여기서 복수형(מוֹטֹת)으로 사용되었다. 반면 이어진 14절에서 '쇠 멍에'라는 언급에서는 '멍에'에 대한 또 다른 히브리어 명사로서 'עֹל'이라는 남성 단수 명사를 차별적으로 사용한다. 그래서 28장에서 '멍에'에 대하여 서로 다른 히브리어 명사 두 개(עֹל; מוֹטָה)를 모두 사용한다.

55. 심지어 한 구절 안에 5개의 예언적 완료형 동사들을 사용하는 예도 있다. 예레미야 15장 9절에서 5개의 완료 동사들('쇠약하다,' '기절하다,' '해가 떨어지다,' '수치를 당하다,' '근심하다')을 모두 예언적 완료형으로 사용하여 언약적 저주로서 임박한 하나님의 심판을 생생하게 묘사한다.

③ 신적 방문 행위와 섭리

예레미야서에서 신적 섭리의 초점이 되는 방문 행위 동사인 '파카드'(50회, 16%: 렘 49회, 애 1회)의 용례는 구약에서 민수기(103회) 다음으로 압도적이다. 이 동사는 예레미야 문맥 안에서 하나님의 네 가지 주권적인 행위들을 위해 사용된다.

먼저, 하나님이 행위의 주체로서 주어로 사용된 경우들이다. 첫째, 임명 및 위임 행위이다. 하나님은 선지자 예레미야를 임명하시고(1:1), 신실한 목자들(지도자들)을 세우시고(23:4), 에돔을 치기 위하여 택하신 자, 곧 바벨론을 세우시고(49:19), 그리고 바벨론을 치기 위하여 북방에서 오는 큰 나라를 세우신다(50:44). 그러므로 임명 대상과 위임의 내용에 있어서 하나님의 자유는 제한되지 않는다. 둘째, 심판 행위이다. 주로 개역개정은 '벌하다'로 번역한다. 그 대상들에 대한 용례들을 살펴보면, 악한 죄악의 행위들(5:9, 29; 14:10), 예루살렘 성(6:6; 44:13a), 유다 백성들(6:15; 9:9, 25; 11:22; 15:3; 21:14), 유다의 목자들 곧 지도자들(23:2b), 거짓 선지자들과 제사장들 및 그 자손들(23:34; 29:32), 바벨론(25:12), 바벨론을 섬기지 않는 나라와 백성(27:8, "칼과 기근과 전염병으로"), 포로 회복을 압박하며 방해하는 자들(30:20), 유다 왕 여호야김과 그 자손과 신하들(30:31), 말씀을 불순종하여 애굽에 가서 거주하는 자들(44:13b; 44:29), 애굽과 애굽을 의지하는 자들(46:25), 애돔의 드단 주민들(49:8), 앗수르 왕과 바벨론 왕과 그 땅(50:18), 교만한 자 곧 바벨론(50:31), 바벨론의 벨과 우상들(51:44, 47, 52)이 그 심판 대상들이다. 그러므로 자기 백성이든 이방 민족이든, 그 소속을 초월하여 죄가 있는 곳에 하나님의 섭리적 심판 행위를 초래한다. 셋째, 구원 및 회복 행위이다. 하나님은 선지자 예레미야를 구원하시고(15:15), 포로 공동체를 회복시키고(29:10), 유다 왕 시드기야를 회복시키신다(32:5). 넷째는 잘 보존하는 행위이다. 이것은 보존의 대상이 비인격적인 사물일 경우이다. 하나님은 바벨론에 빼앗긴 성전의 기구들을 회복의 날까지 잘 돌보고 보존하실 것이다(27:22).

그리고 본서는 히브리어 동사 '파카드'의 주어(주체)가 사람일 경우에 대한 용례를 포함한다. 첫째, 임명 및 위임행위이다. 바벨론 왕 느부갓네살이 유다 땅에 잔류한 자들과 유다 땅을 통치하는 자로서 그다랴를 총독으로 임명한다(40:5, 11). 바벨론 왕은 유다 땅과 빈민들을 그다랴에게 위임한다(40:7a, b; 41:2, 10, 18). 그리고 바벨론을 치는 나라들이 사무관을 임명한다(51:27). 둘째, 이송 및 이감 행위이다. 이는 성전에서 두루마리 낭독 사건 이후에 유다 고관들이 그 두루마리를 서기관 엘리사마의 방에 옮긴 이송행위이다(36:20). 그리고 유다 왕 시드기야가 예레미야 선지자를 감옥 뜰에 뚜껑 씌운 웅덩이 감옥에서 감옥 뜰로 이감시킨다(37:21). 마지막 셋째, 방문 및 돌봄 행위이다. 예레미야 3장 16절은 "여호와의 말씀이니라 너희가 이 땅에서 번성하여 많아질 때에는 사람들이 여호와의 언약궤를 다시는 말하지 아니할 것이요 생각하지 아니할 것이요 기억하지 아니할 것이요 찾지(방문) 아니할 것이요 다시는 만들지 아니할 것이며"라고 언급한다. 여기서 하나님의 임재를 상징하는 언약궤는 언약 백성의 구심점이며, 제의적인 함의를 담고 있는 매체이다. 동시에 옛 언약을 담고 있는 매체이다. 이러한 언약궤의 불필요성은 언약 백성과 함께 하시는 임재의 패턴과 예배 제도의 패턴에 중대한 변화에 대한 기대 때문이다. 이것은 옛 언약(모세 율법)이 '약화'되는 새로운 시대의 도래를 내다보게 하는 것이다. 즉 암시적으로 '새 언약'이 도래할 것을 역설한다. 이러한 말씀은 바벨론 포로 후기 공동체의 회복의 시대를 훨씬 뛰어 넘는 계시의 전진을 의미한다. 그리고 유다의 목자들(지도자들)은 하나님의 양떼(백성들)를 흩으며 몰아내고 돌보지 아니하였다(23:2a). 그러므로 주권적인 하나님은 어떤 개인이든지, 어떤 나라든지, 어떤 사물이든지 그분의 뜻을 위해 도구로 사용하실 수 있다는 것을 보여준다.

주어	파카드(קָּפַד)	대상 및 용례
하나님 (12회)	임명 및 위임 행위(4회)	예레미야(1:1), 신실한 목자들[지도자들](23:4), 택한 자[바벨론] (49:19), 택한 자[바벨론을 치는 큰 나라](50:44)
	심판 행위 ('벌하다': 20회)	악한 죄악 행위들(5:9, 29; 14:10), 예루살렘 성(6:6; 44:13a), 그들[유다 백성들](6:15; 9:9; 11:22; 15:3), 너희[유다 백성들](21:14; 44:29), 너희[목자들](23:2b), 할례 받은 자와 할례 받지 못한 자(9:25), 거짓선지자들과 제사장들과 백성과 그 집안(23:34; 29:32), 바벨론의 왕과 나라와 땅(25:12), 바벨론 왕의 멍에를 메지 않는 백성과 나라(27:8), 포로 회복을 반대하는 자들(30:20), 여호야김,자손,신하들(36:31), 애굽거주자들(44:13b), 애굽과 애굽을 의지하는 자들(46:25), 에돔[드단 주민](49:8), 앗수르왕과 바벨론왕과 땅(50:18[2회]), 교만한 자[바벨론](50:31), 바벨론의 벨과 우상들(51:44, 47, 52)
	구원 행위(3회)	예레미야(15:15), 포로공동체(29:10), 시드기야(32:5)
	돌봄 행위(1회)	바벨론으로 가져간 성전 기구(27:22)
	신적 방문(1회)	필자는 "그(하나님)가 너를 **방문하실 때** 너는 무엇을 말하겠느냐? 왜냐하면 너 자신은 그들(열국과 우상들)을 친구들과 우두머리로 가르쳐왔기 때문이다. 너를 사로잡게 하는 고통들이 해산하는 여인과 같지 않겠느냐?"라고 직역한다(13:21).
사람 (4회)	임명 및 위임 행위(8회)	<주체> <대상> 바벨론 왕 → 그다랴 총독(40:5, 11) 바벨론 왕 → 땅과 빈민을 그다랴에게 (40:7a; 7b; 41:2, 10, 18) 나라들(바벨론을 치는) → 빈민(51:27)
	이송 및 이감 행위(2회)	두루마리를 옮김(36:20), 예레미야를 감옥 뜰로 이감(37:21)
	방문 및 돌봄 행위(2회)	사람들(3:16), 목자들이 양떼를 돌보지 아니함(23:2a)

<표 3> 예레미야서에서 방문 동사 '파카드'의 용례 및 용법(49회)

④ 신탁의 기록과 섭리

이사야서에 대한 이 부분은 비평학 및 정경론과 관련된 논의로 시작했으나, 예레미야서에 대한 이 부분은 본서의 내용 안에서 언급된, '기억에서 기록으로'

의 과정에 대한 보다 명시적인 역사적 사건을 포함하고 있다. 따라서 이것을 살펴보면서 신탁의 기록에 대한 신적인 섭리를 주목하고자 한다.

a. 두루마리 사건

예레미야서는 여호와의 신탁을 두루마리에 기록하고, 그 기록한 두루마리가 파괴되고, 그리고 그것을 다시 재 기록하는 사건(렘36장)을 담고 있다. 예레미야 36장은 첫 번째 두루마리 책 기록(1-8절)과 두루마리 소각(9-26절), 그 두루마리에 기록된 여호와의 신탁의 말씀에 대해 3회에 걸쳐 낭독하는 사건을 포함한다. 그리고 마지막에 다시 또 다른 두루마리 책에 기록하는 사건(27-32절)이 이어진다.[56] 물론 두루마리 소각 행위의 주체인 유다 왕 여호야김은 그 말씀대로 옷과 마음을 찢는 회개를 하는 대신, 칼로 두루마리를 찢어서 불에 소각시켜버렸다.

이 과정에서 '두 번째 두루마리 책'에 대한 몇 가지 문맥적 사실이 있다. 첫째로 예레미야가 하나님의 명령에 따라 순종함으로 두 번째 두루마리 책의 기록이 시작되었다는 사실이며, 둘째로 여호야김의 첫째 두루마리 책을 불태운, 이른 바 '로얄 스캔들'에도 불구하고 하나님은 여전히 '두루마리 메이커(a scroll-maker)'라는 사실이며,[57] 셋째로 여호야김의 두루마리 파쇄 및 소각행위 이후, "불사른 책

---

56. 이 장면과 이 때 주어진 말씀은 시내산에서 여호와로부터 십계명이 기록된 돌판(출24:12; 31:18)을 가지고 내려왔을 때, 모세가 회중들의 금송아지 우상을 숭배하는 장면을 보고 첫 번째 십계명 돌판을 깨뜨려버린 후(신9:17), 두 번째 십계명의 기록을 위해 모세가 기록 매체로서 여호와의 명령대로 '돌판'을 다듬어서 준비한 장면(출34:1; 신 10:1)을 상기시킨다. 하나님은 모세에게 "네가 깨뜨린 처음 돌판에 있던 말을 내가 그 판에 쓰리니"(출34:1)라고 말씀하신다. 공통점은 둘 다 2회의 기록 사실과 두 번째 기록에서 기록 매체(돌판, 두루마리)를 직접(모세, 예레미야) 준비했다는 측면이다. 차이점이 있다면, 십계명은 두 번 모두 여호와께서 직접 기록하셨고 처음과 동일한 내용을 기록하셨다는 점이며, 두루마리 책은 두 번 모두 여호와께서 선지자 예레미야를 통하여 구술하실 때, 바룩이 기록했으며, 내용적으로 처음보다 증보된 점이다. 전자는 율법의 대표자라면, 후자는 문필 선지자(writing prophet)의 대표 중의 한 사람이다. 이점에서도 모세가 언급한 "나 같은 선지자"(신18:15,18; 34:10)라고 하는 '범주'에, 구약 자체의 성취로서 예레미야가 포함될 수 있다.
57. 여기서 'a scroll-maker'라는 용어는 브루그만의 용어를 차용한 것이다. Brueggemann, *Exile and Homecoming*, 353.

의 모든 말"(32절)이라는 표현과 "예레미야가 전하는 대로 기록"하다는 표현과 "그 외에도 그 같은 말을 많이 더 하였더라"는 표현이다. 여기에서 두 번째 두루마리 책은 세 가지 특징들을 암시하고 있다. 첫째, 두 번째 두루마리 책의 정확성을 의도한 것, 둘째, 신탁의 1차 수령자이면서 메신저인 예레미야 선지자가 전하는 대로 바룩이 기록했다는 것, 셋째, 그 외에도 같은 말을 많이 더함으로 증보판의 성격을 가진다는 것이다.

결국 여호야김은 여호와의 신탁이 기록된 두루마리 책이라는 '하드웨어'는 파손시켰으나, 말씀하시는 하나님의 말씀의 '소프트웨어'는 제거할 수가 없었던 것이다. 여호야김의 신탁 기록물 제거 행위는 또 다른 기록물을 남겼을 뿐만 아니라, 도리어 또 다른 신탁의 내용들이 추가되는, '확장된 두루마리 책', 곧 '증보판'을 만드는 데 기여했을 뿐이다. 이 사건은 유다 말기에 지상의 권력에 의한 '기록된 말씀제거사건'의 유일한 모습이다. 이 '로얄 두루마리 파괴 스캔들'에도 불구하고 하나님은 자신이 말씀하시는 분이시며, 이 일을 위한 '출판주(the Divine Publisher)'가 되시기에 두 번째 '출판'이 가능했다(참고. 딤후2:9). 이것은 예레미야서의 '출판 비즈니스' 목적 때문이 아니라, 예레미야서를 통해 성취될 하나님의 '새 일(a new business)' 때문이다. 즉 심판과 구원의 말씀에 대한 당시의 필요성 뿐만 아니라, 그 두루마리의 말씀이 미래의 정경화 과정에서 정경으로 채택되며, 그리고 이 정경에 기록된 말씀이 하나님의 구원역사의 오고 오는 많은 세대에게 읽혀지고, 교훈되고, 순종되고, 전파되어야 하는 필요성 때문이다. 확실히 하나님 자신은 말씀 기록자이시며, 말씀 보존자이시며, 그리고 말씀출판자이시다!

b. 대적의 입으로 발설되는 신탁 사건

여호와의 신탁 및 예언 사역에 대한 또 다른 섭리적 사건이 하나 있다. 그것은 예레미야의 석방과 미스바로의 이거(MT 40:1-6; LXX 47:1-6)에 대한 본문이다. 이는 하나님의 섭리 안에서 발생하는 신탁의 독특한 계시 사건을 보여준다.

한글 성경과 달리 히브리어 성경의 시작은 "여호와께로부터 예레미야에게 말씀이 임하니라(הַדָּבָר אֲשֶׁר־הָיָה אֶל־יִרְמְיָהוּ מֵאֵת יְהוָה)"라는 직접화법 지시구문(또는 담론 지시구문) 가운데 하나인 '말씀행위공식(Wortgeschehensformel: WGF[Word action formula])'으로 시작한다. 이 표현은 예레미야서에서 총 10회(7:1; 11:1; 18:1; 21:1; 30:1; 32:1; 34:1, 8; 35:1; 40:1) 사용되는 WGF이며, 여기서 이것은 예레미야서에서의 마지막 사용이다. 앞 단락과 내용상 연결되는 '말씀사건공식(Wortereignisformel; WEF[Word event formula])'과 달리, WGF는 앞 단락과 내용을 단절하고 새로운 단락을 여는 표제구문의 역할을 한다. 이런 점에서 40장 1절은 새로운 단락의 시작에 대한 수사학적 근거 위에 있다고 할 수 있다.

그런데 여기서 WGF가 소개하는 여호와의 신탁이 무엇인지 분명하지가 않다. 이런 불확실성 때문에 학자들은 이 본문이 오리지널이 아니라고 주장하기도 하며(Cornill), 이 본문이 여호와의 신탁을 잃어버렸거나 다른 곳으로 옮겨졌다고 주장하기도 하며(Cheyne), 이 WGF는 40-42장의 신탁을 위한 표제구문이라고도 하며(Rashi), 또는 40-43장의 신탁을 위한 것으로도 주장한다(Giesebrecht).[58] 그러나 여호와의 신탁을 직접적으로 예레미야 선지자를 통해서 전달하는 일반적인 방식과 달리, 여기서는 하나님의 뜻 안에 발생한 예루살렘 함락과 하나님의 도구로 사용되는 바벨론의 사령관 느부사라단을 통하여, 예레미야에게 여호와의 신탁을 말씀하는 '획기적인' 방식을 취하고 있다. 이런 점에서 시드기야를 최종으로 하는 다윗 왕권(Davidic kingship)은 실패했기에, 이제 바벨론의 권력이 한시적으로 여호와의 왕권(Yahweh Kingship)을 반영하는 도구가 되어 여호와의 입을 대신하며, 선지자의 입 같이 사용되고 있다.[59]

---

58. Lundbom, *Jeremiah 37-52*, 99-100.

59. 이와 유사한 경우를 구약과 신약성경에서 각각 찾아볼 수 있다. 먼저 구약 역대하 35장 20-23절에 이집트 왕

여기서 바벨론 사령관은 마치 선지자가 말하듯이, "여호와께서 그가 말씀하신 대로 행하셨으니 이는 너희가 여호와께 범죄하고 그의 목소리에 순종하지 아니하였으므로 이제 이루어졌도다 이 일이 너희에게 임한 것이니라"(40:3)고 여호와 하나님의 섭리적인 뜻을 확언하는 듯한 '신탁'을 소개하고 있다. 바벨론 사령관의 말은 매우 '언약적'이다. 현재 유다가 겪는 상황은 언약의 하나님에 대한 불순종으로 말미암은 언약의 저주에 따른 것임을 언급하는 것이다.

이 말씀은 예레미야가 바벨론 포로 행렬에서 결박된 사슬로부터 라마에서 풀려난 후에 임한 말씀 사건이었다. 여기서 지명 '라마(Ramah)'는 예루살렘으로부터 북쪽 12km 거리에 있는 현대의 Er-Ram이라는 곳인데, 당시 이곳은 바벨론 포로 행렬을 재정비하여 바벨론으로 출발하는 장소로 사용된 듯하다(참고. 31:15).[60] 그런데 라마에서 포로들을 재점검하던 중 사슬에 결박된 예레미야가 발견되었는데, 이것은 군사들의 실수로 인해 발생된 것 같다(참고. 39:11-14).[61]

만약 예레미야가 거기에 없었더라면, 그는 사령관의 입으로 하는 여호와의 신탁을 들을 수가 없었고, 여기에 기록될 수도 없었을 것이다. 이런 섭리적 역사는, 비록 예레미야가 사슬에 결박되었더라도, 여호와의 말씀은 결박되지 않고 메이지 않는다는 것을 확신하게 한다. 지금까지 예레미야가 사슬로 결박되어 라마에까지 끌려왔을지라도, 그의 영은 자유했을 것이다. 그런데 이제 그의 육체도 라

느고가 갈그미스 전투에서 유다 왕 요시야와 싸울 때, 느고가 요시야에게 사신을 보내어 "하나님이 나에게 명령하사 속히 하라 하셨은즉 하나님이 나와 함께 계시니 그대는 하나님을 거스르지 말라 그대를 멸하실까 하노라"(대하35:22)고 말한 경우이다. 이 경우는 선지자가 아닌, 이방 나라의 다른 사람의 입을 통해 표현되는 하나님의 뜻이다(참고. 25:9; 사10:5; 45:1): 참고. Douglas R. Jones, *Jeremiah*, NCBC (Grand Rapids, MI: William B. Eerdmans Publishing Company, 1992), 467. 심지어 하나님은 말 못하는 짐승인 나귀를 통해서도 말씀하시기도 한다(민22:28). 그리고 이것은 신약의 마가복음 15장에서 이방 군인이었던 로마의 백부장이 십자가에 못 박히신 예수님의 숨지심을 본 후, "이 사람은 진실로 하나님의 아들이었도다"(막15:39)라고 하나님의 진리를 말하는, 그 입술의 증거에 비교될 수 있다. 참고. Walter Brueggemann, *A Commentary on Jeremiah: Exile and Homecoming* (Grand Rapids, MI: William B. Eerdmans Publishing Company, 1998), 375.

60. Lundbom, *Jeremiah 37-52*, 100.
61. Thompson, *The Book of Jeremiah*, 651.

마에서 풀려난다. 하지만 그의 육체가 자유하게 되는 것보다도, 여호와의 신탁이 하늘에서 풀려 이방의 사령관의 입으로 자유롭게 선포되는 사건이 그에게 더 신비하고 감격스러웠을 것이다. 예레미야는 왜 그가 결박되어 다른 동족 포로들처럼 라마까지 끌려왔는지 그 이유를 알게 되었을 것이다. 이와 같이 신적 섭리는 사후에 경험적으로 인식될 때가 많다.

라마에서 사슬에 결박된 예레미야를 발견한 사령관 느부사라단은 "보라 내가 오늘 네 손의 사슬을 풀어 너를 풀어주노니"라고 예레미야의 영원한 석방 조치를 취한다(4절). 느부사라단을 통해 여호와의 신탁을 들은 예레미야는 자신에 대한 석방 선포문을 라마에서 다시 듣게 된다. 페트릭 밀러(Patrick D. Miller)는, 예레미야를 인도적으로 대해주며 유다 땅에서 언약 백성의 회복을 위한 계획을 의식적으로나 무의식적으로 도우는 일을 누구도 할 수 없는 상황에서 이를 시행했던 바벨론 사령관 느부사라단을 '의로운 이방인들 가운데 한 명(one of the righteous Gentiles)'이라고 부른다.[62]

이제 예레미야는 유다 땅에 잔류한 유다 공동체에게 하나님의 가이드라인을 제시해야 하는 마지막 사명을 위해, 결연하게 발걸음을 돌릴 수 있었을 것이다. '예레미야의 석방과 미스바로의 이거'(40:1-6)라는 이 본문은 예레미야의 선지자로서 제2의 소명이며, 마지막 하나님의 부르심이며, 유다 백성을 말씀과 기도로 섬기는 마지막 봉사의 여정이 될 것이다. 유다의 잔류 백성 공동체를 섬기면서 이집트까지 내려가서 사명을 다한 후 불현듯 예레미야서의 문맥에서 사라지는 예레미야를 볼 때, 그러한 추정은 불가능한 것이 아니다.

---

62. Patrick D. Miller, *The Book of Jeremiah*, NIB 6 (Nashville: Abingdon, 2001), 860; Stulman, *Jeremiah*, 320.

3) 에스겔서에서 섭리(Divine Providence in the Book of Ezekiel)

에스겔의 예언 사역은 예루살렘의 멸망의 책임이 유대인들에게 있음을 시사한다. 그러한 사실로 낙담하고 좌절할 수 있는 포로민들에게 예루살렘의 회복 및 회복될 성전과 땅을 구체적으로 언급함으로써 그들을 위로하기 위한 신적인 목적을 담고 있는 예언서가 에스겔서이다. 예레미야서에 언급된 조기 회복설처럼, 에스겔도 그러한 선동적 거짓 이데올로기에 대한 대응적 메시지를 가지고 있다(참고. 12:21-13:23).[63]

① 선지자의 소명과 섭리

에스겔을 선지자로 부르신 하나님의 섭리는 소명 사건과 목적을 통해서 역사 세계 안에서 구체적으로 드러난다.

a. 소명 사건(겔1:1-3:21)

에스겔은 예레미야처럼(627 B.C.), 제사장 부시의 아들로서 선지자의 소명을 받은 자이다(1:3). 그가 19세 되던 해(603 B.C., 1차 포로)에 그는 바벨론이 다니엘과 그의 세 친구들이 포함된 유대인들(엘리트, 기능인)을 포로로 잡아가는 것을 예루살렘에서 목격한다. 그로부터 6년 뒤에 유다 왕 여호야긴과 함께 에스겔은 25세때 2차 포로의 일행에 포함된다(597 B.C.). 그가 바벨론에 포로로 잡혀온 지 만 4년 뒤인 그의 나이 30세(제5년, 593 B.C., 1:1-2)에 바벨론의 그발 강가의 포로 공동체에서 거할 때, 그는 선지자로 부름을 받는다. 그의 소명은 "이스라엘 족속의 파수꾼"으로서의 소명이다(3:17-19; 참고. 33:7). 그의 소명 사건 몇 년 후에 유다가 멸망하고 3차 포로(586 B.C.) 사건이 이어진다.

---

63. Willem A VanGemeren, *Interpreting the Prophetic Word*, 332.

그의 소명 기사는 ⓐ 서론적 표제(1:1-3), ⓑ 여호와의 영광의 현현(1:4-28), ⓒ 선지자로 부르심(2:1-7), ⓓ 순종을 위한 두루마리 섭취 상징 행위(2:8-3:3), ⓔ 메신저로 보내심(3:4-15), ⓕ 파수꾼으로서 임명(3:16-21)으로 구성되어 있다.[64]

b. 소명의 목적

하나님은 예루살렘 성전의 작은 밀실에 갇혀 계신 분이 아니라, "이스라엘과 모든 열국에 대한 사역과 운명을 위해 다스리시는" 주권적인 섭리주이시다.[65] 에스겔은 유다에 대한 심판 신탁(1:1-24:27)을 언급한 후에, 이어서 에스겔의 열방에 대한 신탁이 25:1-32:32에서 이어진다. 구체적으로 보면, 암몬(25:1-7), 모압(25:8-11), 에돔(25:12-14), 블레셋(25:15-17), 두로(26:1-28:19), 시돈(28:20-26), 이집트(29:1-32:32)로 끝난다. 에스겔은 10개장의 본문을 할애하여 6-7개 나라를 포함한다. 그래서 에스겔은 구원과 심판 전쟁의 전사로서 사명을 다하였으며(3:8-9; 참고. 렘1:17), 그때 그는 자신의 신변의 안전이 여호와의 약속에 의해 보장된다는 섭리를 경험했다(2:6; 참고. 렘1:18-19).[66]

② 예언적 완료형과 섭리

에스겔은 포로 생활 가운데 소명을 받아서 아직 완전히 멸망하지 않은 유다(이스라엘)의 끝이 다가오는 것을 미리 보고 예언했다. 그것에 대하여 "끝났도다 이 땅 사방의 일이 끝났도다"(7:2, 6)라는 신탁을 받았다. 여기서 그는 '그 끝이 왔다

---

64. 소명 기사의 범위에 대한 학자들 마다 견해 차이가 있는데, 특히 겔 3:16-21의 본문은 가변적이다. Walther Zimmerli, *Ezekiel 1: A Commentary on the Book of the Prophet Ezekiel, Chapters 1-24*, ed. Ronald E. Clements (Philadelphia, PA: Fortress Press, 1979), 81-146에서 침멀리는 그것을 포함시킨다.

65. Tremper Longman III and Raymond B. Dillard, An Introduction to the Old Testament (Grand Rapids, MI: Zondervan, 2006), 368.

66. Stephen Garfinkel, "Of Thistles and Thorns: A New Approach to Ezekiel II.6," *VT* 37 (1987), 421-437.

'(בָּא הַקֵּץ)', 즉 이스라엘의 멸망의 선언에 대한 표현이 아직 멸망되지 않았음에도 불구하고 완료형 동사(בָּא)를 사용한다. 임박한 미래 사건이면서 확실하게 실현된 사건이기에 '예언적 완료형'을 사용함으로써 수사학적으로 강조하는 것이다.

이어진 구절에서도 '앞으로 멸망할 그 시점'(586 B.C.)에 대하여 "내가 내 진노를 네게 나타냈다"(개역개정)라는 표현에서 히브리어 표현은 '내가 내 진노를 네게 보냈다(וְשִׁלַּחְתִּי אַפִּי בָּךְ)'인데, 여기서 완료형 동사 '내가 보냈다(וְשִׁלַּחְתִּי)'가 사용된다. 그리고 "내가 네 행위를 심판했다"라는 표현에서도 '내가 심판했다(וּשְׁפַטְתִּיךְ)'를 완료형으로 사용한다. 이 구절의 마지막 부분의 히브리어 표현인 "내가 너의 모든 가증한 것들을 네게 주었다"에서 사용된 동사도 '내가 주었다(וְנָתַתִּי)'라는 완료형 동사이다.

단지 몇 가지 용례들을 예로 들었지만, 에스겔서도 예언적 완료형을 사용하여 범죄한 언약 백성 이스라엘의 끝에 대한 하나님의 섭리적 심판이 계속 진행 중이라는 것을 보여준다. 그러나 '그 끝(הַקֵּץ)'(7:2, 6)은 사람의 끝이지 하나님의 끝은 아니다.

에스겔 36~38장에서는 이스라엘의 회복을 예언하면서 '새로운 땅'에 대한 회복과 '새로운 백성'에 대한 비전을 제시한다. 이러한 문맥에서 에스겔 37장은 마른 뼈들을 향하여 에스겔이 '생기(הָרוּחַ, τὸ πνεῦμα)'를 대언하니 그것들이 다시 살아서 '큰 군대(חַיִל גָּדוֹל)'가 되는 환상을 경험한다. 여기서 '군대'를 가리키는 히브리어 '하일(חַיִל)'(겔37:10)을 칠십인역(LXX)은 '쉬나고게(συναγωγή, congregation)'(참고. 행 13:43; 9:2; 마4:23)로 번역한다는 점이 매우 흥미롭다. 이 '군대(쉬나고게)'는 에스겔의 문맥 안에서 '성령론적 회복 공동체(Pneumatological community)'이며, '새 생명 부활 공동체(New Life community)'로서 새 이스라엘을 전망하고 있다.[67]

---

67. 이기업, "선지서의 교회, 어떻게 설교할 것인가?" 『본문과 설교』vol. 6 (부산: 한국동남성경연구원, 2014), 95-124, 104-7을 참고하라.

결국 '그 끝'에 대한 에스겔의 예언적 완료형은, 옛 이스라엘의 끝이 새 이스라엘의 시작이 되며, 죽음이 새 생명이 되고, 절망이 소망이 되는 하나님의 백성에 대한 종말론적인 성취를 수사학적 강조 용법을 통해 하나님의 백성에 대한 신적 섭리를 생생하게 구현하고 있다.

③ 신적 방문 행위와 섭리

에스겔에서 히브리어 신적인 방문 동사 '파카드'는 오직 2회만 사용된다. 한번은 심판의 신탁의 문맥에서, 그리고 또 한번은 회복의 문맥에서 사용된다. 첫번째 용례는 23장 21절에서 "네가 젊었을 때에 행음하여"(개역개정)라는 표현에서 사용되는데, 이 부분의 히브리어 표현(וַתִּפְקְדִי אֵת זִמַּת נְעוּרָיִךְ)을 직역하면, "그리고 내가 너희 젊음의 외설적 행위를 방문했다."가 된다. 투박한 이 직역을 좀 풀어서 설명하면, 이스라엘이 젊었을 때 외설적인 행위를 하는 어떤 장소(우상 숭배를 위한)를 하나님이 방문하셨다는 의미이다. 이것은 오홀라(사마리아)와 오홀리바(예루살렘)의 행음 사건을 염두에 둔 하나님의 기억 소환이다(23:14). 즉 이스라엘과 유다가 행음 사건을 저지를 때, 여호와께서 그들의 범죄 현장을 목도하심으로써 그들이 현행범이 되었다는 것을 신적 방문 동사를 통해서 생생하게 묘사하는 것이다. 여호와께서 그들의 행음의 확실한 증인이시다.

에스겔이 사용하는 '파카드' 동사의 두 번째 용례는 38장 8절에서 발견된다. 하나님의 백성의 회복은 항상 대적인 열방에 대한 심판 사역과 관련된다. 역사적이면서 종말론적인 신적인 사역을 담지하는 38-39장의 '곡과 마곡의 주제(the Gog-Magog motif)'는 하나님 나라를 대적하는 세상 나라의 실재를 보여준다.[68] 하나님의 심판의 도구인 로스와 메섹과 두발 왕 곡(Gog)이 하나님의 명령을 받고 소

---

68. Willem A. VanGermeren, *Interpreting the Prophetic Word*, 334.

집되는데, 여기서 수동태 동사(닢알) '소집되다(קְּבֻּצָה)'가 사용된다. 그런데 이 경우에는 방문 동사 '파카드'의 주어가 하나님이 아니다. 방문 및 소집 행위의 주체는 '곡'이다. 그러나 곡은 하나님의 도구이며, 동사 또한 수동태(일종의 신적인 수동태)로 사용되었기에, 이는 하나님의 주권적 섭리가 암시적으로 내재된 행위라고 할 수 있다. 곡과 마곡과 같은 세상 나라는 자기 백성의 심판과 구원을 위한 하나님의 섭리적 도구로 사용된다.

에스겔이 사용한 두 번의 '파카드' 용례를 요약하면, 23장 21절의 경우는 하나님의 능동적 방문 행위라기보다는 범행 장소에 대한 신적인 능동적 목격 행위를 의미하고, 38장 8절의 경우도 하나님의 능동적인 방문 행위라기보다는 하나님의 명령을 받고 신적인 도구로서 소집된 신적 행위를 대행하는 인간 행위라고 할 수 있다. 이러한 '파카드'에 대한 에스겔의 용법은, 전자는 보이지 않으시나 그 현장에 계시는 하나님의 눈이 되시어 반드시 그 행위에 대해 책임을 져야 하는 섭리를 보여주고, 후자는 움직이지 않으시나 신적인 도구로 사용되는 피동적 행위가 신적 섭리가 내재된 인간 대행자(a providential agent)를 통해 드러나는 것이다.

에스겔서에서 비록 방문 동사 '파카드'가 많이 사용되지 않더라도, 신적인 방문 행위에 버금가는 강한 방문 행위가 그가 본 환상 가운데서 발견된다. 즉 에스겔을 방문한 인격화된 여호와의 영광과 권능(the Glory of Power of Yahweh)의 임함이다. 에스겔은 그발 강가에 있는 포로 공동체에 거주하는 동안 그의 나이 30세에 여호와의 영광이 장엄하고 경외롭게 나타나는 환상 가운데서 그에게 방문하신 여호와의 말씀과 권능을 대면했다(1:1-3). 그가 본 네 생물의 형상은 땅의 '네 모퉁이', 곧 여호와의 전 창조 세계를 상징하는 한편, 만물에 대한 하나님의 주권과 섭리를 상징한다. 그리고 에스겔은 병거의 한 부분인 바퀴들(the Wheels)에 대한 환상을 보았는데, 그 환상은 전차(the chariot of war)를 타고 오셔서 자기 백성을 향해 심판 전쟁(1:15-18)을 수행하시는 '거룩한 전사(the Divine Warrior)'의 오심을 묘사한다.[69] 포로 공동체 가운데 방문하신 여호와의 환상(visio Dei)은 자기 백성과 온 열방을 향한 하나님의 섭리 그 자체였다.

④ 신탁의 기록과 섭리

하나님은 자신이 부르신 선지자를 통해 말씀하신다. 따라서 선지자는 하나님의 신탁을 대언하는 자이다. 선지자가 하나님의 신탁을 대언할 때, 그 신탁은 거짓이 아니라 반드시 성취되는 증험이 있는 예언이다(예언의 신실성). 그리고 신탁을 주신 하나님의 권위가 곧 선지자에게 위임된 권위임을 반영하는 표현들이 있다. 그것들은 선지서에서 주로 사용되는 직접화법 지시구문(담론 지시구문)이다. 이는 구두 예언 사역과 기록 예언서에서 모두 나타난다. 이것과 비슷한 역할을 하는 에스겔의 특징적 공식이 바로 '인지 공식(Recognition formula)'이다. 인지 공식은 심판과 회복의 말씀이 함께 하겠다는 신적 의지를 담은 섭리를 구두 및 기록 예언으로 보여준다.

그리고 에스겔의 '두루마리 섭취 행위'가 있는데, 이것은 하나님의 섭리에 순응하는 것을 상징적으로 보여준다. 예레미야의 두루마리 사건이 하나님의 명령에 따라 인간의 순종(예레미야와 바룩)과 불순종(여호야김)에 대한 기록, 파괴, 증보 행위가 실제 삶 속에서 발생하여 신적 섭리가 구현되었다면, 에스겔의 두루마리 사건은 소명 사건 안에서 환상을 보고 그것이 상징적 행위 속에서 발생하여 신적 섭리가 진행된다.

---

69. 같은 책, 328.

a. 인지 공식(Recognition formula)

에스겔서는 그의 예언의 말씀의 신실성(the trustworthiness)을 강조하기 위하여 아주 특별한 구문들을 사용하는데, 대표적인 것이 소위 '인지 공식(recognition formula)'이라고 불리는 표현이다. 곧 "그들(너)은 그들(너희) 가운데 선지자가 있음을 알 것이다"(2:5; 5:13; 6:7, 10, 13-14; 7:4, 9, 27; 11:10, 12; 12:15-16, 20; 13:9, 14, 21, 23; 14:8, 23; 15:7; 16:62; 17:21, 24; 20:12, 20, 26, 38, 42, 44; 21:5 등)라는 표현이다.[70] 이 인지 공식은 '메신저 공식(네움 여호와, 아마르 여호와)'과 비슷한 기능을 한다(서론적, 종결적, 강조적 용법). 에스겔서에서 이 구문은 하나님께서 그분의 말씀을 반드시 성취하겠다고 하시는 섭리적 의지를 밝힘으로써 에스겔 선지자와 하나님 자신을 변호하는 문맥적 역할의 기능을 한다.[71]

b. 두루마리 섭취 행위

에스겔은 소명 본문에서 두루마리(מְגִלָּה[메길라], 'roll, scroll') '섭취 행위'를 통해서 신적 '섭리 행위'를 탁월하게 묘사한다(겔2:8-3:3). 질그릇 같이 잘 깨어지고 연약한 존재로서 '인자(son of man)'라고 불리는 에스겔은 여호와의 큰 영광과 능력 앞에 부복하였다(1:28).[72] 그런 그에게 하나님의 영이 임하시어 그를 일으키시고 말씀하신다. 그 내용들 가운데 하나가 "네 입을 벌리고 내가 네게 주는 것을 먹으라"(2:8;

---

70. Tremper Longman III and Raymond B. Dillard, *An Introduction to the Old Testament* (Grand Rapids, MI: Zondervan, 2006), 368.

71. 참고. 같은 곳.

72. '인자(son of man)'(2:1, 3, 6, 8; 4:1, 16; 5:1; 14:3, 13; 15:2; 16:2; 23:2, 36)라는 표현은 에스겔 자신을 부르는 하나님의 표현으로서 에스겔이 보는 비전 안에서 '하나님의 영광과 능력'에 대조되면서 '인간의 약함과 인간성'을 강조하는 표현이다. Tremper Longman III and Raymond B. Dillard, *An Introduction to the Old Testament*, 367. 반면 다니엘 7장 13절의 '인자'는 신약에서 메시아적 용어로 사용된다(마10:23; 19:28; 25:31; 28:18; 막 8:38; 13:26; 14:62). 다니엘 7장과 메시아에 대한 자세한 논의를 위해서는 R. T. France, *Jesus and the Old Testament: His Application of Old Testament Passages to Himself and His Mission* (Vancouver, Regent College Publishing, 1998), 135-48를 보라.

3:1)는 명령이다. 그것은 "애가와 애곡과 재앙의 말"이 기록된 말씀의 두루마리(메길라) 책이다. 에스겔이 입을 벌리니 하나님께서 그것을 '먹게 하시고(ויַאֲכִלֵנִי)', 에스겔은 순종하여 자신이 그것을 '먹음으로써(וָאֹכְלָה)' 배와 창자에 가득 채운다.[73] 섭취가 섭리이다!

그때 에스겔은 "그것이 내 입에서 달기가 꿀 같더라"(3:3)고 증언한다. 그 두루마리에 기록된 말씀의 내용은 슬픔과 고통스러운 '애가와 애곡과 재앙'의 언어들이었지만, 먹으니 그 맛이 쓴맛이 아니라 꿀과 같은 단맛이었다. 패역한 이스라엘 족속은 말씀을 귀로만 들었으나, 에스겔은 입으로 먹고 배와 창자에 가득 채웠다. 일찌기 선배 선지자 예레미야는 "내가 주의 말씀을 얻어 먹었사오니 주의 말씀은 내게 기쁨과 내 마음의 즐거움"(렘15:16)이라고 했다. 현재 에스겔은 예레미야가 방문했던 바로 '그 맛집'을 경험한 것이다. 말씀에 대한 불순종은 현재 이스라엘에게 '애가와 애곡과 재앙'을 낳았지만, 에스겔은 그 죄악의 결과로 말미암은 공의의 하나님의 '슬픔의 눈물 젖은 빵'조차도 기쁨과 능동적인 수용과 순종으로 받을 때, 그 맛이 달았다는 것을 경험하였다(참고. 계10:10, "작은 두루마리를 갖다 먹어 버리니 내 입에는 꿀같이 다나 먹은 후에 내 배에서는 쓰게 되더라"). 왜냐하면 그 징계가 마지막 끝이 아니고 에스겔이 보았던 그 영광 안에서 회복을 전망하기 때문이다. 에스겔이 두루마리를 섭취한 후 느낀 '꿀맛 간증'은, 새 언약 안에서 다시 회복될 때 "내가 깨어 보니 내 잠이 달았더라"(렘31:26)는 예레미야의 '단잠 간증'과 다르지 않다.

에스겔의 두루마리 섭취 행위는 비록 범죄로 말미암아 이스라엘 백성과 예

---

73. 에스겔 3장 2-3절에서 '먹다(אָכַל)'라는 와우계속법 미완료 동사(와이크톨)가 두 번 사용된다. 2절의 '먹다'는 사역형 동사(힙일: ויַאֲכִלֵנִי)를 사용하여 하나님께서 에스겔로 하여금 먹게 하셨다는 의미이다. 그리고 3절에서 '먹다'라는 동사는 칼 능동태 동사로서 '내가 먹었다(וָאֹכְלָה)'라는 의미이다. 물론 2절의 '입을 열었다(וָאֶפְתַּח)'라는 표현도 마찬가지이다. 즉 궁극적 제1원인자로서 하나님께서 명령하시고 에스겔로 하여금 먹게 하셨다(사역형). 그리고 에스겔은 제2원인자로서 자신이 직접 입을 열고 그것을 자신이 스스로 먹었다. 이것은 '신적 섭리'의 개념을 효과적으로 잘 보여준다. 섭리의 한 요소는 제1원인자와 제2원인자의 '협력적 동사(concursus, co-operatio)' 행위이다.

루살렘 성전이 파괴되었더라도, 그것은 하나님의 공의를 담은 신적인 섭리 안에서 발생했음을 의미한다. 때문에 여호와의 영의 임하심과 인도하심 안에서 정결과 정화의 과정을 거친 후에는 처음보다 "더 큰 영광으로 회복시켜 주시는"[74] 회복을 위한 신적인 섭리가 준비되어 있는 것이다. 그래서 인내의 순종이 꿀맛인 것이다. 예레미야의 숙침 고백은 여호와의 '두루마리의 베개(the roll cushion)'를 베고 편히 안식한 단잠의 결과이며, 에스겔의 섭취 고백은 '두루마리의 떡(the roll bread)'을 기쁨으로 먹은 꿀맛의 결과일 것이다. 심판과 회복의 신적 섭리의 흐름에 기쁨으로 순응하는 것이 언약 백성의 단잠과 꿀맛이리라!

4) 다니엘서에서 섭리(Divine Providence in the Book of Daniel)

다니엘은 만사의 때와 기한이 그의 선하신 뜻대로 통치하시는 주권자 하나님께 있으며, 열국의 흥망성쇠가 하나님의 뜻과 손에 달려 있으며, 세상 나라와 왕들이 하늘의 하나님의 왕권과 능력 안에서 운행되고 있으며, 세상과 역사는 하나님의 왕국의 발전과 그분의 통치 안에서 다스림을 받고 있는 신적 섭리의 대상임을 역사적으로 잘 보여준다(참고. 4:34-35; 7:27).

① 선지자의 소명과 섭리

다니엘을 선지자로 부르신 하나님의 섭리는 그를 선지자로 부르신 '소명 사건'과 소명의 목적 안에서 드러난다. 다니엘서는 '하나님은 나의 재판관'이라는 뜻을 가진 그의 이름처럼, 바벨론 제국이라는 세상 나라 속에서도 하나님의 언약 백성의 공동체의 존재 방식과 세상 나라들의 종말에 대한 신적 섭리를 잘 보여준다.

---

74. C. F. Keil, *Ezekiel, Daniel* (Peabody, MA: Hendrickson Publishers, 1996), 31.

a. 소명 사건

다니엘의 선지자로서의 소명은 전통적인 방식의 소명 사건과는 다르다. 그래서 탈무드는 다니엘을 선지자로 여기지 않는다. 하지만 기독교는 그리스도를 종말론적으로 언급한다는 점에서 그를 선지자로 인정한다(마24:4이하; 막13:5이하; 눅 21:8 이하). 다니엘과 그의 세 친구들은 바벨론으로 포로로 잡혀가서 바벨론 왕궁에서 왕을 섬기게 되었다. 특히 다니엘은 하나님의 섭리 안에서 꿈을 꾼 느부갓네살의 꿈을 해석하는 '해몽가'로서 미래에 되어질 하나님의 큰 일(열국과 하나님의 왕국)에 대한 비전을 봄으로써 선지자로서 데뷔하게 된다. 즉 다니엘의 경우 바벨론 왕 느부갓네살이 꾼 꿈을 해석하기 위하여 왕궁으로 소환되는 시점과 장면이 '선지자'로서 소명의 출발점이 된다. 그러한 소명 이후에, 다니엘은 바벨론 왕궁에서 하나님의 대언자로서 예언 사역을 하며(전반부: 1-6장), 여러 환상과 해석 사역(후반부: 7-12장)을 통해 예언적 사명을 수행한다. 본서의 전반부의 예언 사역이 역사적 관점에 강조를 둔다면, 후반부의 사역은 역사적이면서 종말론적 강조를 함께 계시한다. 다니엘의 전 인생은 바로 그러한 역사와 종말론적 사역을 위한 신적 섭리 안에서 발생했다.

b. 소명의 목적

다니엘의 열국에 대한 신탁은 다니엘 2장 31-45절에 기록된 바벨론 왕 느부갓네살이 꾼 꿈에 나타난 '큰 신상'에 대한 해석으로 말미암는다. 그 신상은 정금으로 된 머리(바벨론), 은으로 된 가슴과 팔(페르시아), 놋으로 된 배와 넙적 다리(그리이스), 철로 된 다리 및 철과 진흙으로 된 발(로마)을 가지고 있었다. 이것은 다니엘 7장에 기록된 그가 꾼 꿈에서 본 큰 짐승 넷과 일치한다. 그리고 느부갓네살의 꿈의 마지막 장면인 "손대지 아니한 돌"이 그 신상을 쳐서 깨뜨리니 돌이 태산을 이루어 온 세계에 가득하게 되었다(2:35,45). 그 장면은 하나님께서 행하실 "장래 일"

이었는데(2:45), 곧 하나님께서 세우실 영원한 나라(2:44)에 대한 비전이었다. 다니엘서의 열국에 대한 신탁은 하늘 왕좌에 좌정하신 "옛적부터 항상 계신 이"(7:9)가 "인자 같은 이"(7:13)를 통해서 세상 나라를 무너뜨리고 도래하게 될 하나님 나라에 대한 왕의 섭리를 역사적, 종말론적 관점으로 잘 보여주고 있다. 그러한 비전의 궁극적 성취는 네 가지로 설명될 수 있다.

첫째로, 하나님의 나라는 항상 하나님께 속한 나라이다(시145:13), 둘째로, 성부께서 메시아로 오신 우리 주 예수께 그 나라의 통치권을 넘겨주셨다. 셋째로, 성부, 성자, 성령께서는 세상을 통치하시고 특히 그리스도께서 교회의 머리가 되셔서 그의 몸된 교회를 통치하신다. 넷째로 우리는 우리 주님의 영광스런 재림 때에 이루어질 그 나라의 충만함을 기다리고 있다.[75]

② 예언적 완료형과 섭리

다니엘 9장은 다니엘의 기도와 칠십 이레의 환상을 기록하고 있다. 그의 기도에 대한 하나님의 응답의 전달자로서 천사 가브리엘이 등장한다. 그 응답 과정에서 하늘에서 일어난 일을 가브리엘이 "저녁 제사를 드릴 때 즈음에"(9:21) 다니엘에게 와서 설명한다. 곧 "네가 기도를 시작할 즈음에 명령이 내렸으므로 이제 네게 알리러 왔느니라"(9:23)는 표현이다. 여기서 '명령'은 여호와의 응답의 '말씀(דָּבָר)'이다. 그런데 그 응답의 시간적 시점이 다니엘이 기도를 마친 시점이 아니라, 기도가 시작된 시점이다. 즉 '네 기도들(강조 복수)의 시작 시점(בִּתְחִלַּת תַּחֲנוּנֶיךָ)'이다. 이는 그 응답의 예언의 말씀의 출처가 여호와 자신이며, 따라서 그 예언은 신

---

75. Willem A. VanGermeren, *Interpreting the Prophetic Word*, 348. 그러므로 다니엘의 선지적 소명의 목적은 세상 나라 가운데 임하신 삼위 하나님의 왕국의 도래가 역사 세계 안에서 "종말론적으로" 구현되는 과정을 보여주는 데 있다고 할 수 있다.

적인 권위의 말씀임을 암시한다.[76] 여기서 그 계시의 말씀이 '나왔다(יָצָא)'라는 완료 동사가 사용된다. 이 사실은 신적 섭리에 대해 다음과 같은 많은 아이디어를 제공한다. 첫째, 하나님의 뜻은 다니엘이 기도하도록 하셔서 그 응답으로 진행된다. 둘째, 하나님은 다니엘이 기도하기 전에 그 기도 내용을 이미 아시고 기도가 시작될 때, 응답의 말씀을 이미 주셨다. 이 완료형은 '예언적 완료형'의 일반적 용법보다도 더 긴급한 상황에 대한 성취에 강조점이 있다. 즉 다니엘의 기도에 대한 응답으로 이루어지게 될 '칠십 이레'의 환상에 대한 해석으로서, '메시아의 도래'를 통한 하나님의 구원 사역의 성취에 대한 강한 신적 의지를 보여준다.

③ 신적 방문 행위와 섭리

다니엘서에서 신적인 방문 동사 '파카드'에 대한 용례가 부재하다. 그럼에도 다양한 방식의 신적인 방문 행위가 나타난다. 가장 먼저 등장하는 신적 섭리의 역사는 예루살렘 성전 기구들을 바벨론으로 옮기신 주체가 '여호와'로 묘사된 신적 행위에서 나타난다(1:2). 즉 "주께서 그의 손 안에 넘기셨다(וַיִּתֵּן אֲדֹנָי בְּיָדוֹ)"라는 표현이다. 그리고 주께서 다니엘과 세 친구들을 바벨론 궁정의 신하로 넘기셨다. 그것은 후에 바벨론 권력의 심장부에서부터 열국을 향해 하나님이 하실 큰 일을 시행하시려는 섭리의 큰 그림때문이다.

그리고 예레미야의 예언대로 바벨론에서의 70년간의 포로 기간은 하나님께서 주권적으로 정하신 기간이었다(참고. 렘25:11, 12). 다니엘은 예레미야의 회복에 대한 예언을 기억하고 예루살렘과 성전의 회복을 위하여 기도하였다(9:17-19). 천사를 통해 "예루살렘을 중건하라는 명령이 날 때부터 기름부음을 받은 자 곧 왕이 일어나기까지 일곱 이레와 예순 두 이레가 지날 것이요"(9:25) 그리고 마지막 언

---

76. John E. Goldingay, *Daniel*, WBC, vol. 30 (Dallas, TX: Word Books Publisher, 1989), 256.

약 체결을 위한 '한 이레'(9:27)를 합하면 총 "70이레"(9:24)가 된다.[77] 하나님이 정하신 기간까지 자기 백성들을 돌보심으로써 그들은 신적 위로를 받게 된다. 그리고 다니엘은 이 약속을 믿고 하나님의 회복을 위해 기도하며(9:1-19), 하나님은 천사 가브리엘을 통해서 다니엘을 방문하신다(9:20-22). 이러한 것들은 하나님이 정하신 때와 성도의 인내와 기도가 함께 어우러져서 하나님의 섭리가 역사 세계 안에서 구현되는 과정을 잘 보여준다.

④ 신탁의 기록과 섭리

하나님의 섭리는 매우 구체적이고 상세한 영역에 대한 '극소 경영(the micromanagement)'뿐만 아니라, 우주와 세계 역사 및 제국의 흥망성쇠에 대한 '극대 경영(the macromanagement)'에도 관여하시는 보이지 않으시는 손이다.[78] 이러한 하나님의 섭리의 손과 관련된 사건이 있는데, 그것은 바벨론의 마지막 왕인 벨사살이 귀족들 1천명을 모아서 큰 잔치를 베풀 때, "사람의 손의 손가락들(אֶצְבְּעָן דִּי יַד־אֱנָשׁ)" 또는 "글자 쓰는 손바닥(פַּס יְדָה דִּי כָתְבָה)"이 나타나서(단5:5) "메네 메네 데겔 우바르신(מְנֵא מְנֵא תְּקֵל וּפַרְסִין)"이라는 문장을 쓴 사건이다(5:25). 왕궁의 촛대 맞은편 석회 벽에 쓰여진 그 문장으로 인하여 왕은 번민과 두려움에 사로잡혔다. 이에 모든 바벨론 술사들이 불려왔으나 아무도 해석하지 못하였다. 마지막으로 선대 왕 느부갓네살 때 다니엘이 왕의 꿈을 해석한 명성을 잘 알고 있었던 왕비(대왕대비)의 추천과 소개로 다니엘이 초대되어 그 문장을 해석하게 된다. '메네(מְנֵא)'는 '하나

---

77. 다니엘의 '70이레'에 대한 해석은 다양하다. 그 가운데 Edward J. Young은 '이레'를 균등하지 시간적 기간의 단위로 해석하며, '70이레'는 다니엘이 구원의 약속이 성취될 때까지 기도하는 기간으로 이해한다. 즉 7이레(에스라와 느헤미야 시대), 62이레(그리스도의 도래까지), 1이레(메시아의 삶과 죽음과 종말까지)이다. VanGemeren은 '70이레'가 어떠한 '시간적 길이'보다도 '구속의 사건들과 구속의 진전에 대한 확실성'에 강조점이 있다고 주장한다. Willem A. VanGermeren, *Interpreting the Prophetic Word*, 349.

78. R. C. Sproul, *The Invisible Hand: Do All Things Really Work for God?* (Dallas, TX: Word Publishing, 1996), 65.

님이 이미 왕의 나라의 시대를 세어서 그것을 끝나게 하셨다'(2회 반복)라는 의미이다. '데겔(דְקֵל)'은 '왕을 저울에 달아 보니 부족함이 보였다'라는 뜻이다. 그리고 '우바르신(וּפַרְסִין)'은 '그리고 왕의 나라가 나뉘어서 메대와 바사 사람에게 준바 되었다'라는 의미이다(5:25-28). 이 해석대로 그 날 밤에 벨사살은 죽임을 당하고, 메대 사람 다리오(Darius)가 왕이 되었다. 그 사건과 역사는 벨사살이 승리와 번영에 도취되어서 그의 부친 느부갓네살이 여호와에 의해 높임과 낮아짐을 당한 것을 목격했음에도 여전히 극한 교만과 악행을 행함으로써 여호와의 심판을 받고 폐위된 이야기이다.

이런 점에서 그 벽 글씨 또는 손 글씨는 단순한 유희성의 낙서나 파티장의 배경 벽에 그리는 예술적 장식, 또는 바벨론 제국의 정치적 선전 구호(a political propaganda)가 아니었다. 오히려 그것은 제국과 통치자의 성망성쇠에 대한 섭리주 하나님의 계시였다. 이 계시는 처음부터 두루마리에 쓰인 것이 아니었다. 또한 선지자 다니엘을 통해 전달된 신탁도 아니었다. 다니엘은 그 문장을 해석하기 위해 벨사살 왕 앞에 섰을 때, 그 벽 글씨의 문장이 하나님의 계시임을 인식했다. 이 역사적인 '벽 위에 글을 쓴 사건(the handwriting)'은 섭리주 하나님의 '보이지 않는 손(the invisible hand of Providence)'이 '보이는 심판의 손(the visible hand of judgment)'으로 나타난 섭리적 사건이었다.[79] 그래서 결국 이 심판 문장의 신탁이 다니엘의 두루마리에 쓰이게 되었고, 그러한 과정을 통해서 여호와의 계시적 섭리를 잘 보여주었다.

그런데 비평학자들은 이러한 다니엘서에 대해 서로 다른 내러티브가 섞여 있는 것으로부터 본문의 단일 저작과 통일성을 의심해왔다. 즉 그들은 다니엘 1-6장의 역사적 궁전 내러티브는 주전 3세기의 기록이며, 다니엘 7-12장의 예언 및

---

79. R. C. Sproul, *The Invisible Hand*, 76 (his emphasis).

종말론적 비전 내러티브는 미래 사건으로서 주전 2세기 마카비 시대의 기록으로 이해한다. 그러한 본문의 내용과 형식의 관점 때문에, 비평학자들은 다중적 저작권을 주장했다.

특히 횔셔(Hölscher)를 포함한 현대 비평학자들이 다니엘서에 대한 다중적 저작권을 주장해왔으며, 동시에 그들은 전통적인 주전 6세기 저작 연도를 거부하고, 주전 2세기 마카비시대의 저작으로 이해한다.[80] 상호간에 약간의 차이가 있더라도, 비평학자들은 본서가 1-6장이 비연대기적 순서로 주전 3세기에 기록되었고, 7-12장은 주제에 따른 순서로 주전 2세기에 기록된 것으로 이해한다. 이것은 본서의 단일 저작이 아닌 다중적 저작설을 말하는 것이며, 심지어 그들 가운데는 7명의 저작설(Berholdt), 또는 6명의 저작설(Ginsberg)을 주장하는 사람도 있다.[81]

또한 비평학자들은 본서의 서로 다른 기록 언어들로부터 본서의 통일성과 단일 저작설을 부인하기도 한다. 사실 본서는 히브리어와 아람어를 일정한 형식 안에서 사용한다. 즉 히브리어-아람어-히브리어(A-B-A)의 구조인데, 아래의 도표에서 보는 대로, 1:1-2:4a(히브리어), 2:4b-7:28(아람어), 8-12장(히브리어)의 순서이다. 두 가지 언어로 본서를 기록한 이유는 바벨론 통치에서 페르시아 통치로 역사적, 문헌적 변경에 따른 것이다. 그러한 현상이 본서에도 영향을 주었다.[82]

Hebrew	Aramaic	Hebrew
다니엘 1-2:4a	다니엘 2:4b-7:28	다니엘 8-12

<표 4> 다니엘서의 언어적 구조

---

80. 예컨대 포피리(Porphyry)는 다니엘서의 주전 6세기 저작설을 부인하고 안티오쿠스 에피파네스 4세의 시기인 주전 2세기의 저작설을 주장한다. 그는 다니엘서가 성격상 역사적이라고 여길지라도 예언적 요소는 없다고 주장한다.

81. 참고. H. H. Rowley, "The Unity of the Book of Daniel," in *The Servant of the Lord and Other Essays on the Old Testament* (Oxford: Basil Blackwell), 249-80.

82. Paul D. Wegner, "Authorship of Daniel," *Lecture Notes* (Ontario, CA: Gateway Seminary, n.d.).

비평학자들은 이러한 현상을 통일성의 결여로 볼지 모르지만, 사실 이러한 문학적-언어학적 패턴은 오히려 본서의 통일성을 위하여 저자가 의도했던 것일 수 있다. 왜냐하면 이런 유사한 문학적 패턴은 문학적 통일성을 보여주기 위한 메소포타미아 및 고대 근동의 보편적인 현상들 가운데 하나였기 때문이다. 예를 들면, 욥기는 산문-시문-산문의 구조(inclusio)를 취하고 있다. 마찬가지로 다니엘서도 두 개의 언어와 서로 다른 내러티브가 결합된 구조를 통해 본서의 단일 저작설과 통일성을 고양시켜준다고 할 수 있다. 실용적으로도 당시 히브리어 청중과 아람어 청중들에게 가장 특화된 언어와 구조로 소통하는 신적인 섭리의 일환으로도 볼 수 있다. 마치 코이네 헬라어로 신약성경이 기록된 것과 비슷한 현상이다.

5) 소선지서에서 섭리(Divine Providence in the Twelve)

구약성경의 마지막 12권의 책은 '소선지서(Minor Prophet)' 또는 '열 두 권(The Twelve)'으로 불려지는 예언서이다. 소선지서의 저자들은 북 이스라엘의 선지자 3명(요나, 아모스, 호세아)과 남 유다의 선지자 6명(오바댜, 요엘, 미가, 나훔, 하박국, 스바냐)과 포로 후기 선지자 3명(학개, 스가랴, 말라기)으로 구성된다. 12선지서는 연대기적 순서로 배열되지 않고 강조된 주제의 발전 순서를 따른다(죄→심판→회복). 소서지서의 주된 역사적 사건은 남북 이스라엘의 멸망, 앗수르/바벨론의 멸망, 성전의 재건을 포함한다. 그리고 소선지서가 포함하는 주된 모티프는 이스라엘과 열국의 죄에 대한 하나님의 진노, 임박한 여호와의 날, 이스라엘의 회복과 이방인의 구원, 메시아의 도래 등이다.

① 선지자의 소명과 섭리

12명의 소선지자들은 대부분 그들의 소명이 암시적일지라도, 그들의 소속과 활동 시기와 사역 장소와 대상은 그야말로 다양하다. 이런 사실은 그들이 직면한 역사적 상황에서 그들을 부르신 하나님의 섭리적인 뜻을 다양하고 구체적으로 보여주기에 충분하다.

a. 소명 사건

소선지자들의 소명 사건은 암시적이다. 이들의 소명은 소명 기사 대신에 여호와의 신탁의 도래 사건 자체가 소명을 대신한다. 즉 호세아를 위하여는, "브에리의 아들 호세아에게 임한 여호와의 말씀이라"(1:1). 요엘을 위하여는, "브두엘의 아들 요엘에게 임한 여호와의 말씀이니라"(1:1). 아모스를 위하여는, "드고아 목자 중 아모스가 이스라엘에 대하여 이상을 받은 말씀이라"(1:1). 오바댜를 위하여는, "오바댜의 묵시라 주 여호와께서 에돔에 대하여 이와 같이 말씀하시니라"(1:1). 요나를 위하여는, "여호와의 말씀이 아밋대의 아들 요나에게 임하니라 이르시되"(1:1). 미가를 위하여는, "모레셋 사람 미가에게 임한 여호와의 말씀 곧 사마리아와 예루살렘에 관한 묵시라"(1:1). 나훔을 위하여는, "니느웨에 대한 경고 곧 엘고스 사람 나훔의 묵시의 글이라"(1:1). 하박국을 위하여는, "선지자 하박국이 묵시로 받은 경고라"(1:1). 스바냐를 위하여는, "…스바냐에게 임한 여호와의 말씀이라…"(1:1). 학개를 위하여는, "여호와의 말씀이 선지자 학개로 말미암아 스알디엘의 아들 유다 총독 스룹바벨과 여호사닥의 아들 대제사장 여호수아에게 임하니라 이르시되"(1:1). 스가랴를 위하여는, "여호와의 말씀이 잇도의 손자 베레갸의 아들 선지자 스가랴에게 임하니라 이르시되"(1:1). 그리고 말라기를 위하여는, "여호와께서 말라기를 통하여 이스라엘에게 말씀하신 경고라"(1:1)이다.

그러므로 12 소선지서들의 시작은 표제 구문(superscription) 또는 서론적 공식(introductory formula)으로 시작한다. 서론적 표제 구문에서 신탁의 도래에 대한 언급은 그들이 계시의 수탁자(addressee), 곧 선지자의 정체성을 전제로 하고 있다.

요컨대, 12 소선지자들의 소명 사건은 생략 및 암시적이며, 여호와의 말씀 사건으로 소명 기사가 대치된다.

b. 소명의 목적

소선지자들의 소명 사건 및 소명 기사들은 암시적일지라도, 그들의 예언 사역의 대상들만큼은 명시적으로 언급됨으로써 각각의 소명의 목적과 신적 섭리가 분명하게 나타난다. 특히 열국에 대한 신탁을 받고 선포한 선지자들을 중심으로 요약하면 다음과 같다.

아모스의 열국에 대한 신탁(OAN)은 블레셋(1:6-8), 모압(2:1-3), 암몬(1:13-15), 에돔(1:11-12), 다메섹(1:3-5), 두로와 시돈(1:9-10) 등 6-7개의 나라들을 포함하며, 2개 장의 본문을 할애한다. 스바냐는 블레셋(2:4-7), 모압과 암몬(2:8-11), 구스(2:12), 앗수르(2:13-15) 등 다섯 개의 나라들을 포함하며, 1개 장의 본문을 할애한다. 오바댜는 에돔에 대한 신탁만을 포함하는데(옵1), 한 장의 본문 전체가 에돔에 대한 심판 신탁을 담고 있다. 요엘은 이집트(3:19), 블레셋(3:4-5), 에돔(3:10, [MT 4:19]), 두로와 시돈(3:4-5) 등 5개 나라의 신탁을 포함한다. 하박국은 바벨론(2:6-17)을 포함하며, 요나와 나훔은 모두 앗수르를 포함하며, 스가랴는 블레셋(9:5-7)을 포함하고 말라기는 에돔(1:2-5)을 간략하게 언급한다. 이러한 열국에 대한 신탁 수여는 열국에 대한 신적 섭리를 반영한다.

② 예언적 완료형과 섭리

소선지서에서 여호와 하나님의 언약 백성을 향한 심판과 회복의 예언들 가운데, 북 이스라엘의 선지자 요엘, 남 유다의 선지자 아모스, 그리고 포로 후기 선지자 스가랴가 쓴 책들에서, 각각 하나의 예언적 완료형이 지닌 문맥적 의미를 살피고자 한다.

a. 요엘

여호와의 날에 큰 고난을 동반하는 메뚜기 재앙을 통해 우주적 재앙을 선포한 요엘 선지자는 본문 2장 21-24절에서, 이스라엘의 회복을 위해 "땅이여 두려워하지 말고 기뻐하며 즐거워할지어다"(21절)라고 하면서 3개의 명령형 동사를 사용한다. 그리고 그 이유를 이어지는 원인절(כי)에서 "여호와께서 큰 일을 행하셨기 때문이다(כי־הגדיל יהוה לעשות)"라고 설명한다. 여기서 사용된 사역 동사 '행하셨다(הגדיל)'가 완료형 동사이다. 하나님의 회복의 사역을 가리키는 '큰일'은 '여호와의 날'로 지칭되는 미래의 날에 발생할 일이지만, 너무나도 확실한 일이기 때문에 예언적 완료형을 사용하여 강조한 것이다.

b. 아모스

호세아 선지자와 동시대 선지자로서 아모스는 본문 5장 2절에서, "처녀 이스라엘이 엎드러졌음이여 다시 일어나지 못하리로다 자기 땅에 던지움이여 일으킬 자 없으리로다"라고 신탁을 선언한다. 아모스는 베들레헴 남쪽 5마일 지점에 있는 작은 마을 드고아에서 출생했다. 그는 당대에 잘 교육받고 사회와 사법과 국제적 소양을 갖춘 말씀의 종으로서,[83] 열방에 대한 심판 신탁(1:3-2:16)과 이스라엘의 심판에 대한 신탁을 받았다(7:1-9:10). 그래서 그는 큰 지진이 일어나기 직전인 주전 760년경에 북 이스라엘의 주된 제의의 도시인 벧엘(7:10-17)과 수도 사마리아(3:9; 4:1; 6:1)에서 공개적으로 예언 사역을 했다. 이러한 맥락에서 그는 "처녀 이스라엘이 엎드러졌다"라고 표현하면서 3인칭 여성 단수 완료 동사(נפלה)를 사용하는데, 이 동사가 예언적 완료형 동사이다(참고. 2:14; 3:11). 이때는 북 이스라엘이 멸망하기까지 약 40년을 남겨둔 시점이었다.

---

83. Willem A. VanGemeren, *Interpreting the Prophetic Word*, 128.

c. 스가랴

학개, 스가랴, 말라기는 포로 후기 선지자들이었다. 그 가운데 스가랴는 학개가 예언 사역을 시작한 다리오 왕 제2년의 시점(520 B.C., 8월 29일, 학1:1)으로부터 몇 달 후에 스가랴의 예언 사역이 시작되었다(1:1). 스가랴는 학개의 예언을 보충하면서 성전의 완공과 포로 후기 공동체의 회복을 전망하였다. 그러면서 그는 회복될 하나님의 왕국(12:1-14:21)을 전망한다. 특히 스가랴는 12장 8절에서 "그날에 여호와가 예루살렘 주민을 보호하리니 그중에 약한 자가 그날에는 다윗 같겠고 다윗의 족속은 하나님 같고 무리 앞에 있는 여호와의 사자 같을 것이라"고 전망한다. 그러한 문맥에서 그는 "내가 다윗의 집과 예루살렘 주민에게 은총과 간구하는 심령을 부어주리니 그들이 그 찌른 바 그를 바라보고 그를 위하여 …… 통곡하듯 하리로다"(12:10)라고 예언하는데, 여기서 사용된 동사 '부어주리니(וְשָׁפַכְתִּי)'라는 히브리어 표현이 완료형 동사이다. 이는 미래 포로 후기 공동체를 위한 예루살렘과 다윗 계열의 왕의 통치(a post-exilic Davidic ruler)의 회복[84]을 위한 예언적 완료형이다. 더 나아가 이는 메시아의 도래를 통한 궁극적 회복을 전망한다.[85]

③ 신적 방문 행위와 섭리

소선지서에서 하나님의 섭리를 나타내는 대표적인 히브리어 동사로서 '신적 방문 행위'를 의미하는 '파카드'는 총 18회 사용된다. 먼저 이 동사의 행위의 주체(주어)가 하나님인 경우가 17회인데, 곧 하나님의 심판 행위(15회, '벌하다, 갚다': 호1:4; 2:15[MT; 개역개정 2:13]; 4:9,14; 8:13; 9:9; 12:3[MT; 개역개정 12:2]; 암3:2,14[2회]; 습1:8,9,12; 3:7[MT; 개

---

84. Paul L. Redditt, *Zechariah 9-14*, International Exegetical Commentary on the Old Testament (Stuttgart, Germany: W. Kohlhammer, 2012), 108-9.

85. 여기서 '찌른 바(the piercing)'는 그리스도의 초림과 십자가 죽음에 적용되고, '통곡(the morning)'은 그리스도의 재림에 적용된다. R. T. France, *Jesus and the Old Testament*, 212-13.

역개정 3:8]; 슥10:3a)와 하나님의 구원 행위(2회, '보살피다, 돌보다': 습2:7; 슥10:3b)를 위해 사용된다. 그리고 사람이 주어(주체)인 경우는 오직 1회만 사용되는데(슥11:16), 내포 및 돌봄을 의미하는 행위로 사용된다. 하지만 사람이 주어가 된 경우도 결국 하나님께서 한 목자를 일으키신 결과로 파생된 행위이기 때문에, 신적인 방문 행위와 다르지 않다고 할 수 있다. 이렇듯 소선지서에서 18회의 용례 전체는 심판과 구원에 대한 하나님의 섭리를 효과적으로 잘 드러낸다.

주어	파카드(קָדַפ)	대상 및 용례
하나님 (17회)	심판 행위 ('벌하다': 15회)	이스르엘의 피를 예후의 집에(호1:4), 바알들을 섬긴 시일대로 내가 그에게(호2:15[MT; 개역개정 2:13]), 백성이나 제사장이나 그들의 행실대로(호4:9), "너희 딸들이 음행하며 너희 며느리들이 간음하여도"(4:14), 에브라임의 우상 숭배한 그 죄(호8:13), 기브아의 시대와 같이 심히 부패한 그 죄(호9:9), 야곱을 그 행실대로(호12:3[MT; 개역개정 12:2]), 너희[이스라엘](암3:2), 이스라엘의 모든 죄악(암3:14a), 벧엘의 제단들(암3:14b), 유다의 방백들과 왕자들과 이방인의 옷을 입은 자들(습1:8), 포악과 거짓을 자기 주인의 집에 채운 자들(습1:9), 여호와께서 복도 내리지 아니하시며 화도 내리지 아니하시리라 하는 자들(습 1:12), 예루살렘을 여러 나라와 왕국들을 통해 벌할 날(습3:7 [MT; 개역개정 3:8]), 목자들과 숫염소(슥10:3a)
	구원 행위(2회)	유다 족속의 남은 자(습2:7), 유다 족속(슥10:3b)
인간 (1회)	내포 및 돌봄 행위(1회)	하나님이 일으킨 한 목자가 없어진 자를 마음에 두지 아니함(슥 11:16)

<표 5> 소선지서에서 방문 동사 '파카드'의 용례 및 용법(18회)

④ 신탁의 기록과 섭리

구약 선지서에는 '두루마리(לָּגְמ)' 또는 '두루마리 책(רֶפֵס-תַלִּגְמ)'이라는 표현이 오직 세 곳에서만 나타난다.[86] 예레미야의 두루마리(렘36), 에스겔의 두루마리(겔

---

86. 이사야 34장 4절("하늘들이 두루마리 같이 말리되")의 경우, '두루마리'는 비유적으로 사용된 경우이기에 제외시킨다.

2:9-3:3), 그리고 스가랴의 두루마리(슥5:1-2)이다. 예레미야의 두루마리는 여호와의 신탁을 기록한 사건과 관련되며, 에스겔의 두루마리는 상징적인 행위 안에서 하나님의 징계 및 심판의 뜻이 기록된 두루마리를 기쁨으로 먹고 수용하는 것을 의미한다. 그리고 스가랴의 두루마리는 '날아가는 두루마리(מְגִלָּה עָפָה, a flying scroll)'가 환상 가운데 보인 특이한 경우이다.

선지서의 세 가지 두루마리(the prophetic scrolls)는 모두 신탁 및 예언의 말씀을 적은 '기록 형태의 두루마리(the written scrolls)'이다. '예레미야의 두루마리(Jeremianic scroll)'는 하나님의 명령대로 예레미야가 불러주는 대로 바룩이 대필한 두루마리였고, 몇 번의 공적인 낭독 사건 후 여호야김에 의해 '불타는 두루마리'로 파쇄되었다가 다시 증보 기록된 두루마리이다. 즉 인간의 거부 및 파쇄 행위에도 보존된 섭리의 결과물로서 두루마리이다. 반면 '에스겔의 두루마리(Ezekielic scroll)'는 "애가와 애곡과 재앙의 말"(겔2:10)이 기록된 말씀의 두루마리이다. 귀로만 듣고 불순종한 이스라엘 족속과 달리, 에스겔은 환상 안에서 그 두루마리를 순종 안에서 먹음으로써 하나님의 섭리적인 뜻에 순응하는 꿀맛을 느꼈다.

한편 '스가랴의 두루마리(Zecharian scroll)'는 거대한 크기(길이 20규빗, 너비 10규빗)의 '날아가는 두루마리'로서, 하나님의 저주가 기록된 두루마리이다. 이 크기는 솔로몬 성전의 현관(porch)과 동일한 크기이며(왕상6:3),[87] 또한 이곳은 재판 절차와 관련된 구역이다(왕상8:31-32).[88] 그런데 무엇에 대한 저주일까? 그것은 두 가지 죄에 대한 심판의 저주이다(겔5:3). 곧 하나는 도둑질하는 자에 대한 저주이고, 다른 하나는 거짓 맹세하는 자에 대한 저주이다. 전자는 제8계명으로서 사람에 대한 범죄 행위이며, 후자는 제9계명으로서 하나님의 이름과 관련된 범죄 행위이다.

---

87. Ralph L. Smith, *Micah-Malachi*, WBC, vol. 32 (Waco, TX: Word Books Publishers, 1984), 208.
88. Meredith G. Kline, *Glory in Our Midst: A Biblical-Theological Reading of Zechariah's Night Visions* (Overland Park, KS: Two Age Press 2001), 179.

포괄적으로 말하면, 하나님 사랑과 이웃 사랑으로 대표되는 십계명 전체를 불순종한 죄악을 대유한다고 볼 수 있다.[89] 그래서 스가랴의 두루마리는 언약 백성이 언약의 말씀에 불순종함으로써 하나님과의 언약 관계를 파괴한 결과로 임하는 언약의 저주가 기록된 두루마리이다.[90]

그렇다면 70년간의 바벨론 포로 생활로는 범죄한 이스라엘에게 임했던 저주가 아직 덜 풀렸다는 말인가? 이것에 대하여 랄프 스미스(Ralph L. Smith)는 "이스라엘 백성은 언약을 깨뜨렸고, 겉으로 포로 생활은 그들이 언약을 파괴함으로 말미암아 임한 저주로 충분하지 않았다."라고 설명한다.[91] 만약 랄프의 이 설명이 맞다면, 필자는 여기에 한 가지 비유를 부연하고자 한다. 즉 어떤 죄인이 법적인 수감 생활을 마쳤다고 하더라도, 그 사람이 새로운 사회에 적응하기까지 그리고 그 공동체와 조화될 수 있는 도덕적 성숙을 이루기까지는 훈련이 필요하다는 것이다. 이 비유를 랄프에 설명에 역으로 적용하면, 70년간의 바벨론 포로 생활을 마치고 귀환한 공동체는 구체적으로 계명에 불순종한 것을 회개하고 삶을 개혁하여 정화시켜야 한다. 특히 언약의 하나님의 언약에 적합해야 한다. 그렇지 않으면 그 언약의 저주가 죄인들의 집에 들어와서 불태울 것이다(슥5:4). 그리고 그리할 때 "여호와께서 그 땅과 백성을 정결케 하여서 자신의 성전을 재건할 것이다."[92] 이와 같이 언약 백성의 각 개인과 각 가정이 범죄함으로 말미암아 그들에게 임한 언약의 저주는 어떤 신비한 마술의 능력이나 인간적 수양과 사색 등으로 해결될 수 있는 것이 아니었다. 오직 하나님의 능력에 달려 있었다!

---

89. 클라인은 스가랴 5장 3절의 "그 이쪽 글대로"과 "그 저쪽 글대로"라는 두 표현은 시내산에서 주신 십계명의 두 돌판을 암시한다고 주장한다. Meredith G. Kline, *Glory in Our Midst*, 178.

90. 스가랴의 두루마리 양쪽에 쓰여진 '저주'를 '언약'과 관련하여 읽어야 하는 이유는 3절의 '맹세'와 '저주'라는 용어들이 '언약'과 관련된 용어들이기 때문이라고 클라인은 설명한다. Meredith G. Kline, *Glory in Our Midst*, 178.

91. Ralph L. Smith, *Micah-Malachi*, 207.

92. 같은 책, 208.

결국 스가랴의 '날아가는 두루마리(a flying scroll)'는 포로 귀환 공동체인 이스라엘을 정화시켜서 하나님의 새 것으로 훈련시키는 한편, 더 나아가 구속의 역사 속에서 '비상하는 새 이스라엘(a flying new Israel)'을 위한 긍휼의 신적인 섭리가 아닐 수 없다.

4. 선지서에서 섭리, 어떻게 설교할 것인가?

본고에서는 신적 섭리와 관련된 선지서의 중심 개념들을 소개한 후에 각 선지서에서 그것들의 실례들을 논증했다. 그리고 방대한 하나님의 섭리에 대한 주제를 성경 신학적인 접근을 통해서 계시의 발전 역사 안에서 스케치했다. 선지서에서 추출할 수 있는 섭리에 대한 다양한 요소들이 있지만, 우리는 네 가지 중심 개념들에 집중했다. 이제 결론의 장인 여기서 선지서에 나타난 섭리론을 요약하고, 그 적용으로서 설교를 위한 지침을 포괄적으로 제시하고자 한다.

1) 선지자의 소명은 신적인 섭리 안에 있는 하나님의 동역자로서의 부르심이다.

섭리주 하나님은 선지서에서 그분의 섭리적 동역 인격으로서 선지자를 부르셨다. 선지자는 하나님과 그분의 백성 사이에서 중보적 예언자이다. 예언적 인격으로 부르심과 변화는 하나님의 백성(God's people: church)의 정체성과 사명의 회복과 관련되어 있다. 변화된 인격과 사명적 인격, 이 두 가지는 하나님 앞에서 부름 받은 설교자와 청중의 정체성 및 다시 보냄을 받는 사람에 대한 정체성을 내포한다. 소명이 사명과 직결되었으니, 설교자와 성도의 본질적인 정체성 두 가지를 확인하는 지침이 될 수 있다.

① 변화된 인격

암시적이든지, 명시적이든지 선지자의 소명 사건은 거룩과 능력에 있어서 선지자 개인의 부적합성이 새롭게 재창조되어 거룩하신 하나님의 성품과 뜻을 수행하기에 적합한 자로 변화되는 사건이다. 그리하여 하나님의 권위를 위임 받아서 하나님의 말씀을 대언하는 메신저가 된다. "옛적에 선지자들을 통하여 여러 부분과 여러 모양으로 우리 조상들에게 말씀하신 하나님이 이 모든 날 마지막에는 아들을 통하여 우리에게 말씀하셨으니"(히1:1-2)라는 말씀대로 선지자 직분의 궁극적인 성취자는 그리스도이시다. 이것이 선지자 직분에 대한 신적 섭리이다. 그러나 이것이 끝이 아니다.

이러한 신적 섭리의 궁극적 목표는 "선택된 자, 하나님의 백성, 교회, 곧 그리스도의 신부의 아름다움을 완성하는 것"[93]에 있다. 아담(사람)이 창조주의 형상으로 지음을 받아서 에덴에서 창조의 초점 및 최종 인격이었던 것처럼, 죄와 허물로 파괴된 그 형상의 회복은 새 에덴의 사람, 곧 새 사람을 지향한다. 보이지 않으시는 하나님의 참 형상이신 그리스도 안에서 죄인이 회심과 재창조의 변화를 경험할 때, 하나님과의 언약 관계가 회복된다. 이런 점에서 모든 성경의 설교가 그러해야 하듯이, 선지서의 설교의 핵심 축은 죄를 회개함으로써 하나님의 거룩한 인격으로 변화되는 것에 있다. 변화된 인격은 더욱 더 '그리스도의 신부로 아름답게 단장되는 것(the beautification of the bride of Christ)'이다.

② 사명적 인격

선지자의 소명 사건은 선지자로 부르심을 받는 개인에게 초점이 맞추어져 있지만 그것이 전부는 아니다. 하나님의 부르심을 받아 하나님의 사람으로 변화된

---

93. John Piper, *Providence*, 692.

자는, 하나님께서 보내시는 대상들 또한 그렇게 변화되도록 하라는 미션에 따라 메신저로 보내심을 받아서 선포한다. 또한 선지자는 언약 백성의 현 상태와 주변 열국의 세상을 바라보면서 탄식하며 간구하고 다시 신탁을 받아서 선포한다. 부르심 앞에 자신이 변화된 것처럼, 보내심을 받아 그들 또한 변화의 길로 이끌어야 한다. 이런 점에서 선지자는 기도의 인격이면서 말씀의 인격이 된다. 이러한 양면성의 인격이 설교자의 정체성이 아닐까?

2) 예언적 완료형은 보이지 않는 하나님의 섭리를 확신적 그림 언어로 보여주는 섭리적 수사학이다.

예언적 완료형은 메신저인 선지자가 하나님의 섭리적인 뜻과 계획과 연합되어 일체가 되었다는 점을 암시한다. 예언적 완료형이라는 선지서의 섭리적 수사학이 설교의 수사학으로 재상황화될 필요성을 보여준다.

① 약속에 대한 확신

선지자가 하나님의 마음으로 확신 가운데서 그 말씀의 성취와 열매를 눈으로 보고 귀로 듣듯이, 생동감 있게 특정한 역사적 정황에 있는 청중들에게 선포했던 것처럼, 새 언약의 일꾼들인 오늘날 말씀의 종 역시 "능력과 성령과 큰 확신으로"(살전1:5) 그리고 "담대히 말해야"(고후2:12) 하는 선포자이다.

② 절망/고난에서 소망

그러한 말씀을 듣는 청중은 비록 고달픔과 슬픔과 고난의 상황에서도 하나님의 섭리 안에 있는 소망과 위로를 얻게 될 것이다(고후1:4). '예언적 완료형', 곧 믿음과 확신의 언어로, 말하는 자나 그것을 듣는 자나 모두 하나님의 섭리를 실제로 경험할 것이다.

3) 선지서에서 신적인 방문 행위 동사(파카드)는 신적인 섭리를 실행하는 신적인 인격의 계시이다.

신적인 섭리 인격이신 하나님은 역사 세계 안에 있는 개인과 공동체를 방문하시는데, 그들을 향한 하나님의 사역은 방문 사역(파카드)으로 시작된다. 죄인을 방문하여 심판 및 징계를 하시고 자기 백성을 방문하시어 회복 및 구원의 은혜를 베푸신다.

① 하나님의 심판과 구원

범죄한 자기 백성과 열국의 죄를 심판하시기 위하여, 그리고 회복시키시기 위하여 하나님은 사람을 임명하시고 그분의 섭리적 목적을 대행할 자에게 그분의 권위와 말씀을 위임하신다. 즉 '파카드'는 '세우신다'라는 섭리적 목적을 위해서나 '돌보신다'라는 섭리적 목적을 위해서, 또는 '벌하신다'라는 섭리적 목적을 위해서 사용된다. 하나님의 심판과 구원이라는 섭리적 목적을 위해서 하나님은 언약 백성 공동체는 물론이고 이방인들까지도 사용하신다. 하나님의 사람 세우심의 자유는 제한 받지 않는다.

② 하나님의 방문과 임재

대표적인 방문 행위 동사(파카드)는 하나님의 구원과 심판을 위한 특별 섭리에만 제한되지 않는다. 하나님의 섭리적 행위는 섭리주 하나님께서 다양한 방편들을 사용하여 만물과 만사를 그분의 뜻대로 역사하는 일반 섭리에도 적용된다. 구속 역사 안에서 그러한 다양한 방법 및 방편들은 성육신, 성령강림, 재림, 하나님이 보내시는 사람들, 말씀 사건, 기도 응답, 그리고 항구적인 방문하심인 성령 충만과 강력한 하나님의 임재도 포함된다. 그래서 하나님의 방문은 하나님의 섭리와 뜻에 대한 인간의 무지를 일깨운다. 선지서 안에서 다양한 방식과 방편으로 자기 백성과 역사 세계를 방문하시는 하나님의 행위를 주목하고, 계시 역사의 발전 안에서 그것의 현대적 의미가 무엇인지 주목할 필요가 있다.

4) 신탁의 기록 역사는 신적인 섭리의 역사이다.

선지서는 섭리적 계시의 말씀이다. 선지서 안에 있는 섭리적 요소들 또는 신적 섭리와 관련된 선지서의 중심 개념들 네 가지 가운데, 전술한 세 가지인 '선지적 소명,' '예언적 완료형,' '신적인 방문 행위'도 결국 성령의 영감으로 '기록된 선지서'에서 발견되는 개념들이다. 이런 점에서 신탁의 기록 및 과정은 보이지 아니하시는 하나님의 섭리적 존재와 활동이 보이는 기록 계시인 선지서를 통해 읽을 수 있는 가시적인 열매들이다.

① 기록의 영, 기억의 영

성령의 영감으로 기록된 선지서 정경은 최종 형태(the final fixed form)로 교회에게 주어진 신적 섭리의 선물이다. 소명 받아 사명을 수행한 선지자들은 자신의 선지서를 위하여 기록의 영, 기억의 영이신 성령님의 섭리 안에 있었다. 영감으로 기록된 선지서는 하나님의 정체성과 활동 그리고 인간 및 모든 피조물의 정체성과 활동 사이의 관계를 하나님이 주권적으로 섭리하고 계신다는 것을 보여준다(예: 예언과 성취). 이는 창조주와 피조물을 동일시하는 범신론(pantheism)이나, 창조주와 피조물을 분리시키는 이신론(deism)에서는 기대할 수 없는 신적 섭리의 지식이다. 따라서 하나님의 백성은 그러한 '기록된 신지식'이 신적인 섭리 안에서 '보존된 선물'을 누리고 있는 것이다.

② 계시의 상황화, 개인화의 적용

예언의 말씀의 기록을 위한 영감의 성령님은 더 이상 기대할 수 없는 성령님의 섭리적 역사이다. 신탁을 주셔서 기억하고 기록하게 하신 영감의 성령님과 동일한 그 성령님은 이제 선지서를 읽는 독자들에게 조명의 영으로 역사하신다. 조명의 영이신 성령님이 또 다른 영감을 주실 때, 건강한 해석학 아래에 있는 독자에게 그 예언의 말씀은 독자가 처한 역사와 상황과 구체적인 삶에서 재상황화되고 개인화된다. 나아가 마침내 그 예언의 말씀이 독자의 육신과 삶에서 성취되고 새로운 나라가 도래하게 된다.

5. 나오면서

옛 선지자들에게 주셨던 그 신탁의 말씀들을 마침내 그의 아들을 통하여 이제 우리는 기록된 형태로 예언의 말씀을 듣고 있다. 그 예언은 그 아들의 방문을 통해 성취되었다. 그 아들의 방문을 받은, 택한 바 되고 세마포로 단장된, 그 아들의 신부가 된 교회는 신적 섭리의 꽃이 되었다! 그 꽃이 더욱 화사하고 아름답게 발화하고 결실하기 위하여, 교회는 하나님의 주권적인 은혜 안에서 내적으로 더욱 "성장해야 하며"(딤전4:7; 엡2:10; 딛3:8; 빌3:14; 고후12:10; 요15:5), 외적으로 그 주권은 "온 우주로 확장되어" 나가야 한다(롬11:36; 고전8:6).[94] 그리할 때 섭리적 영광이 삼위 하나님께 돌려질 것이다.

찰스 스펄전(Charles Spurgeon)은 그리스도인이 하나님의 섭리 안에서 살아가는 삶의 여정에서 겪는 다양한 희로애락의 상황에서, 땅에 있는 인간적인 다양한 이정표에 쇄도되지 않고 오직 하늘의 큰 그림에 맞추어 살아갈 수 있는 지혜를 제공한다. 그것은 곧 하나님의 '섭리적 목적과 능력'을 아는 것이다. 그리할 때 그

---

94. Arthur W. Pink, *The Sovereignty of God* (Grand Rapids, MI: Baker Book House, 1994), 229-42.

리스도인이 누리게 될 평안과 안전에 대해 그는 다음과 같이 말한다.

세상의 경작자 위에 항상 보이지 않는 손이 있으며, 섭리가 작동하는 곳이면 어디든지 여호와께서 그것을 주관하신다고 그리스도인은 믿는다. 그러한 확신을 주는 지식은 그리스도인으로 하여금 모든 일에 준비하게 해 준다. 그리스도인은 맹렬한 물 위를 바라보며 파도를 밟고 있는 예수님의 영을 보고, "내니 두려워하지 말라"(참고. 마14:27)고 말하는 음성을 듣는다. 하나님은 모든 것을 통치하시되, 지혜롭게 다스리시며 악에서 선을 이끌어 내시므로 신자의 마음은 평안하여 모든 시련이 닥칠 때마다 침착하게 대처할 수 있다.[95]

---

95. Charles H. Spurgeon, *Morning and Evening: Daily Readings* (McLean VA: MacDonald, n.d.), 436 (morning, August 5); Vern S. Poythress, *Chance and the Sovereignty of God: A God-Centered Approach to Probability and Random Events* (Wheaton, IL: Crossway, 2014), 31에서 재인용.

6장

복음서에 나타난 하나님의 섭리

문세원

1. 들어가면서

마태복음의 산상수훈에서 예수님은 이렇게 가르치신다.

"26공중의 새를 보라 …… 너희 하늘 아버지께서 기르시나니 …… 30오늘 있다가 내일 아궁이에 던져지는 들풀도 하나님이 이렇게 입히시거든 하물며 너희일까보냐 믿음이 작은 자들아 31그러므로 염려하여 이르기를 무엇을 먹을까 무엇을 마실까 무엇을 입을까 하지 말라 32이는 다 이방인들이 구하는 것이라 너희 하늘 아버지께서 이 모든 것이 너희에게 있어야 할 줄을 아시느니라 33그런즉 너희는 먼저 그의 나라와 그의 의를 구하라 그리하면 이 모든 것을 너희에게 더하시리라"(마6:26-33)

하나님은 우리에게 있어야 할 것을 아신다. 그분은 하늘에 계셔서 오늘도 온 천지만물을 주관하시는 분이시며, 우리의 아버지이시다. 그리고 그분이 우리의 모든 필요를 채우신다. 이처럼 그 백성을 이 땅에서 도우시고 인도하시는 하나님의 손길을 가리켜 교회는 '섭리(providence)'라는 말로 표현해왔다.[1] 이러한 복음서에 나타난 하나님의 섭리를 어떻게 설교할 것인가라는 주제는, 섭리란 무엇이며 어떤 것이 복음서에 나타난 하나님의 섭리인지에 대한 고민과 함께, 그것을 매일의 삶을 살아가는 성도들에게 어떻게 설교해야 하는가라는 문제들에 대한 고민을 필요로 한다.

이 글에서는, 학술적인 논의를 하기보다는, 많게는 일주일에 10차례씩 설교를 통해 매일 쉽지 않은 삶을 살아가는 성도들에게 "여러분의 삶은 하나님의 손에 있으며, 하나님은 여러분의 기도를 들으시며, 오늘도 여러분의 삶을 인도하시며, 그 선하신 뜻을 이루실 것입니다."라고 설교해야 하는 설교자와 목회자의 입장과 관점에서 이 문제에 대해 고민했던 바를 나누고자 한다.

1. 하나님의 섭리

하나님은 섭리하시는가? 우리의 삶은 하나님의 손에 붙들려 있으며, 하나님은 우리의 기도를 들으시며, 오늘도 그 백성의 삶을 인도하셔서 합력하여 선을 이루도록 역사하시는가? 물론이다. 이것이 우리 신자들의 공통된 고백이다. 그러나 이 고백은 우리가 이 땅에서 겪는 매일의 경험과는 때로 큰 차이를 보인다. 섭리는 오늘의 현재적 삶 가운데 인도하시는 하나님의 손길에 대한 고백이다. 따라서 섭리는 우리의 현재적 삶과 분리될 수 없다. 그런데 우리가 경험하는 세

---

1. 폴 헬름(Paul Helm), 『하나님의 섭리』 (서울: IVP, 2004), 13. 여기서 그는 섭리를 "하나님의 현재적 활동(God's activity now)"라고 부르고 있다. 이것은 섭리가 과거와 미래의 사건들을 배제하지는 않지만, 현재 지금 이곳에서의 하나님의 인도하심에 더 초점을 맞추고 있다는 점을 말해준다.

상은 어떤 세상인가?

1) 우리가 경험하는 세상

우리는 때로는 삶 자체가, 날마다 일용할 양식을 먹으며 생존하는 것 자체가 쉽지 않다는 사실을 발견하게 된다. 성경의 주요 이슈 중의 하나인 가난한 자와 고아와 과부, 나그네의 문제는 아직도 해결되지 못했다. 설교를 듣기 위해 앉아 있는 우리의 형제와 자매들은 매일 무엇을 먹을까, 무엇을 마실까, 무엇을 입을까 하는 문제로 고민해야 하는 사람들이다. 우리의 가정은 때로는 깨어져 있으며, 경제적 사회적 고통 속에 놓여 있기도 하다. 그래서 때로 우리는 시험에 빠진다. 가난과 애통, 의에 주리고 목마른 현실이 우리를 시험에 빠지게도 하며, 재물과 성공에의 유혹이 우리의 마음을 흔들어 놓기도 한다. 반대로 악한 자들이 득세하는 세상에 대한 분노가 우리를 넘어지게 만들기도 한다(시73편). 우리는 그 속에서 살아간다.

그런데 그 모든 것 뒤에는 더 근본적인 악의 문제가 도사리고 있다. 질병, 사고, 지진, 화재, 홍수 등으로 인한 고난과 같이 우리가 이해할 수 없는 자연적인 악(natural evil)의 문제들이 있는가 하면, 인간의 죄와 잘못으로 타인과 세계가 고통하는 도덕적인 악(moral evil)의 문제도 있다. 그 가운데는 노예제도, 인종차별을 넘어선 인종분리(apartheid), 유대인 학살, 공산치하에서의 강제수용소, 히로시마 원자폭탄, 아프리카의 기아와 같이 끔찍하고 조직적인 악의 문제도 있다.[2] 그리고 그 뒤에는 가장 근본적인 영적인 세력으로서의 악의 문제도 자리한다.

---

2. 다니엘 L 밀리오리(Daniel L. Migliore), 『하나님의 섭리』 (서울: 한국장로교출판사, 1991), 155-59.

2) 하나님의 섭리에 대한 부정적 태도

이처럼 하나님과 단절된 듯 보이는, 타락한 세상에서도 하나님은 섭리하시는가? 이런 질문들은 때로 하나님의 섭리-하나님의 일하심을 부정적으로 보도록 만든다. 오늘날 하나님의 섭리는 더 이상 널리 받아들여지는 주제가 되지 못한다. 과학적 사고라는 명목 하에 하나님의 창조와 섭리 자체를 부정하는 태도(과학주의)가 기승을 부리는가 하면, 하나님은 창조만 했을 뿐 더 이상 피조된 세계에 개입하지 않고 자율적으로 돌아가도록 내버려 두는 저 멀리 있는 신(이신론)이라고만 생각하게 만든다. 반대로 하나님을 만물에 편재된 비인격적인 신(범신론)으로 만들어 버리는가 하면, 그 비인격적인 힘과 능력으로 우리의 삶이 멋대로 결정된다는 숙명론적이거나 결정론적인 태도를 보이기도 한다.[3]

이러한 세상 속에서 섭리는 특별한 하나님의 개입이 배제된 일반은총으로 축소되거나, 반대로 개인의 삶에 나타난 특별한 사건만을 말하는 것으로 오해되기도 한다.

3) 그러나 하나님은 섭리하신다

그러나 하이델베르크 신앙고백서는 이렇게 고백한다.

> 섭리란 하나님의 전능하고 언제 어디나 미치는 능력으로, 하나님께서 마치 자신의 손으로 하듯이, 하늘과 땅과 모든 피조물을 여전히 보존하고 다스리시는 것입니다. 그리하여 잎새와 풀, 비와 가뭄, 풍년과 흉년, 먹을 것과 마실 것, 건강과 질병, 부와 가난, 참으로 이 모든 것이 우연이 아니라 아버지와 같은 그의 손길로 우리에게 임합니다.
>
> (주일의 문답, 제10주일, 27)

---

3. 유해무, 『개혁교의학』 (고양: 크리스찬다이제스트1997), 214-15.

이 고백은 섭리가 단지 개인의 삶에 나타난 특별한 사건만을 가르치지 않는다는 사실을 분명히 한다. 창조하신 하나님은 온 천지 만물을 보존하시고(preserves), 유지하신다(sustains).[4] 우연은 없다.

4) 섭리, 하늘 아버지의 자비로운 손길

섭리와 관련하여 또 한 가지 기억해야 할 사실이 있다. 그것은 하나님은 모든 만물을 통치하시고, 섭리하시지만(일반섭리, General providence), 무엇보다도 그분의 궁극적인 관심은 그 자녀들을 향해 있다는 사실이다(특별섭리, special providence).[5] 섭리는 그 자녀들을 향한 하늘 아버지의 자비로운 손길이다.

따라서 하나님의 섭리에는 분명한 목적이 있다. 그것은 한편으로는 반역하여 하나님의 형상을 잃어버린 인생들, 보다 구체적으로는 모든 하나님의 자녀들로 이루어진 교회를 구원하시는 것이며, 다른 한편으로는 위협받는 하나님의 나라를 임하게 하시고, 그 뜻을 이루시는 것이다.[6] 그리하여 그 자녀들이 만물과 더불어 아버지의 은혜의 영광을 찬송하게 하시는 것이 하나님의 섭리의 궁극적인 목적이다.[7] 파이퍼는 섭리의 목적을 이렇게 표현한다.

하나님의 뜻의 목적(첫째)이 예수 그리스도를 통한 계획을 세우게 하고(둘째), 하나님의 선택받은 이들이 아들들로 입양되게 하시며(셋째), 그들이 하나님

---

4. 헬름, 『하나님의 섭리』, 18-19.
5. 헬름, 『하나님의 섭리』, 16-17.
6. 유해무, 『개혁교의학』, 223.
7. 이 하나님의 섭리의 목적에 감화된 하나님의 자녀들의 고백이 웨스트민스터 대교리문답과 소교리문답의 1문에 등장한다. 웨스트민스터 대교리문답 1문은 이렇게 말한다.
   문1: 사람의 첫째 되고 가장 고귀한 목적은 무엇입니까?
   답: 사람의 첫째 되고 가장 고귀한 목적은 하나님을 영화롭게 하고, 그분을 영원토록 온전히 즐거워하는 것입니다.

의 은혜의 영광을 찬송하는 것(넷째)을 궁극적인 목표로 삼는다.[8]

여기서 보듯이, 섭리의 궁극적인 목적은 그 자녀들의 구원이며, 따라서 예정과 섭리는 분리될 수 없다.[9] 그리고 복음서를 통해 우리는 그 자녀들을 구원하시고, 하나님의 나라가 오게 하시며, 아버지의 뜻을 땅에서 이루시는 하나님의 손길을 발견하게 된다.

2. 공관복음, 그리스도에 관한 좋은 소식

마태, 마가, 누가 세 명의 저자가 쓴 복음서를 통해 우리는 그리스도가 누구신지, 그리스도가 어떤 일을 하셨는지 보고 듣게 된다. 마가가 그의 복음서의 시작에서 선언하였듯이, 복음은 무엇보다도 그리스도에 관한 좋은 소식이다. 그런데 기억해야 할 또 한 가지 중요한 부분이 있다. 그것은 마지막 말씀이신 그리스도를 통해 우리는 눈에 보이지 않는 아버지 하나님을 보고 알게 된다는 사실이다. "나를 본 자는 아버지를 보았다"라는 이야기는 요한복음에만 적용되는 이야기가 아니다. 실제로 예수 그리스도의 삶과 사역 안에서 우리는 우리의 구원을 위한 하나님의 섭리의 손길을 보게 된다. 유해무 교수가 지적하듯이, "하나님은 예수 탄생 전의 세상을, 그의 탄생, 고난과 부활을 지향하여 보존하고, 다스리셨다."[10] 다른 말로, 하나님께서는 그리스도를 예정하시고, 섭리하셨다.[11]

---

8. 존 파이퍼(John Piper), 『섭리』 (서울: 생명의 말씀사, 2021), 66.
9. 헬름, 『하나님의 섭리』, 17.
10. 유해무, 『개혁교의학』, 224.
11. 이신열, "칼빈의 『공관복음 주석』에 나타난 섭리 이해", 「개혁논총」 제24권 (2012): 165. 여기서 이신열은 칼빈이 『공관복음 주석』에서 그리스도의 사역에 대한 고찰에 있어서 섭리를 핵심적 주제로 간주하고 이를 복음서 이해

공관복음에 반복적으로 등장하는 섭리에 관한 중요한 패턴 가운데 하나는 다음과 같은 말에 잘 표현되어 있다. "이 모든 일이 된 것은 주께서 선지자로 하신 말씀을 이루려 하심이니 이르시되"(마1:22). 오늘날 신약의 구약사용의 분야에서 직접인용(quotation)으로 불리는 이 패턴은 과거에는 '예언과 성취'라는 이름으로 불리곤 했다.[12] 그런데 이것은 '예정과 섭리'라는 이름으로도 불릴 수 있다. 구약 성경은 끊임없이 예수 그리스도가 오실 것이라고 말해왔다. 그리고 복음서의 탄생기사는 그 그리스도께서 약속대로 오셨다는 사실을 들려준다. 그러므로 우리는 이렇게 말할 수도 있다. 하나님은 예수 그리스도를 예정하고 섭리하셨다고 말이다. 그런데 예수 그리스도를 예정하고 섭리하셨다는 사실보다 더 중요한 사실이 있다. 그것은 어떤 목적을 위해 그리스도께서 예정되고 섭리되셨는가 하는 점이다. 폴 헬름은 이렇게 말한다. "성육신에서의 강조점은 그리스도를 위한 하나님의 준비하심에 있는 것이 아니라(분명히 그런 측면이 있지만), 다른 사람들을 위한 하나님의 준비하심인 그리스도에게 있다."[13] 그리스도 자신이 하나님의 섭리이시다. 그렇다면 그리스도는 무엇을 위한 하나님의 섭리인가?

3. 공관복음의 탄생기사에 나타난 하나님의 섭리

마태복음 첫 장에 등장하는 족보에는 아브라함과 다윗이 강조되어 있는데(마 1:1,17), 아브라함에게 주신 언약에서 하나님은 그분의 나라를 이루시겠다고 약속

의 중요한 부분으로 다루고 있다고 밝힌다.

12. 물론 이러한 예정과 섭리는 예언에 대한 직접 인용과 성취에서만 드러나는 것은 아니다. 암시(allusion)와 반향(echo) 등에서도 우리는 하나님의 그리스도에 대한 예정과 섭리를 발견할 수 있다.

13. 헬름, 『하나님의 섭리』, 119.

하셨고, 그리고 다윗에게 주신 언약에서는 다윗의 후손을 통하여 그 나라를 이루시겠다고 약속하셨다. 그런데 이 묘비와 같은 족보 이야기에서 우리는 그릇 행하여 각기 제 길로 간 인생들의 이야기를 발견하게 된다. 이 언약을 지키며 그 백성을 지도해야 할 다윗의 후손인 왕들은 각기 제 소견에 옳은 대로 행하며 하나님의 나라를 이루지 못했다. 여기에 등장하는 여인들 역시 막다른 골목에 다다른 인생의 실존을 보여주는 것처럼 보인다. 언약을 어긴 시아버지와의 근친상간 이야기, 이방여인의 이야기, 부하의 아내와 간통한 이야기는 하나님의 구원이 도무지 있을 수 없을 것처럼 느끼게 만든다. 또한 이 족보의 또 다른 강조점인 바벨론 포로(마1:11-12,17)는 그들이 놓인 처지를 보여준다. 그들은 그 죄로 인해 포로된 상태, 죄의 종이 된 자리에 놓이게 되었다. 인생은 구원의 가능성이 없는 죄의 종이며, 하나님의 나라는 이루어질 수 없는 것처럼 보인다.

1) 임마누엘, 고난 가운데 있는 이들과 함께 하시는 그리스도

그리고 마태는 그리스도께서 막다른 골목에 놓인 죄의 종 된 인생을 향한 하나님의 대답이요 섭리라는 사실을 들려준다. 그들은 죄의 종이 되어 있지만, 하나님은 그들을 그 가운데 버려둔 채 멀리 계시는 이신론의 하나님이 아니시다. 그렇기 때문에 예수님이 인간의 역사 속으로 뛰어 들어오셨다. 마태는 선지자의 말을 인용하여 예수님이 누구신지를 들려준다.

"보라 처녀가 잉태하여 아들을 낳을 것이요 그의 이름은 임마누엘이라 하리라 하셨으니 이를 번역한즉 하나님이 우리와 함께 계시다 함이라"(마1:23)

예수님은 죄 가운데 있는 인생, 고난 중에 있는 인생을 찾아와 함께 하시는 임마누엘의 하나님이시다. 이처럼 고난 가운데 있는 인생, 비천한 인생과 함께 하시는 하나님이시라는 메시지는 누가에게서 더욱 선명하게 드러난다. 도시에 머물지도 못하는 비천한 목자들에게 나신 구주의 증표는 '구유에 누인 아기'(눅 2:7,12,16)이다. 그분은 세리와 죄인의 친구(눅7:34), 목자들의 동류가 되어 그들과 함께 하시는 하나님이시다.

2) 예수, 자기 백성을 죄에서 구원하시는 하나님

그러나 예수님은 단지 그들의 고난 중에 함께 하시는 하나님으로만 머물지 않으신다. 그분은 단지 고난 가운데 함께 하시는 것을 넘어,[14] 그 백성을 구원하기 위하여 일하시는 하나님이시다. 마태복음에서 천사는 이렇게 부연한다. "아들을 낳으리니 이름을 예수라 하라 이는 그가 자기 백성을 그들의 죄에서 구원할 자이심이라 하니라"(마1:21). 예수님은 인간의 죄에 대한, 인간의 절망에 대한 하나님의 지혜이시다. 하나님은 애굽 땅 종 되었던 집을 권고하셨듯이, 소망 없는 인생을 권고하셨고, 자신의 힘으로는 도무지 벗어날 수 없는 그 죄의 종이 되어 신음하는 그 백성을 구원하기 위해 오셨다.

한편 누가는 이 소식이 단지 당시의 목자들이나 거기 있었던 사람들만을 위한 소식이 아님을 분명히 한다. 이 소식은 "온 백성에게 미칠 큰 기쁨의 소식"이다. 그리고 이 좋은 소식이 우리에게도 이르렀다. 이 성육신 하신 그리스도 안에서 우리는 우리를 권고하시는 하나님을, 그리고 죄인을 구원하시기 위해 일하시는 손길을 발견하게 된다. 그분은 오늘도 우리의 구원을 위해 일하시는 하나님이시다. 그러면 그리스도는 구원을 위해 어떤 일을 하셨는가?

---

14. 유해무, 『개혁교의학』, 215. 몰트만은 십자가라는 주제 속에서 하나님 안에 고난이 있다는 강한 표현을 통해 고난 받으시는 하나님, 인생의 모든 고난에 함께 하시는 하나님을 그려냈다. 그러나 유해무는 하나님의 섭리는 그것을 넘어선다고 비판한다.

4. 공관복음의 수난 기사에 나타난 하나님의 섭리

공관복음의 예수님의 수난기사에서 가장 눈에 띄는 것은 악의 편만함이다. 예수님이 사랑하시던 제자 가룟 유다는 자신의 의지로 예수님을 팔아버린다.[15] 성전을 책임지며 그 백성을 예수님께로 인도해야 할 제사장들과 서기관들, 바리새인들은 하나님의 아들을 죽이는 데 결의한다. 그리고 세상을 통치하는 악한 권세자 빌라도와 헤롯 등이 예수님을 죽이는 데 동의한다. 이에 예수님은 제대로 재판도 받지 못하신 채 십자가에 달려서 무고하게 죽임을 당하신다.[16]

이 문제는 단순한 한 사람의 죽음의 문제가 아니다. 죽음은 가장 큰 부조리이다. 생명의 하나님이 다스리시는 세상에 어떻게 죽음이 지배할 수 있으며, 어떻게 의로운 이가 죽임을 당하는 데 하나님이 이를 보고만 계실 수 있는가? 악이 승리한 것처럼 보이는 이 고통스러운 상황들 가운데서 하나님의 정의는 보이지 않는 것 같으며, 하나님 또한 응답하지 않으시는 것 같다. 예수님의 십자가에서의 외침은 이 고통스러운 세상을 살아가는 시편의 성도들의 절규와 다르지 않다 (시22편). "나의 하나님, 나의 하나님, 어찌하여 나를 버리셨나이까?"(마27:46) 그러면 악이 승리한 것인가? 하나님은 섭리하지 않으시는 것인가?

1) 섭리 가운데 돌아가시다

그러나 복음서에 나와 있는 묘사들은 이 일이 하나님의 예정 가운데 이루어

---

15. 하나님의 예정과 섭리를 숙명으로 몰아가는 이들은 가룟 유다의 배신을 그가 원치 않았는 데 해야만 했던 운명이라고 주장하기도 하지만, 그렇게 볼 근거는 없다. 복음서에 따르면, 그는 자유 의지를 가지고 자신의 뜻에 따라서 예수님을 팔았다. 그의 역할은 불가피했는가? 꼭 그가 아니라도 예수님은 그분의 뜻을 이루셨을 것이다. 그러나 하나님은 그의 그런 악한 행동까지도 사용하셔서 그분의 선한 목적을 이루셨다. 여기서 악을 그분의 선한 목적을 위하여 사용하시는 섭리를 두고 악을 조장하거나 방조하는 것으로 이해할 수는 없다.

16. Herzog, William R. *Jesus, justice, and the reign of God: A ministry of liberation* (Louisville, KY: Westminster John Knox Press, 2000).

졌다는 사실을 보여준다. 그리스도는 이미 가이사랴 빌립보에서부터 자신에게 어떤 일들이 일어날 줄 아셨지만(마16:21), 예루살렘을 향해 올라가기로 굳게 결심하시고 그 길을 걸으셨다. 예루살렘 입성을 위해 나귀가 이미 준비되어 있었으며(마21:1-5), 마지막 유월절 만찬을 먹을 다락방도 이미 예비되어 있었다. 그 모든 일이 하나님의 예정하심과 섭리하심 가운데 이루어지고 있었다. 겟세마네에서 예수님은 이렇게 기도하셨다.

> "내 아버지여 만일 할 만하시거든 이 잔을 내게서 지나가게 하옵소서 그러
> 나 나의 원대로 마시옵고 아버지의 원대로 하옵소서"(마26:39)

이 모든 과정은 예수님의 십자가가 아버지의 뜻을 이루기 위한 죽음이었다는 사실을 보여준다. 예수님은 아버지의 뜻을 다 이루심으로써 하나님의 그 섭리를 성취하시기 위해 돌아가셨다. 그리하여 누가복음에서 부활하신 주님께서는 엠마오로 가는 제자를 향해 이렇게 반문하셨다. "그리스도가 [마땅히] 이런 고난을 받고 자기의 영광에 들어가야 할 것이 아니냐"(눅24:26). 예수님은 그 하나님의 목적을 이루시기 위해 마땅히 돌아가셔야만 했다.

2) 하나님의 뜻이 성취되다

그렇다면 아버지의 뜻은 무엇이었으며, 그 목적은 무엇이었는가? 그것은 성육신의 그 순간부터, 아니 그 이전부터 가지고 계셨던 것인데, 곧 자기 백성을 저희 죄에서 구원하시는 것이었다(마1:21). 이를 위해 예수님은 십자가에서 돌아가셨다. 그럼으로써 우리 죄의 문제를 해결하셨다. 그리고 하나님께 나아갈 수 있는 길을 열어놓으셨다. 이제 휘장은 찢어졌고, 그 백성인 우리는 하나님의 은혜의 보좌 앞으로 나아갈 수 있게 되었으며, 하나님 또한 예수 그리스도 때문에 자

녀된 이들의 기도를 들으시게 되었다.

더 나아가 그리스도는 그 죽음을 통해 사망의 권세를 깨뜨리셨다. 그럼으로써 악에 대해 승리하셨으며, 우리로 하여금 그분의 부활에 동참하게 하신다. 마태는 이 장면을 다음과 같은 말로 표현한다.

> "이에 성소 휘장이 위로부터 아래까지 찢어져 둘이 되고 땅이 진동하며 바위가 터지고 무덤들이 열리며 자던 성도의 몸이 많이 일어나되 예수의 부활 후에 그들이 무덤에서 나와서 거룩한 성에 들어가 많은 사람에게 보이니라"(마27:51-53)

마태는 이 장면을 통해 그리스도가 하신 일의 결과가 즉각적이었다는 사실을 보여준다. 즉 예수님 안에서 성도는 즉각적으로 부활의 생명에 참여하게 된다. 한편 마가복음의 마지막 부분은 승천하여 하나님 보좌 우편에 앉으신 주님이 이제 그 백성을 다스리며 지키신다는 사실을 보여준다. 따라서 오늘을 살아가는 성도들은 교회와 온 세상이 그분의 통치 아래 있음을 믿으며 살아가야 한다. 왕이신 그리스도는 그분의 백성과 함께 하며 섭리하시기 때문이다.

5. 우리를 향한 하나님의 섭리

이상에서 우리는 구속을 위한 하나님의 섭리를 살펴보았다. 하나님은 우리의 구원과 하나님 나라의 도래라는 궁극적인 목적을 위해 그리스도를 통해 섭리하셨다. 그리스도는 약속대로 죄의 종이 된 인생의 삶에 찾아오셨고, 그 백성의 죄를 위하여 돌아가셨다. 그럼으로써 우리를 죄에서 구원하셨을 뿐 아니라 하나님께 나아갈 수 있는 길을 열어놓으셨으며, 부활의 새 삶에 동참하게 하셨다. 우리의 개인의 삶을 인도하시는 하나님의 섭리는 그리스도가 행하신 구속의 사역에 근거하여 확신할 수 있다. 왜냐하면 예수 그리스도의 아버지는 이제 그리스도 때문에 우리의 아버지가 되셨기 때문이다. 그래서 바울은 로마서에서 이렇게 반문한다. "자기 아들을 아끼지 아니하시고 우리 모든 사람을 위하여 내주신 이가 어찌 그 아들과 함께 모든 것을 우리에게 주시지 아니하겠느냐"(롬8:32). 그 백성인 우리를 향한 하나님의 섭리는 확실하다.

1) 시작된 하나님의 나라

하나님께 구하고 들으심을 입는 하나님의 나라는 아직 이 땅에 온전히 도래하지 않았다. 그러나 그리스도 안에 나타난 하나님의 사랑 안에서 우리는 그날을 미리 맛본다. 왜냐하면 그리스도가 이미 그 나라를 시작하셨기 때문이다. 그러면 가난의 문제는 어떻게 해결될 수 있을까? 포로된 자는 어떻게 자유를 얻을 수 있을까? 눈먼 자는 어떻게 다시 보며, 눌린 자는 어떻게 자유롭게 될 수 있을까? 죄인은 어떻게 구원받을 수 있을까? 과거 갈릴리 나사렛의 회당에 있던 사람들이 직면한 문제는 지금 우리가 직면하는 문제와 별반 다르지 않다. 우리가 직면하는 답 없는 문제들 앞에서 예수님은 이렇게 선언하셨다.

> "주의 성령이 내게 임하셨으니 이는 가난한 자에게 복음을 전하게 하시려고 내게 기름을 부으시고 나를 보내사 포로 된 자에게 자유를, 눈 먼 자에게 다시 보게 함을 전파하며 눌린 자를 자유롭게 하고 주의 은혜의 해를 전파하게 하려 하심이라 하였더라"(눅4:18-19)

누가복음 4장의 나사렛 회당 설교에서 우리는 하나님의 다스림이 경험되는 새 시대가 시작되었음을 듣게 된다. 곧 '성령으로 기름부음 받은 내가, 왕인 내가 그 일을 이룰 것이다.'라고 말씀하시는 주님의 음성을 듣는 것이다. "이에 예수께서 그들에게 말씀하시되 이 글이 오늘 너희 귀에 응하였느니라 하시니"(눅4:21). 이 것은 단지 나사렛 회당에 있었던 사람들에게만 선포되는 말씀이 아니라 이 글을 듣는 모든 주님의 자녀들에게 선포되는 말씀이다. 그 나라는 이미 시작되었다.

우리는 마태복음 5장에서 팔복을 선언하시는 주님의 음성에서도 이와 비슷한 메시지를 발견하게 된다. "슬퍼하는 자는 복이 있나니 …… 저희가 영원히 슬플 것이요". 윤동주가 그의 시 "팔복"에서 보여주듯이, 이 땅에서 가난한 자는 복이 있지 않고, 애통하는 자는 복이 있지 않고, 온유한 자는 복이 있지 않고, 의에 주리고 목마른 자는 복이 있지 않다. 그렇다. 어떻게 그들에게 복되다고 말할 수 있겠는가? 그러나 그들은 복되다. 왜냐하면 주님이 그들의 삶을 역전시키실 것이기 때문이다. 주님은 그들에게 천국을 안겨주시며, 그들의 눈물을 닦아주실 것이다. 그러한 주님이 계실 때만 그들은 복될 수 있다. 그리고 그 일은 곧 이루어질 것이다. 물론 아직 우리는 그 나라가 이루어진 것을 보지 못한다. 그러나 그 백성을 권고하시는 주님이 이제 곧 일어나셔서 그들의 인생을 역전시키실 것이다. 그러기에 그들은 복되다.

2) 교회, 하나님 나라의 선취

마태는 두 세 사람이 모인 곳에 하나님의 나라가 이미 임했다는 말로써(마 18:20), 교회가 하나님 나라의 미리 맛보기임을 분명히 했다. 열 두 제자들로부터 교회는 시작되어야 했고, 그들은 산 위의 동네가 되어야 했다. 그들은 음부의 권세와 싸워서 하나님의 나라를 확장시켜야 했다. 하지만 그들은 전혀 그렇지 못했다. 그들은 예수님이 잡히시기 직전까지 누가 크냐 하며 다투었다. 심지어 그들 중 하나는 예수님을 팔았고, 나머지는 모두 배신하고 떠나갔다. 그런데 이들

위에 어떻게 교회가 세워질 수 있겠는가? 그러나 하나님은 그런 제자들 가운데서도 역사하셨다. 부활의 주님은 그들의 마음을 열어 성경을 깨닫게 하셨고, 승천하신 주님은 성령님으로 그들과 함께 하셨다. 그리고 그때 그들은 천하만국으로 다니며 복음을 전하게 되었다. 그 주님이 오늘도 우리와 함께 하시며 우리를 빚어 가신다.

3) 하나님의 손과 하나님

복음서는 수많은 기적의 이야기들로 가득 찬 것처럼 보인다. 그리스도는 말씀을 전하셨을 뿐 아니라, 병자를 낫게 하시고, 악한 영을 몰아내셨으며, 그들을 먹이셨다. 복음서에 나타난 기적의 이야기들은 개개인의 삶에 나타난 하나님의 손이 행하신 작은 구원의 사건들로 이해될 수 있다. 그렇다면 이 기적의 이야기들이 우리와는 무슨 상관이 있을까? 하나님이 그들의 가난을 고치셨고 그들의 병을 고치셨으니, 내가 가진 가난의 문제나 병의 문제도 해결될 것이라고 믿어야 하는가?

하나님의 섭리하시는 손이 우리를 반드시 우리가 바라는 것처럼 이 땅에서의 즉각적인 성공과 안녕으로 인도하시는 것은 아니다. 번영신학(gospel of prosperity)은 성경이 말하는 복음이 아니다. 성도도 고난과 어려움의 자리에 이를 수 있으며, 사망의 음침한 골짜기를 지날 수 있다. 복음서에서 하나님을 만난 수많은 사람들은 가난과 차별, 질병과 죽음 같은 고통의 문제를 안고 있었다. 예수님도 모든 사람을 고치신 것이 아니다. 하나님은 그분의 뜻에 따라 살리기도 하시고, 죽이기도 하시는 주권자이시다.

우리는 하나님의 인도하심의 구체적인 방법들을 알지 못한다. 그분이 우리를 어디로 이끄시는지도 알지 못하고, 어떻게 악이 변하여 선한 결과가 될 수 있는지에 대해서도 알지 못한다. 그 구체적인 방법과 과정은 하나님의 지혜와 신비에 속한 영역이다. 사실 섭리의 손길을 잠시라도 보는 것은 하나님이 우리의 눈을 열어 주실 때만 가능한 일이다.

그러면 우리는 무엇을 할 수 있는가? 우리는 여전히 복음서에 나타난 하나님의 섭리의 손길을 통해 하나님이 누구신지 알 수 있다. 사실 복음서에 등장하는 구원의 사건들은 표적(sign)이다. 이런 구원의 사건은 하나님의 나라가 가까웠음을 보여주는 표적인데, 우리는 이 표적들을 통해 그 사건들의 주인이신 하나님을 보게 된다. 그럼으로써 하나님이 누구신지를 알게 된다. 그러므로 복음서의 표적들을 통해 우리가 발견해야 하는 것은 사실 예수 그리스도를 통해 나타나신 하나님 자신이다. 우리는 복음서의 예수 그리스도를 통해 인생을 긍휼히 여기시며 권고하시는 하나님을, 고통 가운데 함께 하시는 하나님을, 우리를 위해 자기 목숨을 버리기까지 사랑하시는 하나님을 뵙게 된다. 그리고 그분이 우리 아버지시라는 사실을 알게 된다.

그리할 때 우리는 우리의 삶에 하나님의 특별한 섭리의 손길이 없는 것처럼 보인다 할지라도, 그 삶이 하나님의 선하신 섭리 가운데 놓여 있다는 사실을 믿게 된다. 그리고 오늘 피었다 지는 들풀도 입히시는 하나님이 우리의 삶도 책임지실 것이라는 확신을 갖게 된다. 그 결과 염려와 두려움 없이 하나님의 섭리에 대한 확신 가운데서 하나님의 나라와 그의 의를 구하며 살게 된다.

6. 섭리를 믿는 자의 삶: 기쁨, 기도, 감사

파이퍼는 하나님의 섭리를 보게 될 때, 경이 가운데 찬탄할 수밖에 없을 것이라고 고백한다.[17] 그것은 말할 수 없는 기쁨이 될 것이다. 누가는 그리스도로 말

---

17. 존 파이퍼, 『섭리』, 25-35.

미암는 구원의 역사가 시작되던 아침에 그들의 삶을 역전시키시는 하나님의 섭리를 바라보며 기쁨에 찬 찬양을 불렀던 사람들의 이야기로 그의 복음서를 시작한다. 그 섭리의 역사는 개인의 삶을 넘어 역사를 바꾸며 온 세계를 뒤흔드는 일이 될 것이다. 그 날을 바라보며 스가랴와 마리아, 시므온은 기쁨의 찬양을 드렸다. 그런데 지금 우리는 그렇게 섭리하시는 하나님을 바라보고 있는가? 만일 그렇다면 우리 또한 기뻐하게 될 것이다.

섭리를 믿는 자는 어려운 상황들을 보면서도 염려하거나 낙망하는 대신에 기도한다. 이신론자들은 기도할 이유를 찾을 수 없지만, 그 백성의 기도를 들으시는 자비하신 아버지를 자기 하나님으로 둔 사람들은 기도한다. 우리는 주님이 가르치신 기도를 통해 기도의 모범을 보게 된다. 이 기도를 드리는 이들은 날마다 일용할 양식을 걱정해야 하는 사람들이며, 자신의 죄의 문제로 전전긍긍해야 하는 사람들이며, 삶의 조건이 좋으나 싫으나 온갖 것들로 시험에 드는 이들이다. 그리고 악한 자가 삼키려는 위협 속을 살아가는 하나님의 백성이다. 이런 이들의 모습은 맨 처음 이 글을 시작하며 이야기했던 것처럼 우리의 모습과 다르지 않다. 그러기에 날마다 하나님 앞에 나아가 기도하며 산다. 날마다 일용할 양식을 주시도록, 죄를 용서해 주시고, 시험에 들지 않고, 악한 자의 손에서 구원해 주시도록 기도한다.

그러나 이 기도는 단지 절박한 상황 때문에 나오는 기도만은 아니다. 오히려 이 기도는 하나님의 섭리를 믿는 자의 기도이다. 왜냐하면 그는 누구에게 기도하고 있는지를 알고 있기 때문이다. 그는 예수 그리스도 안에서 자신의 아버지가 되신, 하늘에 계신 우리 아버지께 기도하고 있다. 그 하늘 아버지는 날마다 섭리로 그 백성을 인도하시는 좋으신 아버지이시다. 또한 이 기도는 하나님의 나라와 그 의를 구하는 자의 기도이다. 그는 하나님의 섭리의 목적이 자신의 목적이 된 사람이다. 그리하여 하나님의 이름이 세계 가운데 높임을 받으시는 것이 그의 첫 번째 목적이다. 그리고 하나님의 나라가 속히 임하사 이 세상의 배후에 있는 악의 세력을 몰아내시고, 아버지의 선하신 뜻이 하늘에서 이루어진 것처럼 땅에서도 이루어지기를 구한다.

하나님이 우리의 삶을 섭리로 인도하신다는 것을 믿는 사람은 하나님이 우리에게 필요한 모든 것을 더하실 사실을 확신한다. 그래서 감사하며, 하나님이 원하시는 것처럼 그 나라와 그 의를 구하며 살게 된다. 그 기쁨, 기도, 감사의 삶이, 이 땅에서 하나님의 나라를 맛보며 사는 사람들의 삶이다.

7. 나가면서: 복음서의 섭리를 어떻게 설교할 것인가?

하나님의 손은 감추어져 있다. 때문에 우리는 지금 이 상황에서 우리를 향하신 하나님의 뜻을 보지 못할 수도 있다. 그러나 하나님은 여전히 살아계시며, 그 자녀들을 돌보시는 자비하신 아버지이시다. 우리의 삶은 그분의 섭리의 손에 붙들려 있다.

우리는 복음서를 통해 예수 그리스도 가운데 계시된 하나님의 얼굴을 본다. 그렇기 때문에 우리는 우리를 향한 하나님의 계획이나 인도하심을 다 알지 못한다 해도, 우리 아버지를 믿을 수 있으며, 우리를 향한 하나님의 섭리의 손에 우리 자신을 맡길 수 있다. 물론 하나님의 섭리하시는 손이 우리를 반드시 우리가 바라는 것처럼 이 땅에서의 즉각적인 성공과 안녕으로 인도하는 것은 아니다. 번영신학은 성경이 말하는 복음이 아니다. 성도도 고난과 어려움의 자리에 이를 수 있으며, 사망의 음침한 골짜기를 지날 수 있다. 복음서에서 하나님을 만난 수많은 사람들은 가난과 차별, 질병과 죽음 같은 고통의 문제를 안고 있었다. 그러나 그 고통 가운데 하나님이 함께 하시며, 그 고통에도 불구하고 우리의 삶에서 그분의 선하신 뜻을 이루신다.

주님을 위한 고난은 또 다른 의미를 갖는다. 그것은 우리를 영광으로 인도한다. 이 확신을 가질 때 우리는 불확실한 세상 가운데서도 확신을 가지고 매일을 살아갈 수 있다. 그 확신을 가진 사람은 하나님의 섭리를 보며 기뻐하고, 자신의 필요만을 위해 구할 뿐 아니라, 하나님의 나라가 임하기를 위해 기도한다. 그리고 염려 대신에 감사하며 살아간다.

섭리의 교리는 단지 개인의 삶의 문제로만 국한되지 않는다. 또한 그것은 우리에게 현실에 순응하고 인내하라고만 가르치지도 않는다. 우리의 구원을 이루시는 하나님은 온 세상을 통치하시는 하나님이시며, 그분의 나라를 이 땅에 이루는 목적을 위해 오늘도 역사를 운행하며 섭리하시는 하나님이시다. 그 하나님의 나라를 구하는 하나님의 자녀들은 이 땅의 정치와 경제, 사회 등을 도외시하지 않으며, 하나님의 뜻이 하늘에서 이루어진 것 같이 땅에서도 이루어지기를 간구하며, 그를 위해 맡기신 사명들을 감당한다.

7장

사도행전과 공동서신에 나타난 하나님의 섭리

주기철

1. 들어가면서

일반적으로 '섭리(providence)'로 번역되는 헬라어 단어는 '프로노이아(πρόνοια)'이다. 여기에는 '선견(foresight)', '돌봄(care)', '공급(provision)' 등의 의미가 있다. 이 단어가 신약성경에는 2회 사용되었는데, 사도행전 24장 3절에서는 '선견'으로, 로마서 13장 14절에서는 τῆς σαρκὸς πρόνοιαν μὴ ποιεῖσθε와 함께 사용되어 '육신의 일을 도모하지 말라(make no provision for the flesh)'로 번역된다.[1] 한편 '섭리'는 헬라어 '프로노이아'와 상통하는 라틴어 'providentia'에서 유래했는데, 이는 '미리/먼저(ahead)'라는 뜻의 pro와 '보다'라는 뜻의 videre가 결합한 것으로, 그 어원적 의미는 '미리 봄' 혹은 '예견(foresight)'이라고 할 수 있다.[2] 유해무는 이 단어

---

1. 참고. 로마서 13장 14절의 τῆς σαρκὸς πρόνοιαν μὴ ποιεῖσθε를 번역한 한글 성경을 비교해보면 다음과 같다. 새한글성경은 "몸뚱이에 마음 쓰다가 [욕망을 채우는 일에] 빠지지 않도록 하십시오", 표준새번역 성경은 "육신의 일을 꾀하지 마십시오", 현대인의 성경은 "육신의 일을 추구하지 마십시오", 공동번역은 "[육체의 정욕을] 만족시키려는 생각은 아예 하지 마십시오", 개역개정은 "육신의 일을 도모하지 말라"라고 번역한다.
2. 황성일, "구약성경에 나타난 섭리," 『그 말씀』 (2020), 90.

는 "아브라함이 이삭에게 '하나님이 자기를 위하여 친히 준비하신다'라는 라틴어에서 왔다(창22:8; Deus providebit)."라고 말하면서, '섭리'는 '미리 내다보다'와 '무엇을 예비하다'라는 용어상의 의미 중 후자를 뜻한다고 주장한다.[3] 그는 계속해서 "섭리는 우리로 하여금 이것[선택으로 하나님이 우리의 아버지가 되시려는 사랑을 주신 것]을 구체적으로 체험하게 하심이다. …… [그리고] 우리로 더불어 성부 되심을 깨닫게 하시는 사역이다."라고 말한다.[4]

김성욱은 "…… 우리는 이 좋으신 하나님께서 그가 모든 것들을 창조하신 후에 그것들을 버려두시거나 행운이나 우연에 맡기지 않으시고 자신의 거룩하신 뜻에 따라 다스리고 통치하셔서 그의 지시 없이는 이 세상 안에서 어떤 일도 일어나지 않는다고 믿습니다."라는 벨직신앙고백서의 고백문 1(섭리) 부분을 인용한 후, 신약성경에서 하나님의 섭리를 나타내는 대표적인 구절은 요한복음 5장 17절("예수께서 저희에게 이르시되 내 아버지께서 이제까지 일하시니 나도 일한다 하시매")이라고 말한다. 계속해서 그는 "하나님의 섭리라는 제목 하에 반드시 언급해야 할 것은 일하시는 하나님, 즉 창조하신 세계를 간섭하시고 다스리시는 그런 하나님에 관한 고찰인 것이다."라고 지적한다.[5] 섭리와 관련된 이상의 정의들을 고려해 볼 때, 하나님이 이 창조세계를 어떻게 간섭하고 다스리시는지를 이해해야만 그분의 섭리를 이해할 수 있을 듯하다. 다시 말해, 요한복음 5장 17절에서 지적한 것처럼 하나님이 어떻게 일하시는지를 이해하는 것이 곧 그분의 섭리를 이해하는 것이라 할 수 있다.

구약성경은 여러 가지 인물, 사건, 사물 등을 통해서 하나님의 섭리를 보여주

---

3. 유해무, 『개혁교의학』 (서울: 크리스챤다이제스트, 1997), 215.
4. 유해무, 『개혁교의학』, 216. 그는 하나님의 섭리는 '보존'과 '통치' 및 '동사(同事)'로 나타난다고 말한다. 참고. 박수암, "신약성경에 나타난 섭리," 『그 말씀』 (2020), 105. 그는 박형용의 정의를 인용하여 섭리는 "하나님이 그의 정치의 목적을 달성하기 위하여 행하시는 준비와 그의 모든 피조물의 보전과 관리"를 의미한다고 말한다.
5. 김성욱, "벨직신앙교백서의 설교적 적용: 하나님의 섭리를 중심으로," 『한국개혁신학』 26 (2009): 114.

는 경우가 많다. 특별히 아브라함, 요셉, 룻, 다윗, 에스더 이야기를 통해서 하나님이 인간의 역사 속에 일어나는 모든 일들을 미리 공급하고 통제하심을 보여준다.[6] 구약성경에 나타난 하나님의 섭리가 신약성경에서는 그리스도를 통해서 절정에 이른다. 박수암은 "예수님은 하나님의 섭리 중의 섭리, 공급 중의 공급, 풍성함 중의 풍성함이시다(빌4:19)."라고 말한다.[7] 예수님은 물리적 세계를 통치하시는 하나님의 섭리에 대한 말씀도 많이 하셨지만(마5:45; 6:26; 10:29,30; 눅1:51-53), 직접 자연을 통제하시거나 치유, 축귀, 그리고 죽은 자를 살리시는 것 외에 다양한 기적을 통해서 하나님의 섭리를 보여주신다. 그리고 예수님의 승천 이후를 기록한 사도행전에서는 하나님이 성령님을 통해 통제하시는 섭리를 잘 보여주고, 서신서에서는 각 서신 저자들의 가르침을 통해 하나님이 어떻게 섭리하고 계시는지를 보여준다.[8]

본 글에서는 사도행전과 일반서신에서 하나님의 섭리를 어떻게 묘사하는지 간략하게 살펴보면서, 하나님의 섭리를 어떻게 설교해야 할 것인지에 대해 다루려고 한다.

2. 사도행전에 나타난 하나님의 섭리

학자 중 많은 이가 사도행전에서 하나님의 섭리를 나타내는 중요한 단어 중 하나로 '데이(δεῖ; 'it is necessary' 또는 'one must/has to)'를 제시한다.[9] 이 표현이 온전히

6. 박수암, "신약성경에 나타난 섭리," 105.
7. 박수암, "신약성경에 나타난 섭리," 108.
8. 박수암, "신약성경에 나타난 섭리," 117-21.
9. Alan J. Thompson, *The Acts of the Risen Lord Jesus: Luke's Account of God's Unfolding Plan* (Downers Grove: IVP, 2011), 30; Charles H Cosgrove, "The Divine Dei in Luke-Acts," NovT XXVI, 2 (1984), 168-90;

하나님의 섭리만을 나타내는 데 사용되는 것은 아니지만, 하나님의 통치(God is in control)를 나타내기 위해 사용되는 중요한 표현 중 하나라고 본다.[10] 그러나 이 표현이 아니더라도 사도행전에는 하나님의 주권적 통치를 보여주는 부분은 많다. 허긴스(Jonathan Huggins)는 사도행전에 나타난 하나님의 섭리에 관해 연구한 후 다음과 같은 결론을 내린다.

> 이 모든 논의를 통해 우리는 누가가 신학적 섭리에 대한 신학적으로 정교하고 상황적으로 적절한 그림을 제공했음을 볼 수 있는데, 여기서는 교회와 주변 세계에서 성령을 통해 일하시는 하나님을 보여주었다. 예수 그리스도(그의 복음서의)와 초대 교회(사도행전의)에 관한 누가의 기록을 보면, 하나님의 섭리가 역사하고 사람들 가운데서 그것이 인식되고 있음이 분명하다.[11]

하나님의 섭리는 어쩌면 누가복음을 시작하고 마무리하는 것에서만이 아니라, 이어지는 두 번째 책인 사도행전 전체에서도 나타난다고 볼 수 있다. 왜냐하면 누가-행전의 저자인 누가가 이를 세 가지 측면에서 명확히 하고 있기 때문이다. 첫째, 누가는 누가복음 1장 1절에 '성취하다($\pi\lambda\eta\rho o\phi o\rho\acute{\epsilon}\omega$)'라는 동사를 사용하여 "우리 중에 이루어진 사실에 대하여($\delta\iota\acute{\eta}\gamma\eta\sigma\iota\nu$ $\pi\epsilon\rho\grave{\iota}$ $\tau\tilde{\omega}\nu$ $\pi\epsilon\pi\lambda\eta\rho o\phi o\rho\eta\mu\acute{\epsilon}\nu\omega\nu$ $\acute{\epsilon}\nu$ $\acute{\eta}\mu\tilde{\iota}\nu$ $\pi\rho\alpha\gamma\mu\acute{\alpha}\tau\omega\nu$)"라고 말하는데, 이는 하나님의 말씀이 성취되었음을 암시한다. 둘째, 누가는 누가복음 24장 44-47절에서 구약성경에 예수님을 가리켜 이루어지리라고 한 것이 이루어졌고(누가복음에 기록됨), 앞으로도 계속해서 일어날 것(사도행전에 기

Jonathan Huggins, "The Providence of God in the Acts of the Apostles," *Scriptura* 113 (2014:1), 1-10.

10. Cosgrove, "The Divine Dei in Luke-Acts," 168-90. 코스그로브는 누가-행전에 나타난 δεῖ의 세 가지 용례에 대해 말하는데, 첫째, 하나님의 과거 계획을 되짚을 때, 둘째, 순종에 대한 부르심, 그리고 셋째, 그분의 목적이 만연함을 확인하기 위해 하나님의 개입을 나타낼 때 사용된다고 한다. 참고. Mark A. Powell, 『사도행전 신학』, *What are they saying about Acts?*, 이운연 역 (서울: CLC, 2000[1991]), 68-73.

11. Huggins, "The Providence of God in the Acts of the Apostles," 9.

록될 것)이라고 지적하는데, 이것 역시 하나님의 섭리가 주권적으로 실현되고 있음을 보여주는 것이다.[12] 셋째, 누가는 사도행전 1장 1-5절에서 예수님이 40일 동안 제자들에게 부활하신 모습을 보이시면서 하나님 나라의 일을 말씀하시며 성령님을 보내실 것을 약속하심으로 그들이 예수님의 증인이 되도록 준비시키심을 기록하는데, 이후에 이 말씀하신 것들이 모두 이루어지는 것 역시 하나님의 섭리를 보여주는 것이다.[13] 주목할 것은 사도행전 1장 1-5절에서 제자들이 예수님과 하나님 나라의 증인으로 준비되고 있음을 기록하는데, 마지막 절인 28장 30-31절에서도 바울이 여전히 하나님 나라와 예수 그리스도에 관한 모든 것을 담대하게 거침없이 가르치는 모습을 기록하고 있다는 것이다. 이는 하나님 나라가 땅끝까지 전파될 것이라는 예수님 말씀의 성취를 보여주는 것이다.[14]

대략적인 내용은 같겠지만, 또 다른 시각에서 허긴스는 사도행전은 하나님의 섭리를 네 가지로 묘사한다고 본다. 즉 첫째, 새로운 공동체를 세우는 것(establishing the new community)에서, 둘째, 사도들의 사역에 능력을 주시는 것(empowering their ministry)에서, 셋째, 사도들의 사역을 지시하는 것(directing the mission)에서, 넷째, 사도들의 가르칠 것을 알려주는 것(informing all their preaching)에서 하나님의 섭리가 나타난다는 것이다.[15] 허긴스가 제시한 것처럼, 하나님의 섭리는 사도행전의 모든 기록에서 다양하게 나타나는데, 그중에서도 몇 가지 예를 제시하자면 다음과 같을 수 있다.[16]

---

12. Darrell L. Bock, *Acts* (Grand Rapids: Baker Academic, 2007), 55. 복은 예수 그리스도의 오심은 이 땅에 실현된 하나님의 통치를 의미한다고 보고, 이는 곧 하나님 나라의 도래를 의미한다. 참고. Schnabel, *Acts*, 73.
13. 예수님의 제자들은 이미 예수님이 가르치신 하나님 나라의 일들에 관한 것을 알았기 때문에, 예수님의 말씀이 생소하지 않았을 것이고 그 말씀대로 이후에 치유와 축귀 사역을 행함으로 하나님 나라가 확장되고 있음을 보여준다. 참고. J. Nolland, *Luke* 18:35-24:53 (Dallas: Word, 1993), 1220; Bock, Acts, 55-56.
14. 참고. 주기철. "사도행전의 윤리, 어떻게 설교할 것인가?" 『본문과 설교』 9 (2017): 180-89.
15. Huggins, "The Providence of God in the Acts of the Apostles," 7.
16. 사도행전에 나타난 하나님의 섭리를 다양한 관점에서 설명할 수 있겠지만, 본 글에서는 하나님의 섭리가 나타난 방식과 관련하여 허긴스가 제시한 네 가지 방식을 소개하려고 한다.

첫째, 교회 설립과 관련하여 사도들이 사역을 시작하기 전에 가룟 유다의 빈 자리를 대신하여 또 다른 사도 한 명을 세우는 것에서 하나님의 섭리가 나타난다. 사도행전의 저자인 누가는 시편 69편 25절과 109편 8절의 말씀을 인용하면서 그것이 가룟 유다의 자리를 대체할 자를 뽑으라고 요구하는 말씀이라고 말한다.[17] 확실히 복(Darrell L. Bock)은 베드로가 두 시편의 구절을 하나님이 행동하시는 방법에 대한 원칙을 요약한 것으로 보고, 하나님이 가룟 유다를 심판하신 사건에 적용한 것이라고 주장한다.[18] 만약 이것이 사실이라면, 예수님의 제자들은 성경을 통해 말씀하시는 하나님의 뜻을 따라 사도를 뽑기 위해서 그 자격을 갖춘 두 사람을 세우고는 "주여 이 두 사람 중에 누가 주님께 택하신 바 되어"라고 기도하면서 하나님이 그 일을 이루시도록 한 것이다. 이 기도를 한 후에 제비를 뽑았을 때, 맛디아가 뽑혔고 그는 가룟 유다의 자리를 대신하게 된다(행1:21-26). 그 외에도 하나님이 성령님을 보내주시고, 성령님의 능력을 받은 자들을 통해 믿는 자들을 더하시는 등의 사건 속에서도 하나님의 섭리가 나타난다.[19]

둘째, 교회의 선교를 지휘하는 것에서 하나님의 섭리가 나타난다. 예수님은 제자들에게 성령님이 임하시면 예루살렘에서부터 시작하여 복음이 점차 확장될 것이라고 말씀하셨는데, 이후 그 말씀하신 대로 성령님이 제자들로 하여금 복음을 전할 수 있도록 인도하셨다. 즉 성령님은 제자들이 복음을 전하도록 능력을 주셨으며(행2:4; 4:8,31; 6:10), 특정 장소(5:19-20)나 사람(8:26-29; 10:19-20), 혹은 특정 지

---

17. Eckhard J. Schnabel, *Acts* (Grand Rapids: Zondervan, 2012), 100. 슈나벨은 사도행전 1장 21절의 'ὁεῖ οὖν(so ~ must ~; 그러므로 ~ 하여야 하리라)'는 성경에 순종해야 할 필요성을 만들어낸다고 주장한다.

18. Bock, *Acts*, 87.

19. Huggins, "The Providence of God in the Acts of the Apostles," 7, 각주 32. 사도행전 2장 47절의 구절("주께서 구원받는 사람을 날마다 더하게 하시니라")처럼 하나님의 개입을 직접적으로 묘사하는 곳이 있는가 하면(11:21; 13:48; 14:27; 16:14; 19:20; 21:19), 또 다른 구절에서는 간접적으로 묘사하기도 한다(2:41; 5:14; 6:7; 9:31; 11:24). 또한 누가는 하나님이 다메섹에서 바울을 부르신 사건을 세 번 언급하면서 하나님의 섭리를 묘사한다(행 9:10-19; 22:2-21; 26:1-23).

역으로 가도록/못 가도록 지시하시며(13:4; 16:6-10; 20:22; 21:4) 복음을 전하도록 하셨다. 몇몇 구절에서 누가는 성령님이 말씀하심으로 선교를 직접 지휘하고 계심을 보이기도 한다(행11:12; 13:2).[20]

셋째, 하나님의 섭리는 그분의 종들의 사역에 능력을 베푸시는 것으로 나타난다. 누가는 베드로뿐 아니라 신자들에게 성령님이 임하셔서 위협을 받는 상황에서도 담대하게 말하게 하셨다고 기록한다(행4:8,29-31). 뿐만 아니라 성령님의 능력을 통해서 베드로는 유대와 갈릴리와 사마리아 지역을 두루 다니면서 병자를 고치고 죽은 자를 살리는 기적까지 행한다(행9:32-42). 마찬가지로 스데반 또한 성령님의 능력으로 큰 기사와 표적을 민간에 행하고(행6:8), 바울도 성령님의 능력을 힘입어 축귀와 신유, 그리고 악한 자들을 저주하는 권세를 가지게 된다(행13.9-11; 14.3; 19:11-12; 20:10). 허긴스가 지적하듯이, 누가는 사도행전 19장 11절에서 "하나님이 바울의 손으로 놀라운 능력을 행하게 하시니"라고 언급함으로써 바울의 모든 사역이 하나님의 능력에 의해 이루어진 것임을 보여준다.[21] 즉 바울을 포함한 모든 복음 전도자의 사역이 하나님의 섭리에 의한 것이라는 말이다.

넷째, 복음을 전하는 자들이 하나님의 주권을 말하면서 하나님이 섭리하고 계심을 나타낸다. 베드로는 선지자 요엘의 예언(2:14-36)과 다윗의 시편(시16:8-11)을 인용하여 오순절 성령 강림과 예수님의 삶과 죽음, 그리고 부활도 미리 계획된 하나님의 섭리를 따라 주권적으로 행해졌음을 보여준다.[22] 스데반도 그의 설교에서 아브라함 외에 구약 인물의 삶을 다스리시는 하나님의 섭리를 보여준다. 바울 역시 그의 설교와 이방인들에게 주는 메시지를 통해서 하나님이 주권적으로

---

20. Huggins, "The Providence of God in the Acts of the Apostles," 7-8.
21. Huggins, "The Providence of God in the Acts of the Apostles," 8.
22. Huggins, "The Providence of God in the Acts of the Apostles," 8. 허긴스는 베드로가 복음을 전하며 예수 그리스도의 사역을 말할 때마다 그것이 하나님의 목적과 계획에 의한 것임을 선포한다고 바르게 지적한다(행 3:13-26; 4:10-12; 5:29-32; 10:34-43).

역사하고 계심을 이야기한다(행13:17-41; 14:14-18; 17:22-31; 28:25-28).[23]

3. 공동서신에 나타난 하나님의 섭리

앞서 기록한 것처럼 하나님의 '섭리'와 관련된 직접적인 표현은 공동서신의 어느 곳에서도 나타나지 않는다. 따라서 각 서신에서 하나님이 어떻게 일하고 계시는지를 묘사하는 구절과 서신의 중심 주제와의 관계성을 염두에 두고 하나님의 섭리에 관해 서술하려 한다.

1) 히브리서에 나타난 하나님의 섭리

히브리서를 닫는 단락(13:20-25)에 포함된 서신적 요소 중에 평강 기원(20-21a)은 다음과 같이 두 가지를 강조하는 듯하다. 첫째, 예수님을 '큰 목자'로 묘사한다. 목자는 한 무리(flock)의 리더이면서 그 무리를 보호하는 이미지를 가진다. 따라서 이는 예수님이 그분의 백성을 이끄시며 보호하시는 분임을 나타내는 것이다. 또한 '큰 목자'는 '작은 목자' 혹은 '평범한 목자'를 전제하여 목자 중의 목자이면서 그들보다 더 능력이 있음을 암시한다.[24] 둘째, 하나님이 예수님과 성도들에게 행하신 능력을 묘사한다. 영원한 언약의 피로 예수님을 죽은 자 가운데서 살리신 분이 바로 하나님이시다. 그분은 수신자들이 행하는 모든 선한 일에 온전하게 하셔서 예수 그리스도를 통해 그분을 기쁘시게 하는 뜻을 행하게 하신다.[25]

---

23. Huggins, "The Providence of God in the Acts of the Apostles," 8-9.
24. William L. Lane, *Hebrews 9-13*, WBC 47B (Dallas: Word Books 1991), 562. 히브리서의 저자는 앞서 '큰 (μέγας)'이라는 표현을 예수님과 함께 사용했다(4:14; 10:21). 모세는 하나님이 애굽으로부터 이끌어내신 이스라엘/양의 목자인데 반해, 예수님은 하나님이 죽음으로부터 이끌어내신 자들/양의 큰 목자이시다.
25. David L. Allen, *Hebrews* (Nashville: B&H Publishing Group, 2010), 627. 알렌은 "[평강] 기원의 요점은 하

저자가 이처럼 하나님의 능력과 예수님의 큰 목자 되심을 강조하는 것은 수신자들이 처한 상황과도 관련이 있다. 그들은 복음을 듣고(2:3) 회심한 이후에 서로를 사랑하며 섬기는 자들이었다(6:10). 그들이 죽음에 이르는 고난을 겪지는 않았지만(12:4), 공개적인 수치를 당하고 투옥되고 재산을 몰수당하는 고난을 겪었다(10:32-34). 그런데 이런 외부적인 압력이나 박해를 경험하면서 그들의 믿음이 성장하지 못하고 오히려 퇴보하는 경향을 보인 듯하다(5:12-14). 그 박해가 어디로부터인지는 명확히 알 수 없지만, 수신자 중 어떤 이들이 유대인 공동체를 부러워하면서 그곳으로 피하려고 한 듯하다. 이에 대해 저자는 유대교에 대해 기독교의 우월성과 예수 그리스도 안에서 나타낸 그분의 마지막 계시를 거부했을 때 맞이하게 될 심각성을 설명한다. 저자는 수신자들을 향해 이전에 들었던 말씀에 유념하고(2:1), 그들이 경험한 큰 구원을 등한히 여기지 말고(2:3), 살아계신 하나님에게서 떠나지 말라고 권한다(3:12). 계속해서 하나님의 선한 말씀과 내세의 능력을 맛보고도 타락하지 말고(6:5-6), 이전처럼 부지런함을 유지하며(6:11), 인내하면서(10:36; 12:7) 지치거나 포기하지 말라고 권한다(12:3). 또한 저자는 수신자들에게 모이기를 폐하지 말라고 권하고(10:25), 죄를 짓지 말되 특히 성적인 죄를 가볍게 여기지 말라고 권한다(3:12-13; 10:24-27; 12:1,16; 13:4).[26]

① 히브리서 1장 1절-2장 9절

저자는 수신자들을 설득할 목적으로 유대교에 대한 기독교 신앙의 우월성을 전한다. 이를 설명하기 위해서 서신을 시작하면서부터 하나님을 창조주로 묘사

나님께서 독자들에게 하나님의 뜻을 행하는 데 필요한 모든 것을 갖게 하신다는 것이다. 우리가 그분의 뜻을 행하도록 하는 것은 그분을 기쁘시게 하는 것을 준비시키시는 하나님의 '우리 안에 일하심'이다."라고 말한다.

26. 참고. Frank Thielman, *Theology of the New Testament: A Canonical and Synthetic Approach* (Grand Rapids: Zondervan, 2005), 586-87.

하고, 그분이 이 모든 날 마지막에 아들이신 예수님을 통해 말씀하심을 분명히 한다(1:1-2). 세상의 피조물은 멸망하고 사라지지만. 하나님은 영존하고 변하지 않으시는 분이다(1:10-12). 그 하나님이 예수님을 모든 이름 위에 뛰어난 이름으로 삼으셨고, 구원받을 상속자들을 위해 섬기라고 천사들을 보내주셨다(1:5-9; 13-14). 따라서 구약의 천사들을 통해 전해진 말씀에 순종하지 않은 자들이 그에 상응하는 공정한 보응을 받았다면, 천사들보다 위대한 아들을 통해 하나님이 친히 증언하신 '구원'을 거부한 자들이 보응을 받는 것은 당연하다. 이를 근거로 저자는 수신자들에게 그들이 들은 것(말씀)에 더욱 유념하여 그것으로부터 떠내려가지 않도록 하라고 권한다(2:1-4). 저자는 계속해서 '구원'에 초점을 맞추어 수신자들이 이것에서 벗어나지 않도록 하라고 강조한다.

히브리서 2장 5-9절에 천지창조 이후 하나님이 인간에게 바라셨던 것이 무엇인지 말하고, 예수님을 통해 구원을 이루셨던 상황을 설명하면서 이 모든 것이 하나님의 계획임을 암시적으로 밝힌다. 하나님은 세상의 피조물이 천사들에게 복종하도록 계획하신 것이 아니라(2:5), 인간이 땅을 다스리게 하셨다(2:6a). 그러나 인간이 이에 실패했기 때문에 하나님은 아들이신 예수님을 통해서 그분이 목적하신바 모든 이의 구원을 이루려 하셨다(2:6b-9). 저자는 이 모든 사실을 간략히 설명하면서 하나님의 주권적 구원 계획과 그분의 통치를 보여준다.[27]

② 히브리서 6장 13-20절

하나님은 그분의 약속을 끝까지 지키시는 분이시다. 저자는 고난 중에 인내해

---

27. William L. Lane, *Hebrews 1-8*, WBC 47A (Dallas: Word Books 1991), 48. 레인은 예수님 속에 담긴 하나님의 계획과 관련하여, "특별한 방법으로 그분[예수님]은 모든 피조물을 위한 하나님의 계획을 성취하시고, 시편 8편에 기록된 대로 항상 모든 인류를 위해 의도되었던 것을 나타내신다. 그분은 원래의 영광과 주권을 회복하신 분이다. 그분의 굴욕과 높아지심의 경험은 시편 8편 7절과 시편 110편 1절에서 약속했고, 이루어질 모든 피조물의 절대적 복종을 보장해 준다."라고 바르게 지적한다.

야 할 필요성에 대해 말하면서 하나님이 아브라함에게 약속하실 때 맹세하신 것을 언급한다. 곧 아브라함이 그 약속을 받은 것은 그의 인내 때문이라는 것이다 (6:13-15). 이어서 맹세에 관해 설명하는데, 6장 17절에서 "하나님은 약속을 기업으로 받는 자들에게 그 뜻이 변하지 아니함을 충분히 나타내시려고 그 일을 맹세 (ὅρκος)로 보증하셨나니"라고 기록하면서 하나님의 뜻은 변함없다고 말한다. 그 다음 저자는 두 가지 사실, 곧 하나님의 약속과 맹세로 인해서 하나님은 거짓말하실 수 없는 분이시며, 따라서 큰 소망을 얻기 위해 피난처를 찾은 성도는 큰 위로를 받을 수 있다고 말한다(6:18). 저자는 성도가 가진 '소망'이 얼마나 안전한지를 설명하기 위해서 그 소망을 위해 영원한 대제사장이 되셔서 그들보다 앞서가신 예수님을 언급한다. 저자는 이 모든 비유적 설명을 통해서 하나님이 약속에 신실하시고, 예수님을 통해서 그 약속을 끝까지 지키시며, 따라서 지금의 성도인 수신자들에게도 소망이 있으니 인내하라고 권한다.[28] 약속과 인내에 관한 권면은 서신 전체에 반복해서 나타난다(10:36. 참고. 4:1; 6:12,13,15,17; 7:6; 8:6; 9:15; 10:23,32; 11:9,11,13,17,33,39; 12:1,2-3,7,26).[29]

③ 히브리서 11장 1-40절

하나님은 성도에게 종말론적 구원을 경험하도록 하셨고, 이를 나눌 수 있는 특권을 주신 은혜로운 분이시다. 단락의 시작 구절인 11장 1절에서 저자는 "믿음은 바라는 것들의 실상이요 보이지 않는 것들의 증거니"라고 말함으로써, 믿음

---

28. Allen, *Hebrews*, 404-405. 그는 6장 13-20절을 통해 기독교인이 깨달아야 할 두 가지 적용이 있다고 말한다. "첫째, 하나님이 신자들에게 그들의 본성상 인내를 요구하는 약속을 주셨다는 것이다. 둘째, 이러한 약속은 하나님이 그분의 약속과 맹세에 신실하시므로 우리가 가진 소망이 안전하다는 근거를 제공한다."

29. 히브리서에서 '인내'와 '약속'이라는 표현이 항상 같이 나타나지는 않지만, 시련에 대한 인내와 하나님의 약속에 관해서 반복적으로 다루고 있다. 인내와 관련해서는 동사인 'ὑπομένω(endure)'와 'μακροθυμέω(have patience; wait)', 그리고 명사인 'ὑπομονή(endurance)'와 'μακροθυμία(patience; forbearance)'가 사용되었다. 약속과 관련해서는 동사 'ἐπαγγέλλομαι(promise)'와 명사 'ἐπαγγελία(promise)'가 사용되었다.

을 통해서 성도가 가진 소망이 확실히 실현될 것과 보지 못한 것들에 관해 확신을 가질 수 있음을 강조한다. 그리고 성도는 '믿음'으로 모든 만물이 하나님의 '말씀'으로 지어졌다는 사실을 알 수 있다고 한다(11:3). 저자는 구약의 많은 인물을 열거하며 그들 모두 하나님이 계시다는 것과 그분을 믿는 자들에게 상주시는 분이라는 것을 믿은 자들이라고 증거한다(11:6). 심지어 그들은 더 좋은 약속, 곧 부활을 얻기 위해서 심한 고문을 받고 조롱과 채찍질, 그리고 결박과 옥에 갇히는 것 등 수많은 시련들을 인내했다(11:35-38). 그런데 11장 39절에서는 비록 그들이 믿음을 통해서 인정받기는 했지만, 살아있을 때 약속된 것, 곧 하나님의 궁극적인 약속인 메시아의 오심과 그로 인한 하나님의 약속의 성취를 경험하지는 못했다고 말한다. 그러면서 하나님께서 더 좋은 것, 곧 메시아를 통해서 성취된 종말론적 구원을 경험한 수신자들이 이를 그들(이전에 언급된 믿음의 사람들)과 나눌 수 있는 특권을 주셨다고 말한다(11:40). 이는 이전에 존재했던 자들의 실수도 아니고 수신자들이 잘나서 된 것도 아니다. 오직 하나님께서 그렇게 되도록 계획하고 섭리하셨기 때문이고, 따라서 이는 수신자들에게 은혜일뿐이다.[30] 그러므로 히브리서의 수신자들은 하나님의 은혜를 입은 자들로서 현재의 고난을 인내하면서 소망을 가지고 예수님을 믿어야 한다.[31] 그러나 하나님은 그분의 은혜를 거부한 자들에게는 '심판자'가 되셔서 그들을 심판하실 주권도 가지고 계신다.[32]

---

30. Lane, *Hebrews 9-13*, 392. 레인은 "믿음의 본을 보인 자들이 약속된 영원한 기업을 얻지 못한 것은 그들 자신의 잘못이 아니다. 그것은 περὶ ἡμῶν κρεῖττόν τι προβλεψαμένου, 곧 '우리를 위하여 더 좋은 것을 예비하신' 하나님의 은혜로운 섭리 때문이었다."라고 바르게 지적한다. 그는 계속해서 "그 입증된 믿음의 본을 보인 자들이 궁극적인 약속을 받지 못한 채 죽었다는 것은 단순히 새 언약의 조건 아래 사는 자들을 향한 하나님의 특별한 은혜를 나타냈을 뿐이다. 강조점이 하나님의 주권과 은혜에 있다."라고 주장한다.

31. 참고. Paul Ellingworth, *The Epistle to the Hebrews*, NIGTC (Grand Rapids: Eerdmans, 1993), 634-36; Allen, *Hebrews*, 566-68; William B. Barcley, Robert J. Cara, Benjamin Gladd, Charles E. Hill, Reggie M. Kidd, Simon J. Kistemaker, Michael J. Kruger, Bruce A. Lowe, Guy Prentiss Waters, *A Biblical-Theological Introduction to the New Testament: The Gospel Realized* (Wheaton, IL: Crossway, 2016), 429-31.

32. 히브리서 12장과 13장에서는 하나님을 '심판자'로 묘사하면서 하나님께 그분의 은혜를 거역한 자들을 심판하실 수 있는 주권이 있음을 보여준다. 저자는 하나님을 거역하는 자들이 받게 될 심판에 대해 경고하면서, 믿음을 잘

2) 야고보서에 나타난 하나님의 섭리

야고보서의 수신자들은 디아스포라에 흩어져 사는 기독교인으로서 다양한 시련에 노출되어 있었고(1:1-2), 이런 시련으로 인해 어떤 이들은 미혹되어 시험에 빠지거나 진리에서 떠났다. 야고보서는 이러한 상황에서 성도가 직면한 여러가지 문제들을 다루는데, 이는 수신자들이 다시 진리로 돌아올 수 있도록 하기위한 것이었다. 야고보서 5장 19-20절은 수신자들의 상황을 요약적으로 기록하면서 서신의 기록 목적을 밝힌다. 즉 야고보서는 미혹되어 진리를 떠난 자를 돌아서게 함으로 그들의 죄가 용서받고 영혼이 구원받게 하려고 기록된 것이다.

① 야고보서 1장 5절(3장 13, 15, 17절)

하나님은 모든 지혜의 근원이 되신다. 야보고서는 디아스포라에서 하나님의 백성으로 살면서 당하는 모든 시련을 기쁨으로 여기며, 그 믿음의 시험(test)을 통과했을 때 가질 수 있는 인내를 끝까지 이루어 신앙의 성숙에 이르도록 가르친다(약1:2-4). 그러나 저자는 인간의 지혜로 이를 감당할 수 없음을 알기에 "모든 사람에게 후히 주시고 꾸짖지 아니하시는 하나님께 구하라"고 명한다(1:5). 또한 야고보서 3장에서는 선생이 되려고 하는 자들에게 혀가 얼마나 악하고 파괴적인지를 설명하면서, 이 혀를 제어할 수 있는 사람이 아무도 없으니 선생이 많이 되지 말라고 명한다. 오히려 선생이 되려는 자들은 말이 아니라 행함으로 보이되 하늘의 지혜로 행하라고 명한다. 그렇게 할 때 성결함뿐 아니라 모든 이들로 화평케 하는 의의 열매를 거둘 수 있다. 그러나 행함으로 보일 때도 주의할 것이 있는데, 그것은 땅의 지혜, 곧 자기 속에 있는 독한 시기와 이기적 욕망(다툼)을 따르지 말아야 한다는 것이다. 왜냐하면 시기와 이기적 욕망을 가지고 행할 때 혼란과 모든 악한 일이 일어나기 때문이다.

지키고 선을 행하며 하나님 섬기기를 잘하라고 권한다.

② 야고보서 1장 17절

하나님은 택하신 백성에게 모든 좋은 것을 주시는 분이시다. 본 구절의 문맥 (약1:12-18)은 흩어져 살아가는 야고보서의 수신자들이 일상에서 당하는 여러 가지 시련을 견딜 때 하나님이 약속하신 생명의 면류관을 받을 것이라고 말하면서, 하나님이 자신을 시험하신다는 잘못된 생각을 버리라고 지적한다. 저자가 지적하는 이 문제는 어쩌면 수신자 중에 있을 '미혹되어 진리를 떠난 자'(5:19)와 연관이 있을 것이다. 왜냐하면 1장 14-15절에서 각 사람이 스스로 시험받아 사망에까지 이르는 과정을 잘 설명하기 때문이다. 즉 성도가 시련을 당할 때 시험을 받게 되는 것은 스스로 자기의 욕심에 끌려 미혹되기 때문이고, 그 욕심이 잉태한 후에도 가만히 내버려 두면 죄를 낳고, 죄가 장성하도록 방치하면 사망을 생산해 낸다는 것이다.[33] 시련 중 성도가 스스로 미혹되어 사망에 이르게 되면서 하나님에 관해 왜곡된 시각을 가지는 것에 대해, 저자는 하나님은 악에게 시험을 받지도 않으시고 친히 아무도 시험하지 않으신다고 말한다. 하나님은 그분의 백성들에게 오히려 온갖 좋고 온전한 선물을 주시되, 그처럼 하시는 것을 변함없이 하시는 분이시다. 그분의 백성을 모든 피조물 중에 가장 귀한 첫 열매가 되게 하시려고 진리의 말씀으로 낳으신 하나님이 그 백성들을 시험(tempt)하신다는 말은 어불성설이다. 본 구절을 통해 하나님은 그분의 뜻을 따라 택하신 백성을 가장 귀하게 여기시고, 모든 좋은 선물을 주시는 분이심을 알 수 있다.

③ 야고보서 4장 13-15절

하나님은 그분의 뜻과 계획을 따라 인간을 인도하시는 분이시다. 본 구절의

---

33. 필자는 야고보서 1장 13절을 "사람이 시련을 받을 때에 내가 하나님께 시험을 받는다 하지 말지니……"라고 번역한다. 참고. 주기철, "야고보서 1장에 나타난 '시험'(πειρασμός)과 '시련'(δοκίμιον)으로 번역된 단어 재고," 『고신신학』 10 (2018): 103-30.

문맥(4:11-17)은 하나님 앞에서 교만하게 행하는 자들의 교만을 경계하면서, 4장 13-17절에서는 특별히 상인들의 교만한 모습을 지적한다. 수신자 중 상업에 종사하는 자들이 서로 "오늘이나 내일이나 우리가 어떤 도시에 가서 거기서 일 년을 머물며 장사하여 이익을 보리라"(4:13)고 말한 듯하다. 저자는 그들이 안개와 같이 잠깐 보이다가 없어지는 유한한 존재임을 지적하면서 내일 일을 알지 못하는 자들이 오늘이나 내일, 심지어 일 년의 계획을 세우는 것은 하나님 앞에서 교만한 일이라고 말한다. 오히려 그들은 겸손히 하나님의 뜻을 헤아리면서 "주의 뜻이면 우리가 살기도 하고 이것이나 저것을 하리라"(4:15)라고 말해야 한다.

3) 베드로전서에 나타난 하나님의 섭리

베드로전서의 상황을 알 수 있는 구절은 5장 12절이다. 여기서 저자는 "내가 신실한 형제로 아는 실루아노로 말미암아 너희에게 간단히 써서 권하고 이것이 하나님의 참된 은혜임을 증언하노니 너희는 이 은혜에 굳게 서라"라고 기록한다. 여기서 사용된 지시대명사 '이것($\tau\alpha\acute{u}\tau\eta\nu$)'은 저자가 기록한 서신 전체를 가리킨다.[34] 이는 저자가 서신의 본문에서 기록한 것이 수신자들에게 일어난 하나님의 은혜임을 증언하면서 그들이 그 은혜 안에 굳게 서기를 바라는 마음으로 서신을 보냈다는 뜻이다. 베드로전서 1장 1절에서 밝히는 것처럼, 수신자들은 본도, 갈라디아, 갑바도기아, 아시아와 비두니아에 흩어져 있는 자들이다. 그들은 이방인으로서 예수 그리스도를 주로 고백한 후 말씀에 따라 살기 때문에 비방과 경멸, 그리고 박해를 받으면서 사회로부터 배척당하는 자들로 여겨진다(벧전1:18; 2:10,25; 4:3-4). 저자는 수신자들이 이 땅에서 부당한 박해를 받지만 그들이 거할 영

---

34. J. Ramsey Michaels, *1 Peter*, WBC 49 (Waco: Word Books, 1988), 309-10; T. R. Schreiner, *1, 2 Peter, Jude* (Nashville: Broadman & Holman Publishers, 2003), 249-50; K. H. Jobes, *1 Peter* (Grand Rapids: Baker Academic, 2005), 323-24.

원한 집이 하늘이기 때문에, 이 땅에서 '흩어진 나그네(παρεπιδήμοις διασπορᾶς)'와 같이 살아가는 것을 비유로 사용한 것이다.[35]

① 베드로전서 1장 3-25절

저자는 수신자들이 이 땅에서 나그네와 같은 존재로 살지만, 산 소망을 가진 자로서의 정체성을 깨우치기 위해서 하나님이 행하신 일을 소개한다. 하나님은 예수 그리스도를 죽은 자 가운데서 부활하게 하심으로 수신자들을 거듭나게 하여 산 소망이 있게 하셨다(1:3). 하나님은 이를 통해 썩지 않고 더럽지 않고 쇠하지 않는 유업을 잇게 하시되, 우리를 위해 그 유업을 하늘에 간직하고 계신다(1:4). 하나님은 그분의 능력으로 믿음을 가진 자들을 보호하셔서 마지막 날에 드러날 구원을 받도록 하신다(1:5). 그렇기 때문에 성도는 이 땅에서 시련으로 인해 잠시 근심할 수 있지만, 그 가운데서도 오히려 크게 기뻐할 수 있다(1:6). 성도가 소망을 가질 수 있는 것은 영원 전부터 계셨던 예수님이 성육신하셔서 십자가에서 죽으시고 부활하셨기 때문인데, 이 모든 일을 행하신 분이 하나님이시라고 설명한다(1:20-21). 따라서 모든 성도의 믿음과 소망은 하나님 안에 있다.

② 베드로전서 2장 1절-3장 22절

하나님은 그분의 능력을 선포하게 하시려고 성도를 불러내신 분이시다. 저자는 하나님이 수신자들을 택하신 족속, 왕 같은 제사장들, 거룩한 나라, 그리고 그분의 소유가 된 백성이 되게 하시려고 그들을 어두운 데서 불러내어 그분의 기이한 빛에 들어가게 하셨다고 한다. 2장 9b절은 목적을 나타내는 접속사인 '호

---

35. 왕인성, "베드로전서의 고난 이해: 수신자의 정체성과 삶의 자리에 대한 사회문화적 재구성을 토대로," 『신약논단』 18 (2011): 855-60; Michaels, *1 Peter*, xlv-xivi; 309-10; Schreiner, *1, 2 Peter, Jude*, 37-41; R. Hall, "For to This You Have Been Called: The Cross and Suffering in 1 Peter," *ResQ* 19 (1976): 137-47.

포스(ὅπως)'로 시작하면서 하나님이 수신자들을 불러내신 것은 이 모든 일을 행하신 이의 능력을 선포하게 하시려는 것이라고 말한다. 따라서 이 땅에서 나그네처럼 살면서 선을 행함에도 불구하고 악을 행한다고 비방당하거나 부당한 대우를 받을 경우, 그 주체가 누가 되었든지—왕, 총독, 주인, 아내, 남편, 혹은 함께 신앙생활 하는 형제들이든지—하나님의 백성이요 긍휼을 입은 자들로서 선을 행하여 하나님의 능력을 보여야 하는 것은 이를 본 자들이 구원받게 하려는 것이다(참고. 2:12,21-25; 3:1-2,8-9).

③ 베드로전서 4장 1-19절

하나님은 성도가 고난당하도록 하셔서 그분의 영광을 드러내시도록 섭리하시는 분이시다. 4장 1-2절에서는 예수님이 이미 고난을 받으신 것처럼, 예수님의 마음으로 무장하라고 한다.[36] 저자가 이처럼 권하는 이유는 누구든지 육체의 고난을 받은 자는 죄/죄의 행위를 멈추고,[37] 따라서 사람의 정욕을 따르는 것이 아니라 하나님의 뜻을 따라 육체의 남은 때를 살게 되기 때문이다.[38] 본 구절에서는 성도가 불신자들로부터 고난을 받는 것은 하나님의 뜻에 정해진 것이라고 말한다. 따라서 성도로서 고난을 받는 것은 부끄러운 것이 아니라 오히려 하나님께 영광이 되는 것이다(4:16). 성도가 받는 모든 고난은 하나님의 뜻을 따라 그분의

---

36. 개역개정의 '갑옷을 삼으라'로 번역된 동사 '호프리조(ὁπλίζω)'는 '준비를 갖추다(equip)' 또는 '무장하다(arm)'라는 의미가 있다. 따라서 '(같은 마음으로) 무장하라' 또는 '(같은 마음을) 준비하라' 정도로 번역할 수 있다.

37. '육체의 고난을 받은 자(ὁ παθὼν σαρκί)'가 앞서 언급된 그리스도를 가리키는지 아니면 일반 사람을 가리키는지에 대한 논의가 있다. 그러나 큰 문맥에서 저자가 예수님을 수신자들이 따라야 할 모범으로 제시하는 것처럼(벧전2:4-8; 21-25), 여기서도 예수님의 고난과 수신자들의 고난 간의 유사점을 말하면서 그들을 도전하는 것을 볼 때 고난 받는 사람을 지칭하는 것으로 보는 것이 더 합당하다. 참고. Karen H. Jobes, *1 Peter*, BECNT (Grand Rapids: Baker Academic, 2005), 263-66.

38. 베드로전서 4장 1절의 '육체의 고난을 받으셨으니(παθόντος σαρκί)'와 관련하여, 채영삼은 "육체"는 "죄와 악의 지배와 영향에 놓인 인간의 조건"을 의미하고 따라서 예수님이 육체로 고난을 받으셨다는 것은 "죄가 없으셨으나 우리의 죄와 세상의 악의 무게를 짊어지셨고, 그 시달리게 하는 것과 공격의 매를 맞으셨다."라는 의미라고 한다. 참고. 채영삼, 『십자가의 선한 양심』 (서울: 이레서원, 2018[2014]), 326-27.

영광을 위한 것이므로, 성도는 선을 행하면서 신실하신 창조주 하나님께 그들의 영혼을 온전히 맡겨야 한다(4:19).

④ 베드로전서 5장 1-14절

하나님은 그분의 뜻을 따라 행한 지도자들을 영광스럽게 하시고, 고난 받은 모든 자들을 회복시키시고 굳건하게 하고 강하게 하시는 분이시다. 먼저 저자는 장로들을 권면하면서 양무리를 치되 억지로 하지 말 것과 하나님의 뜻을 따라 자원함으로 할 것, 더러운 이득을 위해 하지 말고 기꺼이 할 것, 그리고 맡은 양무리들 위에서 군림하려 하지 말고 오히려 그들에게 본이 될 것에 관해 말한다(5:1-3). 그렇게 할 경우 목자장이 나타나실 때 "시들지 않는 영광의 관", 곧 승리의 관을 얻을 것이라고 한다(5:4). 앞서 권면한 대로만 하면 장로들에게 승리는 보장된 것이다. 그리고 그 승리는 오직 목자장이신 예수님께 달려있다. 왜냐하면 그분이 나타나실 때 그 시들지 않는 영광의 관을 주실 것이기 때문이다.[39]

젊은이들은 장로들에게 순종하고 겸손의 옷을 입어야 한다. 왜냐하면 하나님은 교만한 자를 대적하시지만, 겸손한 자에게는 은혜를 주시기 때문이다(5:5). 5장 6a절에서는 "그러므로 하나님의 능하신 손 아래에서 겸손하라(Ταπεινώθητε οὖν ὑπὸ τὴν κραταιὰν χεῖρα τοῦ θεοῦ)"고 명령한다. 수동태 명령형 동사인 '겸손하라(Ταπεινώθητε)'는 중간태적 의미로 능동태형과 같은 의미로 사용되었다고 보기도 한다.[40] 그러나 문장의 문법적 의미 그대로 그 주체가 겸손하게 되는 수동적 의미를 강조하는 것일 수도 있다. 즉 수신자들이 자신의 한계를 깨달음과 동시에 능

---

39. '관(στέφανος)'이라는 표현은 당시 그레코-로마 시대의 운동경기에서 승리한 자에게 주어진 화관(wreath)을 상기시킨다. 따라서 목자장이 나타날 때 그 영광의 관이 주어질 것이라고 말하는 것은 그 모든 것이 온전히 예수님께 달려있다는 말이다. 참고. Jobes, *1 Peter*, 306-307; J. Ramsey Michaels, *1 Peter*, WBC 49 (Waco, TX: Word, 1988), 286-88.
40. 참고. Michaels, *1 Peter*, 295.

력의 하나님에 의해 압도되어 그 아래서 겸손하게 되는 것이다.[41] '능하신 손'은 구약성경에서 이스라엘 백성을 애굽에서 인도해내신 능력의 하나님을 묘사할 때 자주 사용되는 이미지이다(출3:19; 32:11; 신4:34; 5:15; 6:21; 7:8,19; 9:26; 11:2; 26:8; 단9:15).[42] 이 능력의 하나님은 성도가 모든 염려를 그분께 맡길 때, 능히 그들을 돌보실 수 있다(5:7). 저자는 성도가 이 땅에서 부당한 박해를 받지만, 그리스도 안에서 그들을 부르시고 영원한 영광에 들어가게 하신 하나님이 그들을 회복시키시고/온전하게 하시고, 굳건하게 하시고, 강하게 하시며 터를 견고하게 하실 것이라고 말하며 격려한다(5:10). 따라서 성도는 비록 잠시 고난을 받더라도 모든 것이 하나님의 은혜인 줄 알고 그 은혜 안에서 굳게 설 수 있다(5:12).

4) 베드로후서에 나타난 하나님의 섭리

베드로후서 3장 16절에서 "무식한 자들과 굳세지 못한 자들이 다른 성경과 같이 그것도 억지로 풀다가 스스로 멸망에 이르느니라"고 한 것을 볼 때, 본 서신의 수신자들을 미혹케 하는 자들이 있었던 것 같다.[43] 그들은 이단을 끌어들이고 그들을 사신 주님을 부인하는 자들이다(2:1). 그들은 복음에 대한 사도의 증거를 만들어 낸 이야기로 치부하고(1:16), 조롱하면서 허탄한 말과 자기의 정욕을 따라 행하는 자들이다(2:18-19; 3:4). 또한 그들은 주의 강림하심과 하나님의 심판에 대해서

---

41. 만약 5장 6절의 "그러므로 하나님의 능하신 손 아래에서 겸손하라!(Ταπεινώθητε οὖν ὑπὸ τὴν κραταιὰν χεῖρα τοῦ θεοῦ)"를 수동태적 의미를 살려서 번역한다면, "그러므로 하나님의 능하신 손에 의해서 겸손해져라!"고 번역할 수 있다. 대부분의 영어 성경은 중간태적 의미를 더해서 "humble yourselves!"로 번역한다.

42. Peter H. Davids, *The First Epistle of Peter*, NICNT (Grand Rapids: Eerdmans, 1990), 186-87; Thomas R. Schreiner *1, 2 Peter, Jude* (Nashville: Broadman & Holman Publishers, 2003), 239-40.

43. 베드로후서 2장 1절에서 저자는 수신자들을 미혹케 하는 자들을 '거짓 선생들'이라고 부른다. 그리고 2장 12-15a절에서는 그들을 다음과 같이 묘사한다. "그러나 이 사람들은 본래 잡혀 죽기 위하여 난 이성 없는 짐승 같아서 그 알지 못하는 것을 비방하고 그들의 멸망 가운데서 멸망을 당하며 불의의 값으로 불의를 당하며 낮에 즐기고 노는 것을 기쁘게 여기는 자들이니 점과 흠이라 너희와 함께 연회할 때에 그들의 속임수로 즐기고 놀며 음심이 가득한 눈을 가지고 범죄하기를 그치지 아니하고 굳세지 못한 영혼들을 유혹하며 탐욕에 연단된 마음을 가진 자들이니 저주의 자식이라 그들이 바른 길을 떠나 미혹되어 브올의 아들 발람의 길을 따르는도다".

도 의심하면서, 세상은 항상 처음 있었던 그대로 존재한다고 주장한다(3:4). 앞서 언급한 것처럼, 거짓 선생들은 성경을 억지로 풀면서 사도들의 증거를 왜곡시켰는데, 성도들 중에는 이를 따르려고 하는 자들이 있었던 것 같다(2:2). 이와 같은 상황을 아는 저자는 믿음에 굳게 서 있는 수신자들이 성경을 마음대로 해석하며 가르치는 자들에게 미혹되지 않고 오히려 받은 은혜와 예수 그리스도를 아는 지식에서 자라가기를 원하는 마음으로 이 서신을 기록한 듯하다. 그래서 3장 17-18절에서 다음과 같이 말한다. "그러므로 사랑하는 자들아 너희가 이것을 미리 알았은즉 무법한 자들의 미혹에 이끌려 너희가 굳센 데서 떨어질까 삼가라 오직 우리 주 곧 구주 예수 그리스도의 은혜와 그를 아는 지식에서 자라 가라 영광이 이제와 영원한 날까지 그에게 있을지어다".

① 베드로후서 1장 1-21절

하나님은 그분의 백성을 택하여 부르시고 영원한 나라로 이끄시는 분이시다. 본 단락은 서신의 여는 단락 및 본문의 시작 단락으로서 성경을 왜곡하고 잘못된 지식을 전달하는 거짓 선생들 때문에 곤란을 겪는 수신자들에게 하나님이 행하시고 계획하신 일을 명확히 하면서 그것을 다시 환기해준다. 먼저 1장 3절에서 저자는 하나님을 "그의 신기한 능력으로 생명과 경건에 속한 모든 것"을 수신자들에게 주신 분으로 묘사한다. 여기서 '그의 신기한 능력(τῆς θείας δυνάμεως αὐτοῦ)'으로 번역된 것은 하나님의 신적 능력(divine power)을 가리킨다. 성도를 그분의 영광과 덕에 이르게 하신 능력의 하나님이 그들에게 삶과 경건에 필요한 모든 것을 그분을 아는 지식을 통해서 공급해 주신다. 그 하나님의 '영광과 덕'을 통해 하나님이 성도에게 약속을 주시고,[44] 그 약속을 통해 "신성한 성품에 참여하는

---

44. Schreiner *1, 2 Peter, Jude*, 293. 슈라이너는 "바울이 말하는 것은 신자들이 그리스도를 알게 될 때, 회심 중에 그분의 도덕적 탁월성과 영광스러운 광채를 경험할 때 하나님의 약속을 상속받는다는 것이다."라고 바르게 지

자가 되게" 하는 것이다. 그리고 그 약속은 3장(4, 9절)에서 언급하는 바와 같이 주님의 오심에 대한 약속일 것이다.[45] 거짓 선지자들이 예수님의 재림 약속을 부인한 것을 볼 때(3:4), 저자는 하나님의 능력, 하나님과 예수님을 아는 것, 그리고 하나님 약속의 확실성을 명확히 하는 것으로 서신을 시작한다. 그리고 1장 10절에서 "형제들아 더욱 힘써 너희 부르심과 택하심을 굳게 하라 너희가 이것[1:5-7]을 행한즉 언제든지 실족하지 아니하리라"고 말하면서, 하나님이 택하시고 부르신 성도를 영원한 하나님의 나라로 이끄실 것을 분명히 한다(1:11). 따라서 성도는 진리 위에 서 있다고 할지라도 항상 1장 3-11절에서 말한 것들을 기억하며, 사도들이 전하여 준 것이 직접 본 것과 성경의 예언에 근거했으므로 주님에 대한 지식에서 떠나지 말아야 한다(1:12-21).

② 베드로후서 2장 1-22절

하나님은 무법하고 거짓을 말하는 자들을 심판하시는 분이시다. 본 단락에서 저자는 과거에 하나님의 백성 중 거짓 선지자들이 있었던 것처럼, 지금도 거짓 교사들이 교회에 존재하고, 이들이 이단을 끌어들여 성도를 사신 주님을 부인하고 임박한 멸망을 취한다고 말한다(2:1). 수신자 중 어떤 이들은 그들을 따르고, 그로 말미암아 진리의 도가 비방을 받을 것이다.[46] 저자는 현재와 비슷한 과거 상황을 예로 들어서 하나님이 결코 악한 자들을 가만히 두지 않으시고 심판

적한다.

45. "신성한 성품에 참여하는 자가 되게(γένησθε θείας κοινωνοὶ φύσεως)"라고 말한 것은 앞서 1장 3절에서 하나님의 '영광과 덕(glory and virtue)'에 대해 언급했던 것처럼 영적으로나 도덕적인 면에 있어서 하나님을 닮아가는 것을 말하는 것이다. 참고. Schreiner *1, 2 Peter, Jude*, 294-95; Gene L. Green *Jude & 2 Peter*, BECNT (Grand Rapids: Baker Academic, 2008), 184-88; Richard Bauckham, *Jude, 2 Peter*, WBC 50 (Waco: Word Books, 1983), 179-84.

46. 베드로후서 2장 2절에서 "비방을 받을 것이요(βλασφημηθήσεται)"라고 번역된 단어는 어떤 신적인 존재와 관련하여 쓰일 때는 '신성모독'과 같은 의미로 사용된다. 따라서 '비방을 받는 것'은 하나님의 진리의 말씀이 모독당하는 것을 말한다.

하실 것에 관해 말한다(2:4-10a). 그리고 타락한 이단들은 반드시 심판받을 것이다(2:10b-16). 계속해서 저자는 거짓 선생들을 '물 없는 샘'이요 '광풍에 밀려가는 안개'이고, 멸망의 종들로서 자유를 준다고 유혹해도 그러지 못할 자들로 묘사한다(2:17-22).[47] 분명한 것은 거짓 선생들이 어떠하든지, 하나님이 과거에 범죄한 천사나 옛 세상, 그리고 소돔과 고모라와 무법한 자들을 심판으로 다스리셨듯이 현재도 거짓 선생들을 다스리실 것이라는 사실이다.

③ 베드로후서 3장 1-13절

하나님은 더 많은 사람이 회개하게 하려고 '주의 날'의 시기를 계획하고 계신다. 앞서 언급했던 것처럼, 본 단락에서 저자는 거짓 교사들이 '거룩한 선지자들이 예언한 말씀'과 '사도들로 말미암아 명하신 것'을 부인하면서 예수님의 재림과 하나님의 약속을 부정한다고 말한다(3:1-5). 그러나 3장 9절에서 저자는 "주의 약속은 어떤 이들이 더디다고 생각하는 것 같이 더딘 것이 아니라 오직 주께서는 너희를 대하여 오래 참으사 아무도 멸망하지 아니하고 다 회개하기에 이르기를 원하시느니라"고 말하면서, 주의 날이 사람들이 생각하는 것처럼 빨리 임하지 않는 것도 모든 사람이 회개에 이르기를 원하는 하나님의 계획이라고 밝힌다. 그러나 사람은 그날이 언제인지 알지 못하기 때문에 거룩한 행실과 경건함으로 하나님의 날이 임하기를 바라고 간절히 사모하라고 권한다(3:10-12).

---

47. Andreas J. Kostenberger, L. Scott Kellum, Charles L. Quarles, 『신약개론: 요람, 십자가, 왕관』, *The Cradle, the Cross, and the Crown: An Introduction to the New Testament*, 김경식, 박노식, 우성훈 역 (서울: CLC, 2013), 909, 쾨스텐버거 외 학자는 "'개가 그 토하였던 것에 돌아가고 돼지가 씻었다가 더러운 구덩이에 도로 누웠다'라고 함으로써 그들이 결코 참된 신자들이었던 적이 없었음을 명확하게 말해준다. 그러므로 이들 거짓 교사들의 진짜 본질이 명확하게 된다. 그들의 갱생될 수 없는 본질은 겉으로는 은폐되었을 뿐만 아니라 그들은 처음부터 절대로 영적으로 변화될 수 없었다는 것이 결국 명확하게 드러나게 된다."라고 말한다.

4. 요약 및 결론

앞서 제시한 것처럼 사도행전에서는 하나님이 하시는 일을 통해 그분의 섭리를 보여주신다. 하나님은 이미 구약 시대 때부터 말씀하신 것을 예수님의 십자가 사역을 통해서 성취하시고, 예수님의 승천 후에도 하나님 나라의 확장을 위해서 새로운 공동체를 세우시고, 사도들에게 능력을 주시고, 그들이 감당해야 할 사역뿐 아니라 가르쳐야 할 내용을 알려주심으로 그분의 섭리를 이루어 가신다. 따라서 사도행전은 역사서로서 하나님이 계획하신 일을 어떻게 이루어 가시는지에 초점을 맞추어 하나님의 섭리를 설교하면 될 듯하다.

공동서신에서는 각 서신의 수신자가 처한 상황이 다르고 그들이 고민하는 문제가 다르기에, 각 저자가 수신자들의 문제를 해결하거나 설득할 목적으로 하나님이 어떻게 섭리하시는지를 밝힌다. 따라서 서신의 상황에 따라서 하나님을 창조주, 약속에 신실하신 분, 은혜를 베푸시면서 심판하시는 분, 모든 지혜의 근원이신 분, 모든 좋은 것을 주시는 분, 그분의 계획과 뜻을 따라 성도를 인도하시는 분, 인간의 구원을 계획하시고 실행하시는 분, 성도를 불러내시는 분, 성도를 통해 그분의 영광을 드러내시는 분, 택하고 부르신 성도를 영원한 나라로 이끄시는 분, 모든 자가 회개하고 돌아오기를 원하시는 분 등으로 묘사한다. 서신서의 저자들은 각각의 상황에 맞게 하나님을 다르게 묘사하면서 하나님이 그들을 어떻게 택하여 부르시고, 보호하시며, 마지막에 구원하실 것인지에 대해 명확히 가르친다. 따라서 서신서는 각 서신의 상황과 기록목적을 잘 살펴서 저자가 수신자들에게 전달하고자 하는 메시지와 강조하려고 하는 하나님의 모습을 잘 파악하여 그것에 맞게 설교하는 것이 좋을 듯하다.

8장

바울 서신에 나타난
하나님의 섭리

송재영

1. 들어가면서: 서론을 위한 서론

우리의 삶은 생방송으로 진행되는 Lotto 추첨의 연속처럼 이어진 우연들인가? 아니면 이미 결정되어 녹화된 동영상이 정해진 시간에 방영되는 연결된 결정들의 에피소드들인가? 섭리는 하나님의 계획과 우연에 관한 생각이다.[1] 섭리는 철학적·신학적 질문 같지만, 실상 물리적 질문일 수도 있다. "Stop telling God What to do with his dice(하나님에게 주사위를 던지지 말라고 간섭하지 말라)"라는 말은 신학자의 말처럼 들린다. 그러나 이는 양자역학계[2]의 이름 있는 보어(Niels Bohr)의 말이다. 양자역학을 허튼 소리로 간주한 아인슈타인의 "하나님은 주사위를 던지지 않는다."라는 냉소를 비웃음으로 대응한 말이다. 물리학자들에게 무

---

1. 섭리(πρόνοια)는 하나님의 계획과 그분의 피조세계와의 상호작용에 관한 것이다. 주요 주제는 주권, 예지, 예정, 자유의지 등과 관련된다. Kenneth M. Wilson, "Providence," ed., John D. Barry, *The Lexham Bible Dictionary* (Bellingham, WA: Lexham Press, 2020).
2. 양자역학의 양자(Quantum)는 quantity에서 온 말로 일정 에너지를 가진 물리적 독립체의 최소단위로 전자, 광자 등과 관계된 학문이다.

슨 일이 벌어지고 있는 걸까? 학부 때 전자공학을 전공한 필자의 낡은 기억에 따르면, 전자기학 과목에서 맥스웰(Maxwell) 방정식을 공부했었다. 그때는 정신없이 따라가느라 그 의미가 지닌 철학적 질문도 할 수 없었다. 수식이 어떻게 실용적으로 전자기기를 산출하는지 그 이용만이 관심의 대상이었다. 그러나 전자기학의 철학적 의미는 전기와 자기는 본질적으로 다르지 않다는 것이며, 나아가 빛과 전자기는 같은 속성을 가지고 있다는 것이다.

잠시 빗나가 다른 말을 해보자! 신학자요 물리학자였던 뉴턴의 고전 물리학을 개혁한 역학계의 하나(Ein)의 뜬 돌(Stein)인 아인슈타인(Einstein)의 상대성 이론은 빛을 기반에 둔 개혁이었다. 그의 노벨상 논문은 광전효과에 관한 것이며, 그의 상대성 이론의 기초는 빛에서 출발한다. 빛은 절대적이다. 그러나 그 속도는 무한이 아니며 정해진 값을 가진다. 역설적이게도 그 유한한 값은 결코 변하지 않기에 절대적이다. 즉 빛은 불변의 의미에서 절대적이다. 한계를 가진 절대적 존재로서의 빛, 이것이 아인슈타인의 상대성 이론의 골수에 위치한다. 이 기이한 아인슈타인의 빛 내러티브에서 고전 물리학의 시간과 공간은 시공간으로 통합된다. 앞서 말했듯이, 빛은 전기 및 자기와 같은 성질을 가진다. 가장 빠른 절대적 실체로서의 빛, 그러나 빛은 그 절대 속도를 전자기와 공유한다. 속도의 절대성에서 빛과 전기와 자기는 일체(tri-unity)이다.

또 한 번 빛에 대해 잠간 빗나가 보자. 유명한 토마스 영(Thomas Young)의 단색광을 이용한 광자 이중 슬릿 실험은[3] 뉴턴이 입자라고 생각한 빛이 파동일 수 있음을 발견한다(1801년). 채 100년도 못 된 1895년, 아인슈타인의 광양자설은 빛의 입자와 파동의 이중성을 폭로한다. 이 결론은 말은 쉽지만 사실 이해 불가능한 것이다. 입자가 동시에 파동이라는 것은 하나의 입자가 두 문을 동시에 통과한

---

3. 후에 1927년에 전자빔을 이용한 이중 슬릿 실험이 행해진다. 입자로 생각된 전자도 파동 같은 움직임을 보인다.

다는 말과 같은 의미이다. 무지하게 말해보면, 큰 입자인 내가 서재 문과 침실 문을 동시에 열고 들어가 존재한다는 말이다. 이 놀라운 현상을 한 음절로 줄여 말한 것이 '빛'이란 단어이다. 입자이면서 파동인 존재? 그리고 유일하게 절대적이지만 또한 전자기와 그 속성을 공유하는 불가능할 것 같은 실존, 그것이 빛이다.

그런데 더욱 놀라운 것은 소위 관찰자 현상(Observer effect)이다.[4] 빛이 입자이며 파장이라는 것을 이해하는 것도 불가한데, 그 빛의 이중성이 관찰하는 순간 결정된다는 것이다. 입자인 빛이 파동으로 움직이는데 왜 그런지 관찰하는 순간 돌연 입자처럼 움직이는 현상을 발견한 것이다. 이는 빛 이해의 불가능성을 제곱하는 것으로 빛에 대해 도무지 이해할 수 없는 현상이다. 그러나 이는 우리의 이해와 무관히 사실로 존재한다.

이 현상의 철학적 의미는 내가 인식하는 순간 대상이 결정되고 존재하며 바뀐다는 것이다. 한편 기이하게 들리는 이 말이 양자 중첩과 얽힘을 통해 설명될 때 망상에 가깝게 들린다.[5] 양자 중첩(Quantum Superposition)은 전자가 관측 전에는 확률적으로 존재 가능한 모든 위치에 동시에 존재한다는 말이다. 이는 그 파동성을 잘 설명한다. 단순히 말하면 전자가 여러 가능성을 동시에 갖는다는 것이다. 이 존재의 가능성들은 관측되는 순간 하나로 결정되어 입자처럼 행동한다. 소위 코펜하겐(Copenhagen) 해석으로 불리는 보어의 이 설명을 허무맹랑하게 생각한 비엔나(Vienna)의 과학자 슈뢰딩거(Schrödinger)는 1935년에 고양이 사고실험[6]을 통해

---

4. 1998년 이스라엘의 바이츠만(Weizmann) 연구소에서 이중 슬릿 실험(Double Split Experiment)이 진행된다. 그 결과 미립자의 운동이 관찰에 따라 입자와 파동으로 다르게 나타났다. 미립자가 마치 사람의 인식을 알아차리듯이 움직였으며, 이 기이한 현상은 하나님의 트릭으로 불릴 정도로 물리학자들을 경악하게 했다.

5. 양자 얽힘은 이론이나 가설이 아니라 사실로 증명된다. 2015년 네덜란드 델프트(Delft) 대학의 실험이 그것이다. 1.6km 떨어진 다이아몬드에 갇힌 얽힌 전자들이 즉각적으로 서로 반응하여 결정됨을 확인한다.

6. 상자안의 고양이가 살아있으면서 동시에 죽어있는 상태로 존재하다가 관측될 때 결정된다는 양자역학적 설명의 역설을 폭로하며 고양이는 죽어있거나 살아 있거나 반반의 확률로 결정된 상태로 이미 존재하고, 상자를 열었을 때 확인되는 것이라고 말한 유명한 사고실험이다.

이를 헛소리로 치부한다. 또한 아인슈타인도 보어의 해석을 '주사위를 던지는 하나님'에 비유하며 끝까지 반대했다.

빛에 대한 물리적 연구는 빛(light)을 이해하는 빛(insight)을 주었다. 빛은 유한하며 절대적이고 불변하지만 불확정적이다. 그 존재 방식은 관찰되는 순간 정해진다. 과학으로서 실험을 통해 발견한 빛의 실체(ἀλήθεια)는 너무나 모순적이고 역설적이다. **양자역학이 찢어낸 휘장을 지나 물리학의 성소에 들어간 양자 역학자들이 발견한 빛의 실존은 물리적이라기보다 오히려 철학적으로 보였다.** 절대 불변의 속도를 가진 빛은 행동하길 a이면서 동시에 b인 가능성의 상태로 움직이다가 사람이 그 행동을 인식하는 순간 하나로 결정되어 활동한다. 이것이 물리학의 실험으로 증명된 사실로서 빛의 실존이다. 이 설명은 너무나도 역설적이기에 뉴턴의 절대왕조를 무너트린 아인슈타인은 자신의 하야(下野)를 외치는 보어에게 "누군가 달을 보기(관측과 인식) 전에 달은 거기 존재하지 않았는가?"라는 냉소적 독설로 대응했던 것이다. 그러나 현대의 물리학자들은 보어의 말을 더 이상 믿지 않는다. 이는 믿음을 넘어선 사실이기 때문이다.

2. 서론: 작정 : 장유의지 = 선택 : 언약(a:b=c:d)

필자가 바울서신을 말하기 전에 물리학을 앞서 말하는 것은 물리학과 신학이 중첩되어 있기 때문이다. 이유는 양계(兩界)의 원리를 정하신 주체가 같기 때문이다.[7] 만유의 주이신 하나님께서 만드신 물질의 본질적 특성, 즉 하나님께서 '그

---

7. 브루스 데머레스트, "Providence," eds., 브루스 데머레스트, 키스 매슈스, 『Everyday 신학 사전』 (서울: 죠이선교회, 2013), 286는 섭리의 두 가지를 말하는데, 피조된 만물의 존재 안에 있는 보존과 세상의 일들을 다스리는 것으로 구분한다. 이 둘을 섭리의 범주에서 다룰 수 있는 이유는 섭리의 두 면을 이끄시는 분이 한 분 하나님이

러하라'고 정하신 원리가 물체의 본성(nature)학, 즉 물리(物理)이다. 물리학을 포함하는 과학의 공리는 법칙으로서 원리가 다를 수 없다는 것이다. 예를 들어 지구에서 설명되는 원리가 화성에서도 적용되어야 한다. 그렇지 않으면 세상의 이치를 이해할 수도 설명할 수도 없게 된다. 마찬가지로 물체의 법칙을 정하신 하나님께서 영적 원리 또한 구별되지만 반대되지 않게 정하셨다는 것이 합리적이다. Physics, 곧 물리학의 어원은 본성으로 번역되는 헬라어 φύσις(퓌시스)이다. 바울은 이를 인간에게 정하신 내재적 생각과 행동의 방식을 말할 때 사용한다(롬2:14). 하나님은 그리스도의 피로 인간 영혼만이 아니라 동식물과 하늘과 땅을 새롭게 하심으로 신천신지로 바꾸신다. 하나님은 만유(πάντα)의 통치자이시다. 물리적 원리는 영적 원리를 거스르지 않는다. 그러하기에 우리는 천체에서 징조를 발견하고 사물에서 상징을 이해하고 피조계에서 비유를 발견한다.

물리학은 근본적으로 일반계시로 구분될 수 있는 물질에 관한 하나님의 정하신 의도이다. 뉴턴이 1687년에 자신의 물리학 책을 자연철학의 수학적 원리(Principia)로 명명한 이유를 짐작할 수 한다. 뉴턴은 만물의 변함없는 원리를 수학이라는 언어로 말했다. 그에게 물리는 만물을 이해하는 철학이었다. 고전 물리학은 하나님이 사물을 주관하시는 방식을 거의 완벽히 알았다고 생각했다.[8] 고전 물리학에 의하면, 현재의 상태, 즉 위치와 질량, 속도 등의 정보를 알면 미래를 완벽하게 예측할 수 있다고 생각했다. 예를 들면, 미사일의 궤적을 정확히 예측하는 것들이다. 미래의 존재는 우연히 발생하는 것이 아니라 이미 정해진 작정의

시기 때문이다.

8. 자연철학으로서 과학이 세상 가운데서 하나님께서 어떻게 역사하시는지를 드러낸 공로에 대한 격찬은 포프(Alexander Pope)의 뉴턴 묘비문(epitaph)에 극적으로 나타난다. "자연과 자연의 법이 어둠에 놓였더니, 하나님께서 뉴턴이 있으라 하시니 만물이 빛났더라(필자 사역)." 과학의 중요성은 특히 이신론(Deism)적 세계관에서 강조된다. Alister E. McGrath, *Christian Theology An Introduction* (Oxford: Blackwell Publishers Ltd, 2001), 285.

결과일 뿐이다. 그러나 양자역학에서 존재는 확률로 이해되었다. 양자역학은 어떤 결과는 가능한 반반의 확률로 정해져 있는 것이 아니라 중첩되어 있다고 말한다. 관찰되는 순간 정해지는 것이다. 1687년 고전에서 예측 가능했던 미래는 21세기 첨단에서 예측불허의 미래가 되었다. 결정된 듯이 보였던 '미래의 비결정성'이 300년의 연구의 결과표이다. 분석, 정확, 객관 등 수학적 언어를 모국어로 사용하는 물리학의 결론이 갑자기 터진 방언처럼 알아들을 수 없고 너무나 철학적이 되었다. 그런데 이 물리학적 방언이 신학자인 나에겐 너무나 익숙하게 들린다. 성경이라는 방언 통역을 거쳐서 들을 때 말이다.

언필칭 칼빈주의의 주력상품처럼 회자되는 예정론이 그것이다. 하나님의 예정과 인간의 자유의지는 인간의 전두엽에선 모순이다.[9] 우리의 이해 밖에 있다. 한편 양자역학을 이해한 사람은 아무도 없다는 파인만(Richard Feynman)의 말은 유명하다. 이는 양자역학의 수학적 어려움이 아니라 그 결론의 본질적 모순 때문인데, 이 말을 우리는 예정론의 질문에 대한 답으로 인용할 수 있다. 요점은 이것이다. 과학적 사고를 하는 과학자들이 신학자들이나 할 법한 말을 이구동성으로 외치며 사실이라고 주장한다는 것이다. 반면 도리어 신학자들과 목회자들이 구체적 물질을 다루는 물리학자들의 자연철학적 사고보다 딱딱한 생각을 하는 기현상을 목격한다.[10] 만물은 그 만드신 이를 드러낸다. 이는 감출 수 없다(롬1:19-20).

---

9. 세계적 영화의 명대사를 떠올리게 하는데, 로뢰인 뵈트너, 홍의표, 김남식 역, 『칼빈주의 예정론』, (서울: 보문출판사)는 그의 책 앞 3장에 "하나님은 계획을 갖고 계신다"라는 제목을 붙인다. 펠라기안파의 무계획, 알미니안파의 무특정계획의 하나님과 달리 칼빈파의 하나님은 모든 것을 포함하는 특정계획의 하나님이시다(35). 하나님의 계획은 섭리를 통해 인간사와 자연의 작은 일에 이르기까지 이어진다(49). 하지만 하나님의 섭리적 지배가 어떻게 인간의 자유행동과 조화를 이루는지는 알려주지 않는다고 말한다(52).

10. 칼비니안(Calvinian)과 웨슬리안(Wesleyan)을 앙숙으로 보게 하는 훈련(?)을 필자도 받아왔지만, 한 번쯤 진지하게 물어야 할 필요가 있다. 예정과 인간의 결정이 본질적으로 우리의 이해를 넘어서기에 서로 모순으로 보일 수 있기 때문이다. 한철하, 『21세기 인류의 살길』 (서울: 아세연합신학대학교 출판부, 2003), 63-66, 139-43는 사실상 칼빈과 웨슬리의 주장이 본질적으로 같을 수 있다고 말한다.

동식물, 광물, 천체, 화학, 물리 등은 모두 하나님의 솜씨를 드러낸다.[11] 창조주께서 만물 중 특별히 자신을 비유하실 빛을 만드실 때 무계획으로 그 본성을 정하셨다는 것은 상상하기 힘든 생각이다. 물론 필자는 본인의 이런 접근이 오히려 어처구니없는 소리로 들릴 수 있다는 신학계의 시대정신을 잘 알고 있다. 하지만 자신의 생각과 같은 말을 들으려면 남의 글을 왜 읽어야 하는가? 거울을 보고 독백을 하면 충분하지 않겠는가? 참 빛이신 빛의 창조자께서는 빛 연구를 중심으로 진행된 물리학의 결과 값을 통해 빛의 모순과 역설의 실존을 수학적 언어로 보이심으로써 만물의 통치자로서 주되심을 과학자들의 입을 통해 드러내신다. 물리학자들은 빛의 스펙트럼의 한 끝, 물질을 다스리는 원리를 보고, 신학자들은 그 반대편 끝, 역사를 주관하는 섭리를 보는 이들이다. 그런데 그 양단이 놀랍도록 닮았음을 21세기의 우리는 양자역학을 통해 보게 된 것이다.

필자는 앞에서 "절대 불변의 속도를 가진 빛은 행동하길 a이면서 동시에 b인 가능성의 상태로 움직이다가 사람이 그 행동을 인식하는 순간 하나로 결정되어 활동한다."라고 말했다. 여기서 빛을 참 빛이 되시는 하나님으로 읽어도 문장은 말(logos)을 이룬다(logic). 자신을 빛으로 비유하신 하나님께서 만드신 빛이 놀랍도록 하나님의 섭리를 실험적으로 보여준다. 바꿔 말해 양자역학자들이 예정론 강의를 듣는다면 하나님의 작정과 인간의 자유의지가 어떻게 동시에 동일한 가능성으로 실존하는지를 쉽게 이해할 것이다. 우리가 불빛(fire)을 경험함으로 성령의 빛을 이해하는 데 도움을 얻듯이, 양자역학자들은 물리실험을 통해 빛의 역설적 존재를 경험해 왔기 때문이다. 만물 가운데 빛(light)을 섭리하시는 하나님을 보면 하나님의 섭리의 빛(insight)을 더욱 선명히 보게 되는 것이다.

---

11. 인간은 원래 이 창조를 정확히 간파하도록 밝은 눈을 가졌었다. 아담의 작명은 피조계의 본성을 드러냄이다. 솔로몬의 동식물과 사물에 대한 해박한 지식은 그가 창조자는 아니지만 창조를 온전히 이해하는 아담의 모습을 회복함을 드러낸다.

하지만 유감스럽게도 신학자들이 초등학문(στοιχεῖον)의 한 분야인 물질의 과학자들보다 잦은 빈도로 철학적 사고를 하지 못함에 아연실색하곤 한다. 물질의 본성을 다루는 물리학(物理學)의 상응(counterpart)으로서 인간 영혼의 본성을 말하는 영리학(靈理學), 곧 신학을 말하는 이들이 신령한 참 빛(光)으로서 하나님께서 역사를 이끄시는 방식을 광자(光子)를 연구하는 물리학자들 보다 있는 그대로 수용하지 못하는 현상, 즉 물리학적 역설보다 더욱 기이한(?) 역설을 필자는 보게 된다. 양자 중첩과 얽힘은 말한다. 양자의 상태는 결정된 것이 아니라 a와 b의 가능성을 모두 가지고 있다고 말이다. 가능성은 열려있고, 목격하는 순간 결정되며, 하나가 결정되면 다른 하나는 즉각적으로 다른 가능성으로 결정된다. 이 스무고개 같은 설명은 이론이 아니라 사실에 관한 기술이다. 이를 신학 버전(version)으로 재진술해 보자. 누군가 구원을 받을 것인지 아닌지는 창세전에 정해졌다. 그러나 우리는 복음을 전할 때 듣는 이의 운명이 미리 정해졌다고 믿어선 안 된다. 구원과 유기, 두 가능성은 온전히 가능하다. 그리고 그 결정은 그가 복음을 받아들이거나 거부하는 순간 결정된다. 그리고 그가 그렇게 하는 그때 하나님의 입장에서 예정된 유기와 선택이 실행, 집행, 확인된다. 다시 말해 내가 예수님을 믿을 수도 거부할 수도 있었으며, 내가 예수를 믿었을 바로 그때 하나님의 영원전의 작정이 충돌 없이 확인되고 집행된다는 것이다. 실상 이러한 이해할 수 없는 설명은 성경을 기반으로 칼빈주의 예정론이 말하는 구원의 서술, 즉 사실의 진술이다.

한편 이 역설 같은 하나님의 섭리는 예수님을 믿는 그 출발점에서만 적용되는 사실이 아니다. 더욱 놀라운 것은 구원받은 신자가 구원을 이루어가는 것 역시 이 역설의 연속이라는 것이다. 그 방식이 바로 언약이다.[12] 많은, 정말로 많은 소위 칼빈주의 신자들이 이점을 이해하는 데 어려움을 겪는다. 예정론을 믿지만

---

12. 유해무, 『개혁 교의학—송영으로서의 신학』 (서울: 크리스챤다이제스트, 1997), 220-22에서 IV. 섭리에서 언약을 언급한다.

웨슬리주의처럼 전도해야 한다는 것을 큰 거부 없이 받아들이는 신자들조차 구원의 출발 이후 구원을 이룸, 즉 구원의 서정을 말할 때는 좀 전에 사용했던 자신의 논리를 너무 빨리 포기한다. 그러나 성경은 말한다. 구원받은 신자는 구원을 이루어가야 한다(빌2:12)고 말이다. 언약적으로 말하면, 언약 안에 머무르며 회복된 하나님의 형상으로 살아가야 한다.[13] 그래서 하나님의 구원 작정을 삶 속에서 실현해가야 한다. 계속적으로 말이다! 예정의 실현은 영접 때만이 아니라 일생 속에서 계속된다. 창세전의 예정과 작정은 세례를 통해 그리스도 안으로 연합된 성도의 전 생애를 통해 그리스도 안에서 드러나고 집행된다. 이렇게 '창세전'과 '그리스도 안'은 연합되고 통일된다.

언약(covenant)은 약속(promise)이 아니며[14] 선택(election)과도 구분된다. 언약은 쌍무 계약적 본질을 가진다. 언약에서 하나님의 선택과 인간의 반응으로서 책임이 아름답게 만난다. 시간적으로 말하면, 영원전과 지금이 그리고 앞으로 예비된 미래가 언약 안에서 만난다. 인간의 계속적인 불순종으로 초래되는 궁극적 언약의 파기는 구원을 이루지 못함으로 치닫는다. 구원을 이루지 못하면서 구원을 얻는 길을 나는 알지 못한다. 그렇다면 나의 지금의 (형편없는?) 삶으로 과거 믿을 때 확인된 영원전의 작정이 수정될 수 있는가? 금방 말한 설명의 논리적 고리를 따라가면 그럴 것 같지만, 작정은 수정될 수 없고, 예정은 변경될 수 없다. 실수된 예정은 하나님의 손에선 불가능하기 때문이다.

하나님의 예정과 인간 의지의 자유를 이해하는 것이 걷기만큼 쉬운 것은 아

---

13. 유해무, 『개혁 교의학』, 222의 표현을 주목하라. "창조와 선택으로 언약의 관계에 들어설 수 있었고, 언약 안에서 **거할 때** 그는 **계속적으로** 하나님의 형상인 것이다."(필자 강조)
14. 약속은 일방적이지만 언약은 조약의 성격이 강하다. 히타이트(Hittite) 조약과 유사성은 너무나 많이 연구되었다. 다만 종주권 조약의 대왕에 비해 하나님은 비교할 수 없을 만큼 은혜로우시며 위대하시다는 것이 다르다. Craig G. Bartholomew, Michael W. Goheen, 『성경은 드라마다』 (서울: IVP, 2004), 94-96. 하나님 백성의 배신은 언약 관계를 위협하는 것이다(101). 언약의 구조는 순종과 불순종을 따르는 심판과 복(약속)의 두 가지 선택안을 제시한다(110-11). 드라마로서 성경역사는 이것의 반복이다.

니지만, 도무지 걸을 수 없는 거리에 있는 것도 아니다. 신자가 믿을 때 발생하는 하나님의 작정과 인간의 신앙적 결정, 이 양자(兩者)의 신비한 중첩과 얽힘을 받아들였다면, 정확히 이것을 믿음 이후의 계속된 삶 속으로 확장 적용하면 되기 때문이다. 하지만 칼빈주의 예정론을 확신하면서도 열심히 소리 높여 전도의 달음박질을 하다가도 전도 이후 언약적 삶의 의무를 말할 때는 한걸음도 물러서질 않는 열성적 칼빈주의자들이 도처에 있다. 그러나 언약이 쌍무적 계약으로서 설립되면 하나님과 인간 양측에게 상호의무를 부과한다고 가르친 이는 바로 칼빈이다. 후크마(A. Hoekema)는 칼빈의 가르침이 은혜 언약은 기원에 있어서 일방적(monopleuric or unilateral)이지만 성취에 있어서 양방적(dipleuric or bilateral)이라고 표현될 수 있다고 말한다.[15] 이런 점에서 언약은 예정이 실현되는 중간 상태(middle way)로 볼 수 있다. 언약 안에 머무는 자만이 예정에 대해 확신할 수 있다.[16]

우리는 광자를 연구하여 빛을 관측하는 과학자들보다 더 나은 시력을 가져야 한다. 우리는 참 빛을 보았기 때문이다. 우리는 예정과 언약의 모순처럼 들리는 진술들을 영적 사실로 직시해야 한다. 이는 증명된 사실이다. 왜냐하면 성경이 그렇게 말하기 때문이다. 독자여, 여기까지 동행했다면 이제 한 발 더 나아가 보자.

3. 구원의 시공간

"καθὼς ἐξελέξατο ἡμᾶς ἐν αὐτῷ πρὸ καταβολῆς κόσμου"(엡1:4a). 본 절은 구

---

15. A. Hoekema, "The Covenant of Grace in Calvin's Teaching," *Calvin Theological Journal*, 2 no 2, Nov. 1967, 140.
16. 우병훈, "칼빈과 바빙크에게 있어서 예정론과 언약론의 관계," 「개혁논총」 26 (2013): 306-08, 323.

원의 예정에 대해 분명히 말하는 구절이다. 아인슈타인은 시간과 공간은 구분되지 않는다고 말했다. 아니 증명했다. 놀랍게도 구원에 있어서도 이는 옳은 소리이다. 본 절에서 우리의 구원은 창세전이라는 시간적 표현과 그리스도 안[17]이라는 공간적 표현으로 설명된다. 그러나 이는 사실상 구분되지 않는 같은 것을 말하는 것이다. 창세전의 택하심은 그리스도 안에서의 택하심과 같다. 여기서 주목할 것은 그리스도 안에서라는 표현이다. 성자 안에서라고 말하지 않음을 지나쳐 보면 안 된다. 그리스도는 구원경륜 속에서 성자에게 주어진 직분적 호칭이다. 이 점에서 논리적으로 성자는 창세전에는 예수도 그리스도도 아니었다. 타락 이전의 영원에서 논리적으로 구원을 위한 그리스도는 요구될 수 없다. 영원에서 성자는 아버지의 아들로서 계셨다. 그런데 본문에 의하면, 이미 창세전에 성자께서 그리스도로 정체된다. 이 점에서 '그리스도'라는 단어는 '창세전'이라는 전치사구와 구원론적 모순이다. 요점은 이것이다. 창세전, 우리가 택함 받기도 전에 성자는 그리스도이셨다. 이 모순적 작정 속에서 우리는 구원으로 택해진다. '예정론 - 섭리 = 운명론'의 등식이 맞는다면, 본문이 말하는 작정(예정) 속에서 섭리를 어떻게 말해야 예정이 운명론이 되는 것을 피할 것인가? 성경이 말하는 예정론은 운명론과 어떻게 다른가?

이를 위해 다음 절(5절)을 읽어보자. "προορίσας ἡμᾶς εἰς υἱοθεσίαν διὰ Ἰησοῦ Χριστοῦ". 5절은 4절의 작정을 역순으로 표현한다. 예수 그리스도, 즉 구원자 메시아를 통해서 아들됨(입양)으로 우리를 예정하셨다. 영원속의 하나님의 아들께서는 창세전에 구원의 예수 그리스도가 되시고, 우리는 그리스도 안에서 하나님의 아들들로 예정된다. 그리고 이것이 하나님의 기쁘신 뜻이다. 그리스도 안에서 창세전과 창조후가 만난다. 만유의 주이신 성자 안에서 시공간이 통일된다.

---

17. 4절에서는 '그 안에서'라고 인칭대명사가 사용되지만, 3절에서 '그리스도 안에서'라는 표현을 이어받는 것으로 읽으면 그는 그리스도가 분명하다.

나는 신학자로서 물리학자가 시간과 공간을 둘이 아니라 하나로서 시공간으로 말하는 것에 놀라움을 금치 못한다. 요점은 이것이다. 뉴턴의 시대라면 미친 소리로 들릴 법한 말이 오늘날 용납될 수 있다면, 바꿔 말해 시간과 공간이 배타적 독립된 실체가 아니라 시공간으로 존재한다고 과학자가 말할 줄 안다면, 신(학)자들은 얼마나 더 그리스도 안에서 영원과 현재의 시간이 새롭게 인식된다고 말해야 하겠는가?

하나님의 기쁘신 뜻 안에서 창세전의 영원은 그리스도 안의 구원의 공간으로 연합된다. 내가 그리스도를 인식하여 믿을 때 예정된 구원은 나의 시간 속에서 비로소 결정된다. 그러니 예수 그리스도를 믿어야 한다. 그 안에 존재해야 한다. 그래야 그리스도 안에서 영원의 구원이 성취된다. 이 점에서 예정은 믿음을 반대하지 않고, 작정은 복음의 전도를 무효화하지 못한다. 구원을 향한 하나님의 섭리는 이런 방식으로 작정되고 집행된다. 구원 서막의 섭리를 이해한다면, 구원의 서정 속의 섭리 또한 이해될 수 있다. 이제 다시 한 발을 옮겨보자.

4. 구원의 golden-chain reaction

구원을 위한 하나님의 섭리는 소위 구원의 황금사슬이라고 불리는 로마서 8장 30절을 통해 설명되곤 한다. 하나님은 정하시고, 부르시고, 의롭다 하시고, 영화롭게 하신다는 것이다. 우리를 예정하신 하나님은 정한 때에 믿음을 주셔서 하나님의 백성으로 부르시고, 그리스도의 피로 우리를 의롭게 하시고, 결국 우리를 영화롭게 만들어 가신다. 구원의 서정에서 하나님의 섭리를 만난다. 이런 하나님의 은혜로운 섭리 가운데 신자에게 벌어지는 모든 일들은 종국적으로 신자에게 선을 이루는 것으로서 파악된다. 이 점에서 모든 것이 합력하여 선을 이룬다는 28절은 새옹지마(塞翁之馬)의 바울 버전(version)으로 불리곤 한다.[18] 신자에게 벌어지는 일견 불행의 실상은 더 큰 선을 위한 과정과 수단일 뿐이니 불행에 눈물 흘리지도, 행운에 성급히 춤추지도 말아야 한다는 식이다. 사실 이런 읽기는 신자들에게 적잖은 위안을 주는 것이 사실이다. 하지만 참 위로는 우리 속에서 발생하지 않으며, 우리의 감정이 그 진위를 가려주지도 않는다. 오직 참 위로는 말씀으로부터 오는 것이어야 한다. 필자는 28절의 이런 읽기에 많은 아쉬움을 느낀다. 본문을 다시 살펴보자.

먼저 30절의 모든 동사(προώρισεν καὶ ἐκάλεσεν καὶ ἐδικαίωσεν καὶ ἐδόξασεν)는 아오리스트(aorist) 시상을 가진다. 문법적으로 칭의뿐 아니라 영화 또한 하나님의 정하심과 같이 모두 과거에 발생한다. 즉 신자는 이미 의롭게 되었고, 또한 영화롭게 되었다. 영화는 미래의 전유물이 아니다. 이는 고린도전서 6장 11절에서도 확인된다. 즉 하나님의 정하심 속에는 이미 영화가 들어있다. 결국 소위 구원의 서정이라 불리는 순서는 논리적인 것이지 시간적인 것은 아니다.[19] 바꿔 말해 바울이 순서를 말하는 목적은 시간이 아니라 하나님의 뜻과 계획을 향한다. 하나님이 우리를 정하시고 부르신 목적은 의롭고 영화롭게 함에 있다. 즉 하나님의 정하심과 부르심은 단순한 정함과 소명이 아니라 처음부터 의로움과 영화로움으로의 정하심이 있는 부르심이다. 그러므로 영화와 동떨어진 부르심은 애당초 생각할 수 없다.

생각해 보자. 우리는 의로움과 영화로움을 나누어 생각하곤 한다. 물론 일차

---

18. Alan Cairns, "Providence," *Dictionary of Theological Terms* (SC: Ambassador Emerald International, 2002), 351은 섭리와 관련하여 '의인의 보호(The Protection of The Righteous)'의 관련구절로 로마서 8장 28절을 제시한다.

19. 변종길, 『로마서』, eds., 임경근, 곽대영, 대한예수교장로회 고신총회 설립 60주년 기념 성경주석 (서울: 대한예수교장로회 총회출판국, 2014), 277-78은 30절 주석에서 박윤선을 인용하면서 aorist 시상이 예언적 확신을 나타낸다고 말한다. 정하심, 부르심, 의롭게 하심은 역사적 사실을, 영화롭게 하심은 미래의 확신을 나타낸다는 것이라는 말이다. 그러나 이는 본문 자체가 구분하는 것은 아니다. 다분히 교의학적 압력에서 나오는 출력이다.

적으로 전자는 법정적이고 후자는 존재적이다. 하지만 의로움의 법정적 성격은 옆으로 미뤄두고 의(義) 자체를 생각해 보자. 완전한 의는 완전한 영화와 구분될 수 있는가? 이는 전지와 전능이 구별될 수 있으나 분리되지 않는 것과 같은 맥락에서 생각할 수 있다. 모든 것을 할 수 있는 방법을 아는 것은 전능하며, 모든 것을 알 수 있는 능력은 곧 전지하다. 마찬가지로 의와 영광은 궁극의 끝에서 하나로 만난다. 둘이 완전히 다른 개념이 아니라면 의롭다고 선언됨은 영광스럽다는 선언과 결국 다르지 않아야 한다. 내가 완전히 의롭다면 또한 완전히 영광스럽다고 말하는 것은 당연하다. 물론 완전한 영광은 완전한 거룩과도 구분되지 않는다. 우리를 이미 성도라고 부르는 것이 이를 드러낸다. 우리는 거룩하게 될 무리들이 아니라 이미 그리스도의 피로 거룩하게 된 무리들(성도)이다. 의로우신 재판장이 의롭다고 선언하시기 위해 우리를 부르실 때 우리는 사실상 의로우며, 이 점에서 그 부르심을 위해 작정하심은 애초에 부르심과도 다르지 않다. 따라서 우리는 부르심을 받기 전에 앞선 하나님의 정하심 속에서 이미 의롭고 영화롭게 된 것이다.

원자폭탄의 폭발은 핵분열의 연쇄반응으로 촉발된다. 이 반응은 너무나 순식간에 일어나서 찰나의 순간에 충격을 발생한다. 결과로서 폭발은 동시적이고 순간적이지만, 내부적으로는 분명 순서를 가진 연쇄반응(chain reaction)의 결과이다. 이는 매우 만족스럽지 못한 예이지만 이해를 돕는 면이 있다. 즉 결과로서 구원의 완성은 하나님에게는 순간적이고 동시적이지만, 우리에게 그 결과는 순서를 가진 연쇄적 사건들이라는 것이다. 결국 하나님은 선언하실 수 있다. 정해진 자들은 이미 영광스럽게 된 자들이라고 말이다. 그런데 중요한 것은 확정되고 미리 정해진 이 일을 이루시기 위해 하나님은 시간 속에서 일하신다는 것이다. 그 섭리적 일하심이 30절에 앞서 26-28절에서 설명되었다. 먼저 28절로 거슬러 가보자.

필자가 성경을 설명함에 있어 물리학을 자주 언급하는 것이 탐탁지 않을 수 있겠으나, 사실 많은 신자들이 로마서 8장 28절을 물리학의 차원에서 이해하곤 한다. 크기와 방향이 다른 두 힘의 합력은 고전 물리학에서 정확히 구해낼 수 있다. 그것은 '두 힘 각각의 제곱에 2×두힘×cos변화각을 더한 값$(F_1^2+F_2^2+2F_1F_2\cos\theta)$'의 루트(root)이다. 물론 그 합력의 방향도 특정할 수 있다. 그런데 많은 경우 이런 물리적 합력 계산 방식으로 28절을 읽는다. 즉 하나님을 사랑하는 자들에게 생기는 모든 일들은 결국 다양한 방향으로 수많은 힘들을 모아 결국 선이라는 한 방향에 이르는 합력을 만들어 낸다는 해석이다. 따라서 위에서 언급된 복잡한 합력의 루트 값을 일반인이 보는 것처럼, 우리 또한 우리에게 발생하는 일들이 어떻게 합해지고 어디로 모아지는지 그 과정을 쉽게 파악하지 못하더라도 믿음으로 최종 결과를 고대하며 지금 일어나는 일들을 섭리로서 받아들이라고 권면하곤 한다. 그러나 우리는 이런 물리학적 읽기를 벗어나야 한다.

이런 읽기에서 하나님은 발생하는 모든 일들의 배후에 놓이신다. 관심의 주인공은 발생하는 일들이고 실제적으로 하나님은 무대 뒤에서 조명을 받지 못하신다. 인생의 무대 위에 '모든 일들'이 더해지고 모아져서 선을 만들어 낸다는 읽기가 뭐가 그렇게 잘못일까? "결국 하나님께서 일하시는 것 아닌가?"라고 반문할 수 있다. 그러나 이런 읽기는 마치 옛날 볼링장의 막후를 보지 못하는 것과 같다. 핀(pin)들이 쓰러진 뒤 가림 막 뒤에서 기술자가 날쌔게 핀들을 모아 정해진 위치에 집어넣는다. 숙련된 기술자가 순식간에 핀들을 배치시키지만, 경기자(player)는 세워진 핀들에만 주목한다. 핀들 뒤의 어두운 곳에서 일하는 기술자는 보여서는 안 된다. 경기자 입장에서 모든 핀들이 잘 정렬되어 즐겁게 게임을 할 수 있게 되었으면 그만이다. 그러나 바울이 본문에서 말하려는 것은 정확히 그 반대이다. 바울은 우리에게 벌어지는 일들이 어떻게 놀랍도록 선을 향해 배치되는가가 아니라 일하시는 하나님을 주목하길 원한다. 바울이 연출하는 무대 조명의 초점은 결코 일들이 아니라 하나님이시다. 설교자가 28절에서 우리 인생 무대의 일들을 주목할 때, 그는 무대의 주인공이 아니라 소품들에 조명을 맞추고 있다는 것을 알아야 한다.

본문(28절)을 세밀히 살펴보자. "Οἴδαμεν δὲ ὅτι τοῖς ἀγαπῶσιν τὸν θεὸν πάντα συνεργεῖ εἰς ἀγαθόν, τοῖς κατὰ πρόθεσιν κλητοῖς οὖσιν." 문법적으로 본문은 여러 읽기가 가능하다. 이때 중요한 것은 바로 문맥이다. 26-27절의 바로 앞선 문맥에서 요지는 성령님과 하나님께서 우리를 함께 도우신다는 것이다. 이런 맥락에서 συνεργεῖ(합력하다, 함께 일하다)의 주어는 누구일까? 동사는 3인칭 단수의 어미를 가진다. 대부분의 한글 번역은 πάντα를 '모든 일들'로 읽고 주어로 위치시켰다.[20] 물론 이런 읽기도 가능하다. 하지만 이런 읽기는 생뚱맞다. 바울이 왜 갑자기 무대의 조명을 하나님에게서 벌어지는 일들로 옮기는지 관객이 이해하기 어렵기 때문이다. 무대에는 하나님, 연약하고 무지한 우리, 그리고 지혜롭고 선하신 성령님이 등장해 있다. 그리고 그들의 대사가 오간다. 그런데 갑자기 모든 일들이 잘된다는 대사가 들리며 조명이 주변에 널브러져 있는 수많은 잡일들의 소품을 비춘다면, 조명 감독이 졸고 있는 것임에 틀림없다. 하나님과 성령님이 무대에서 잠시 쉬실 시간인가? 결코 그렇지 않다. 방금 전까지 주인공은 성령님과 하나님이셨다. 하나님이 성령님을 통해 우리를 도우신다. 하나님 그리고 성령님이 우리와 함께 일하신다. 그것이 직전 상황이었다. 그리고는 이어서 말한다. "συνεργεῖ(그가 함께 일한다)" 그렇다면 여기서 '그'는 누구일까? 객석에 앉아 무

---

20. 개역한글, 개역개정, 표준 새번역, 우리말 성경, 현대인의 성경, 공동번역 모두가 이런 식이다. 특히 공동번역은 극적으로 묘사한다. "모든 일이 서로 작용해서 좋은 결과를 이룬다는 것을 우리는 압니다." KJV, ASV 도 다르지 않다. 한편 NIV와 RSV는 "in all things/everything God works for the good……"로 하나님을 주어로 읽었다. 하지만 Papyrus 46를 따른 것인지는 확실치 않다. 단순히 주어를 확실히 하고자 했을 수도 있다. Cf. Roger L. Omanson, Bruce Manning Metzger, *A Textual Guide to the Greek New Testament: an adaptation of Bruce M. Metzger's Textual commentary for the needs of translators* (Stuttgart: Deutsche Bibelgesellschaft, 2006), 306.

대를 집중하며 주인공들의 대사에 귀 기울이고 있었던 필자에게 그는 분명하다. 하나님 혹은 성령님이시다.

우리는 무엇을 기도해야 하는지도 모른다(26절). 이대로 가다간 우리의 삶은 완전 엉망이 될 것이다. 그러나 우리는 홀로 서 있지 않다. 성령님이 우리를 위해서 탄식하며 간구하신다. 이는 철없는 아이가 자신에게 닥친 상황을 알지도 못할 때 부모가 그를 위해 탄식으로 기도하는 모습을 떠올리게 한다. 우리의 삶은 우리 손에 달린 것이 아니다. 그보다 성령님의 기도에 달렸다고 바울은 말하고 싶은 것이다. 한편 성령님의 탄식의 기도를 들으시는 성부는 무관심한 하나님이 아니시다. 그분은 성령님의 생각을 아신다. 그렇기에 이미 우리의 승리는 결판이 난 것이다. 바울은 바로 이 지점에서 우리가 무대의 주인공들을 향해 박수치기를 원했을 것이다. 섭리라는 막의 절정(climax)은 '모든 일들이 잘되어감'이 아니라 '성령님과 하나님의 함께 일하심'에 놓인다. 무지한 우리를 두고 성령님은 탄식으로 기도하시고, 그 성령님의 생각을 살펴 넉넉히 아시고 일하시는 성부가 계신다. 성부와 성령께서 그렇게 함께 일하신다. 기도하시는 성령님과 그 생각을 낱낱이 아시는 하나님이 나의 편이시다. 나는 혼자가 아니라 성령님과 아버지 하나님과 하나이다. 모두가 함께 일하고 있다. 여기에 절정의 포르테(forte)가 붙여져야 하지 않겠는가?

여기까지 수긍되었다면 28절은 사실상 27절의 반복에 가깝다는 것을 보게 된다. 28절의 πάντα는 누구(무엇)인가? 그 후보로는 앞서 등장했던 인물들, 즉 성도, 성령님, 하나님, 함께 탄식하며 고통 받는 피조물들이 가능하겠다. 우리에게 발생하는 인생사의 모든 일들은 등록되지 않은 후보이다. 이 점에서 새옹지마 식으로 본문을 읽는 것이 생뚱맞다고 말한 것이다. 가능한 후보들을 대입하여 수십 가지의 읽기가 가능하다. 중요한 것만을 고려해 보자. 크게 πάντα를 주격, 대격, 혹은 부사적 대격으로 보느냐로 구분할 수 있다. 먼저 주격으로 보자면, 성령님과 하나님, 우리, 피조물들의 가능한 각각의 조합 혹은 그 모두가 선으로 함께 일한다.[21] 여기서 등록된 후보는 아니지만 πάντα를 모든 일들로 읽는다면, 모든 일들이 선으로 함께 일한다. 둘째, 대격으로 읽는다면, 이 경우 주어는 동사에 숨어 있다. 곧 그(하나님?)가 함께 일하셔서 모두(성도, 피조물들)를 선으로 (이끄신다). 여기서 다시 πάντα를 모든 일들로 읽는다면, 그가 함께 일하셔서 모든 일들을 선으로 (이끄신다). 마지막 셋째, πάντα를 부사의 의미(adverbial accusative)로 읽으면, 그가 선으로 모든 면에서(in all respects), 혹은 전적으로(altogether) 함께 일하신다.

가능한 해석은 더 있지만 언급한 주요 가능성 중에서 가장 개연성이 큰 것은 '함께 일한다(συνεργεῖ)'라는 동사와 부합하는 모습으로 바로 앞의 문맥에서 등장하는 주인공이다. 즉 26-27절의 성도를 도우시는 하나님과 성령님이시다. 요지는 이것이다. 성령님은 반드시 포함되어야 한다는 것이다. 하나님이 아닌 일들을 주어로 읽는 것은 문맥에 무관심한 읽기이다. 사실 이런 읽기는 이문(異文)을 통해 동의된다. Papyrus 46의 기록자 역시 본문의 중심을 하나님께 두고 읽었다 (πᾶν συνεργεῖ ὁ θεὸς εἰς ἀγαθόν, 하나님께서 함께 역사하셔서 모두를 선으로 이끄신다). 초점은 이것이다. συνεργεῖ(합력하다, 함께 일하다)의 접두전치사 συν은 일들이 함께 서로를 향하는 것이 아니라 하나님께서 우리를 향하시는 함께(συν)를 나타낸다. 바울이 우리로 하여금 보기를 위한 것이 바로 이것이다. 곧 **합력되는 일들이 아니라 합력하시는 하나님을 봐야 한다.** 이 차이의 중요성은 우리가 생일에 선(善)을 위한 물건들(선물)이 아니라 그것들을 주는 이의 얼굴을 봐야 함과 같다. 본문은 바울의 강조대로 이렇게 읽혀야 한다. 이런 읽기가 두 주인공, 하나님과 성령님에게서 주변의 일들로 조명을 옮기지 않고 무대를 보는 읽기이다.

한편 필자는 하나님을 포함하는 주어로 πάντα를 놓고 질문한다. 왜 바울

---

21. 중성 복수 주어는 단수 동사를 취한다.

은 πάντα를 사용하는가?[22] 필자는 여기 πάντα에 하나님과 성령님을 중심으로 19-22절의 피조물들을 포함하여 읽고자 한다. 즉 성령님, 하나님과 모든 피조물들이 선으로 합력하고 있다는 말이다. 지면이 좁아 넓은 설명을 그릴 수는 없지만 숲을 그려본다. 바울은 지금 창세기의 타락을 배경으로 반전의 드라마를 설명하고 있는 것이다.[23]

하와의 범죄로 받은 하나님의 심판은 하와는 남편을 사모하고 남편은 하와를 다스리는 것이었다(창3:16). 하와의 남편을 향한 '테슈카(desire, 사모, 욕망)'에 대해 여러 설명이 있었다. 3장 16절은 창세기 4장 7절과 정확히 같은 구문을 가지는데, 4장 7절과 같은 맥락에서 볼 때 사랑의 마음보다는 지배욕으로 읽어야 한다.[24] 이럴 때 본문은 하와를 통해 죄가 계속 지배하려고 욕망하지만, 참 남편의 다스림[25]을 통해 죄의 권세가 깨질 것을 구속사적으로 예견한다. 한편 아내와 남편의 회복된 관계를 사랑의 노래(아가)는 여인의 잘못된 욕망이 아닌 남편을 향한 사랑으로 묘사한다(아7:11). 요지는 이것이다. 하와는 남편을 지배욕이 아닌 사랑으로 원해야 하는 존재라는 것이다. 이것을 기억하고 로마서 8장 28절을 읽으면 "하나님을 사랑하는"이라는 표현은 단순히 좋은 표현이 아님을 보게 된다. 특히 선

---

22. 중성도 person(사람)에게 사용될 수 있다(갈3:22). 디모데전서 6장 13절에서는 인류와 생명 있는 피조물 모두를 포함한다. 또는 언급된 모두의 요약(summation)의 의미로 이해될 수도 있다. William, F. Arndt, F. Wilbur Gingrich, *A Greek English Lexicon of the New Testament and other Early Christian Literature* (Chicago: The University of Chicago Press, 1957), 638. 문법적으로 중성의 성령님, 남성의 하나님, 사람들과 모든 생명을 요약하는 의미에서 중성 복수가 적절하다.

23. 이런 경우는 바울 서신에 많이 등장한다. 예를 들어, 디모데전서는 창세기의 암시의 연속이다. 3장 1절에서 선한 일을 사모함은 하와의 악을 향한 탐욕의 반전을, 4장 3절에서는 결혼한 하와가 먹는 것을 통해 죄 지음을, 6장 10절에서는 모든 악의 뿌리는 선악나무의 뿌리가 탐욕에 있었음을 배경으로 말한다. 3장 1절은 송재영, "구속사적 관점에서 본 여성과 목사," 「광신논단」 32 (광주: 광신대학교 출판부, 2022)를 참조하라.

24. 한정건, 『창세기』, 대한예수교장로회 고신총회 설립 60주년 기념 성경주석 (서울: 대한예수교장로회 총회출판국, 2016), 94-96은 창세기 3장 16절의 테슈카(teshuqa)가 등장하는 4장 7절과 아가 7장 11절중에서 후자 보다는 가인과 죄의 관계를 묘사하는 전자와의 대조 속에서 읽어야 한다고 말한다. 특히 3장 16절이 심판의 문맥임을 고려할 때 이는 매우 타당한 읽기이다.

25. LXX 창세기 3장 16절의 κυριεύω 동사를 주목하라. 하와를 다스리는 참 남편은 우리의 주(κύριος)이시다.

(ἀγαθόν)이라는 단어와 함께 등장함을 주목하자. 사단은 하나님의 피조물인 뱀과 하와를 이용했다. 하와는 아담을 사랑하기보다는 죄의 세력으로 지배하려 하였다. 결국 하와는 선악 지식의 열매를 먹음으로 선이 아니라 악의 지식을 얻는다. **사단, 하와, 피조물(뱀) 모두는 악을 향해 합력했다.**

이런 구속역사의 보색 조명을 비추어 본문을 읽으면 본문의 빛이 확연히 드러난다. 사단은 악과 사망을 이루었다. 선과 악을 온전히 알지 못했던 하와 같은 우리는 여전히 마땅히 빌 바를 알지 못한다. 뱀의 반역의 독은 모든 피조물에 퍼져 사망의 탄식으로 구속을 기다린다. 사단이 일한 결과는 참담하다. 하나님의 영광이 아니라 죄의 종의 비참에 이르렀다. 그러나 우리는 혼자가 아니다. 하나님을 사모하는 우리를, 하와를, 하나님께서 다스리실 차례이다. 이제는 더러운 영, 악령, 사단이 아니라 거룩한 성령님께서 우리와 함께 일하신다. **신랑이신 하나님**[26] **을 사모(사랑)하는 자에게 성령님과 탄식하는 피조생물은 선을 향해 모두 합력한다.** 결과는 이미 결정되었다. 이어서 사도는 우리가 앞서 살핀 30절을 말한다. 하나님께서 영광을 위해 우리를 이미 정하시고 부르셨다는 것이다.

예정하고 부르신 이들은 이미 영광스럽게 되었다. 그런데 이를 하나님은 우리의 삶 속에서 실현하시길 원하신다. 따라서 우리는 이를 성취해야 한다. 우리는 부르심에 응해야 하고, 믿음을 통해 의롭게 되어야 하며, 영화를 위해 나아가야 한다. 그런데 우리의 이 일을 하나님이 함께 행하신다. 하나님이 혼자 하심도 아니고, 우리가 혼자 함도 아니다. 우리와 하나님이 함께 한다. 이는 또한 사도의 다른 서신인 빌립보서 전체의 주요 주제가 아니었던가(빌2:12-13)? 이 영광의 신비가 바로 섭리인 것이다. 이 점에서 인간은 섭리에 기여한다. 언약에서 인간의 반응이 하나님의 구원을 이루듯이[27] 하나님의 섭리라는 놀라움은 하나님만의 것

---

26. 신약에서 성도의 신랑은 새 아담이신 그리스도이시지만, 구약에서 신랑은 야훼 하나님으로 표현되었다.
27. 구원을 이룬다는 것은 성경의 표현(빌2:12)으로 언약적 용어이다. 이를 그대로 말해야 한다. 언약에서 이런 요구

이 아니다. 하나님께서 정하신 자들이 죄로 이르지 못한 하나님의 영광(롬1:23)을 되찾도록, 에덴의 역사를 새로 쓰시는 하나님께서 함께 일하신다. 뱀을 통해 들어온 죄가 빚은 금수와 버러지의 피조물 형상의 영광이 아니라 그리스도 형상의 참 영광을 하나님은 만물과 함께 되찾으신다. 이를 위해 우리는 영광으로 부름을 받고 정해진 자들이다. 이 점에서 우리는 하나님의 동역자로서 하나님을 돕는 자들이다. 하와가 아담을 돕기 위해 작정되었듯이, 그리스도의 신부인 교회는 그리스도의 영이신 성령님과 함께 하나님의 통치인 섭리를 함께 완성한다. 악을 선으로 바꾸시는 하나님이 하와들(교회)과 피조물들과 함께 만물이 그분의 뜻을 따라 십자가 나무의 선을 이루도록 함께 역사하신다.

5. 함께하는 섭리, 함께하는 고난

사실 바울이 하나님께서 함께 일하심을 말하는 이유는 우리의 현재의 삶이 순탄하지 않기 때문이다. συν(함께) 문구는 8장을 한참 거슬러 올라 17절에서도 강조된다.[28] 우리는 함께 영광을 받기 위해(ἵνα καὶ συνδοξασθῶμεν) 고난을 함께 받는다(συμπάσχομεν). 매우 중요한 것은 17절의 '함께 영광 받음(συνδοξασθῶμεν)'은 30절의 '영화(영광)롭게 하셨다(ἐδόξασεν)'라는 말과 같은 어근을 공유한다는 것이다. 바울은 30절에서 하나님은 우리를 예정하고 부르셔서 영광스럽게 하셨다고 말한다. 결국 이는 지금 우리가 고난을 받는(17절) 이유를 말하기 위함이다. 즉 고난의

가 비로소 가능하다. 의롭게 됨은 믿음으로만 아니라 행함으로 되는 것이라는 말도 마찬가지이다. 이는 주석이라는 요리 이전의 날 것으로서 하나님의 말씀(약2:24)이다. 안타깝게도 야고보서 2장 24절도 주요 암송구절이 아니다. 설교에서도 말씀 그대로의 선포가 희귀하다.

28. 16절에서도 이미 συν-동사는 등장한다. 성령님이 함께 증언하신다(συμμαρτυρεῖ)

목적과 이유는 영광이다. 고난 없는 영광은 없다. 따라서 고난을 받는 자는 영광을 받은 것과 다름이 없다. 이런 맥락에서 지금 고난 받는 자들은 이미 영광을 받은 것이다. 따라서 우리는 성령님과 하나님이 함께 일하고 계심(συνεργεῖ)을 믿으며 현재의 고난을 견뎌야 한다. 하나님의 섭리는 놀랍다. 없음은 있음의 반대가 아닌가? 무에서 유를 만드셨던 하나님, 어둠에서 빛을 내신 하나님은 고난으로 영광을 이루신다. 최악의 재료로 최고의 요리를 만들어내는 요리사의 솜씨가 최고이듯이, 고난이라는 버린 돌로 영광의 조각상을 깎아내시는 하나님의 일하심은 역설로 가득하다.

그러나 이는 사실 낯설지 않은 것이다. 이는 성경의 가르침의 XYZ가 아니라 ABC에 해당하는 진리이다. 예수님이 십자가를 지실 때 그분은 그것을 고난이라고 말씀하지 않으셨다. 도리어 그것은 예수님의 높아지심, 즉 영광 받으심이었다(요12:23). 이는 수사적 표현이 아니고 실제적인 기술이다. 십자가의 들림은 실상 높이 들려짐이었다. 고난과 영광은 그렇게 나뉘어질 수 없는 것이다. 섭리로서 십자가(고난)를 좀 더 살펴보자.

6. 섭리와 기도

하나님이 세상을 다스리신다면 왜 고통과 아픔을 윤허(允許)하시는가? 이번 학기 초 동료 교수의 비보가 들려왔다. 등교하던 아들이 교통사고로 주님의 품으로 떠났다는 것이다. 믿음으로 하나님과 낙원에 있음을 보지만, 아픔은 여전히 믿음과 함께 남는다. 기도는 무엇인가? 기도가 부족해서 이런 비극이 생기는 것인가? 기도로 이런 아픔을 막거나 없앨 수는 없는가? 현대의 많은 성도들이 실천적 차원에서 기도를 부적 비슷한 개념으로 이해하곤 한다. 로마서 8장 28절은 이 미신적 믿음에 자주 오용되었다. 열심히 기도하면 최종적으로 좋은 일이 생긴다는 것이다. 우리의 무지를 과소평가하지 말자![29] 보통의 경우 무지는 지식보다 강력하다. 실제로 이렇게 생각하는 교인들은 헤아릴 수 없이 많다. 기도는 하나님의 계획을 변경시킬 수 있는 프로그램 수정인가? 기도는 슬픔이라는 연필과 함께 동봉된 지우개라는 하나님의 선물인가? 바울의 기도는 사뭇 다른 이야기를 들려준다.

1) 바울의 가시(σκόλοψ τῇ σαρκί)

기도로 능력을 행하고 수많은 병자를 고치며 복음으로 로마를 정복한 사도 바울의 기도도 정작 그 자신의 가시는 뽑아내지 못했다(고후12:7). 어째서 이런 일이 벌어졌을까? 단지 우리의 기도가 응답되지 않는 것에 위안을 주기 위해서 믿음의 거장 바울의 실패담(?)을 소개한 것일까? 그 의미를 바로 알기 위해 우리는 먼저 그 가시의 재료가 무엇이었는지를 알아야 한다. 그래야 사도의 아픔의 정체를 알 수 있기 때문이다. 필자가 이 오랜 정형적 질문을 다시 말하는 이유는 바울이 찔리지 않은 짝퉁 가시에 대한 이야기가 설교에서 회자되기 때문이다.

대중적으로 가시를 병으로 규명한다.[30] 이는 오랜 전통을 가진다(Jerome, Tertullian). 이는 "육체의(τῇ σαρκί)"라는 수식어 때문이다. 바울의 가시는 육체와 관련된 것이었다. 주로 언급되는 진단은 안질 혹은 간질 등이다.[31] 비늘 같은 것이

---

29. Calvin, 『칼빈의 기도론 -기도에 대한 올바른 이해-』, 김성주 역 (서울: 반석문화사), 14-15은 섭리를 말하며, 기도는 하나님을 번거롭게 하는 일이라고 말하는 어리석음을 질책한다. 하나님이 스스로 넘치도록 주시지만, 기도에 대한 응답으로 알게 하시기 위해 기도해야 한다고 말한다. 또 작정을 거스르는 기도에 대해 아우구스티누스의 말을 인용한다. 이때도 하나님의 불변하시는 뜻을 따라 기도하는 것은 아니지만 다른 방식으로 응답하시기 위해 넣어 주신 하나님의 뜻을 따라 기도하는 것이기 때문에 믿음으로 기도하는 것으로 간주된다고 말한다(49). 필자가 보기에 많은 경우 주변의 기도에 대한 생각은 칼빈의 것과 적지 않은 차이를 보인다.
30. 마이클 고먼, 『삶으로 담아내는 십자가—십자가 신학과 영성』, 박규태 역 (서울: 새물결플러스, 2010), 458. 한편 R. Bultmann, *Theology of the New Testament* (New York, 1951), 233은 이 견해에 큰 무게를 실었다.
31. 흥미롭게도 Margaret E. Thrall, *A Critical and Exegetical Commentary on the Second Epistle of the*

떨어져 나갔다는 기록을 그 엑스레이(X-ray) 증거로 제시한다. 그리고 갈라디아 교인들이 눈이라도 빼어 주었을 것이라고 말하는 것(갈4:15)으로 확진한다. 그런데 필자의 눈에는 어처구니가 없다. 계시를 보는 것이 결국 질병의 상흔을 남긴다면, 구약의 많은 선지자들은 태반이 안질 환자였을 것이다. 이사야, 에스겔은 물론 신약의 요한도 심각한 시각 장애의 더 많은 가시가 박혔을 것이다. 오순절 성령의 불이 각 사람의 머리위에 임해서 은혜를 받았다고 해서 모두 탈모의 상흔을 남긴 것은 아니다. 비늘이 벗겨진 것은 실제 사건이지만, 상징적인 의미가 있다. 모세의 수건이 벗겨져야 하듯이, 바울의 비늘이 벗겨짐은 그가 이제 영적인 눈을 뜨고 실상을 보게 되었다는 것을 의미한다. 우리는 사랑하는 자식을 두고 눈에 넣고도 아프지 않다고 말한다. 훗날 우리 문화를 연구하는 사학자들이 이를 두고 자식의 신체 일부를 눈에 넣어 통증을 치료하는 경우가 있었다고 읽는 것은 어리석은 짓이다. 눈은 가장 귀하고 민감한 신체를 말한다. 따라서 갈라디아 교인들은 눈이 아니라 그들의 생명도 주고자 했음을 그렇게 말한 것이다. 이런 읽기는 십자가를 지라는 말씀을 물리적으로 받아 3×2m의 십자가를 걸머지고 다니는 어리석음과 매 한가지이다. 한마디로 질병을 말하는 해석은 필자에게는 선택지 뒷면에도 없다.

먼저 문법적으로 미리 말할 것이 있다. 바울은 속격의 2격이나 처격의 3격 전치사(ἐν τῇ σαρκί)를 써서 말하지 않는다. 가시는 육신에 주어진 것이 아니라 바울에게 주어진 것이다(ἐδόθη μοι). τῇ σαρκί 3격은 관점(관설)의 여격(Dative of Respect or Reference)으로 육신적 측면에서 가시를 주셨다고 읽어야 한다. 그리고 상식적인 이야기이지만 바울신학에서 육신(σάρξ)은 일차적으로 신체의 구성요소로서 살과 뼈로 이루어진 몸을 일컫는 말이 아니다. 사단적 세력으로서 죄와 관계된 인

Corinthians, ICC (London; New York: T&T Clark International, 2004), 808은 심한 두통, 즉 편두통 (migraine) 혹은 자주 반복되는 열(fever)일 가능성이 크다고 말한다.

간의 실존을 가리키는 전문용어이다.[32] 우리는 이런 바울의 언어 습관을 따라 본문을 들어야 한다. 육신의 가시는 몸의 가시가 아니라 죄의 세력과 관계된 가시라고 우선적으로 읽는 것이 기본이다. 특히 고린도교회에게 말할 때는 더욱 그러하다. 고린도전서 3장 1절과 3절에서 고린도교인들을 향해 육신적이라고 말하는 것은 질병과 관계된 말이 아니라, 성령의 반대로서 죄의 지배를 여전히 받고 있는 것을 질책하는 말이다. 이는 5장에서도 확인된다. 5장 5절에는 고린도후서 12장 7절의 주요 단어인 사단과 육신이 함께 등장하는데, 여기서 육신의 멸함은 몸의 질병을 말하는 것이 아니다. 바울은 5장 3절과 비교하여 몸과 육신을 정확히 구분하여 사용한다. 4절과 이어서 5절을 읽을 때 사단에게 내어줌은 고린도교회가 공회로 모여(συναχθέντων) 출교함을 의미한다. 출교는 육신을 병들게 하는 것이 아니라 육신적 죄의 세력을 파괴하여 영을 구원하기 위한 조치이다. 고린도교회에게 보낸 편지에서 육은 병이 아니라 사단적 세력이다. 육신의 가시를 병명으로 듣는 것은 마치 사투리를 이해하지 못하듯 바울의 영적 방언을 알아듣지 못하는 소통의 오류이다.

가시를 보다 정확히 진단하기 위해서는 상황을 보아야 한다. 문제 많은 고린도교회에서 사도는 자신의 사도권의 신적 권위를 강조한다. 이런 이유에서 바울은 자신이 셋째 하늘에 올라가 지극히 큰 계시를 받았다고 말한다. 이것이 본문의 배경이다(12:1). 즉 이런 배경에서 자랑하지 못하도록 육체의 가시를 주셨다는 것이다. 이런 처지에 질병이 자랑을 못하게 하는 것이었을까? 물론 질병이 하나님의 함께 하심을 의심하게 하는 경우로 이해될 수 있음은 사실이다. 그러나 지

---

32. A. C. Thieselton, "Flesh," ed., Colin Brown, *Dictionary of New Testament Theology* Vol. 1 (Grand Rapids: Zondervan Publishing House, 1971), 675-76은 이를 잘 지적한다. 그러나 그는 σάρξ가 바울서신에서 단순한 의미에서 육신(mere flesh of men)의 뜻으로 쓰인 경우를 가장 먼저 소개하며, 그 예로 고린도후서 12장 7절과 갈라디아서 4장 14절을 잘못 제시한다(674).

극히 큰 계시를 받은 것과 반대되는 무엇을 통해 자랑하지 못하게 만드셨다고 읽는 것이 더욱 문맥을 따르는 읽기이다. 예를 들면, 이런 것이다. 암기를 잘하는 이가 집 전화번호를 외우지 못하거나, 명의가 늘 감기를 달고 산다거나, 마라톤 선수가 단거리만 뛰면 넘어지는 경우와 같은 맥락 말이다. 즉 약함이 육신적 약함이 아니라 복음적, 계시적 약함으로 대조되는 것이 배경 색과 대조적 명함을 잘 드러낸다는 것이다.

　일반적으로 특별한 부름을 듣고 지극히 큰 계시를 받은 경우 그에 부합하는 특별한 복음과 계시의 능력이 나타날 것으로 기대한다. 그러나 도리어 복음과 계시의 선포에 지장을 받고 반대를 만나고 억압을 당함으로써 그 사도적 사역에 지장을 받는다면, 많은 사람들이 바울의 사도적 권위, 즉 하나님의 특별한 부르심을 통한 하나님의 함께 하심을 의심하려 들었을 것이다. 하나님이 함께 하신다면 왜 사도가 그 직책을 수행하는 데 있어서 심각한 반대와 박해가 계속되는가? 왜 하나님은 대적들을 제거하시지 않는가? 하나님이 바울을 특별히 부르신 것이 맞는가? 그의 권위는 과연 신적인가? 등등 연쇄적인 질문들이 쏟아져 나왔을 것이다. 역시 맘에 들지 않는 예이지만, 관점의 전환이 중요하기에 부득불 예를 들어보겠다. 필자의 어리석음을 용서하길 바란다. 이론 물리학자 호킹(Stephen Hawking)을 생각해 보자. 그는 병으로 인해 물리적으로 아무것도 할 수 없었지만, 그의 물리학적 권위는 조금도 손상되지 않았다. 그러나 만일 그가 말하는 것에 학자들의 과학적 반대와 도전하는 이론들이 계속해서 거세졌다면, 그래서 대학과 학계에서 퇴출되었다면, 그에게서 배우는 이들이 그의 과학적 권위와 자질에 의구심을 갖게 되지 않았을까?

　본 글을 위해 필자는 많은 A4지를 분배받지 않았다. 짧은 지면상 이제 설명의 짧은 길을 택하겠다. 상세한 어의탐구(semantics)를 건너뛰는 길이다. 성경적으로 가시는 상징적 의미를 가진다. 예수님의 십자가는 사실상 가시로 특징된다.

머리의 가시관과 손과 발의 쇠못가시 그리고 옆구리의 긴 가시는 6중적으로 그 의미를 눈을 찌르듯이 강력하게 보여준다. 물론 이 가시의 찔림을 통한 구원의 역사는 소위 원시복음에서 시작되어 모세를 통해 진전되어 드러난다. 뱀은 메시아의 발꿈치를 물 것이다. 모든 이빨은 궁극적으로 가시이다. 뱀의 경우는 더욱 특이하게 독을 집어넣는 가시로서 주사기와 같은 역할을 겸한다. 아무튼 뱀 이빨에 **찔리도록** 작정된 구원의 하나님은 출애굽이라는 본격적인 구원의 역사에서 호렙 산에서 자신을 계시하신다. 이때 구원하시는 전능의 하나님은 불로 그 능력과 영광을 나타내셨지만, 역설적으로 가시에 **찔리는** 모습으로 계시된다(출 3:1-3; 행7:35). 구원은 그렇게 나타났다. 능력이 가시와 함께 나타난 것이다. 가시에 찔리시는 하나님은 바로 그 방식을 통해 이스라엘을 구원하신다. 그리고 영광의 불꽃 가운데 가시에 찔리신 하나님은 영광의 불꽃인 십자가의 한 가운데서 머리부터 팔다리 그리고 몸통을 가시에 **찔리심으로** 가시 떨기 한 가운데서 구원을 이루신다. 십자가가 가시임을 볼 때 그리스도께서 아담과 하와의 범죄로 가시를 낸 온 땅의 저주(창3:18)에 의해 찔리심을 본다. 그리고 뱀의 독이 들어간 가시 구멍을 통해, 십자가의 가시 박힌 구멍을 통해 쏟아진 생명의 피가 온 세상의 저주를 역설적으로 해독했음을 본다.

그러나 찔림의 구원사역은 예수님으로 종결되지 않는다. 십자가의 구원의 능력은 예수님의 승천 후 사도들을 통해 계속된다. 사도들은 예수님이 하시던 일을 대리한다. 복음과 구원의 능력과 영광이 사도들에게 이어진다. 사도들을 중심으로 예수인들이 모여 기도할 때 호렙 산에서와 같이 하나님은 불로 임하셨다(행 2:3). 떨기나무와 십자가를 기억할 때 이제 그 구원은 반드시 가시를 통해 수행되어야 한다. 사실 예수님에게 진짜 가시는 못과 창이 아니라 유대인들이었다. 창 끝이 아니라 그 반대 끝을 잡고 있는 손을 보아야 한다. 유대인들이 로마 병사들을 시켜 못으로 질렀다. 살인의 창에 묻은 지문은 최종적으로 유대인들의 것으로 드러났다. 이 점에서 예수님의 가시는 예수님의 대적들, 곧 유대인들이었다.

하나님과 하나님의 백성을 대적하는 사단적 세력을 향해 성경은 지속적으로 찌르는 자들이라는 가시 메타포(metaphor)를 사용해왔다(민33:55; 겔28:24). 가나안 사람들은 뽑아내야 할 눈과 옆구리의 가시였다. 그러나 이런 사단적 세력은 이스라엘 역사 속에서 언제나 있었다. 그런데 놀랍게도 그 배역을 도리어 유대인이 맡았다. 하나님의 능력은 말씀의 선포자들을 통해 증거되었지만, 말씀의 전달자들은 도리어 약하였다. 엘리야를 보라. 그의 약함은 질병이 아니었다. 그는 하나님의 말씀을 능력 있게 **불**로 증거하였지만, 도리어 그는 대적들에게 쫓기는 신세가 된다. 신약의 베드로는 오순절 성령의 **불**을 증거하며 엘리야의 사역을 이어 나갔지만, 감옥에 갇히고 핍박받는 약함에 처했다. 그들의 약함은 질병이 아니라 대적들의 세력에 고난당하는 약함이었다. 능력으로 말씀을 증거했지만, 정반대로 대적들로부터 말씀의 방해로서 찔림을 당하는 그것, 그 가시가 그들의 약함이었다.

바울을 통해 드러난 복음의 능력은 가장 강력하였다. 그는 아시아, 마게도냐, 아가야와 로마에 불을 내렸다. 복음으로 제국 전체가 타올랐다. 네로(Nero)가 그리스도인들이 로마에 불을 질렀다는 고소는 일면 틀린 말이 아니었다. 하여간 불같은 능력으로 복음을 전한 바울의 삶도 전혀 다르지 않았다. 그도 복음의 방해(박해)를 받았다. 잘 알듯이 바울의 주적은 유대인들이었다. 유대인들은 안디옥과 갈라디아를 거쳐 바울이 다니는 곳마다 따라다녔다. 바울에게 복음의 반대자들, 하나님을 대적하는 자들은 골육들이었다. 유대인들은 하나님의 백성으로 자칭했지만, 실상은 영적 가나안인들이었고 그렇게 가시가 되었다. 유대인들의 가시에 찔려 죽으심으로 구원을 이루신 예수님의 뒤를 바울도 그렇게 걸었다. 그의 전도여행은 불붙은 가시의 길이었다. 그렇게 호렙에서 시작된 가시떨기의 불은 바울에게도 번져 있었다. 그러나 그는 투덜거리지 않고 자랑으로 그 불길을 걸었다.

그 이유는 무엇이었는가?

나는 믿는다. 사도는 복음의 능력, 곧 하나님의 능력이 대적들을 통한 찔림(박해)으로 도리어 드러난다는 것을 발견한 것이다.[33] 이는 정확히 그리스도께서 구원을 이루신 하나님의 역설적인 방식으로서의 섭리였다. 바울은 그 놀라운 복음의 방식이 자신의 사역 속에서 계속됨을 발견한 것이다. 그것이 바로 소스라칠 만큼 놀라운 유일하신 하나님의 유일한 방식이다. **바울은 자신의 가시를 통해 그리스도의 십자가가 계속되고 있음을 보았다.** 그 없어지길 손 모았던 가시가, 바로 그 가시가 실상은 구원의 능력이었다. 그래서 바울의 고백은 기도의 부정적인 응답을 받아들이는 믿음의 체념이 아니라 가시 영광의 한 가운데서 소리치는 승리의 환호성이었다.

2) 오해의 가시와 영적 족집게(tweezers)

위의 읽기는 다음 세 가지로 거듭 확인된다. 먼저 곧 바로 이어지는 10절의 바울 자신의 규명이다. 바울은 자신의 연약한 것을 열거한다. 이어지는 전치사구들(ἐν ὕβρεσιν, ἐν ἀνάγκαις, ἐν διωγμοῖς καὶ στενοχωρίαις)은 약한 것들(ἐν ἀσθενείαις)의 설명적 동격으로 읽어야 한다. 약함은 질병이 아니라 능욕, 궁핍, 박해, 곤고이다. 핍박과 환난을 받아 약할 때, 바로 그때가 가장 강한 때이다. 기어코 주목하자. 바울의 목록에는 질병이 빠져있음을! 이어서 이런 읽기는 계시록에서도 검증된다. 이방인의 사도 바울을 향한 사단의 공격은 소아시아의 이방교회들 또한 공격했다. 하나님의 교회를 대적하는 세력으로서 가시 같은 유대인들의 실상을 요한은 폭로

---

33. 약함으로서 바울의 박해는 도리어 복음의 능력이었다. Michael L. Barré, "Qumran and the 'Weakness' of Paul," *The Catholic Biblical Quarterly*, 42 no 2 Apr 1980, 217-18는 약함이 복수형임을 주목하며 단순히 힘의 결여가 아닌 구체적 사건들(events)로 말한다. 그는 쿰란 분파의 문헌(1QH 9:25-26)을 통해 능력의 반대로서 약함(고후12:10)이 핍박임이 확인된다고 말한다.

한다. 그들은 유대인의 모임이 아니라 사단의 집단(회)이었다(계2:9; 3:9). 유대인들은 이방인의 사도에게도, 이방교회에도 사단의 사자들이었다. 사단이 보낸 사자의 정체는 성경에 의하면 백내장이나 바이러스가 아니라 사람들이었다. 반복한다. 질병은 복음을 반대할 수 없다. 오늘날 암이 복음의 장애가 될 수 없음과 마찬가지이다. 복음은 사단적 세력만이 방해할 수 있다. 바울의 복음을 반대한 사단이 보낸 사자(messenger)[34]는 죄의 세력으로서 바울의 하나님을 대적한 가시들, 즉 유대인들이었다. 이렇게 가시 진단 키트(kit)의 모든 표지들이 육신의 가시를 질병이 아니라 유대인들로 진단한다.[35]

이제 세 번째로 우리가 갈라디아서 4장 13-14절을 오해해왔다는 것을 보게 된다. 갈라디아교회의 전도는 바울의 육체의 약함 때문에(δι' ἀσθένειαν τῆς σαρκὸς)[36] 시작된 것이었다. 약함과 육체는 고린도후서 12장 7-9절의 바울의 가시에서 매우 중요한 단어이다. 따라서 두 본문은 반드시 연관되어 있다. 육체의 약함 때문에 갈라디아교회의 전도가 시작되었다는 말은 무슨 뜻인가? 바울이 병 때문에 갈라디아 지역에 전도하게 되었다는 것인가?[37] 신약 어디에도 이런 정보를 찾을 수 없다. 많은 주석서들의 설명은 성경이 아니라 상상에서 퍼 올린 것이다. 그러나 사도행전 13-14장은 여러 번 이를 정확히 말했다. 사도행전 13장 44-46, 50-51절,

---

34. 사자(ἄγγελος)라는 용어가 이미 질병이 아님을 보여준다. 영어 angel과의 연관으로 ἄγγελος를 주로 천사로 읽지만, 천사만이 아니라 우선적으로 전달자(messenger)를 말한다. 천사도 메신저의 역할을 한다. 하나님이 보내신 선지자들도 하나님의 메신저들이다. 이 점에서 유대인들은 메신저들, 곧 사자들이었다. 한편 David Abernathy, "Paul's Thorn in the Flesh: A Messenger of Satan?," *Neotestamentica*, 35, no 1 (2001): 69-79는 사도가 병이 낫기를 기도하지 않았음을 잘 본다. 하지만 사단의 사자를 은유적(metaphorical)으로 읽기보다 육체의 가시라는 은유에 대한 구체적 언급(non-metaphorical)으로 읽는다. 그는 '사단의 사자 같은'이 아니라 '사단의 사자'라고 말함을 강조한다. 그에게 사단은 문자적이다(literal demon).

35. Terence Y. Mullins, "Paul's thorn in the flesh," *Journal of Biblical Literature*, 76 no 4 (1957): 299-303 또한 사람 혹 대적을 가시로 본다.

36. 이어지는 4격 명사는 전치사 διά를 '통해서'가 아니라 '때문으로' 읽게 한다.

37. David E. Garland, *2 Corinthians*, Vol. 29, *The New American Commentary* (Nashville: Broadman & Holman Publishers, 1999), 519-20은 그렇게 생각한다.

14장 2, 5-7, 19-21절을 보라. 유대인들이 바울의 전도를 강력히 방해함으로써 바울은 쫓겨 다니며 갈라디아 지역에 선교했다.[38] 고린도후서 12장 7-9절에서 우리는 바울의 약함, 즉 육체의 가시가 유대인들의 방해임을 보았다. 바울은 이미 그 표현을 갈라디아서 4장 13절에서 쓰고 있었던 것이다. 육체적 약함 때문에, 유대인들의 방해 때문에 갈라디아인들이 복음을 받았다.

바울은 하나님이 처음부터 보내셔서 갈라디아로 온 것이 아니다. 겉으로는 대적들의 방해로 오게 된 것이었다. 이것은 갈라디아인들을 시험하는 것이었다(갈 4:14). 그럼에도 갈라디아인들은 바울을 도망자가 아닌 하나님의 사자(천사, 14절)로 받았다. 고린도후서 12장 7절의 표현을 빌리면, 사단의 사자들로 인해 갈라디아인들을 전도할 때 도리어 바울은 하나님의 사자로 받아들여졌다. 다시 한 번 하나님의 섭리의 역설을 본다. **사단의 사자가 하나님의 사자를 파송하는 기이한 예수행전을 말이다.**

이런 맥락에서 바울이 가시를 없애 달라고 세 번이나 기도한 것을 비로소 이해할 수 있다. 다시 생각해봐야 한다. 질병이 정말 바울의 사역을 방해하는 요소였을까? 또는 사람들이 바울의 질병으로 그의 사도됨을 의심하는 것을 바울이 세 번이나 기도할 만큼 거슬리게 생각했을까? 필자가 성경을 통해 30년이 넘게 목격해 그려낸 바울의 초상은 그런 모습이 아니다. 도리어 필자가 보아온 바울은 자신의 몸의 괴로움이 아니라 복음을 위해 복음의 대적들을 없애달라고 기도

---

38. 갈라디아서는 남 갈라디아 지역, 즉 사도행전 13-14장의 일차 전도여행 지역으로 보낸 편지이다. 사도행전 16장 6절의 κωλυθέντες(being forbidden) 분사의 aorist 시상(aspect)은 앞선 시제(tense)를 의미하지 않는다. 개역한글과 개역개정은 성령이 막으셔서 갈라디아 땅으로 간 것처럼 번역했으나, 주동사와 분사의 순서를 따라 갈라디아 지역을 지난 뒤 성령님이 막으신 것으로 읽어야 한다. 이 경우 갈라디아 지역은 1차 전도여행의 남 갈라디아 지역이 된다. L. M. McDonald, S. E. Porter, Early *Christianity and its Sacred Literature*, (Peabody: Hendrickson Publishers, 2000), 412를 보라. 북 갈라디아 설의 단순하면서 치명적인 문제는 갈라디아서의 수신자들(북 갈라디아인들)의 정체와 전도 행적을 신약 어디에서도 찾을 수 없다는 것이다. 많은 경우 난제라고 불리는 것들은 사실 난제가 아니다. 사도행전에서 바울의 자세한 전도 역사가 기록된 곳으로 편지가 쓰였다고 보는 것은 너무나 당연한 것이다.

했을 그런 사람이다. 필자는 이것이 바울의 명예를 지키는 읽기라고 믿는다. 왜냐하면 내가 바울이었다면 그러했을 것이기 때문이다.

그런데 필자는 여기서 조심스럽게 묵상해 본다. 사도가 정말로 바보 같아서 세 번이나 반복하여 기도하였고, 세 번의 기도 후에야 비로소 이를 깨달았단 말인가? 여기서 잠시 다른 질문을 먼저 해보자. 그리스도께서 정말로 십자가를 지시는 것이 반드시 필요한지 몰라서 하나님께 하실 수 있으면 십자가를 옮겨달라고 세 번이나 기도했을까? 나는 그렇게 믿지 않는다. 이는 신학적 의미를 드러내기 위한 의도적 행위이다. 그리스도는 십자가를 즐겨하지 않으셨다. 주님은 피학적 인격의 소유자가 아니다. 온전한 인간으로 진심으로 십자가를 싫어하셨다. 그러나 아버지의 뜻이었기에 받아들이신 것이다. 이것을 그분의 세 번의 기도가 드러낸다. 같은 맥락에서 지극히 큰 계시를 받은 사도가 영적으로 무지하여 자신의 가시를 제거해달라고 세 번이나 기도했을까? 나는 사도가 다분히 의도적으로 세 번의 기도를 했으며, 자신의 편지에서 이를 간증하고 있다고 믿는다. 즉 그는 그리스도께서 자신의 십자가인 가시를 옮겨달라고 세 번 기도하셨지만 그 방식을 통해 하나님의 일을 하신 그리스도를 이어, 자신도 자신의 가시가 뽑혀지길 세 번이나 기도했지만 오직 그 방식을 통해, 즉 가시를 통해 하나님의 일이 수행되어야 함을 말하기 위해 그렇게 한 것이다. 한마디로 말해 **사도의 기도는 겟세마네의 기도의 연속**인 셈이다. 이제 우리도 같은 동산에 올라야 한다. 그리고 같은 기도를 올려야 한다. 예수님과 바울을 이어 달릴 계주에서 우리가 넘겨받은 바통(baton)은 바로 십자가 가시나무로 만들어진 것이기 때문이다.

여기서 구분할 것이 있다. 바로 일반적 고난으로서의 질병이다. 사역자들도, 신자들도 신체의 질고를 가진다. 이는 모든 인류가 겪는 죄가 낳은 삶의 저주이다. 이는 복음으로 인한 것이 아니고 죄로 인한 보편적 고난이다. 여기에는 믿음의 차별이 없다. 불신자들도 우리의 고난을 공유한다. 그러나 가시로서 환난과 핍박은 오직 신자만이 복음 때문에 그리고 복음을 위해서만 겪는 것이다. 엄격히 말해 신자들도 그리스도의 길을 걸을 때만 찔리는 가시이다. **불신자들은 이 가시를 공유할 수 없다.** 이 가시는 불신자들은 달려들어 끌어안아도 찔릴 수 없는 것이다. 그러므로 본문을 통해 신자들도 불신자들과 공유하는 고난으로서의 질병을 통한 하나님의 섭리를 말하는 것은 어리석다. 본문의 섭리는 신자만을 위한 하나님의 능력의 방식으로서 가시 돋친 섭리이기 때문이다.[39]

결국 바울에게 기도는 고난의 가시를 뽑아내는 영적 족집게가 아니었다. 바울의 가르침을 통해 깨닫는 것은 우리가 뽑아야 하는 가시는 복음 때문에 찔리는 방해와 핍박의 가시가 아니라 바울의 가시를 질병 따위의 삶의 문제로 곡해했던 오해의 가시이다. 병을 자랑하라는 속담이 있다. 바울도 용케 이 속담을 알았을까? 아니다. 바울의 자랑은 '몸의 병'이 아니었다. 그는 '육체의 가시'를 자랑했다 (고후12:9). 그것이 십자가였기 때문이다. 그리고 보니 바울이 늘 하던 말이 생각난다. 나는 십자가를(십자가 안에서) 자랑한다(갈6:14). 갈라디아서에서도, 고린도후서에서도 바울은 같은 말을 하고 있었던 것이다. 그렇다면 우린 스스로에게 물어야 하겠다. 우리에게도 바울의 가시가 박혀있는가? 있어야만, 오직 있어야만 하나님의 역설적 섭리를 우리 또한 자랑할 수 있으리라.

7. 결론: 섭리의 빛, 파동인가 입자인가?

하나님의 구원의 섭리는 오묘하다. 구원으로의 작정은 의롭게 하심과 영광스럽게 하심을 영원 전에 확증한다. 그러나 그 구원은 우리가 예수님을 믿어 그리

---

39. 유해무, 『개혁 교의학』, 224는 십자가를 섭리의 절정으로 말한다. 이 탁견에 동의하며 덧붙인다. 십자가는 그리스도를 통해서만이 아니라 신자를 통한 하나님의 구원역사에서도 여전히 섭리의 정점에 있다.

스도와 하나가 될 때 그리스도 안에서 드러난다. 영원 전 작정은 내가 믿음으로 십자가의 그리스도를 볼 때 확정된다. 이렇게 그리스도의 가시 박힌 십자가로 시작된 구원의 역사는 그리스도인의 십자가 가시로 찔림을 통해서 삶 속에서도 계속된다. 사도는 그렇게 복음을 전하고 또 살아감으로써 그렇게 창세전의 작정을 온몸으로 드러냈다. 바울 사도가 가르치는 구원역사로서의 섭리는 사도의 그런 삶에 비추어 이해해야 한다. 구원은 하나님께서 홀로 창세전에 이루시며, 그 구원은 또한 우리가 우리의 삶 속에서 이룬다. 이 말은 모두 참이다. 구원의 빛은 파동이며 입자이다.

생명책의 이름은 언제 기록되는가? 창세전인가 지금인가? 창세전에 그리스도의 피로 기록되었다고 말하는 사도는 신자들이 자신의 삶 속의 가시를 통해 흘린 피로 그 위에 다시 쓰인다고도 말한다. 구원의 창세전 작정과 영원 전 예정을 반복하여 말한 사도는 동역자들의 생명책 녹명(錄名)을 비밀의 책을 살짝 들춰 보아 확인하지 않고, 같이 사역하는 그들이 함께 겪는 분명한 수고와 고난의 명에 속에서 읽는다(빌4:3).[40] 자신의 구원 역시 3층천 방문 때 확인한 자신의 '천국민등록부'로 확신하지 않고 버려지지 않기 위한 자신의 복종으로 확인한다(고전9:27). 그는 모든 것이 합력하여 선하게 될 것이라는 낙관론보다는 모든 것을 행함으로 복음에 참여하는 실천적 실존론을 말한다(고전9:23). 구원의 섭리는 영원 전 오직 (only) 하나님의 뜻만을 말하는가, 아니면 오늘 나의 삶도(but also) 포함하는가? 사도가 전하는 하나님의 일하심은 역설의 연속이다. 그 이중성을 보는 것이 실체를 보는 것이다. 구원의 섭리는 있는 대로 보고 쓰인 대로 읽어야 한다.

보증된 구원을(고후1:22, 5:5) 두려워하라고 말하고, 이루어진 구원을 이루라고

---

40. 빌립보서 4장 3절에서도 '함께(συν)' 어구가 강조된다(같은 명에를 함께 멘 너, 함께 힘쓰던, 함께 사역하는 자들). γνήσιε σύζυγε, συλλαμβάνου αὐταῖς, αἵτινες ἐν τῷ εὐαγγελίῳ συνήθλησάν μοι μετὰ καὶ Κλήμεντος καὶ τῶν λοιπῶν συνεργῶν μου.

말하면서(빌2:12), 바울은 계속되는 구원의 빛 실험을 사고실험이 아닌 삶을 통해 수행함으로써 그 이중성을 확인하고 발표한다. 구원은 선물인가(엡2:8) 달려감의 상(빌3:10-14) 인가? 하나님의 나라와 영생은 믿음으로 얻는가(롬3:28-20; 5:2)? 선행으로 거두는가(갈5:19-21, 6:8-9, 딤전6:18-19)? 하나님이 완성하실 일인가(빌1:6)? 우리가 이룰 일인가(빌2:12)? 구원은 입자인가? 파동인가? 중첩된 구원의 얽힘은 언제 결정되는가? 창세전인가 지금인가?

최근 물리학 토론을 엿듣고 있으면 몇 용어만 치환하면 칼빈주의 섭리에 대한 토론으로 들리기까지 한다. 손바닥에 장을 지지지는 못해도 손가락에는 지질만큼 확신컨대 현대 물리학자들이 예정과 자유의지 그리고 섭리의 신학 토론을 들으면 분명 쉽게 이해할 수 있을 것이다. 왜냐하면 바울이 말하는 구원의 섭리가 그들이 물리학 실험을 통해 실제로 목격한 사실들과 닮았기 때문이다. 우리는 그리스도와 교회의 연합의 비밀(mystery)을 결혼을 통해 쉽게 이해한다(엡5:31-32). 결혼은 우리가 경험하는 실제이기 때문이다. 마찬가지로 금세기 물리학의 손전등이 비춰준 빛은 구원의 빛을 이해하는 사건들을 밝혀 주었다. 우리는 전례 없이 피조 물질계의 원리를 파악하게 된 시대를 살며 복음을 받았다. 관측된 대로 물리학자들이 말하듯이, 우리는 있는 대로 들은 대로 구원을 말해야 한다. 가시나무 십자가가 영광임을 보는 자는 모든 역설적 섭리들을 이해할 수 있다.

우리가 그리스도와 하나라면 그와 영적인 DNA를 공유해야 한다. 십자가를 지신 이의 친자 확인은 유전(遺傳)되어 가시 박힌 십자가를 보이는 것으로만 증명된다. 이 점에서 christian은 cross-tian과 동의어이다. 필자가 본 글을 통해 말하려는 결론은 이것이다. 섭리는 하나님의 몫만이 아니다. 그렇다고 하나님과 우리가 반씩 나누어 만들어 내는 모둠(combination) 피자(Pizza)도 아니다. 성경이 말하는 섭리의 종류는 하나이다. 섭리는 입자이며 파동이다. 섭리는 하나님의 일이며 동시에 우리의 일이다.[41] 삼위(Three Persons)가 계시나 한 분으로 존재하시는 하나님은 그분의 존재하심과 다르지 않게 일하신다. 그분과 인간이 한 섭리를 이루어 하나가 되도록 함께 역사한다. 모두가 합력하여 함께 일하는(롬8:28) 방식, 그것은 가시, 곧 십자가이다.

가장 오묘하고 경이로우며 놀라운 신비인 예수교의 섭리, 측량할 수 없이 높고 깊으며 넓은 그 섭리가 역설적이게도 가장 단순한 2×3m의 크로스(cross) 모양임은 신비중의 신비요 역설의 역설이다.

가시나무 십자가의 불꽃을 보는 것은
창세전에서 세상 끝까지 펼쳐진
섭리와 모든 비밀의 스펙트럼을 보는 것이다!

---

41. 최낙재 "섭리," 『신학사전』 (서울: 개혁주의신행협회, 1990), 277는 하이델베르그 교리문답 26문의 답으로 알 수 있는 것은 섭리의 교훈은 전능이나 주권에서 연역된 진리가 아니라 믿음의 고백이라는 것이다. 그가 필자와 같은 의미로 말한 것은 아니지만, 그의 끝말은 의미심장하다. 섭리는 우리의 편에서도 정의될 수 있어야 한다.

9장

요한문헌에 나타난 하나님의 섭리

송영목

1. 들어가면서

    그리스도인은 고난이나 자연재해, 전쟁, 그리고 지인의 죽음과 같은 시련을 마주할 때, '하나님의 섭리(*divina providentia*)'와 주님의 뜻이 무엇인지 묻는다.[1] 이 집트에 양식을 찾아 내려간 야곱의 아들들도 바로 이 질문을 한 바 있다. "하나님이 어찌하여 이런 일을 우리에게 행하셨는가?"(창42:28)[2] 하나님의 섭리는 인간의 자유의지, 책임, 범죄, 그리고 재난과 같은 고통과 어떤 관련성이 있는가는 오래된 질문이다.[3]

---

1. 칼빈은 소위 자연재해를 먼저 이해할 것이 아니라, 질서정연한 정의로써 심판을 시행하시는 섭리의 하나님에 대한 신앙고백으로 접근할 것을 제안했다(참고. 기독교강요 3.7.10; 칼빈의 시105:16; 107:39 주석). 재해는 타락한 인간의 범죄를 다루는 하나님의 의도에서 기인하기에 단지 수동적인 허용 차원이 아니다(참고. 출애굽 전의 열 재앙; 칼빈의 창3:19, 신28:15 이하, 슥14:5, 롬8:20 주석). 참고. 남아공 프리스테이트대학교의 P. C. Potgieter, "Natuurrampe en die Voorsienigheid van God, met Besondere Verwysing na die Beskouing van Johannes Calvyn," *Verbum et Ecclesia* 27/3 (2006), 992-1007.
2. 참고로 룻기에 나타난 '전능하신 하나님(엘 샤다이)'의 섭리적 돌봄은 T. R. Wardlaw Jr., "Shaddai, Providence, and the Narrative Structure of Ruth," *JETS* 58/1 (2015) 31-41을 보라.
3. 하나님의 섭리라는 화살은 우리의 이해를 종종 넘어선다(삼상20:21-22). 그러므로 하나님의 섭리라는 책을 읽으

수수께끼와 같은 이 주제를 두고 종말이신 예수님에게 주목하면서 언약적 종말론을 주창해 온 남아공대학교(UNISA)의 아드리오 쾨니히(Ardio König, d. 2022)는 『하나님, 왜 세상은 이 모양입니까: 하나님께서 다스리신다는 말은 무슨 뜻인가?』라는 단행본을 출간했다.[4] 인간에게는 주권적인 하나님께 특정한 방식에 따라 섭리를 시행하실 것을 요구할 권리가 없다(칼빈).[5] 섭리는 "넓은 바다와 같이 가장 놀라운 주제"(츠빙글리)이자, "하나님에 관한 진정한 가르침"(셸더르하위스)이며, "신앙에서 가장 놀랍고 중요하고 어려운 교리"(스프로울)로서, 성도를 "더 높은 영적 단계"와 "더 깊은 은혜"(칼빈)로 이끈다.[6]

라틴어 명사 'providentia'는 pro(-앞서)와 videre(보다)의 합성어이다. 이 단어는 돌봄, 섭리, 혹은 선견(voorsienigheid)을 뜻한다.[7] 섭리란 하나님의 세상 창조를 필두로 하는 신적 능력의 지속적 행위를 가리키는데, 하나님은 피조물을 지탱하시고 그분이 세우신 질서를 따라 다스리시며, 피조물을 그것의 목표점을 향

려고 시도하기보다 시험이 닥치면 그분의 사랑을 신뢰해야 한다(시63:1-4)는 주장은 R. Ellsworth, "When God's Arrows fall beyond Us: God's Strange Providence," *SBJT* 2/3 (1998), 82를 보라.

4. Ardio König, *God, Waarom lyk die Wêreld So: Wat Beteken dit om te sê God is in Beheer?* (Wellington: Lux Verbi, 2002). 참고로 '칼빈의 섭리적 하나님'을 악을 허용하여 방관하시는 하나님이라고(원죄를 부정하는) 쾨니히(2002)가 비판한 것을 두고 재반박한 경우는 노쓰-웨스트대학교의 M. Diedericks & C. F. C. Coetzee, "Die Voorsienigheidsleer vanuit die Gereformeerde Belydenisskrifte teenoor Adrio König se Voorsienigheidsleer: 'N Dogma-Historiese Beoordeling," *In die Skriflig* 47/1 (2013), 2-8을 보라.

5. 참고. 이신열, 『창조와 섭리』 (부산: 고신대학교 개혁주의학술원, 2021), 90.

6. R. C. Sproul, 『섭리: 스프롤이 답하다』, *Does God control Everything?*, 박예경 역 (서울: 넥서스, 2014), 17; 이신열, 『창조와 섭리』, 66, 86, 92.

7. H. L. Gonin and W. J. G. Lubbe, *Lexicon Latin-English* (Pretoria: UNISA, 1987), 234; E. C. Rossman, "A God of Chance or Providence in the Face of Death and Disease," *Journal of Pastoral Care* 39/2 (1985), 120-26. 참고로 부조리하게 고난당할 때, 차라리 섭리 신앙을 포기해야 한다는 대표적인 주장은, 랍비로서 홀로코스트 신학을 탐구한 R. L. Rubenstein(d. 2021)에게서 볼 수 있고, 아우구스티누스와 루터의 타락 후 선택설 (infralapsarianism)과 칼빈의 타락 전 선택설(supralapsarianism), 그리고 이중 예정 대신에 구원으로의 예정만 언급하는 루터교의 일치신조(1577)에 관해서는 박영식, "섭리의 신학: 세월호 이후 우리는 신의 섭리에 대해 어떻게 책임적으로 말할 수 있을까?" 『한국기독교신학논총』 115 (2020), 242-54를 보라. 그런데 서울신대 박영식은 하나님이 우연(씨줄)과 필연(날줄)을 사용하시고, 눈먼 무목적성의 상징이 아니라 허락된 자유인 우연이 섭리의 계기가 된다고 주장한다.

하도록 추동(推動)하신다.[8] 하나님의 영원한 작정과 뜻에서 보면, 창조와 섭리는 하나의 행동이다(시33:6,11,13; 115:3). 그런데 하나님의 섭리는 일반 섭리(만유를 보존하시고 다스리심)와 특별 섭리(구원받을 택자를 예정하시고 자연법칙을 초월하여 일하심)로 나뉜다.[9]

한자로 풀이하면, '섭리(攝理)'는 손으로 무언가를 당기면서 다스리는 행위이다. '밀고당김'의 고수이신 하나님의 손(χείρ)은 깨어지기 쉬운 그분의 자녀의 머리카락 한 톨까지 돌보시고(caring), 유지하시고(sustaining), 다스리신다(governing, 마10:30; 눅21:18; 참고. 행17:28).[10] 그렇다고 해서 하나님이 인형을 놀리는 사람(puppeteer)처럼, 곧 인형에 달린 줄을 당겨 참견하기 좋아하는 사람처럼 조종하시는 것은 아니다(참고. '자유의지를 가진 제2의 원인'). 하나님은 그분의 자녀를 위해서라면 세밀한 섭리(meticulous providence)를 적극적으로 이루시며(신11:12; 삼상2:7; 욥12:9-10; 시11:4; 잠16:9; 롬8:28), 또한 무엇이든 세밀하게 준비하신다(Deus providebit, 창22:7). 이에 관해 하이델베르크 교리문답서(1563) 제10주일의 설명을 들어보자.

---

8. R. A. Muller, *Dictionary of Latin and Greek Theological Terms* (Grand Rapids: Baker, 1985), 251. 참고로 의아하게도 '섭리'를 다루지 않는 사전도 있다. B. Moore and M. Moore, *NTC's Dictionary of Latin and Greek Origins* (Chicago: NTC Publishing Group, 1997).

9. Muller, *Dictionary of Latin and Greek Theological Terms*, 252.

10. 히브리서에도 이런 섭리가 나타난다. ① '손'과 관련하여, 하나님은 두 손(χειρῶν)으로 하늘을 창조하셨다. 그리고 원수를 갚고 심판하시는 살아계신 하나님의 두 손(εἰς χεῖρας)에 빠져드는 것은 무서운 일이다(히10:31). ② 붙잡아 지탱하심과 관련하여, 승천하신 예수님은 사죄의 사역 후 만유를 붙잡으시고서(φέρων) 섭리하신다(히1:3; 참고. 히2:16의 ἐπιλαμβάνω[붙들다, 돕다]; 2:18의 βοηθέω[돕다]). ③ 섭리가 완성되는 온전함과 관련하여, 히브리서 2:10에 따르면, τελειόω(온전하게 하다)를 통해, 만유가 성부를 위해 존재하며, 성부로 말미암은 예수님이 성부의 많은 아들, 즉 교회를 이끌어 영광에 들어가게 하시려고 고난을 통해 (구원의 인도자이신 예수님을) 온전하게 하심이 합당하다. 또한 히브리서에 적어도 19회 이상 나타나는 구약 인용도 하나님의 섭리 계획이 예수님에 의해 성취된 사실을 뒷받침한다. 혹자는 히브리서의 구약 인용의 기준으로 인용 문구, 확인 가능한 자료의 출처, 유사한 어휘, 그리고 구문적 긴장과 차이를 제시한다. 그러나 구문적 긴장과 차이는 암시에 가깝다. 참고. M. D. Cooper, "To Quote or Not to Quote?: Categorizing Quotations in the Epistle to the Hebrews," *JSNT* 44/3 (2022), 460.

섭리란 하나님의 전능하고 언제 어디나 미치는 능력으로 하나님께서 마치 자신의 손으로 하듯이, 하늘과 땅과 모든 피조물을 여전히 보존하고 다스리시는 것입니다. 그리하여 잎새와 풀, 비와 가뭄, 풍년과 흉년, 먹을 것과 마실 것, 건강과 질병, 부와 가난, 참으로 이 모든 것이 우연(偶然)이 아니라 아버지와 같은 그의 손길로 우리에게 임합니다.

웨스트민스터 신앙고백서(1646) 제5장에 따르면, 하나님의 섭리는 하나님이 능력과 선함과 지혜로써 만유를 다스리고 돌보고 보존하셔서 최종 목적지까지 인도하심을 가리킨다(참고. 천주교 교리문답[1992] 301-302).[11] 그리고 『웨스트민스터 신학사전』은 섭리를 다음과 같이 정의한다. "하나님께서 세상을 향하여 가지고 계신 예지와 공급하심인데, 라틴어 'providentia'에서 유래했다. 대체로 이 단어는 실제로 자연과 인간과 역사를 향한 하나님의 예지와 다스림을 가리킨다."[12] 그래서 칼빈은 이렇게 말한다. "잠시 주의를 기울여 봐도, 하나님의 섭리를 모르는 것이야말로 궁극적 비참이며, 가장 복된 삶은 섭리를 아는 데 있음을 알 수 있다"(기독교강요 1.17.11).[13] 그러므로 사람과 달리 하나님은 주사위를 굴리지 않으시며, 사람도 자기 삶을 요행이나 운명에 맡겨서는 안 된다(참고. 기독교강요 1.16.2; 벨직신앙고백서

---

11. 웨스트민스터 신앙고백서 5:1을 들어보자. "위대하신 만물의 창조주이신 하나님은 모든 피조물과 그들의 행동들과 기타 모든 일(시135:6; 욥38-41; 단4:34-35; 행17:25-26:28)을 크건 작건 간에(마10:29-31; 느9:6), 그분의 가장 지혜롭고 거룩하신 섭리에 의하여(잠15:3; 시104:24) 유지하시며(골1:17) 지도하시며, 처리하시며, 다스리신다. 그분은 이처럼 섭리하시되, 그분의 오류 없는 예지(시94:9,10-11; 행15:15-18)와 자유롭고 동요 없는 그분의 임의적(任意的) 계획대로 하신다(엡1:11; 시33:10-11). 그것은 결국 그분의 지혜와 능력과 공의와 선과 긍휼을 찬송케 하려는 것이다(시145:7; 창45:7; 사63:14; 롬9:17; 엡3:10)." 그리고 벨직신앙고백서 13과 성부의 아들과 연합된 교회는 성부의 섭리적 돌봄의 대상임을 밝히는 하이델베르크교리문답서 제9-10주일도 참고하라. 참고. 남아공 노쓰-웨스트대학교의 C. F. C. Coetzee, "The Doctrine of Providence in the Institutes of Calvin: Still Relevant?" In die Skriflig 44 (2010), 161.

12. A. Richardson and J. Bowden (ed), The Westminster Dictionary of Christian Theology (Philadelphia: Westminster Press, 1983), 479.

13. 성부의 섭리적 돌보심의 절정은 예수님을 통한 구원이며, 그 구원은 만유의 갱신과 통치로 이어진다(히1:3). Coetzee, "The Doctrine of Providence in the Institutes of Calvin: Still Relevant?" 151-57.

[1561] 13).¹⁴ 참고로 ChatGPT는 섭리를 아래와 같이 설명한다.

> 그리스어 단어 πρόνοια는 신약성경에 나타나지 않는다. 하지만 신적 섭리, 돌보심, 인도는 기독교 신학에 있어 기초 주제이고 다양한 그리스어 용어로 표현된다. θεία πρόνοια는 하나님의 섭리를 가리키는데, 기독교 문헌에 드물지 않게 나타난다. ἐπιμελέομαι 또는 ἐπιμελῶς는 피조물에 대한 하나님의 보호와 관심이라는 맥락에 나타난다.¹⁵

ChatGPT는 동사 ἐπιμελέομαι를 신적 돌봄이라고 설명하지만, 이 동사는 환자나 교회를 돌보다는 의미이다(눅10:34; 딤전3:5). 그리고 부사 ἐπιμελῶς는 '주의를 기울여 부지런히'라는 뜻이다(눅15:8). 다시 말해 이 동사는 선한 사마리아인이 강도에게 상처를 입은 사람을 돌보는 문맥과, 감독(장로) 후보자는 자기 가정을 돌봐야 한다는 문맥에서 나타난다. 그리고 이 부사는 어떤 여인이 잃어버린 드라크마를 집중해서 찾는 문맥에서 나타난다. 따라서 이 두 그리스어 단어는 하나님의 섭리를 설명하지 않는다.¹⁶ 그리고 ChatGPT는 πρόνοια가 신약성경에 나타나지 않는다고 설명하지만, 사도행전 24장 2절과 로마서 13장 14절에 로마 총독의 선견(先見) 혹은 자신의 이익을 위한 준비라는 의미로 나타난다. 따라서 신약성경에 2회 등장하는 명사 πρόνοια는 하나님의 섭리와 직접적인 관련이 없다.¹⁷

---

14. 존 파이퍼는 섭리를 '하나님의 합목적적(purposeful) 주권'이라 부른다(사46:10). 즉 하나님은 목적을 주권적으로 이루셔서 영광을 받으시고, 그 결과 하나님에 대한 성도의 기쁨이 충만해진다(WLC 1). 그리고 하나님이 무언가를 하려고 허락하시든지 직접 개입하시든지 간에, 목표를 이루기 위해 계획하신 것만 실현된다. J. Piper, 『섭리』, *Providence*, 홍병룡 역 (서울: 생명의 말씀사, 2021), 41, 58, 69, 737.

15. https://chat.openai.com/c/11c5b73e-d740-4fb1-ad9c-27b243a9592d (2023년 11월 17일 접속).

16. 참고. F. Montanari, *The Brill Dictionary of Ancient Greek* (Leiden: Brill, 2015), 777.

17. 신약성경에서 동사 προνοέω는 하나님이 아니라 사람이 미리 아는 것이나 주의를 기울여 돌보는 것을 뜻한다(롬12:17; 고후8:21; 딤전5:8). J. D. Douglas, 『새성경 사전』, *New Bible Dictionary*, 나용화 외 역 (서울: CLC, 1996), 830. 참고로 세속 헬라어 문헌에서 πρόνοια는 신적 섭리를 가리켰다(Hippolytus의 *Haeresium* 1.21.1).

이상의 섭리에 관한 간략한 논의를 염두에 두면서, 이 글은 요한문헌의 섭리를 제2 성전 시기의 유대교와 그레코-로마 세계의 섭리와 비교한 후에, '신적 필연성($\delta\epsilon\hat{\iota}$)'과[18] '손($\chi\epsilon\acute{\iota}\rho$)'을 중심으로 살핀다. 마지막으로 본 연구는 섭리를 어떻게 설교할 것인지에 관한 방향을 제시하며 마무리한다.

2. 제2 성전 시기의 유대교의 섭리

BC 2세기 초 작품인 토빗 13장 2절과 33장 15절은 "지존자께서 하시는 모든 일을 보라 …… 그 어떤 것도 하나님의 손에서 벗어날 수 없다."라고 설명한다. 토빗은 바벨론 포로, 실명(失明) 그리고 배우자의 죽음과 같은 악한 상황 속에서라도 하나님은 만사를 질서 정연하게 예정하시고, 모든 것을 합력하여 선을 이루신다고 설명한다(참고. 롬8:28).[19]

피르케 아봇 3장 15절에서 랍비 아키바(d. AD 135)는 "모든 것은 예견되어 있지

참고. Montanari, *The Brill Dictionary of Ancient Greek*, 1778. 그리고 하나님의 예정과 구원의 섭리와 관련하여 고려할 만한 기타 그리스어 단어는 다음과 같다. '미리 알다'($\pi\rho\sigma\gamma\iota\nu\acute{\omega}\sigma\kappa\omega$, 롬8:29; 11:2; 벧전1:20), '미리 앎'($\pi\rho\acute{\sigma}\gamma\nu\omega\sigma\iota\varsigma$, 행2:23; 벧전1:2), 그리고 '미리 정하다'($\pi\rho\sigma\sigma\rho\acute{\iota}\zeta\omega$, 행4:28; 롬8:29; 고전2:7; 엡1:5,11). C. Brown (ed), *NIDNTT*, Volume 1 (Grand Rapids: Zondervan, 1986), 692-95.

18. 누가-행전은 다양한 용어로 이른바 '신학적 결정주의(theological determinism)'를 표현한다. 전치사 pro와 연결된 복합단어(행2:23; 4:28['손'과 '목적'과 함께 등장함], $\acute{\sigma}\rho\acute{\iota}\zeta\omega$(결정하다; 눅22:22; 요한문헌에는 등장하지 않음), $\tau\acute{\iota}\theta\eta\mu\iota$(예정하다, 두다; 행1:7), $\tau\acute{\alpha}\sigma\sigma\omega$(지명하다; 행22:10; 요한문헌에는 등장하지 않음), $\delta\epsilon\hat{\iota}$ (반드시 해야 한다; 눅2:49; 4:43; 19:5; 행17:3 등; 누가-행전에 40회 등장함), $\mu\acute{\epsilon}\lambda\lambda\omega$(막 발생하다; 눅9:31; 참고. 계 10:4), $\beta\sigma\upsilon\lambda\acute{\eta}$(목적, 계획; 눅7:29-30; 행2:23; 13:36; 요한문헌에는 등장하지 않음), 그리고 $\theta\acute{\epsilon}\lambda\eta\mu\alpha$(뜻; 눅12:47; 행21:14; 참고. 요일5:14). 그리고 누가는 '하나님의 손'으로 자기 백성을 위해 하나님께서 현재적으로 일하심을 강조한다(눅1:66; 23:46; 행4:30; 11:21; 13:11; 참고. 7:35). C. H. Cosgrove, "The Divine $\delta\epsilon\hat{\iota}$ in Luke-Acts: Investigations into the Lukan Understanding of God's Providence," *Novum Testamentum* 26/2 (1984), 170-74, 184; P. Schreiner, 『사도행전』, *Acts*, 김명일 역 (부산: 깃드는 숲, 2024), 123; 송영목, "누가복음의 $\delta\epsilon\hat{\iota}$의 용례 분석," 『교회와 문화』 38 (2017), 54-77.

19. 참고. R. S. Schellenberg, "Suspense, Simultaneity, and Divine Providence in the Book of Tobit," *JBL* 130/2 (2011), 313, 324-27.

만 선택의 자유가 있으며, 하나님은 세상을 은혜롭게 심판하시나 모든 것은 행위의 풍성함에 따른다."라고 밝혔다. 이 문구는 한 편으로는 하나님의 예견과 은혜를, 다른 한편으로는 인간의 자유와 행위를 강조한다. 제사장 가문 출신인 플라비우스 요세푸스(37-c. 100)에 따르면, 이것은 하나님의 선한 뜻(혹은 운명)과 인간의 의지가 서로 협력한다는 바리새인의 섭리 사상을 반영한 것이다(유대고대사 18:13).[20] 바리새인과 달리 사두개인은 운명을 거부하고 인간의 의지와 결정만을 강조했다. 이에 반해 에센파는 운명을 모든 불행을 초래하는 원인으로 보았다. 따라서 바리새인은 이 두 분파의 중간 입장에 섰다고 하겠다.[21] 유대교는 한 지붕 아래 여러 가족의 모양을 하고 있었기에, 그들의 섭리 사상도 획일적이지 않았다.

예수님 당시 알렉산드리아의 유대인 필로(BC 20-AD 50)가 쓴 "섭리에 관하여(Περί πρόνοιας, De providentia)"는 아르메니아어로 보존된 후 라틴어로 번역되었다. 유세비우스의 교회사 2.18.6은 필로가 이해한 섭리를 다음과 같이 기록한다.

> 본질의 양에 관해서는 그것이 실제로 존재한다면 우리는 말해야 합니다. 하나님은 물질이 풍부하고 충분하여 아무것도 부족하지 않고 불필요한 것이 없도록 세상을 창조하셨습니다. …… 나는 세상은 그 이상도 그 이하도 아닌 정확한 양의 재료로 제작될 필요가 있었다고 말할 것입니다. 그렇지 않았다면 그것은 온전하지 못했을 것이고, 그 모든 부분이 완전하지도 못했을 것이며, 철저히 잘 만들어졌을 수도 없고, 완전한 본질로 완전해지지도 못했을 것이기 때문입니다. 왜냐하면 어떤 일을 시작하기 전에 자신의

---

20. 요세푸스는 하나님의 선한 뜻을 운명을 '영원히 명령된 사슬(eternally ordered chain)'이라고 본 스토아학파와 같은 헬라인을 염두에 두고 '운명'이라고 표기한 듯하다. 초기 스토아학파는 운명을 제우스, 신, 자연, 혹은 이성(로고스)과 동의어로 보았다. 참고. S. Hultgren, "Rabbi Akiba on Divine Providence and Human Freedom: 'Abot 3:15-16 and 'Abot de Rabbi Nathan (B) 22:13-15," *Jewish Studies Quarterly* 18 (2011), 107, 125.
21. Hultgren, "Rabbi Akiba on Divine Providence and Human Freedom," 124.

재료가 정확히 충분한지 확인하는 것이 자신의 기술에 능숙한 장인에게는 없어서는 안 될 부분이기 때문입니다. …… 장인이 예술 활동을 할 때, 때로는 너무 적게 추가하고 때로는 너무 많이 빼기도 합니다. 그러나 모든 지식의 원천이신 하나님은 부족하거나 과잉된 양의 어떤 것도 공급하지 않으실 것입니다. 왜냐하면 하나님은 완전한 정확성을 나타내기 위해 가장 놀라운 방법으로 정교한 조치를 사용하시기 때문입니다. 자연에 존재하는 모든 것을 정확하게 조사하는 것은 지혜의 임무입니다.[22]

헬레니즘의 창조 사상을 염두에 둔 채, 필로는 지혜로운 장인과 같으신 하나님이 만유를 정확한 양을 동원하여 가장 적절하고 완전하게 창조하셨다고 강조한다. 따라서 필로의 창조 섭리에 관한 진술이 유대교의 섭리 사상을 모두 섭렵하거나 대표한다고 말할 수는 없다. 하지만 하나님의 창조 섭리에 대한 그의 고백은 그 이후 보존과 통치 섭리를 위한 기초가 되기에 중요한 사상이다.

요세푸스는 『유대고대사』 10:278-79에서 세상이 저절로 운영된다고 믿은 에피쿠로스학파를 비판하면서 세상만사에 하나님의 섭리가 없으면 혼돈과 파멸과 무로 돌아간다고 밝혔다(참고. 행5:39의 사람이 멈출 수 없는 하나님의 섭리적 힘에 관한 바리새인 가말리엘의 설명).[23] 그런데 요세푸스는 성경에 없는 전설도 섭리의 관점에서 해석한다. 한 예로, 그는 이스라엘 백성이 홍해를 건넌 후, 바닷가로 밀려온 이집트 군대의 무기를 수거한 것을 하나님의 섭리로 보았다(『유대고대사』 2:349). 그리고 친로마적 역사관을 견지한 요세푸스에게 로마제국이 강력하게 된 것은 하나님의 섭리 덕분이었기에 유대인은 로마제국에 대항하면 안 되었다(『유대고대사』 2:390; 『유

---

22. 다음 두 홈페이지를 참고하라. http://www.earlyjewishwritings.com/text/philo/book39.html; http://www.earlychristianwritings.com/yonge/book38.html (2023년 11월 20일 접속).
23. 참고. 천사무엘, "요세푸스의 역사이해," 『신학사상』 121 (2003), 238; K. Crabbe, "Being found Fighting against God: Luke's Gamaliel and Josephus on Human Responses to Divine Providence," *ZNW* 106/1 (2015), 22.

대전쟁사』 3:7:3). 하지만 요세푸스는 '섭리' 대신에 (그레코-로마인에게 익숙한) '운명', '숙명', '행운(τύχη)'을 자주 사용했다(『유대고대사』 5:367; 『유대전쟁사』 4:297, 622; 6:250; 참고. σύμπτωμα[우연, 불운; 삼상6:9]; συγκυρία[우연; 눅10:31]).[24] 요세푸스의 섭리관은 세상을 질서 있게 주관하시는 하나님의 섭리를 인정하면서도, 성경 외적 전승과 친로마적 역사관 그리고 비인격적 운명론이 혼재하는 문제를 노출한다.[25]

그리고 유대인에게 섭리는 신정론과 맞물려 있다. 예를 들어, BC 200-AD 200년 동안의 유대교의 교훈을 담은 피르케 아봇(선조들의 어록) 4장 19절은 "사람의 능력으로는 악인의 번성과 의인의 고난을 설명할 수 없다."라고 선언한다.[26] 왜냐하면 유대인들에게 야웨는 무소 부재하시고, 능력과 지혜와 사랑과 정의가 무한하시기 때문이다.

3. 그레코-로마 세계의 섭리

아리스토텔레스는 섭리를 사물에 내재된 것이자 자연스럽게 작동하는 방식으로 보면서도, 신적 섭리와 우연을 모두 인정했다.[27] 그런데 여기서 '신적 섭리'란 '신의 뜻'과 다르며, 오히려 자연 현상에 가깝다.

다수의 고대 그리스 철학자는 '운명'이 역사의 과정과 인간의 행동을 결정한다고 보았다. 운명은 모든 사람을 통제하는 불가피한 동료와 같았다.[28] 그리고 그

---

24. 참고. 천사무엘, "요세푸스의 역사이해," 240-45; *BDAG*, 953, 1021.

25. Contra Crabbe, "Being found Fighting against God," 23-24.

26. 참고. A. Kaplan, "The Judaic View of God," *Judaism* 33/4 (1984), 407.

27. 참고. D. Guttmann, "Divine Providence: Goals, Hopes and Fear," *Ḥakirah* 5 (2007), 118-20.

28. M. Michael, "Divine Providence or Good Luck?: A Biblical Theology of Providence compared with 'Chance' and 'Good Luck' in Greco-Roman and African Traditions," *Africa Journal of Evangelical Theology* 28/1 (2009), 23. 이에 반해 Hultgren은 스토아학파가 운명이 인간의 행동을 강요하지 않고 인간에게

리스인들은 사건을 '우연'의 산물로 간주하면서도, 신이 '행운'을 가져다줄 것을 소망했다.[29]

　로마인들이 이런 사상을 수용했는데, 그들은 신에게 제사를 드리면 행운이 임한다고 믿었다(참고. 로마의 행운의 여신 'Fortuna'[그리스어로는 'Tyche']). 로마의 플리니(Pliny the Elder, AD 23-79)는 목적성이 결여되어 미쳐 보이고 변덕스러운 행운의 여신 Fortuna를 다음과 같이 묘사한다.

> 온 세계의 모든 장소와 시간에 걸쳐 Fortuna만 도움을 주고, 명령하고, 고소하며, 책망하는데, 자신이 호의를 베풀 때 일관성이 없고 임의적이고 변덕스럽다. …… Fortuna의 바퀴(Rota Fortunae) 이미지는 로마제국의 기념물과 동전에 새겨졌는데, 트라얀 황제가 세운 신전의 제사에도 나타난다. 빈부와 황제와 평민을 막론하고 Fortuna는 변화된 삶을 위한 소망을 불러일으키는 능력 때문에 숭배를 받았다. …… Fortuna는 선이건 악이건 한 사람의 인생 전체에 관여한다. 이렇게 보편적으로 활동하는 Fortuna의 전능함은 인생의 성공, 실패, 그리고 예기치 못함을 설명하는 데 도움을 준다.[30]

따라서 그레코-로마 세계에서 신의 구체적인 섭리는 그리 강하게 나타나지 않는다. 그러나 그레코-로마 제국에서 신의 섭리는 나름 중요했다. BC 3세기에 제우스에게 바쳐진 노래는 이를 잘 보여준다.

외적 자극을 주어 행동을 촉진한다고 믿었다고 주장한다. 그리고 그는 하나님도 인간이 특정한 행동을 하도록 강요하기보다 자신의 섭리적 뜻에 반응하도록 사람의 행동을 촉진하신다고 주장한다. Hultgren, "Rabbi Akiba on Divine Providence and Human Freedom," 135.

29. Michael, "Divine Providence or Good Luck?" 28-29.

30. J. A. Reeves, "The Secularization of Chance: Toward Understanding the Impact of the Probability Revolution on Christian Belief in Divine Providence," *Zygon* 50/3 (2015), 607-608.

세상의 시작은 당신(제우스)과 만유를 다스리는 당신의 법으로부터였습니다. 하늘의 모든 질서가 지구 주위를 돌 때, 당신의 말씀에 복종합니다. 지구 위에 이루어지는 어떤 것도 당신과 관련이 없는 것은 없습니다. 궁창이건 바다이건 마찬가지입니다. 어리석은 자가 자신의 우매함으로 행한 것은 제외됩니다.[31]

제우스는 과거, 현재, 그리고 미래를 총괄하여 다스리는 신으로 추앙받았다(참고. 계1:4).[32] 그리고 로마 신의 이런 섭리 사상은 그의 대리자인 황제의 통치로 이어졌다. 신의 아들로 자처한 황제가 세상만사를 통치한다는 '팍스 로마나'는 신의 섭리를 등에 입은 정치구호였다. 그러나 역동적인 능력으로 그분의 거룩한 뜻을 시행하시는 하나님을 가장 대담하게 무시하는 황제라 할지라도 떨어지는 잎사귀 소리에조차 가장 쉽게 벌벌 떠는 법이다.

4. 요한복음의 섭리

요한복음에서 하나님의 섭리를 살피려면, 하나님이 누구시며 무슨 계획을 수립하시고 어떻게 시행하시는가를 살펴야 한다. 즉 하나님의 자기 계시를 통해 주님의 섭리를 알 수 있는 것이다.[33] 그런데 하나님의 자기 계시에는 예수님에 의해

---

31. J. Huggins, "The Providence of God in the Acts of the Apostles," *Scriptura* 113 (2014), 3.
32. 송영목, 『요한계시록 주석』 (서울: SFC출판부, 2023), 88.
33. AD 2세기 영지주의 문서인 The Apocryphon of John(요한의 비밀 계시)은 사도 요한이 성육신의 이유에 관해 질문하자, 구주이자 빛이신 예수님을 '만유의 완전한 섭리', '섭리의 기억', '섭리의 성육신', 그리고 '빛의 섭리'라 소개한다. 그리고 섭리로 의인화된 예수님은 어둠과 하데스와 혼돈과 육체의 감옥이라는 문제를 해결하신다. 이와 유사한 점을 염두에 둔 채 요한복음의 서론(요1:1-18)을 '섭리 독백'이라고 간주하는 경우는 노터데임대학교의 M. Waldstein, "The Providence Monologue in the 'Apocryphon of John' and the Johannine Prologue,"

성취된 구약 본문도 중요하다(요1:1; 2:17 등).

1) 반드시 해야 한다(δεῖ)

요한복음에 10회 등장하는 동사 δεῖ는 '반드시 해야 한다'라는 신적필연성을 강조한다. 예수님을 밤에 찾아온 유대인의 지도자 니고데모는 반드시(δεῖ) 거듭 나야 했다(요3:7). 하나님 나라에 들어가기 위한 필수 조건은 중생이기 때문이다.

구약에서 신약으로 구원의 역사가 전환되어야 한다는 신적 필연성을 알리는 동사 또한 δεῖ이다(요3:30).[34] 세례 요한으로 마치는 옛 언약 시대는 반드시 쇠퇴하고, 예수 그리스도의 새 시대는 필연적으로 흥해야 한다.

요한복음에서 예수님의 표적과 영광은 새 시대의 영광을 보여준다. 광야에서 들린 불뱀처럼 인자도 반드시 들려야 한다(3:14; 12:34; 참고. 사52:13의 미래 수동태 직설법 3인칭 단수 ὑψωθήσεται[들려질 것이다]).[35] 인자이신 예수님이 들리심은 십자가의 죽음과 승귀를 가리키는데, 그것은 세상 임금인 사탄을 축출하는 우주적 축귀 사건이다(요12:31). 이 사실에 관해 베드로는 오순절에 다음과 같이 설교했다. 즉 성부 하나님의 '정해진 뜻(ἡ ὡρασμένη βουλή)'과 '미리 아심(πρόγνωσις)'을 따라, 예수님은 법 없는 자들의 손에 의해 못 박아 죽도록 내준 바 되셨다는 것이었다(행2:23). 예수님께서 십자가에 달리셨을 때, 하나님의 구원 계획이 다 이루어져 왔다(τετέλεσται[신

Journal of Early Christian Studies 3 (1995), 372-405를 보라. The Apocryphon of John을 요한학파 중 좌파의 작품으로 간주하는 이런 주장은 요한복음이 영지주의 용어와 사상을 사용하여 반(反)영지주의 복음을 소개했다고 본 불트만의 주장과 유사하다. 그러나 요한복음을 영지주의의 원조처럼 취급할 수는 없다.

34. BDAG (Chicago: The University of Chicago Press, 2003), 214. 참고. δεῖ는 누가-행전에 40회, 요한복음에 10회, 마태복음에 8회, 마가복음과 계시록에 각각 6회 등장한다. C. Jameson, "Divine Necessity (ΔEI) in John's Conception of Jesus's Mission: A Response to Peter-Ben Smit," Presbyterion 46/2 (2020), 60, 64-65. Jameson은 요한복음의 구약의 성취도 신적필연성으로 해석한다(참고. 요10:35; 12:38; 13:18; 15:25; 17:12; 18:19,31-32; 19:24,36).

35. Jameson, "Divine Necessity (ΔEI) in John's Conception of Jesus's Mission," 68-72.

적수동태], 요19:30).[36]

예수님은 갈릴리에서 출발하여 사마리아를 반드시 통과해야 하셨다(요4:4). 그래야만 사마리아의 수가 도시의 한 여인에게 구원이 임할 수 있었다. 유대인들은 반드시 예루살렘에서 예배해야 한다고 주장했다(4:20). 하지만 위로부터 다시 태어난(3:3,7) 예배자는 유대인이나 이방인이 아니라 새로운 인류처럼 성령과 실체($\dot{\alpha}\lambda\dot{\eta}\theta\epsilon\iota\alpha$) 안에서 반드시 예배해야 한다(4:24; 참고. 1:17; 15:1).[37]

때가 아직 낮이므로 성부의 일을 예수님과 제자들은 반드시 수행해야 한다(9:4). 여기서 성부와, 성부의 섭리를 십자가 처형이라는 밤이 도래하기 이전에 이루시는, 성자의 하나됨을 넘어 하나님과 교회의 연합도 드러난다(참고. 14:12).[38]

예수님은 우리에 들지 않은 양떼를 반드시 인도하실 것이다(10:16). 따라서 요한복음의 선교도 신적 필연성으로 설명된다. 예수님은 죽은 자들 가운데서 반드시 살아나셔야 한다(20:9). 예수 그리스도의 부활은 그리스도께서 하나님의 아들이시며 영생을 주시는 분임을 증명한다. 요한복음 20장 9절에서는 수동태 동사 대신 아오리스트 능동태 부정사($\dot{\alpha}\nu\alpha\sigma\tau\hat{\eta}\nu\alpha\iota$)가 예수님의 부활을 설명한다. 이유는 요한복음에서 예수님은 자신의 죽으심과 부활을 주체적으로 친히 섭리하시기 때문이다(2:19-21; 10:17-18; 19:11; 참고. 호6:2; 요6:39; 14:19).[39]

2) 손($\chi\epsilon\hat{\iota}\rho$)

성부는 사랑하시는 성자에게 만유를 그분의 손에 주셨다(요3:35; 13:3). 성부의

---

36. 히브리어 동사 닢알(Niphal)형이 신적수동태로 사용된 경우는 시편 22:5, 33:16, 69:14, 이사야 49:25, 예레미야 7:10, 요엘 3:5, 다니엘 12:1 등이다. 위의 구절들은 대체로 하나님의 구원을 강조하는 맥락이다. E. Jones, "Middle and Passive Voice: Semantic Distinctions of the Niphal in Biblical Hebrew," *ZAW* 132/2 (2020), 441-42.

37. J. R. Michaels, *The Gospel of John*, NICNT (Grand Rapids: Eerdmans, 2010), 254-55.

38. P. H. R. van Houwelingen, *Johannes: Het Evangelie van het Woord*, CNT (Kampen: Kok, 1997), 208.

39. Jameson, "Divine Necessity (ΔEI) in John's Conception of Jesus's Mission," 74.

전권대사이신 예수님은 죄 사함을 통한 구속을 이루시고 만유를 붙드신다(참고. 히1:3). 요한복음은 성부와 성자의 하나됨을 자주 강조한다.

예수님은 그분을 시험하려는 유대인들의 계략을 손가락으로 땅에 무언가를 쓰시면서 거부하셨다(요8:6). 신명기 18장 15절에 있는 선지자 모세의 예언을 성취하신, 종말의 대선지자이신 예수님은 악인의 궤계를 꿰뚫어 보신다.

예수님이 영생을 주시는 사람들을 만유보다 크신 성부와 성자의 손에서 빼앗을 자는 없다(요10:28-29). 성부의 손과 더불어 일하시는 예수님은 자기 백성을 능력의 손으로 보호하신다(참고. 계1:16). 이 사실은 회당, 즉 모세의 제자들과 대결 중이던 하나님의 가족에게 위로와 안전이 되었다.[40]

예수님의 '손'의 못 자국은 요한복음의 1차 독자들을 미혹한 영지주의자들을 반박하면서 부활의 역사성을 증명하는 표시였다(요20:25; 참고. 요일1:1).

3) 기타

자칭 '모세의 제자'이자 사탄의 자식인 불신 유대인들은 손으로 예수님을 체포하여 죽이려 했다(요8:44; 9:28; 10:39). 누가의 용어로 말하면, 그들은 섭리하시는 '하나님을 대적하는 자들(θεομάχοι)'이었다(행5:39). 그런데 유대인들의 손과 달리, 예수님의 손은 오병이어 표적을 행하셔서 사람을 먹이시고 살리셨다(요6:11).[41] 한편 선천성 맹인으로 출생함은 범죄의 결과가 아니라, 하나님이 하실 일을 드러내는 수단이었다(요9:3). 다시 말해 이 장애인 맹인은 성부께서 구원의 빛이신 성

---

40. Michaels, *The Gospel of John*, 600.
41. 신약성경에서 요한복음은 현재완료 동사를 가장 자주 사용한다(예. 요1:24,30,34). 총 878절에서 무려 161회나 등장하는데, 구절 수를 두고 볼 때 약 18%에 해당한다. 요한일서에는 현재완료 동사가 44회 사용되어 구절 대비 48%에 달한다. 현재완료 동사에 나타난 하나님의 섭리는 추후 연구해 볼 가치가 있다. 왜냐하면 현재완료 동사에 과거의 사건이 사도 요한 당시까지 결과와 영향을 미치도록 하려는 하나님의 섭리가 나타날 수 있기 때문이다.

자께 주신 구원이 무엇인지를 가시적으로 보여주기에 적합했다.[42]

4) 요약

요한복음은 하나님의 아들이신 예수 그리스도께서 성부의 가족에게 영생을 주심을 강조하면서 '기독론적 섭리'를 전면에 내세운다(20:31). 요한복음의 신적 필연성은 구약의 성취로서 예수님의 죽으심과 부활, 우주적 축귀와 선교와 예배를 강조한다. 그리고 전능하신 예수님의 손은 사탄과 이단으로부터 자신의 교회를 보호하신다.

5. 요한서신의 섭리

요한일서는 요한공동체의 어머니 공동체(Johannine mother community)를 수신자로 삼는다면, 요한이서는 인근의 다른 공동체에게 보내졌고, 요한삼서는 어머니 공동체의 위성(satellite) 공동체에게 보내졌다.[43] 요한복음에서 초점화된 회당과의 갈등이 진정된 이후에, 요한서신은 가현설적 기독론자와 교회 내부의 문제를 다룬다.

사도 요한은 우리의 손으로 예수님을 만졌다고 밝힌다(요일1:1). 이를 통해 요한은 주님의 성육신을 부정하는 가현설을 반박한다. 성부 하나님께로부터 나신 예수님께서 성도를 지키시매 그 악한 자(사탄)가 그들을 (손으로) 만지지도(ἅπτω) 못한다(요일5:18; 참고. 요20:17). 그리고 성도가 하나님의 '뜻(θέλημα, 섭리)'을 따라 기도드린다면 반드시 응답된다(요일5:14). 참고로 성도의 거듭남은 전치사구 '하나님으로부

---

42. Van Houwelingen, *Johannes*, 208.
43. J. A. du Rand, *Johannine Perspectives* (Johannesburg: Orion, 1997), 66-67.

터(ἐκ τοῦ θεοῦ)'와 더불어 신적수동태로 묘사된다(요일3:9의 γεγέννηται). 실제로 하나님의 섭리는 '하나님', '아버지', '성령', '주', '예수 그리스도', '말씀', 혹은 '아들'을 포함하는 전치사구를 통해서도 찾을 수 있다.

요한일서는 수직적 영생과 수평적 교제를 강조하면서, 하나님의 가족이 진리 안에서 사랑해야 한다고 교훈한다(요일3:11). 참고로 동사 '~하는 것이 마땅하다(ὀφείλω)'는 그리스도인이 실천해야 할 의무사항, 즉 소위 '인적필연성'을 강조한다. 예를 들어, 요한일서 2장 6절은 하나님이 행하시는 대로 성도도 행해야 한다는 것, 3장 16절은 죽기까지 서로 사랑해야 한다는 것, 4장 11절은 하나님처럼 우리도 사랑해야 한다는 것, 요한삼서 1장 8절은 순회 전도자를 영접해야 한다는 것이다(참고. 요13:14[서로 발을 씻어야 한다는 것]; 19:7[유대인들이 볼 때 예수님은 신성모독죄로 죽어 마땅하다는 것]; 계3:15[미지근하지 말고 차든지 뜨거워야 한다는 것]).[44]

요한삼서는 교회의 직분자의 권위를 집중해서 다룬다. 요약하면, 요한서신에서 하나님의 섭리를 가리키는 '손'이나 신적필연성을 알리는 동사는 드물다. 그러나 섭리의 하나님은 가현설 이단으로부터 진리의 공동체인 그분의 가족을 보호하고 다스리신다. 그리고 하나님은 교권주의자인 디오드레베의 악행으로부터 그분의 교회의 질서를 유지하신다(요삼9-10).[45]

하나님 아버지께서 그리스도인을 예수님을 닮은 새 사람으로 만드시기 위해 섭리하시는 전략 중 하나는 '명령과 경고'이다. 예를 들어, 요한일서는 사랑하라는 명령과 더불어 사랑하지 않으면 사망에 머물며 중생하지 않은 상태라고 경고

---

44. 기름 부음(요일2:27), 곧 성령님은 사람을 사랑하시는 경륜(*philanthropos oikonomia*)을 수행하시는데, 사람의 마음속에 소망의 불을 지피서서 성부께로 이끄는 기독론적이며 신비로운 여정(journey)을 완수하신다. C. M. Lee, "The Filioque Reconsidered: The Contribution of Gregory of Nyssa and Augustine of Hippo to Contemporary Discussion on the Filioque," (Th.D. Thesis, Kampen Theological University, 2020), 329.

45. 참고. 송영목, 『요한의 눈으로 요한문헌 설교하기』 (서울: SFC출판부, 2023), 81-82.

한다(요일3:14; 4:8,21).[46] 성도가 하나님의 섭리의 전략을 깨닫고 순종하려면, 하나님의 능력 부여를 확신하면서 기쁨으로 자신의 모든 삶과 능력을 동원해야 한다.[47] 에스더서처럼 요한서신의 경우 섭리는 눈에 잘 띄지 않는다(inconspicuous).

6. 요한계시록의 섭리

요한계시록은 황제 네로의 박해와 불신 유대인의 악행에도 불구하고 교회를 보호하실 뿐 아니라, 그 교회를 통해 하나님 나라를 세상에서 확장하시는 하나님의 통치적 섭리를 강조한다(계12:13). 이를 위해 삼위 하나님의 섭리는 승천하신 예수 그리스도와 교회를 통해 창조주, 통치자, 심판자, 그리고 재창조자라는 사실을 드러낸다. 예수님의 교회야말로 하나님의 섭리를 세상에 확실하게 드러내는 '특별한 품평회장(particular showground)'이다.[48] 세상이 하나님의 영광이 드러나는 극장이라면, 선교적 교회는 주님의 섭리를 현시하는 최고의 품평회장이다.

1) 반드시 해야 한다(δεῖ)

요한계시록의 예언은 반드시 속히 사도 요한 당시에 일어나야 한다(계1:1; 22:6; 참고. 시70:5). 참 선지자인 요한이 본 하늘 환상 또한 이후에 반드시 일어나야 한다(계4:1). 계시록의 심판시리즈는 출애굽 전의 열 재앙을 연상하는데, 하나님은 악을 활용하셔서 하나님 나라를 대적하는 악인들을 심판하신다(참고. 암3:6). 따라서 요한 당시에 성취될 예언을 통해서 1차 독자의 기대감을 높인다.

---

46. Piper, 『섭리』, 644-45.
47. Piper, 『섭리』, 651.
48. Coetzee, "The Doctrine of Providence in the *Institutes* of Calvin: Still Relevant?" 159.

요한은 하나님의 통치를 담은 개봉된 두루마리를 먹은 후 반드시 다시 열방을 쳐서 예언해야 한다(10:11; 참고. 1:3; 22:7). 여기서 하나님의 섭리를 따라 요한이 밧모 섬에서 석방된 후에 다시 선교했음을 짐작할 수 있다. 요한이 두루마리를 먹은 행위에서 존 파이퍼(J. Piper)는 다음과 같은 적용을 도출한다.

> 그리스도인이 규칙적으로 하나님의 말씀을 읽거나 들음으로써 하나님의 섭리의 실재를 이해할 수 있고, 그 지식은 우리의 예배를 북돋우는 만족스런 '보배'가 되고, 우리의 희생을 지탱하는 사랑의 '에너지'가 되고, 우리의 배가 몰아치는 인생의 파도에 뒤집히지 않도록 막아주는 '안전장치'가 될 수 있다.[49]

2) 손(χείρ)

예수님의 '오른손(ἐν τῇ δεξιᾷ χειρι)'에 붙잡힌 일곱 별은 소아시아 일곱 교회의 사역자들을 상징한다(계1:16; 참고. 시73:23). 이것은 계시록이 위로의 메시지임을 매우 분명하게 보여준다. 예수님은 '오른손'으로 죽은 자처럼 기절한 요한에게 안수하시며 두려워하지 말라고 말씀하신다(계1:17). 유한한 사람이 무한하신 하나님을 대면하는 것은 두려운 일이다.

보좌에 좌정하신 성부의 '오른손'에 있는 두루마리는 통치계획서이다(계5:7). 그런데 이 통치계획서가 성부의 손에서 어린양의 손으로 전달된다(5:7). 즉 예수님을 가리키는 천사의 '손'에 성부의 통치 두루마리가 개봉된 채로 쥐어진다 (10:2,8,10). 성부는 성자를 향하여 통치의 섭리를 위임하셨다. 이를 위해 성부는 성자를 사람으로 세상에 보내셨고, 성자와 함께 하셨으며, 성부에게 순종하신 성자

---

49. Piper, 『섭리』, 240.

에게 전권을 넘겨주셨다.[50] 섭리의 궁극적 목표는 "하나님의 백성이 하나님의 아들의 승리의 고난에서 지극히 빛나는 하나님의 은혜의 영광을 완전한 방식으로, 그리고 억누를 수 없이 기뻐하는 것"이다. 그래서 섭리의 목표는 다음과 같은 환희에 찬 선포에 잘 표현되어 있다. "죽임을 당하신 어린양은 능력과 부와 지혜와 힘과 존귀와 영광과 찬송을 받으시기에 합당하도다"(계5:12)."[51]

두루마리의 셋째 인봉이 개봉되자 검은 말 탄 자의 손에 저울이 있었다(6:5). 검은색은 기근을 상징하는데, 심판은 하나님의 섭리에서 매우 중요한 요소이다. 전능하셔서 크고 놀라운 일을 행하시는 하나님께서 목적을 이루시기 위해 사용하시는 기근과 같은 수단은 의롭고 참되다(계15:3). 따라서 기근은 '악한 수단'이 아니라 '필요 수단'이다.[52]

성도의 기도는 천사의 손에 의해 하늘로 올라간다(8:4). 계시록에 빈번하게 등장하는 '천사'는 교회를 위해 활동하거나, 환상의 의미를 요한에게 해석하거나, 하나님의 메시지와 심판을 전달하고 시행한다. 무엇보다 중요한 것은 성도가 기도함으로써 하나님의 섭리를 이룬다는 진리이다.

여섯째 나팔 심판이 시행되지만 사람들은 자기 손으로 행한 일을 회개하지 않는다(9:20). 여기서 하나님의 구원의 섭리를 거스르는 사람의 손은 범죄의 수단이다. 하나님은 범죄자를 심판하셔서 그분의 의로움을 드러내시고, 회개하는 자를 용서하셔서 그분의 은혜를 증명하신다.

---

50. 삼위 하나님께서 만유와 관계를 맺는 섭리의 의미와 활동은 예수님 이야기에서 가장 선명하게 실현된다. 성자께서는 일상에서 성부의 뜻을 깨달아 이루셨을 뿐 아니라 십자가의 대속의 죽음 직전에도 섭리의 성부를 요동하지 않고 신뢰하셨기에(막14:36), 예수님은 하나님의 섭리의 가장 구체적인 형태이자 절정이라 부를 수 있다(예. Edward Schillebeeckx). 참고. E. F. Tupper, "The Providence of God in Christological Perspective," *Review & Expositor* 82/4 (1985), 579-87.

51. Piper, 『섭리』, 231-32.

52. J. Moreno, "A Good God in a Wicked World: Considering the Problem of Evil," *Detroit Baptist Seminary Journal* 22 (2017), 89.

예수님이 오른손을 들고 성부께 구원과 심판을 속히 시행할 것이라고 맹세하신다(10:5). 예수님은 손에 예리한 낫을 들고 알곡을 추수한다(14:14). 힘센 천사로 묘사된 예수님의 손에 무저갱의 열쇠와 큰 쇠사슬이 있다(20:1). 크고 붉은 용, 즉 사탄은 예수님의 손에 처단된다. 하나님은 사탄의 조종을 받아 소아시아 일곱 교회를 박해한 로마제국이나 불신 유대인들의 마음을 완악한 대로 버려두시어 그들의 임의대로 행하게 하신다(참고. 출7:23; 9:14의 '너의 마음'; 시81:12; 잠21:1). 하나님은 바다짐승이 한 때 동맹을 맺은 음녀 바벨론을 죽이려는 뜻을 이루도록 허락하신다(17:13,17). 하나님이 악인들에게 구체적으로 간섭하셔서 죄를 범하도록 섭리하시지 않아도 그들은 자신들의 본성적인 악으로써 범죄한다.[53]

3) 기타

성부 하나님은 전능하신 '주재(παντοκράτωρ)'이시며 '만국의 왕(ὁ βασιλεὺς τῶν ἐθνῶν)'이시다(계4:8; 15:3; 19:15; 참고. 창17:1). 성부는 만유를 창조하셨고 그분의 뜻대로 섭리하셔서 경배를 받으신다(계4:11; 14:7).[54] 그리고 예수님은 '만왕의 왕, 만주의 주(Βασιλεὺς βασιλέων καὶ κύριος κυρίων)'이시다(19:16). 성부처럼 예수님은 섭리의 주체이시다.[55] 그래서 하나의 보좌 위에 성부와 어린양께서 함께 계신다. 계시록에서 '보좌'와 '어린양'은 내러티브 아래에 흐르는 계속 저음(basso ostinato)이다. 예수님은 박해와 고난 중에 있던 교회를 보존하시기 위해 보좌에서 '섭리적

---

53. Contra 이집트의 바로 왕을 자유의지가 없는 꼭두각시로 보는 바르 일란대학교의 J. Grossman, "The Structural Paradigm of the Ten Plagues Narrative and the Hardening of Pharaoh's Heart," *Vetus Testamentum* 64 (2014), 604를 보라.

54. 시편(시8:8; 104:14,24-26; 104:25-26; 107:23-32)과 요나서(욘1:17; 3:7-8; 4:7)에 나타난 인간의 기술(예. 배), 자연 그리고 동물을 섭리하시는 하나님에 대한 간본문성은 벤구리온대학교의 T. Forti, "Of Ships and Seas, and Fish and Beasts: Viewing the Concept of Universal Providence in the Book of Jonah through the Prism of Psalms," *JSOT* 35/3 (2011), 365-74를 보라.

55. 참고. 이신열, 『창조와 섭리』, 100.

예수님이 오른손을 들고 성부께 구원과 심판을 속히 시행할 것이라고 맹세하신다

통치(providential rule)'를 시행하신다. 계시록 내러티브에서 하나님의 섭리는 그분의 주권과 통치로 나타나는데, 이 경우 '보좌'가 중요한 개념이다. 하나님의 통치는 인간의 의지를 강제하면서까지 이루어지지 않는다. 하나님은 심판 중에도 자비를 보여주시지만, 악인들은 대체로 자유의지를 오용하여 회개하지 않는다(계16:9, 11; 비교. 11:13).

하나님은 그분의 '비밀(μυστήριον)'을 교회에게 계시하면서 섭리하신다. 예수님의 오른손에 잡힌 일곱 별의 '비밀'은 일곱 교회의 일군을 가리킨다(계1:20). 그리고 하나님의 '비밀'은 세상에 침투하는 천국 복음이다(계10:7; 11:15). 요한은 바다에서 올라온 '짐승의 비밀'도 밝힌다. 바다짐승은 과거-현재-미래를 다스리시는 성부를 불완전하게 패러디한다(계17:7-8; 참고. 계1:4).

'영원한 복음'은 하나님이 창조, 구원, 심판, 예배를 섭리하신다는 변하지 않는 기쁜 소식이다(14:6-7). 하나님의 '뜻'대로 만유는 창조되었으며 존재한다(4:11). 그러므로 성도는 박해와 고난 중에서도 소망의 종말론을 견지할 수 있다. 교회가 소망하는 바는 예수님과 성령님이 재창조의 섭리를 이루시는 것이다(21:1,5). 만유이신 예수님은 황제와 사탄의 졸자들을 심판하셔서 세상과 만물을 새롭게 만드신다.

보좌 앞의 일곱 영은 보좌 위의 성부와 성자께서 계획하신 선교적 섭리를 완성하신다(4:5; 5:6). 교회에 바로 이런 선교적 성령의 생명과 호흡이 있어야 생명과 힘을 유지할 수 있다. '그리스도 완결적 성령론(Christotelic Pneumatology)', 즉 승천하신 그리스도의 영께서 내주하시는 지성소 교회는 선교적 교회이다(21:16,25). 지성소 교회는 하루하루 세상에 천국이 임하도록 최선을 다하면서 예수님의 재림을 소망한다(22:17).[56] 하나님은 이런 교회가 사명을 완수하도록 섭리하시며, 사명자

---

56. T. J. S. Teer, "The Perfector of All Divine Acts: The Holy Spirit and the Providence of God," *Bibliotheca Sacra* 708 (2020), 419-20. 참고로 요나단 에드워즈는 19세 때(1723년), 네 생물(계4:7)을 풍유적으로 해석하면

인 그리스도인이 죽는 때도 섭리하신다(계11:7).

성경에서 '손'과 더불어 '눈(ὀφθαλμός)'도 하나님의 섭리를 설명한다(1:14; 5:6). 예수님의 두 눈은 불꽃같으며, 성령님은 어린양의 얼굴에 있는 '일곱 눈'이라 불린다(슥4:10). 그리고 예수님의 '발(πούς)'은 바다와 땅을 밟고 계시므로, 주님은 로마 제국과 유대인의 통치자이시다(계10:2).

과거, 현재, 그리고 미래에 늘 깨어 주관하시는 성부 하나님(계1:4)을 제우스가 패러디했다. 역사의 주권자를 죽기까지 신뢰한 순교자들이 보기에 성도가 환난을 당하는 동안 휴거만 기다리는 행위는 손쉽고 비겁한 해결책일 뿐이다(계2:13; 6:10; 12:11). 하나님의 섭리를 믿는 성도는 기도에 열심을 낼 수밖에 없다(계6:9-10; 8:1-5; 참고. 마21:21; 요16:24; 요일5:14-15).

신천신지(계21:1)는 하나님의 은혜의 완성으로서 '섭리적 질서'의 표면 아래에 자주 감추어져 온 하나님의 성품을 완전히 입증할 것이다(출34:6-7; 벧후1:4-7).[57] 하나님은 지복(至福)의 근원이시며 그분의 백성과 그것을 공유하기를 기뻐하신다(참고. 계시록의 7복).

하나님은 성도가 이 세상에서 행한 대로 영원한 천국에서 상을 주신다(계20:12; 22:12). 이러한 미래적 상은 현세에서 건강과 부를 추구하는 번영신학과 다르다(참고. 고전3:8; 9:18,24; 엡6:8; 골3:24; 딤후4:8). 이것은 구원이라는 상이 아니라, 성도가 주님 나라의 확장을 위해 고난을 감수하고 헌신한 데 따른 칭찬이자 선물인데, 이것도 주님의 은혜이다(참고. 고전15:10). 하나님은 교회를 위해 구원의 섭리를 이루시면서, 교회를 위해 미래에 상을 주시기를 기뻐하신다.

서 하나님의 섭리가 실행되는 네 가지 방식으로 이해했다. 즉 소는 사랑, 사자는 힘, 사람은 지혜, 그리고 독수리는 정의를 각각 상징한다고 보았다. 참고. S. J. Stein, "Providence and the Apocalypse in the Early Writings of Jonathan Edwards," *Early American Literature* 13/3 (1978), 258-59.

57. T. D. Alexander and B. S. Rosner, 『IVP 성경신학사전』, *New Dictionary of Biblical Theology*, 권연경 외 역 (서울: IVP, 2004), 746.

섭리는 두 가지 그리스어 문법을 통해서도 알 수 있다. ① 미래의 일을 과거 동사로 표현하는 예언적 아오리스트는 과거-현재-미래를 다스리시는 하나님의 섭리가 확실함을 보여준다(계1:4). 그래서 큰 성 음녀 바벨론은 AD 70년에 실제로 무너졌듯이(ἔπεσεν), 요한이 계시록을 기록할 시점에서 볼 때 속히 무너질 것이다(14:8; 18:2). ② 신적 수동태도 하나님의 섭리를 강조한다. 로마제국을 상징하는 바다에서 올라오는 짐승에게 신성모독을 말하는 입이 '주어졌고(ἐδόθη)', 마흔두 달 동안 일할 권세가 '주어졌다(ἐδόθη)'(13:5). 바다짐승처럼 악의 세력이 활동하는 것도 하나님의 섭리적 통제 아래에 있다(참고. 계16:19의 음녀가 '기억되었다[ἐμνήσθη]'; 20:3의 용이 '놓여지다[λυθῆναι]'). 참고로 하나님의 섭리를 연구할 때, '성령 안에서(ἐν πνεύματι)'(1:10; 4:2)와 같은 치사구도 간과할 수 없다.

4) 요약

요한계시록은 고난에 직면한 교회에게 주어진 위로와 소망의 책이다. 이것은 순교자 귀도 드 브레(d. 1567)가 간파한 진리인데, 아래 설명에서 확인할 수 있다.

> 섭리 교리가 우리에게 말할 수 없는 위로를 주는데, 그 까닭은 어떠한 일도 우리에게 우연히 닥치지 않고 오직 가장 은혜로우신 하늘 아버지의 지시를 따라서 일어난다는 것을 가르쳐 주기 때문입니다. 하나님께서는 아버지와 같은 배려로써 우리를 돌보시고 모든 피조물을 그분의 권세 아래에 두시기 때문에, 우리의 머리털을 다 세고 계시며 그 한 올도, 또한 참새 한 마리도 우리 아버님의 뜻이 아니면 땅에 떨어지지 않게 하십니다(마10:29-30). 이러한 사실을 우리는 확신합니다. 왜냐하면 그분이 마귀와 우리의 모든 원수를 제압하고 계셔서 그분의 뜻과 허락 없이는 그들이 우리를 해칠 수 없음을 우리가 알기 때문입니다(벨직신앙고백서 13).

계시록 4-5장의 천상의 예배 환상은 보좌에서 통치하고 섭리하시는 성부와 성자를 주목하게 만든다. 그런데 판 드 베이크(A. van de Beek)는 계시록 4-5장의 두루마리는 권력, 재난, 부정과 고난의 혼란으로 가득한 세상 역사를 다루지만, 오직 죽임당하신 어린양, 즉 창조와 역사의 열쇠인 주님 안에서만 고통스런 세상 속에서라도 소망을 볼 수 있다고 주장한다.[58] 그러나 판 드 베이크의 주장과 달리, 계시록 4-5장의 두루마리는 하나님이 세상을 사랑과 정의로 통치하시는 계획서이기에, 세상이 임의로 권력과 재난과 불의를 일삼아서 무질서를 초래했다는 가설은 성립되지 않는다.

보좌 위에서 섭리하시는 하나님은 용과 바다짐승과 땅 짐승의 파멸을 결정해 두셨고, 열방이 치유 받아 사랑과 정의로 충만한 나라로 변혁될 것도 결정하셨으며, 이런 섭리의 결정적 증거로 성자의 재림과 '격변 정화작용'을 통해 신천신지의 완성도 결정해 놓으셨다(계21:1; 참고. 벧후3:12-13).[59] 그럼에도 세상에서 문제와 비극은 사라지지 않을 것이지만, 마침내 섭리의 하나님은 그분의 계획을 이루셔서 마침내 영광을 받으실 것이다.[60]

마태(마2:15), 베드로(벧전1:11)와 바울(고전10:4; 고후8:9), 히브리서 기자(히10:5; 11:26) 그리고 예수님의 동생 유다처럼(유1:5), 사도 요한도 구약을 그리스도 완결적으로 종종 해석하면서 자신의 목적을 위해 활용한다(계1:5-7; 2:7; 5:5-6). 요한에게는 십자가의 대속과 부활 그리고 성부의 보좌 우편에 좌정하심과 오순절에 성령을 부으

---

58. 자유대학교의 A. van de Beek, "Suffering in the Perspective of God's Governance, Eschatology and God's Council," *In die Skriflig* 48/1 (2014), 7.

59. Piper, 『섭리』, 732.

60. 벨파스트 유니온신학교 교의학교수인 S. N. Williams in Alexander and Rosner, 『IVP 성경신학사전』, 749-50. 참고로 알렉산드리아학파의 대표자인 오리겐(185-253)은 하나님이 천사를 통해 성도를 영적으로 이끌고 보호하시는 섭리를 이룬다고 보았지만, 하나님이 천사를 통해 구원의 섭리를 이루시지는 않는다고 이해했다. 이것은 사도 요한 당시 유대인의 천사관과 유사하다(계16:5). 그러나 오리겐은 데살로니가전서 주해에서 사도의 설교와 선교를 돕는 천사의 역할과 수호천사 개념을 지지했다. 참고. 안수배, "천사의 나팔 소리에 관한 오리게네스의 해석: 보편사제직의 실현과 하느님의 도우심," 『가톨릭신학』 36 (2020), 89-96.

심이 구약을 이해하는 출발점이자 렌즈로 기능한다. 이 사실을 통해 요한에게 그리스도 사건이 하나님의 섭리에 있어 다이아몬드와 같은 절정임을 보여준다.

7. 설교를 위한 지침

하나님의 구원의 섭리는 교회의 보존을 위한 섭리와 맞물리고, 그것은 재창조와 선교적 섭리로 나아간다. 그렇다면 하나님의 섭리에 반하는 무신론과 이신론 그리고 범신론이 확산하는 시대에 유일하신 하나님의 섭리를 어떻게 효과적으로 설교할 수 있는가? 요한문헌이 가르치는 섭리를 염두에 두고 적용해 보자.

1) 예배는 하나님의 섭리를 기리는 공동체의 행위이다.

돌봄, 보존, 통치라는 하나님의 섭리를 믿는 성도의 기도와 찬양은 어떠해야 하는가? 성도가 섭리의 하나님을 기뻐하면 할수록 하나님은 영광을 받으신다.

> 삼위 하나님은 자신의 섭리가 완수한 사역을 보고 노래를 부르며 기뻐하실 것이다(습3:17). 아버지는 아들의 탁월한 승리의 업적을 보고 기뻐하실 것이다(마17:5; 빌2:9-11). 신랑이신 아들은 자신의 흠 없는 신부를 보고 기뻐하실 것이다(사62:5). 그리고 성령의 기쁨은 성도를 하나님에 대한 기쁨으로 충만하게 할 것이다(살전1:6).[61]

---

61. Piper, 『섭리』, 734.

2) 하나님의 섭리를 믿는다면, 요행주의나 염세주의가 아니라 소망과 겸손과 승리와 감사와 인내의 종말론을 견지할 수 있다.

"신앙은 이해를 추구하지만, 신앙이 하나님의 섭리 방식을 이해함으로써 영위되는 것은 아니다. 신자의 자신감은 하나님의 성품과 약속이 전적으로 신뢰할 만하다는 확신에서 나오며, 이 때문에 인간은 철저히 겸손해진다."[62]

3) 질병과 죽음에 직면한 성도를 위해 십자가를 통한 하나님의 섭리를 일깨우고, 생생한 이미지(예. 손, 발)와 키워드를 활용한 섭리 설교가 적절하다.[63]

"예수님의 십자가는 최악의 상황 속에서도 하나님의 현존과 목적을 증명한다. …… 하나님께서 일하실 때마다 목적이 있고, 하나님께서 일하는 곳마다 소망이 있다."[64] 하나님의 보이지 않는 손이 절망과 우울과 재난의 배후에 있기 때문이다. 따라서 성도는 고난에 직면할 때, 사탄의 유혹에 넘어가 하나님의 악함, 무능, 지혜롭지 못함을 가정하여 넋두리처럼 풀어놓지 않도록 주의해야 한다.[65]

4) 설교자는 신적필연성이라는 섭리 신앙을 가르쳐 회중의 경건을 고양하려는 고상한 목표를 세워야 한다.[66]

---

62. Alexander and Rosner, 『IVP 성경신학사전』, 749.
63. 설교자와 성도는 고난의 다양한 원인(도덕악, 자연악, 자발적인 대속적 희생), 고난의 책임자, 하나님의 개입과 현존(섭리), 그리고 고난의 목적(징벌, 회개, 교육, 성화)과 끝을 성경적으로 물어 답해야 한다. 이승진, "고난과 하나님의 섭리에 관한 설교," 『복음과 실천신학』 35 (2015), 255-82.
64. C. M. Franklin, "The Cross as Gospel: Speaking of Providence in a Time of Pessimism," *Journal for Preachers* 3/2 (1980), 9.
65. Piper, 『섭리』, 307.
66. 프리스테이트대학교의 Doubell은 섭리를 네 가지로 구분한다. ① 하나님의 주권을 매우 강조하는 고전적 개혁주의(직관적) 모델(칼빈), ② 범죄가 고난을 초래하기에 회개를 강조하는 번영신학적 은사주의적(감성적) 모델, ③ 하나님의 선하심과 전능하심을 제쳐두고 개연성과 합리성을 강조하는 현대적 모델, 그리고 ④ 하나님의 섭리가 어디에 있는지 묻기보다 악한 구조적 악에 저항할 것을 촉구하는 해방신학적 모델. 이런 네 부류의 섭리관과 MBTI에 따라 맞춤식 섭리 및 경건 훈련의 필요성이 제기되었다. 예를 들어, 직관적이고 사고적

5) 설교자는 악하고 무능한 권력자들이 정점에 있는 사회의 부정과 부패를 하나님의 섭리 관점에서 어떻게 설교할 수 있는가?[67]

6) 예수님의 재림과 완성될 신천신지를 통한 구원의 완성과 기쁨과 소망이라는 관점에서 현재 상황을 돌아보는 섭리 설교가 필요하다면 유익은 무엇인가?

7) 소위 '명목상 그리스도인'(수2:10의 야웨와 야웨께서 행하신 일을 몰랐던 출애굽 2세대; 요9:28의 자칭 '모세의 제자'; 요일2:19의 요한공동체에서 이탈한 이단; 요삼1:9의 선교를 방해한 교권주의자인 디오드레베; 계2:9의 '자칭 유대인'[참고. 마3:9])과 '가나안 성도'(소속되지 않고 믿는 자)가 증가하는 시대에 섭리 신앙을 통해 구원의 확신과 적극적 신앙과 소속감을 강화할 수 있는 방안은 무엇인가?[68]

하나님을 향한 올바른 신앙 그 자체가 아니라 다른 이유로 교회에 소속하고 예배에 참석한다면, 그런 사람의 정체성과 실제 헌신의 괴리는 심화되기에 명목론(nominalism)에 빠지기 십상이다(참고. 고후13:5).[69] 목회자는 요한문헌이 가르치는

인 사람은 미래의 가능성에 주목하면서도 사람이 겪는 현실의 고통과 감성에 더 민감하게 (해방신학적 부류처럼) 주목해야 한다. 참고. F. B. Doubell, "Voorsienigheid, Persoonlikheid en Spiritualiteit: 'N Vier-Kantige Voorsienigheidsleer," *Acta Theologica Supp* 3 (2002), 50-61을 보라.

67. 사무엘상하 주석을 집필한 월터 브루거만은 섭리를 "인간 대리자의 의지와 선택을 초월하면서 더 중요한 목적을 위해 은폐된 채로 인내하는 가운데 주권적으로 이루시는 하나님의 연출"로 정의하는데, 권력(다윗의 관리력)과 섭리(다윗의 경건)와 성품(다윗의 치유적 인격과 사역)이 치우치지 않고 접맥해야 한다고 본다. W. Brueggemann, 『하나님 나라의 권력투쟁: 하나님 나라의 관점에서 본 권력, 섭리, 성품』, *Power, Providence & Personality: Biblical Insight Into Life and Ministry*, 류의근 역 (서울: CLC, 2013), 35, 262.

68. 목회데이터연구소에 따르면, 한국 교회에서 명목상 그리스도인은 40%이며, 구원의 확신을 가진 성도는 절반에 머물렀다(19세 이상 교인 1,000명 대상 설문 조사; 2023년 9월 23일 발표). http://www.amennews.com/news/articleView.html?idxno=19894 (2023년 26일 접속).

69. 명목상 그리스도인을 줄이고 하나님의 구원 복음을 심으려면, 한국 선교사/목회자가 지역 교회와 교회 차원의 대규모 행사 중심의 기존 선교/목회 사역에 방점을 두기보다는, 선교의 주체이신 하나님의 통치와 예수 그리스도 중심의 하나님의 선교/목회 그리고 선교적 교회에 중점을 더 두어야 한다. 왜냐하면 SFC강령이 밝혀듯이, '하나님 중심, 성경 중심'의 생활 원리가 먼저 확립되어야 그다음 '교회 중심'의 생활이 가능하기 때문이다. 덧붙여 신학 교수는 신학생 가운데에도 명목상 그리스도인이 있을 수 있음을 가정하고 멘토링을 활용한 교육에 임

복음, 즉 하나님의 아들 예수 그리스도를 믿어 영생을 얻는 하나님의 가족만 진리의 복음 안에서 사랑할 수 있고, 믿음의 공동체와 더불어 시련과 박해를 이기며 하나님 나라를 확장할 수 있다는 섭리 신앙을 심어야 한다. 그리고 그리스도인의 삶에 성화를 촉진하시는 성령님의 능력으로 죄 죽이기(mortification of sin)가 없다면 그 사람과 명목상 신자의 구분은 사라지고 만다.[70]

참고로 『21세기 찬송가』에서 '섭리' 찬송가는 제78-79장이다. 제78장 "저 높고 푸른 하늘과"(1712)는 하나님의 '창조' 섭리만 찬미한다(시19:1-6).[71] 이와 달리 제79장 "주 하나님 지으신 모든 세계"는 하나님의 창조와 십자가를 통한 구속과 재림 그리고 교회가 드리는 예배를 가사에 담아낸다(참고. 요14:3; 요일3:5; 계14:7; 15:3-5).[72] 물론 '섭리'로 분류되지 않은 찬송가 중에서 실제로는 섭리를 표현하는 경우도 적지 않다.

섭리는 복잡한 주제이기에, 이를 분명하게 정의한 후에 연구하고 설교해야 한다. 그렇지 않으면 모든 것이 섭리가 되고, 섭리가 아닌 것이 없게 된다. 뿐만 아니라 하나님의 섭리는 성도가 겸손히 그리고 감사함으로 또한 다차원적으로 접근해야 한다.

해야 할 것이다. S. Kim, "A Reflection on Nominal Christians in Contemporary England: A Non-Diasporic Korean Missionary Perspective," *Ecclesial Futures* 2/1 (2021), 76-77, 87-95. 영국의 경우, 2001년에 자칭 그리스도인이라는 응답은 71.6%였지만, 2011년에는 59.4%, 2018년에는 38%였으며, 2025년에 교회 예배에 출석할 의향을 가진 사람은 5%에 불과했다.

70. 참고. I. MacLeod, "True and Nominal Christians Distinguished: The Works of John Flavel," *Puritan Reformed Journal* 9/1 (2017), 209-11. 청교도 John Flavel(1628-1691)은 *The Method of Grace*에서 부와 가난은 마치 아이의 손에 있는 칼과 같아서, 부모의 돌봄(섭리)이 없다면 아이가 손가락을 베고 만다고 비유한다. 이런 유비로부터 플라벨에 따르면, 아버지 하나님의 사랑스럽고 지혜로운 섭리 덕분에 그분의 자녀는 모든 고난으로부터 유익을 얻는다.

71. 제78장 3절의 '마음 귀'는 영어 원문에 따르면 '이성의 귀(reason's ear)'이다. 즉 이성만 제대로 활용해도 자연계시를 통한 창조주의 섭리를 알 수 있다는 것이다(롬1:20). 그리고 1절과 3절에 창조주의 '손'이 한 번씩 나타난다.

72. 참고로 『21세기 찬송가』 제79장의 성경 증거 구절은 https://hymnary.org/hymn/CH4/154를 보라(2023년 11월 26일 접속).

※ 부록: "하나님의 손으로 반드시" (요한문헌의 섭리 찬송가)

1절 하나님 아버지는 예수님의 선한 손으로써 자기 가족을 반드시 중생시켜 영생케 하네

2절 예수님의 능력의 손이 들리면 마귀는 쫓겨나고 교회는 보호받고 주님 임재 안에 예배하네

3절 지혜로운 예수님의 손은 거짓과 교만에서 자신의 교회를 진리와 사랑으로써 보호하네

4절 보좌 위의 어린양의 오른손에 모든 것 달렸으니 이런 소망과 위로의 복음은 우리 것이네

후렴 주님의 손으로 구원을 속히 이루실 하나님께만 찬송과 경배를 영원히 할렐루야 아멘

참고 문헌

3장 역사서에 나타난 하나님의 섭리

Alexander, T. Desmond. *The Message of the Kingdom of God*. London: InterVarsity, 2024.

Basinger, David, and Randall Basinger, eds. *Predestination & Free Will: Four Views of Divine Sovereignty & Human Freedom*. Downers Grove, IL: IVP, 1986.

Berkouwer, G. C. *The Providence of God*. Grand Rapids, MI: Eerdmans, 1952.

Butler, Trent C. *Joshua 1-12*. 2nd ed. WBC. Grand Rapids, MI: Zondervan, 2017.

Carson, D. A. *Divine Sovereignty and Human Responsibility: Biblical Perspective in Tension*. Eugene, OR: Wipf and Stock, 1994.

Dallaire, Hélène M. "Joshua." In *The Expositor's Bible Commentary*. Revised. Grand Rapids, MI: Zondervan, 2012: 815-1042.

Dumbrell, William J. *Covenant and Creation: A Theology of the Old Testament Covenants*. Nashville, TN: Thomas Nelson, 1984.

Garrett, Duane A. *A Commentary on Exodus*. KEL. Grand Rapids, MI: Kregel, 2014.

Helm, Paul. *The Providence of God*. Downers Grove, IL: IVP, 1994.

Howard, David M. *Joshua*. NAC. B&H Publishing, 1998.

Jowers, Dennis, and Stanley N. Gundry, eds. *Four Views on Divine Providence*. Grand Rapids, MI: Zondervan, 2011.

Long, V. Philips. "Joshua." In *ESV Study Bible*. Wheaton, IL: Crossway, 2008: 389-422.

Mathews, Kenneth A. *Joshua*. TTC. Grand Rapids, MI: Baker Books, 2016.

Merrill, Eugene H., Mark Rooker, and Michael A. Grisanti. *The World and the Word: An Introduction to the Old Testament*. Nashville, TN: B&H Publishing, 2011.

Piper, John. *Providence*. Wheaton, IL: Crossway, 2021.

Pitkänen, Pekka. *Joshua*. Apollos. Downers Grove, IL: InterVarsity, 2010.

Provan, Iain William, V. Philips Long, and Tremper Longman. *A Biblical History of Israel*. Louisville, KY: Westminster John Knox, 2003.

Stuart, Douglas K. *Exodus*. NAC. Nashville, TN: B&H Publishing, 2006.

Timmer, Daniel C. "Joshua." In *A Biblical-Theological Introduction to the Old Testament*. Wheaton, IL: Crossway, 2016: 159-76.

Van Pelt, Miles V. "Judges." In *ESV Expository Commentary*. Wheaton, IL: Crossway, 2021: 509-678.

Vannoy, J. Robert. "Joshua: Theology Of." In *NIDOTTE*. Zondervan, 1997: 4:811-19.

Wright, Christopher J. H. *The Mission of God's People: A Biblical Theology of the Church's Mission*. Grand Rapids, MI: Zondervan, 2010.

Wright, John H. *Divine Providence in the Bible: Old Testament*. New York: Paulist, 2009.

김성수. 『구약의 키』. 서울: 생명의 양식, 2017.

_____. "'만약 이스라엘이 야훼께 물었다면': 기브온 사건(여호수아 9장)에 나타난 이방인의 진멸과 구원." 『성경과 신학』 88 (2018): 23-60.

김성진. "에스더서의 문학적 구성과 메시지." 『교회와 문화』 51 (2024).

_____. "에스더서의 윤리 문제에 관한 고찰." 『개혁신학과 교회(신원하 교수 은퇴 기념 논문집)』 37 (2023): 233-52.

_____. "천상공간, 어떻게 설교할 것인가?" 『성경에 나타난 공간과 시간, 어떻게 설교할 것인가』. 서울: SFC, 2022: 163-92.

김지찬. 『구약 역사서 이해: 문예적 신학적 서론』. 서울: 생명의 말씀사, 2016.

김진수. "언어학적 담화분석을 통한 여호수아 3-4장의 구조이해." 『구약논집』 18 (2020): 34-76.

_____. "여호수아 9장의 주해 및 신학적 연구." 『신학정론』 40.1 (2022): 11-49.

_____. "여호수아서에 나타나는 '미결과 완결'의 긴장." 『신학정론』 37.2 (2019): 113-40.

_____. "여호수아서의 문학적 구성에 대한 연구." 『구약논집』 15 (2019): 8-40.

_____. "여호수아서의 신학." 『가난하나 부요케』. 서울: 가르침, 2020: 215-48.

_____. "여호수아의 긴 하루: 여호수아 10:1-15에 대한 주해와 신학적 연구." 『신학정론』 40.2 (2022): 195-226.

_____. "여호수아의 정복전쟁에 대한 역사적 고찰." 『신학정론』 37.1 (2019): 291-332.

_____. 『창조의 목적과 하나님 나라』. 개정증보판. 서울: 부흥과개혁사, 2023.

김회권. 『여호수아·사사기·룻기』. 서울: 복있는 사람, 2007.

박철현. 『출애굽기 산책』. 서울: 솔로몬, 2014.

송병현. 『여호수아』. 서울: 국제제자훈련원, 2010.

송제근. "여호수아서의 신학적 주제." 『여호수아: 어떻게 설교할 것인가』. 서울: 두란노, 2015: 11-24.

4장 시가서에 나타난 하나님의 섭리

강철구. "욥의 하나님 이해: 욥의 질문과 하나님의 답변을 중심으로." 『구약논단』 23/1 (통권 63, 2017): 139-64.

_____. "하나님의 두 번째 말씀(욥 40:6-41:34[41:26])의 배경과 의미." 『구약논집』 18 (2020): 8-33.

구자용. "'우리가 항상 좋은 것을 하나님께로부터 받는데, 악한 것을 또한 받지 못하겠느냐?'(욥 2:10)-욥기가 말하는 신정론에 대한 성서 신학적 고찰." 『구약논단』 25/4 (통권 74집, 2019): 191-220.

김대웅. "God's Speeches and Job's Responses: Toward the Open-endedness of Wisdom." 『구약논집』 24 (2022): 10-47.

김성수. 『시편 1』. 서울: 고신총회 출판국, 2022.

김성진. 『하나님의 위로, 욥기』. 서울: SFC, 2022.

김정우. 『시편 주석 III』. 서울: 총신대학교 출판부, 2010.

김정원. "욥기 38-42장 6절의 창조모티브에 나타난 지혜사상." 『일립논총』 13 (2008): 13-55.

김 준. "욥기에 나타난 베헤못의 정체성과 역할(욥기 40:15-24), 『서양고대사연구』 59 (2020): 177-200.

데이빗 J. A. 클린스. 『욥기 하 38-42장』. WBC 성경주석. 한영성 역. 솔로몬, 2014.

레슬리 알렌. 『시편 하 101-150』. WBC. 손석태 역. 솔로몬, 2001.

로버트 쇼. 『웨스트민스터 신앙고백 해설』. 조계광 역. 서울: 생명의말씀사, 2017.

석진성. "시편 전체의 문맥 속에서 본 시편 33편의 신학적/해석학적 기능: 창조 주제를 중심으로." 『구약 논집』 13 (2018): 68-96.

실비오 호세 바에츠. "욥기에 나타난 하느님의 답변: 대화와 현시," 이건 역, 『신학전망』 160 (2008): 108-25.

안근조. "욥과 베헤못 그리고 리워야단: 하나님이 두 번째 응답 (욥 40-41)에 대한 수사비평적 읽기." 『신학사상』 126 (2004): 57-78.

이성호. 『비록에서 아멘까지: 웨스트민스터 신앙고백 해설』. 안성: 그책의 사람들, 2022.

트렘퍼 롱맨 3세. 『욥기 주석』. 베이커 지혜문헌 시편 주석 시리즈. 임요한 역. 서울: 기독교문서선교회, 2017.

Botha Phil J. and J. Henk Potgieter. "'The Word of Yahweh Is Right': Psalm 33 as a Torah-Psalm." *Verbum et Eccles.* 31/1 (2010), Art. #431, 1-8.

Brown, William P. "The lion, the wicked, and the wonder of it all: psalm 104 and the playful God. *Journal for Preachers* 29/3 (2006): 15-20.

Calvin, John. *Commentary on the Book of Psalms*. Reprinted. Trans. James Anderson. Grand Rapids: Baker Book House, 1998.

Habel, N. C. *The Book of Job*. OTL. Westminster John Knox/SCM, 1985.

Jacobson, Diane. "Psalm 33 and the Creation Rhetoric of a Torah Psalm." *My Words Are Lovely: Studies in the Rhetoric of the Psalms*, ed. Robert L. Foster and David M. Howard, 106-120. Library of Hebrew Bible/Old Testament Studies 467, London: T&T Clark, 2008.

Kim, Chang Joo. "The Meaning of Job's Suffering and the Divine Speeches in Job 38~41." *Korean Journal of Christian Studies* 63 (2009): 5-19.

Kraus, Hans-Joachim. *Psalms 1-59*. A Continental Commentary. Translated by Hilton C. Oswald. Minneapolis: Fortress Press, 1993.

_____. *Psalms 60-150*. A Continental Commentary. Translated by Hilton C. Oswald. Minneapolis: Fortress Press, 1993.

Lohfink, Norbert. "The Covenant Formula in Psalm 33." In Norbert Lohfink and Erich Zenger, *The God of Israel and the Nations: Studies in Isaiah and the Psalms*, trans. Everett R. Kalin, 85-

122. Collegeville, Minnesota: A Michael Glazier Book, The Liturgical Press, 2000.

Patterson, Richard D. "Singing the New Song: An Examination of Psalms 33, 96, 98, and 149." *BSac* (2007): 431-34.

Seok, Jin Sung. "'God as Creator and Sovereign': The Intertextual Relationship of Psalm 33 with the Book of Isaiah." 『ACTS 신학저널』 33 (2017): 11-47.

VanGemeren, W. Psalms. *Psalms*. Expositor's Bible Commentary. Zondervan, 1991.

Wainwright, Geoffrey. "Psalm 33 Interpreted of the Triune God." *Ex Auditu* 16 (2000): 101-20.

Wilson, Gerald H. "The Use of 'Untitled Psalms in the Hebrew Psalter." *ZAW* 97/3 (1985): 404-13.

Wilson, Lindsay. "Job 38~39 and Biblical Theology." *The Reformed Theological Review* 62/3 (2003): 121-38.

Witte, von Markus. "Das neue Lied - Benbachtungen zum Zeitverständnis von Psalm 33." *ZAW* 114 (2002): 522-41.

5장 선지서에 나타난 하나님의 섭리

André, Gunnel. *Determining the Destiny: PQD in the Old Testament*. CB Old Testament Series 16. Lund, Sweden: CWK Gleerup, 1980 (Doctoral dissertation at the University of Uppsala, 1980).

Archer, Gleason L. *A Survey of Old Testament Introduction*. Chicago, IL: The Moody Bible Institute of Chicago, 2007.

Berkhof, Luis. *Introduction to Systematic Theology* (권수경, 이상원 역, 『조직신학』, 상). 서울: 크리스 챤다이제스트, 1994.

Brueggemann, Walter. *A Commentary on Jeremiah: Exile and Homecoming*. Grand Rapids, MI: William B. Eerdmans Publishing Company, 1998.

Calvin, John. *Institutes of the Christian Religion*. Edited by John T. McNeill, trans. Ford L. Battles, vol. 1. Philadelphia, PA: The Westminster Press, 1960.

Carroll, Robert P. *The Book of Jeremiah*. Philadelphia, PA: The Westminster Press, 1986.

Charlesworth, James H. (Ed.), *The Old Testament Pseudepigrapha*, vol. 2, ed. New York: Doubleday, 1985.

Craigie, Peter C. Page H. Kelley, and Joel F. Drinkard Jr. *Jeremiah 1-25*. WBC, vol. 26. Dallas, TX: Word Books Publisher, 1991.

Elliott, Mark W. *Providence Perceived: Divine Action from a Human Point of View*. Berlin/Boston: Walter de Gruyter GmbH, 2015.

Farley, Benjamin W. *The Providence of God*. Grand Rapids, MI: Baker Book House, 1988.

Fergusson, David. *The Providence of God: A Polyphonic Approach*. Cambridge: Cambridge

University Press, 2018.

Finley, Thomas J. *Joel, Amos, Obadiah*. The Wycliffe Exegetical Commentary. Chicago, IL: Moody Press, 1990.

France, R. T. *Jesus and the Old Testament: His Application of Old Testament Passages to Himself and His Mission*. Vancouver: Regent College Publishing, 1998.

Garfinkel, Stephen. "Of Thistles and Thorns: A New Approach to Ezekiel II.6." *VT* 37 (1987), 421-37.

Garrett, Duane. *Rethinking Genesis: The Sources and Authorship of the First Book of the Pentateuch*. Grand Rapids: Mentor, 2000.

Geisler, Norman L. and H. Wayne House. *The Battle for God: Responding to the Challenge of Neotheism*. Grand Rapids, MI: Kregel Publications, 2001.

Gesenius' Hebrew Grammar. Edited by E. Kautzsch and Translated by A. E. Cowley. Oxford: Clarendon Press, 2006.

Goldingay, John E. *Daniel*. WBC, vol. 30. Dallas, TX: Word Books Publisher, 1989.

Gottwald, Norman K. *All the Kingdoms of the Earth*. New York: Harper and Row, 1964.

Habel, Norman. "The Form and Significance of the Call Narratives." *Zeitschrift fur die alttestamentlichen Wissenschaft* 77(1965): 297-323.

Harrison, R. K. *Introduction to the Old Testament: Including a Comprehensive Review of Old Testament Studies and a Special Supplement on the Apocrypha*. Peabody, MA: Hendrickson Publishers, 2004.

Hinke, William John. Ed. *On Providence and Other Essays*. Durham, NC: Labyrinth, 1983.

Joüon, Paul. *A Grammar of Biblical Hebrew*. Translated and Revised by T. Muraoka, vol. II. Roma: Editrice Pontificio Istituto Biblico, 2005.

Keil, C. F. *Ezekiel, Daniel*. Peabody, MA: Hendrickson Publishers, 1996.

Keil, C. F. *Jeremiah, Lamentations*. Peabody, MA: Hendrickson Publishers, 1996.

Kline, Meredith G. *Glory in Our Midst: A Biblical-Theological Reading of Zechariah's Night Visions*. Overland Park, KS: Two Age Press 2001.

Klein, G. L. "The 'Prophetic Perfect.'" *Journal of Northwest Semitic Languages* XVI (1990): 45-60.

Longman, Tremper III and Raymond B. Dillard. *An Introduction to the Old Testament*. Grand Rapids, MI: Zondervan, 2006.

Lundbom, Jack R. *Jeremiah 37-52*. AB 21C. New York: Doubleday, 2004.

Miller, Patrick D. *The Book of Jeremiah*. NIB vol. 6. Nashville: Abingdon, 2001.

Mobley, Gregory. "Call, Calling." In D. N. Freedman, A. C. Myers, & A. B. Beck (Eds.), *Eerdmans Dictionary of the Bible*. Grand Rapids, MI: W.B. Eerdmans, 2000.

Oswalt, John N. *The Book of Isaiah Chapters 1-39*. NICOT. Grand Rapids, MI: William B. Eerdmans Publishing Company, 1986.

Peels, Eric. "'Before Pharaoh seized Gaza': A Reappraisal of the Date, Function, and Purpose of the Superscription of Jeremiah 47." *Vetus Testamentum* 63 (2013): 308-22.

Pink, Arthur W. *The Sovereignty of God*. Grand Rapids, MI: Baker Book House, 1994.

Piper, John. *Providence*. Wheaton, IL: Crossway, 2020.

Poythress, Vern S. *Chance and the Sovereignty of God: A God-Centered Approach to Probability and Random Events*. Wheaton, IL: Crossway, 2014.

Redditt, Paul L. *Zechariah 9-14*. International Exegetical Commentary on the Old Testament. Stuttgart, Germany: W. Kohlhammer, 2012.

Rowley, H. H. "The Unity of the Book of Daniel." In *The Servant of the Lord and Other Essays on the Old Testament*. Oxford: Basil Blackwell: 249-80.

Smith, Ralph L. *Micah-Malachi*. WBC, vol. 32. Waco, TX: Word Books Publishers, 1984.

Stulman, Louis. *Jeremiah*. Abingdon Old Testament Commentaries. Nashville, TN: Abingdon Press, 2005.

Thompson, J. A. *The Book of Jeremiah*. NICOT. Grand Rapids, MI: William B. Eerdmans Publishing Company, 1980.

Tiessen, Terrance. *Providence & Prayer: How Does God Work in the World?* Downers Grove, IL: InterVarsity Press, 2000.

VanGemeren, Willem A. *Interpreting the Prophetic Word: An Introduction to the Prophetic Literature of the Old Testament*. Grand Rapids, MI: Zondervan Publishing House, 1990.

VanGemeren, Willem A. *Psalms*. EBC, vol. 5. Grand Rapids, MI: Zondervan, 1991.

Wegner, Paul D. "Authorship of Daniel." Lecture Notes. Ontario, CA: Gateway Seminary, N.D.

Wegner, Paul D. *Isaiah*. TOTC, vol. 20. Downers Grove, IL: IVP, 2021.

Williams, Ronald J. *Williams' Hebrew Syntax*. Toronto, University of Toronto Press, 2010.

Young, Edward J. *The Book of Isaiah*. Vol. 1, Chapters 1-18. Grand Rapids, MI: William B. Eerdmans Publishing Company, 2000 (reprinted).

Young, Edward J. *The Prophecy of Daniel*, NICOT (Grand Rapids, MI: Eerdmans, 1949).

Young, Edward J. *My Servants the Prophets* (김정우 역, 『선지자 연구: 하나님의 종 선지자』). 서울: 기독교문서선교회, 1989.

Zimmerli, Walther. *Ezekiel 1: A Commentary on the Book of the Prophet Ezekiel, Chapters 1-24*. Edited by Ronald E. Clements. Philadelphia, PA: Fortress Press, 1979.

이기업. 『엘리야-엘리사 내러티브: 생명을 얻고 더 풍성히 누리게 하는 사역』. 서울: 기독교문서선교회, 2021.

이기업. "선지서의 교회, 어떻게 설교할 것인가?" 『본문과 설교』vol. 6(부산: 한국동남성경연구원, 2014): 95-124.

7장 사도행전과 공동서신에 나타난 하나님의 섭리

Allen, David L. *Hebrews*. Nashville: B&H Publishing Group, 2010.

Barcley, William B., Cara, Robert J., Gladd, Benjamin, Hill, Charles E., Kidd, Reggie M., Kistemaker, Simon J., Kruger, Michael J., Lowe, Bruce A., Waters, Guy Prentiss. *A Biblical-Theological Introduction to the New Testament: The Gospel Realized*. Wheaton, IL: Crossway, 2016.

Bauckham, Richard. *Jude, 2 Peter*. WBC 50. Waco: Word Books, 1983.

Bock, Darrell L. *Acts*. Grand Rapids: Baker Academic, 2007.

Charles H Cosgrove. "The Divine Dei in Luke-Acts." NovT XXVI, 2 (1984), 168-90.

Davids, Peter H. *The First Epistle of Peter*. NICNT. Grand Rapids: Eerdmans, 1990.

Ellingworth, Paul. *The Epistle to the Hebrews*. NIGTC. Grand Rapids: Eerdmans, 1993.

Green, Gene L. *Jude & 2 Peter*. BECNT. Grand Rapids: Baker Academic, 2008.

Jobes, Karen H. *1 Peter*. BECNT. Grand Rapids: Baker Academic, 2005.

Jonathan Huggins. "The Providence of God in the Acts of the Apostles." *Scriptura* 113 (2014:1), 1-10.

Kostenberger Andreas J., Kellum L. Scott, Quarles Charles L. 『신약개론: 요람, 십자가, 왕관』. *The Cradle, the Cross, and the Crown: An Introduction to the New Testament*. 김경식, 박노식, 우성훈 역. 서울: CLC, 2013.

Lane, William L. *Hebrews 1-8*. WBC 47A. Dallas: Word Books 1991, 48.

Lane, William L. *Hebrews 9-13*. WBC 47B. Dallas: Word Books 1991, 562.

Michaels, J. Ramsey. *1 Peter*. WBC 49. Waco, TX: Word, 1988.

Nolland, J. *Luke* 18:35-24:53. Dallas: Word, 1993.

Powell, Mark A. 『사도행전 신학』. *What are they saying about Acts?* 이운연 역. 서울: CLC, 2000(1991).

Schnabel, Eckhard J. Acts. Grand Rapids: Zondervan, 2012.

Schreiner, Thomas R. *1, 2 Peter, Jude*. Nashville: Broadman & Holman Publishers, 2003.

Thielman, Frank. *Theology of the New Testament: A Canonical and Synthetic Approach*. Grand Rapids: Zondervan, 2005.

Thompson, Alan J. *The Acts of the Risen Lord Jesus: Luke's Account of God's Unfolding Plan*. Downers Grove: IVP, 2011.

김성욱. "벨직신앙교백서의 설교적 적용: 하나님의 섭리를 중심으로." 『한국개혁신학』 26 (2009): 102-36.

박수암. "신약성경에 나타난 섭리." 『그 말씀』 (2020): 104-21.

유해무. 『개혁교의학』. 서울: 크리스챤다이제스트, 1997.

주기철. "사도행전의 윤리, 어떻게 설교할 것인가?" 『본문과 설교』 9(2017): 177-214.

주기철. "야고보서 1장에 나타난 '시험'(πειρασμός)과 '시련'(δοχίμιον)으로 번역된 단어 재고." 『고신신학』 10(2018): 103-30.

주기철. 『돌아섬: 야고보서 해설』. 부산: 더프로클러메이션, 2021.

황성일. "구약성경에 나타난 섭리." 『그 말씀』 (2020): 90-103.₩

8장 바울 서신에 나타난 하나님의 섭리

고먼, 마이클, 박규태 역, 『삶으로 담아내는 십자가 -십자가 신학과 영성-』, (서울: 새물결플러스, 2010).

데머레스트, 브루스, "Providence," eds., 브루스 데머레스트, 키스 매슈스, 『Everyday 신학 사전』, (서울: 죠이선교회, 2013).

변종길, 『로마서』, eds., 임경근, 곽대영, 대한예수교장로회 고신총회 설립 60주년 기념 성경주석, (서울: 대한예수교장로회 총회출판국, 2014).

뵈트너, 로뢰인, 홍의표, 김남식 역, 『칼빈주의 예정론』, (서울: 보문출판사).

송재영, "구속사적 관점에서 본 여성과 목사," 「광신논단 32 (광주: 광신대학교 출판부, 2022), 85-114.

우병훈, "칼빈과 바빙크에게 있어서 예정론과 언약론의 관계," 「개혁논총」, 26, 2013, 297-31.

유해무, 『개혁 교의학 -송영으로서의 신학-』, (서울: 크리스챤다이제스트, 1997).

최낙재 "섭리," 『신학사전』, (서울: 개혁주의신행협회, 1990), 276-78.

칼빈, J. 김성주 역, 『칼빈의 기도론 -기도에 대한 올바른 이해-』, (서울: 반석문화사).

한정건, 『창세기』, 대한예수교장로회 고신총회 설립 60주년 기념 성경주석, (서울: 대한예수교장로회 총회출판국, 2016).

한철하, 『21세기 인류의 살길』, (서울: 아세연합신학대학교 출판부, 2003).

Abernathy, David, "Paul's Thorn in the Flesh: A Messenger of Satan?," *Neotestamentica*, 35, no 1, 2001, 69-79.

Arndt, William, F. and Gingrich, F. Wilbur, *A Greek English Lexicon of the New Testament and other Early Christian Literature*, (Chicago: The University of Chicago Press, 1957).

Bartholomew, Craig G. and Goheen, Michael W. 『성경은 드라마다』, (서울: IVP, 2004).

Barré, Michael L. "Qumran and the 'Weakness' of Paul," *The Catholic Biblical Quarterly*, 42 no 2 Apr 1980, 216-27.

Bultmann, R. *Theology of the New Testament*, (New York, 1951),

Cairns, Alan, "Providence," *Dictionary of Theological Terms*, (SC: Ambassador Emerald International, 2002).

Garland, David E. *2 Corinthians*, Vol. 29, The New American Commentary (Nashville: Broadman & Holman Publishers, 1999).

Hoekema, A. "The Covenant of Grace in Calvin's Teaching," *Calvin Theological Journal*, 2 no 2, Nov. 1967, 133-161.

McDonald, L. M. and Porter, S. E. *Early Christianity and its Sacred Literature*, (Peabody: Hendrickson Publishers, 2000).

McGrath, Alister E. *Christian Theology An Introduction*, (Oxford: Blackwell Publishers Ltd, 2001).

Mullins, Terence Y. "Paul's thorn in the flesh," *Journal of Biblical Literature*, 76 no 4, 1957, 299-303.

Omanson, Roger L. and Metzger, Bruce Manning, *A Textual Guide to the Greek New Testament: an adaptation of Bruce M. Metzger's Textual commentary for the needs of translators*, (Stuttgart: Deutsche Bibelgesellschaft, 2006).

Thrall, Margaret E. *A Critical and Exegetical Commentary on the Second Epistle of the Corinthians*, ICC (London; New York: T&T Clark International, 2004).

Thieselton, A. C. "Flesh," ed., Colin Brown, *Dictionary of New Testament Theology* Vol. 1, (Grand Rapids, Zondervan Publishing House, 1971), 671-82.

Wilson, Kenneth M. "Providence", ed., John D. Barry, *The Lexham Bible Dictionary*, (Bellingham, WA: Lexham Press, 2020).

9장 요한문헌에 나타난 하나님의 섭리

박영식. "섭리의 신학: 세월호 이후 우리는 신의 섭리에 대해 어떻게 책임적으로 말할 수 있을까?" 『한국기독교신학논총』 115 (2020): 239-63.

송영목. "누가복음의 δεῖ의 용례 분석." 『교회와 문화』 38 (2017): 54-77.

_____. 『요한계시록 주석』. 서울: SFC출판부, 2023.

_____. 『요한의 눈으로 요한문헌 설교하기』. 서울: SFC출판부, 2023.

안수배. "천사의 나팔 소리에 관한 오리게네스의 해석: 보편사제직의 실현과 하느님의 도우심." 『가톨릭신학』 36 (2020): 83-112.

이승진. "고난과 하나님의 섭리에 관한 설교." 『복음과 실천신학』 35 (2015): 252-88.

이신열. 『창조와 섭리』. 부산: 고신대학교 개혁주의학술원, 2021.

천사무엘. "요세푸스의 역사이해." 『신학사상』 121 (2003): 235-55.

Alexander, T. D. and Rosner, B. S. 『IVP 성경신학사전』. *New Dictionary of Biblical Theology*. 권연경 외 역. 서울: IVP, 2004.

BDAG. Chicago: The University of Chicago Press, 2003.

Brown, C. (ed). *NIDNTT*. Volumes 1-4. Grand Rapids: Zondervan, 1986.

Brueggemann, W. 『하나님 나라의 권력투쟁: 하나님 나라의 관점에서 본 권력, 섭리, 성품』. *Power, Providence & Personality: Biblical Insight Into Life and Ministry*. 류의근 역. 서울: CLC, 2013.

Coetzee, C. F. C. "The Doctrine of Providence in the Institutes of Calvin: Still Relevant?" *In die Skriflig* 44 (2010): 145-66.

Cooper, M. D. "To Quote or Not to Quote?: Categorizing Quotations in the Epistle to the Hebrews." *JSNT* 44/3 (2022): 452-468.

Cosgrove, C. H. "The Divine dei/ in Luke-Acts: Investigations into the Lukan Understanding of God's Providence." *Novum Testamentum* 26/2 (1984): 168-90.

Crabbe, K. "Being found Fighting against God: Luke's Gamaliel and Josephus on Human Responses to Divine Providence." *ZNW* 106/1 (2015): 21-39.

Diedericks, M. & Coetzee, C. F. C. "Die Voorsienigheidsleer vanuit die Gereformeerde Belydenisskrifte teenoor Adrio König se Voorsienigheidsleer: 'N Dogma-Historiese Beoordeling." *In die Skriflig* 47/1 (2013): 1-9.

Doubell, F. B. "Voorsienigheid, Persoonlikheid en Spiritualiteit: 'N Vier-Kantige Voorsienigheidsleer." *Acta Theologica Supp* 3 (2002): 48-65.

Douglas, J. D. 『새성경 사전』. *New Bible Dictionary*. 나용화 외 역. 서울: CLC, 1996.

Du Rand, J. A. *Johannine Perspectives*. Johannesburg: Orion, 1997.

Ellsworth, R. "When God's Arrows fall beyond Us: God's Strange Providence." *SBJT* 2/3 (1998): 78-83.

Forti, T. "Of Ships and Seas, and Fish and Beasts: Viewing the Concept of Universal Providence in the Book of Jonah through the Prism of Psalms." *JSOT* 35/3 (2011): 359-74.

Franklin, C. M. "The Cross as Gospel: Speaking of Providence in a Time of Pessimism." *Journal for Preachers* 3/2 (1980): 4-11.

Gonin, H. L. and Lubbe, W. J. G. *Lexicon Latin-English*. Pretoria: UNISA, 1987.

Grossman, J. "The Structural Paradigm of the Ten Plagues Narrative and the Hardening of Pharaoh's Heart." *Vetus Testamentum* 64 (2014): 588-610.

Guttmann, D. "Divine Providence: Goals, Hopes and Fear." *Ḥakirah* 5 (2007): 115-50.

Huggins, J. "The Providence of God in the Acts of the Apostles." *Scriptura* 113 (2014): 1-10.

Hultgren, S. "Rabbi Akiba on Divine Providence and Human Freedom: 'Abot 3:15-16 and 'Abot de Rabbi Nathan (B) 22:13-15." *Jewish Studies Quarterly* 18 (2011): 107-43.

Jameson, C. "Divine Necessity (ΔΕΙ) in John's Conception of Jesus's Mission: A Response to Peter-Ben Smit." *Presbyterion* 46/2 (2020): 59-78.

Jones, E. "Middle and Passive Voice: Semantic Distinctions of the Niphal in Biblical Hebrew." *ZAW* 132/2 (2020): 427-48.

Kaplan, A. "The Judaic View of God." *Judaism* 33/4 (1984): 402-415.

Kim, S. "A Reflection on Nominal Christians in Contemporary England: A Non-Diasporic Korean Missionary Perspective." *Ecclesial Futures* 2/1 (2021), 75-99.

Lee, C. M. "The Filioque Reconsidered: The Contribution of Gregory of Nyssa and Augustine of Hippo to Contemporary Discussion on the Filioque." Th.D. Thesis. Kampen Theological University, 2020.

MacLeod, I. "True and Nominal Christians Distinguished: The Works of John Flavel." *Puritan Reformed Journal* 9/1 (2017): 197-212.

Michael, M. "Divine Providence or Good Luck?: A Biblical Theology of Providence compared with

'Chance' and 'Good Luck' in Greco-Roman and African Traditions." *Africa Journal of Evangelical Theology* 28/1 (2009): 23-41.

Michaels, J. R. *The Gospel of John*. NICNT. Grand Rapids: Eerdmans, 2010.

Moreno, J. "A Good God in a Wicked World: Considering the Problem of Evil." *Detroit Baptist Seminary Journal* 22 (2017): 75-90.

Montanari, F. *The Brill Dictionary of Ancient* Greek. Leiden: Brill, 2015.

Moore, B. and Moore, M. *NTC's Dictionary of Latin and Greek Origins*. Chicago: NTC Publishing Group, 1997.

Muller, R. A. *Dictionary of Latin and Greek Theological Terms*. Grand Rapids: Baker, 1985.

Piper, J. 『섭리』. *Providence*. 홍병룡 역. 서울: 생명의 말씀사, 2021.

Potgieter, P. C. "Natuurrampe en die Voorsienigheid van God, met Besondere Verwysing na die Beskouing van Johannes Calvyn." *Verbum et Ecclesia* 27/3 (2006): 986-1011.

Reeves, J. A. "The Secularization of Chance: Toward Understanding the Impact of the Probability Revolution on Christian Belief in Divine Providence." *Zygon* 50/3 (2015): 604-620.

Richardson, A. and Bowden, J. (ed.) *The Westminster Dictionary of Christian Theology*. Philadelphia: Westminster Press, 1983.

Schellenberg, R. S. "Suspense, Simultaneity, and Divine Providence in the Book of Tobit." *JBL* 130/2 (2011): 313-27.

Schreiner, P. 『사도행전』. Acts. 김명일 역. 부산: 깃드는 숲, 2024.

Sproul, R. C. 『섭리: 스프롤이 답하다』. *Does God control Everything?* 박예경 역. 서울: 넥서스, 2014.

Stein, S. J. "Providence and the Apocalypse in the Early Writings of Jonathan Edwards." *Early American Literature* 13/3 (1978): 250-67.

Teer, T. J. S. "The Perfector of All Divine Acts: The Holy Spirit and the Providence of God." *Bibliotheca Sacra* 708 (2020): 402-421.

Tupper, E. F. "The Providence of God in Christological Perspective." *Review & Expositor* 82/4 (1985): 579-95.

Van de Beek, A. "Suffering in the Perspective of God's Governance, Eschatology and God's Council." *In die Skriflig* 48/1 (2014): 1-8.

Van Houwelingen, P. H. R. *Johannes: Het Evangelie van het Woord*. CNT. Kampen: Kok, 1997.

Waldstein, M. "The Providence Monologue in the 'Apocryphon of John' and the Johannine Prologue." *Journal of Early Christian Studies* 3 (1995): 369-405.